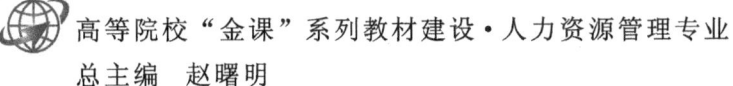

高等院校"金课"系列教材建设·人力资源管理专业

总主编 赵曙明

人力资源管理总论

赵曙明 编 著

立体化资源

南京大学出版社

图书在版编目(CIP)数据

人力资源管理总论 / 赵曙明编著. — 南京：南京大学出版社，2021.4(2025.1重印)
ISBN 978-7-305-24227-4

Ⅰ.①人… Ⅱ.①赵… Ⅲ.①人力资源管理—高等学校—教材 Ⅳ.①F243

中国版本图书馆 CIP 数据核字(2021)第 025900 号

出版发行	南京大学出版社
社　　址	南京市汉口路 22 号　邮　编　210093
书　　名	**人力资源管理总论** RENLI ZIYUAN GUANLI ZONGLUN
编　　著	赵曙明
责任编辑	王日俊　　编辑热线　025-83592315
照　　排	南京南琳图文制作有限公司
印　　刷	广东虎彩云印刷有限公司
开　　本	787 mm×1092 mm　1/16 开　印张 21.5　字数 518 千
版　　次	2021 年 4 月第 1 版　2025 年 1 月第 4 次印刷
ISBN	978-7-305-24227-4
定　　价	59.80 元

网址：http://www.njupco.com
官方微博：http://weibo.com/njupco
官方微信号：njupress
销售咨询热线：(025) 83594756

* 版权所有，侵权必究
* 凡购买南大版图书，如有印装质量问题，请与所购
　图书销售部门联系调换

高等院校"金课"系列教材建设·人力资源管理专业

编委会

主 任 委 员　赵曙明
副主任委员　刘　洪　李燕萍　龙立荣　刘善仕
　　　　　　唐宁玉　罗瑾琏
委　　　员　（按姓氏笔画排序）
　　　　　　王德才　龙立荣　刘　洪　刘　燕
　　　　　　刘善仕　刘嫦娥　孙甫丽　杜　娟
　　　　　　杜鹏程　李燕萍　杨　东　张　弘
　　　　　　张　捷　张正堂　张戌凡　陈志红
　　　　　　罗瑾琏　周路路　赵宜萱　赵曙明
　　　　　　秦伟平　贾建锋　唐宁玉　黄昱方
　　　　　　曹大友　蒋建武　蒋昀洁　蒋春燕
　　　　　　程德俊　潘燕萍　瞿皎姣

总　序

改革开放后,我国一些学者将西方人力资源管理理论和方法引进国内,率先在个别高校开设人力资源管理课程,如我1991年由美国学成回国后,在南京大学率先开设"人力资源管理与开发"课程。后来,一些高校开设人力资源管理专业培养专门人才,如1993年中国人民大学在全国首次开设人力资源管理专业招收本科生。在这些高校的带动下,我国高等院校人力资源管理专业教育经历了一个从无到有、从课程到专业、从单一性到综合性的发展过程,现在又呈现出从独立专业到学科方向的良好发展态势。从事人力资源管理问题研究的学者越来越多,人力资源管理已成为一个独立的、专门的研究领域。目前越来越多的高校开设了人力资源管理本科专业,不少高校还开设了人力资源管理学科方向的硕士、博士研究生专业,甚至建立了人力资源管理方向的博士后流动站,为国家经济建设和社会发展培养了一大批人力资源管理专门人才。

作为实践性很强的专业,人力资源管理专业的发展离不开国内企事业组织人力资源管理的持续变革与创新实践。1978年改革开放以来,中国经济快速发展,市场竞争日趋激烈,企业经营管理面临着日益复杂多变的环境,人力资源管理实践更是实现了从计划经济体制下的劳动人事管理向现代人力资源管理的巨大跨越,并依次经历了人力资源管理理念的导入、人力资源管理的探索、人力资源管理的系统深化以及近年来的人力资源管理创新时期,相应地,人力资源管理专业教育教学也顺势而变,进入了一个前所未有的变革时代。

回顾过去,才能更好地理解现在,展望未来。作为国内较早开展人力资源管理教学和研究的学者,我有幸亲历了整个过程。20世纪80年代初期,人力资源管理在美国兴起,并迅速成为美国管理研究的热点之一。然而在20世纪90年代初期的中国,无论是政府管理部门还是企业界,仍以为"人力资源管理"就是"人事管理",很多人甚至连"人力资源"这个词都没有听过。我当时就深切地感觉到,要改变这种状况,首要任务就是要系统地了解和研究发达国家在人力资源管理领域的理论、思想与方法。于是,我倾力撰写了《国际企业:人力资源管理》一书(1992年由南京大学出版社出版第一版,到2016年出版了第五版),系统地介绍西方发达国家在该领域的研究成果和发展趋势,以使读者不仅能够概括了解西方人力资源管理的全貌,而且能够接触到学术研究的前沿,把握其发展规律。

人力资源管理在当时的我国还是新兴的研究领域,最大的困难在于如何构建具有中国特色的知识体系。于是从1993年开始,我的主要精力都集中在解决这一关键问题上。受国家自然科学基金科研项目资助,经过两年多的研究,我于1995年完成并出版了《中国企业人力资源管理》这部专著,从宏观的角度探讨了我国人力资源的配置机制和政策体系,从微观的角度分析了中国企业人力资源管理各环节的优势和劣势。自1995年起,我开始集中研究中国企业人力资源管理的模式选择,这是中国国有企业推行科学管理所面临的紧迫课题。到20世纪90年代末期,我着手进行"中国企业集团人力资源管理战略"等国家自然科学基金资助的课题的研究,力求从战略人力资源管理的视角,探索中国企业的战略人力资源管理模式。21世纪以来,我和我的研究团队又相继开展了"企业人力资源开发的理论基础与管理对策""转型经济下我国企业人力资源管理若干问题研究""中国企业雇佣关系模式与人力资源管理创新研究""基于创新导向的中国企业人力资源管理模式研究"等国家自然科学基金重点课题的研究,着手对中国情境下的人力资源管理理论与实践问题进行更加深入的研究和探讨,以期在中国的人力资源管理领域做出一些贡献。

回顾这些年来中国人力资源管理发展之路,我最深刻的印象就是变化无处不在,人力资源管理的运作环境、管理职能和运行边界正日益复杂化、动态化和模糊化。首先,人力资源管理的环境发生了极大改变。经济全球化、信息网络化、知识社会化、人口城镇化、货币电子化等构成了这个时代的主要特征。每个人都身处移动互联网、大数据、云计算、物联网、人工智能之中,这些正在影响着我们的工作和生活方式,甚至取代了许多人赖以为生的岗位。这些变化对组织人力资源管理的能力提升提出了新的、更高的要求,例如,如何通过培训帮助员工尽快适应转岗等现实问题已迫在眉睫。

其次,组织结构和组织管理体系发生了变化。伴随着创新驱动发展带来的新业态、新组织、新技术的出现以及共享经济的兴起,企业组织从高度集权的金字塔式的组织结构,逐步地向扁平化、网络化、虚拟化、平台化的方向发展,中国一些企业开始学习和引进发达国家先进的人力资源管理理论并在实践中不断进行创新,如腾讯和阿里巴巴采用的三支柱模式、阿米巴经营模式等,均取得了明显成效。在这个过程中,一些企业还结合中国实际,将西方国家人力资源管理理论与中国企业管理实践相结合,创造性地提出具有中国特色的人力资源管理新模式、新方法,受到越来越多的关注,如华为的员工持股计划、海尔集团的"按单聚散、人单合一"模式、苏宁的事业经理人制度等。这些成功的案例启发我们,组织结构和组织管理体系的变化,需要我们从战略高度上去设计新的人力资源管理理论框架和知识体系。

第三,员工的需求日益多元化。员工忠诚度一直是人力资源管理的重要命题之一。新的趋势是从过去强调员工的忠诚度转变到员工幸福感与员工忠诚度并重,强调工作、家庭、生活与学习的多重平衡。尤其是"90后""00后"等新生代员工现已成为职场的主力军,他们对待工作的态度、个性特点、需求特征均与以往代际的员工有所不同,他们更加关注工作、家庭和生活的平衡,更多地追求和强调幸福感,员工体验甚至已经成为吸引、保留、激发人才活力的新战略和新方向。在此背景下,组织如何留住这些新生代员工,要给他们什么样的发展空间,如何满足他们多样化的需求,不断提升他们的满意度和幸福感,就成为人力资源管理中迫切需要解决的现实问题。

第四,工作方式日益创新。在零工经济背景下,远程办公、移动工作、灵活用工、共享员工等取代了传统单一的雇佣方式。零工经济是由一组相互作用但又半自治的实体借助网络平台实现精准交易的生态化经济系统。传统上,雇佣关系是组织进行人力资源管理的逻辑前提,但零工经济下的多方参与实体之间并不存在可识别的直接雇主与雇员关系。网络平台一方面极力避免与零工建立雇佣关系,但另一方面又在工作时间、工作地点、工作效率、工作行为和产出等方面对零工行使控制权。那些在传统组织下频繁进行的人力资源管理活动已成为网络平台实现零工生态系统治理的手段,而当前对网络平台的人力资源管理实践模式及其运作机理还知之甚少。

第五,人力资源管理的外延和对象有所拓展。党的十九大提出要加快建设人力资源协同发展的产业体系,着重发展人力资源服务业。人力资源服务业作为第三产业服务业的分支,能满足组织对于成本管控和人才优化配置的需求,是一个令人瞩目的朝阳产业。过去人力资源管理的对象更多的是组织内的员工,而现在人力资源管理的外延在扩大,对象也变得多元化。此时,人力资源管理在职能边界、知识体系与内容构成等方面均与传统的基于组织内部的人力资源管理有很多区别。

上述五方面的变化需要我们重新思考人力资源管理教学的知识体系与理论框架。总体来看,人力资源管理专业建设取得了长足发展,但在人才培养目标、课程设置、知识体系、教材建设上却滞后于经济社会发展的时代需求。当前,传统商科走向了新商科,在以大数据、云计算、物联网、人工智能、区块链等新商业技术为支撑的商科专业发展背景下,人力资源管理专业人才的培养也面临着新的机遇和挑战。教育部发布的《关于加快建设高水平本科教育 全面提高人才培养能力的意见》中也特别指出,要注重新商科人才的培养。尤其是在一流专业建设和金课建设工作中,课程教材改革需要与时俱进,因为教材是专业建设的核心要素,直接影响人才培养质量。人力资源管理专业作为一门实践性、应用性很强的专业,教材建设必须紧紧把握时代发展趋势和潮流。

南京大学人力资源管理研究和教学团队一直非常重视人力资源管理专业教材编写和课程教学工作。从1991年起,我作为课程负责人开始在南京大学开设"人力资源管理"课程。2000年开始采用电子信息化教学手段和相应的教学方法。该课程后来成为南京大学重点建设课程,并于2003年入选第一批国家精品课程。多年来,我同时致力于人力资源管理专业师资的培养。作为教育部指定的人力资源管理课程师资培训基地,南京大学商学院已成功举办20届全国人力资源管理师资培训研讨会,全国几千名人力资源管理教师参加了培训。该研讨会现已成为我国人力资源管理学科领域参与专家人数众多、最具规模和最具影响力的师资研讨会,为推动我国高等院校人力资源本科专业教育以及MBA教育做出了应有贡献。为了给全国从事人力资源管理研究的学者搭建一个学术交流的平台,由南京大学商学院、华中科技大学和《管理学报》等联合发起的、由我任主席的中国人力资源管理论坛于2012年成功举办,至今已举办了8届,产生了良好的学术影响。

基于多年的科学研究、教学实践、师资培训、人才培养、同行交流等方面的经验,结合当前人力资源管理的发展变化趋势,我们精心梳理了人力资源管理专业相关教材的内容,出版了这套人力资源管理系列丛书。

本套丛书是南京大学出版社在教育部工商管理类专业教育指导委员会的支持下,邀请国内具有丰富人力资源管理教学经验的学者精心编写而成的,旨在为人力资源管理专业的师生提供一套专业、系统、前沿、理论与实践并重的人力资源管理系列教材,并为业界人士发现、分析和解决企业人力资源管理实践中遇到的问题提供分析方法和工具。

本套丛书共分十三册,包括:《人力资源管理总论》《人力资源战略与规划》《组织设计与工作分析》《员工招聘管理》《人力资源测评》《人力资源培训与开发》《员工职业生涯管理》《绩效管理与评估》《薪酬管理》《企业劳动关系管理》《创业企业人力资源管理》《国际企业:人力资源管理》《人力资源专业英语》等。本套丛书有以下五个特点:

(1) 注重体系完整性。本套丛书从人力资源管理战略的高度审视各个模块的相互联系,每个模块都有非常完整的知识体系设计,让读者能从企业经营管理的整体视角去理解人力资源管理各个模块的内容。

(2) 强调知识的前沿性。将当前外部环境的变革融入到教学内容中,如新生代员工管理、大数据、共享经济、网络型组织结构、企业大学、疫情危机下的企业人力资源管理等知识点,在本套丛书中均有所体现。特别值得一提的是,在创新创业这一时代主旋律下,人力资源管理对创业企业的存续与发展产生日益重要的影响。本套丛书基于创业企业在人力资源管理中的特殊性,编写了《创业企业人力资源管理》一书,希望人力资源管理能够真正成为推动创业企业发展的核心要素。

(3) 注重知识的实用性。本套丛书有大量的实例及案例素材,分别以开篇案例、章后应用案例等形式体现。案例教学内容从知识点的讲解出发,通过案例说明知识点的具体适用范围,从而帮助学生透彻地掌握相关知识点。学生通过对案例的分析与解读,可以将这些知识点与未来工作情境相关联,培养学生发现问题、分析问题并解决问题的能力。

（4）融入当前企业人力资源管理新实践。本套丛书吸收了当前企业人力资源管理中的新模式、新经验,如三支柱模式、阿米巴经营模式、华为的员工持股计划、海尔集团的"按单聚散、人单合一"模式、苏宁的事业经理人制度等,在本书中均有所体现。

（5）用全球化的视野思考人力资源管理问题。本套丛书特别设计了《国际企业:人力资源管理》《人力资源专业英语》,希望借此引发读者对人力资源管理国际化的思考。中国企业家曹德旺先生的福耀玻璃在美国开工厂遇到的工会问题以及解决措施等内容,在书中均有所介绍。

总之,本套丛书力图在人力资源管理专业知识体系和内容结构上有所创新,使读者既能够把握人力资源管理专业完整的基础理论知识,同时还能够感受到专业学科发展前沿和未来发展趋势。付梓之际,衷心希望该丛书对我国人力资源管理专业人才的培养产生积极作用。

本套丛书的出版得到了南京大学出版社的大力支持！南京大学出版社社长金鑫荣教授在该套丛书建设研讨会上提出了宝贵建议,使我们受到很多启发;南京大学出版社高校教材中心蔡文彬主任对本套丛书的出版自始至终给予了很多关心和帮助;南京大学出版社责任编辑们对本套丛书进行了精心编校。在此向他们一并表示衷心感谢！

在本套丛书编写过程中,我们力求完美,但囿于能力,存在的问题和不足之处在所难免,敬请各位读者批评指正！

南京大学人文社会科学资深教授
商学院名誉院长
行知书院院长
博士生导师

2020 年 12 月

目 录

第一章 人力资源管理导论 ·· 1
  第一节 人力资源与人力资源管理 ·· 2
  第二节 人力资源管理的发展历程 ·· 13
  第三节 战略人力资源管理 ·· 23

第二章 人力资源管理评估 ·· 35
  第一节 人力资源管理评估概述 ·· 36
  第二节 人力资源指数调查 ·· 39
  第三节 组织与个人成就方式调查 ·· 46

第三章 人力资源规划与设计 ·· 66
  第一节 人力资源规划概述 ·· 67
  第二节 人力资源需求预测 ·· 72
  第三节 人力资源供给预测 ·· 80
  第四节 人力资源信息系统 ·· 89

第四章 工作分析 ·· 97
  第一节 工作分析的概念与作用 ·· 98
  第二节 工作分析的步骤 ·· 100
  第三节 工作分析的方法 ·· 102
  第四节 工作分析的结果运用 ··· 112

第五章 员工招聘与甄选 ·· 119
  第一节 员工招聘 ·· 119
  第二节 招聘中的工作预览 ·· 134
  第三节 招聘的成本—收益分析 ·· 141
  第四节 胜任力模型与员工甄选 ·· 147

第六章 培训与开发 ·· 155
  第一节 培训与开发的相关理论基础 ·· 157
  第二节 培训与开发的对象与内容 ·· 160
  第三节 培训与开发的类型 ·· 163
  第四节 企业大学与员工培训 ··· 167

第七章　职业生涯规划与发展 …… 177
第一节　职业和职业生涯规划的概述 …… 178
第二节　职业生涯规划与发展的理论基础 …… 180
第三节　职业生涯规划与管理 …… 185
第四节　职业生涯规划中常见的议题 …… 189

第八章　绩效考核 …… 198
第一节　绩效考核概述 …… 202
第二节　绩效考核的基础 …… 204
第三节　绩效考核的方法 …… 208
第四节　绩效反馈 …… 222

第九章　薪酬与福利管理 …… 226
第一节　薪酬管理的目标 …… 227
第二节　薪酬的影响因素 …… 231
第三节　薪酬设计的方法 …… 233
第四节　薪酬调查 …… 247
第五节　薪酬支付的方式 …… 249
第六节　福利管理 …… 251

第十章　员工纪律与员工关系管理 …… 260
第一节　员工考勤管理 …… 261
第二节　员工援助计划 …… 267
第三节　员工离职管理 …… 273
第四节　劳动纠纷管理 …… 276

第十一章　国际企业人力资源管理 …… 281
第一节　企业国际化对人力资源管理的影响 …… 282
第二节　国际企业人力资源管理模式 …… 289
第三节　国际企业的外派人员管理 …… 293

第十二章　人力资源管理面临的挑战 …… 303
第一节　金融危机后的企业人力资源管理 …… 304
第二节　疫情危机下的企业人力资源管理 …… 309
第三节　基于信息技术的人力资源管理变革 …… 314

参考文献 …… 321

后　记 …… 330

第一章 人力资源管理导论

 学习目标

1. 理解人力资源和人力资源管理的基本概念、特点及其分类
2. 了解人力资源管理的基本职能及其在组织管理中的作用
3. 了解人力资源管理的发展历史及其演变过程
4. 理解现代人力资源管理和传统人事管理的差异
5. 了解人力资源管理的发展趋势

 开篇案例

名企如何激励员工

美国管理大师彼得·德鲁克(Peter Drucker)在他的著作《公司的概念》中提到,如今管理面临的挑战是充分运用数量巨大的新资源——知识型员工的生产力,而不是体力劳动者的生产力,成为当今社会实现经济增长、获得经济实绩的关键。知识型员工除了要拥有较强的专业技术和能力,还应该具备两个特点:其一,对企业的生产经营有直接且较大的影响;其二,这样的人才在劳动力市场属于稀缺资源。因此,如何有针对性地去激励知识型员工,激发出他们最大的潜力,为企业做出不凡的贡献,成为企业需要破解的难题。那么,国际知名企业是如何激励知识型员工的呢?

• 谷歌的"20%时间"

谷歌曾经有一项针对工程师们的制度,允许他们拿出20%的时间做自己喜欢的项目。这也就意味着,这些工程师们在每一周内都会有一天的时间能够"自由创作"。这无疑极大地激发了工程师们的工作热情和创新意愿,谷歌后来一系列产品的诞生,如Gmail、谷歌地图等都得益于这个制度的实施。虽然近几年由于战略和政策的调整,谷歌的"20%时间"制度的实施受到限制,但是这项制度对于谷歌曾经的迅猛发展发挥了不小的作用,使谷歌成为最具创新力的公司之一。

• 3M的"15%法则"

与谷歌类似的,以创新著称的美国3M公司有一个"15%法则"。3M要求公司的科技人员花费其15%的时间在自行选定的领域内,从事研究和发明创造活动。在这一制度下,公司员工被激发出的创造力为公司带来了一连串获利丰厚的创新产品,从大名鼎鼎的立可贴到反光牌照等。自从实施"15%法则"之后,3M公司的销售额及盈利均增加了40多倍。

- 芬尼克兹的"裂变创业"

广东新能源与环保科技公司芬尼克兹(PHNIX)的创始人宗毅建立独创的"裂变创业"模式来激励公司的优秀骨干。这套模式的核心是将母公司的优秀核心骨干转变为裂变公司的创业者。芬尼克兹公司提出某一新项目,鼓励入职5年以上的优秀骨干自愿参加此项目的创业大赛。由企业的管理层和优秀员工担任项目创业大赛的评委,评委将自己的资金投资给他们所看好的创业团队,成为他们的股东。获胜的创业团队自此正式成立为裂变公司,芬尼克兹的创始人占50%的股权,创业团队占25%,评委投资人占25%。当裂变公司赢利时,创业团队分利润的比例超过25%。芬尼克兹的骨干员工转型成为其裂变企业的创始人,享受高额的利润回报。

- 海尔:从"人单合一"到"小微模式"

海尔的张瑞敏在2005年就推出了"人单合一"的组织管理模式。在这样的模式之下,员工变成创业者和动态合伙人直接面对用户,拥有现场决策权、用人权和分配权,在为用户创造价值的同时实现自身价值。进入"互联网+"时代,海尔将"人单合一"升级成了"小微模式",人人都可以成为CEO。所谓的小微,就是海尔平台组织上的独立运营的创业团队,员工变身成小微主和小微成员,能够充分利用海尔平台上的资源快速变现价值。海尔这种创新的制度激发员工产生了巨大的能量。以"雷神小微"为例,2013年,三名"85后"的海尔年轻员工成立全新产品小微——雷神。在短短两年内,"雷神"完成了三轮融资,2015年,其收入达到7亿元人民币。

知识型员工具备了较高的能力和素质,如果企业能根据他们的特点和需求设计一些创新大胆的激励手段,激发他们的工作动机和意愿,据调查,他们所创造出来的绩效至少是一般普通员工的四倍。上述四个名企示例的一个共同点,就是满足了知识型员工强烈的实现自我价值的愿望,从而为企业的长远发展注入强大的推动力。

资料来源:HR案例网 http://www.hrsee.com/?id=926

案例思考题

1. 知识型员工在企业中属于什么资源?对于企业的重要性如何体现?
2. 这些知名企业激励员工的方式体现了人力资源管理的哪些方面?

第一节 人力资源与人力资源管理

一、人力资源的含义与特征

(一)人力资源的基本概念

资源(resource),在《辞海》中的解释是"资财的来源"。在经济学中,资源是为了创造物质财富而投入生产过程中的一切要素。资源是人类赖以生存的基础,一般可以划分为自然资源、资本资源、信息资源、时间资源和人力资源五个类别。在上述资源中,唯一具备劳动能力的是人力资源。恩格斯在《劳动在从猿到人转变中的作用》中指出,"劳动和自然界在一起,它才是一切财富的源泉。"人力资源是人类创造财富过程中不可或缺的资源。进入21世纪,以自然资源为基础的传统产业比重迅速下降,以人的知识和智慧为主的高技术型产业正在成为社会主导产业,人力资源在社会经济发展的角色与地位日益重要。

人力资源(human resource)的概念最早出现在约翰·R.康芒斯的两本著作《产业信誉》和《产业政府》中,康芒斯被认为是第一个使用"人力资源"一词的学者。但最接近我们现在所使用的人力资源概念的,是由管理学大师彼得·德鲁克于1954年在《管理实践》一书中正式提出并加以界定。他认为人力资源是一种特殊的资源,需要通过激励机制加以开发并使其为企业创造价值。

当前,我们所理解的人力资源概念可以归纳为:一定范围内的人口中所具有劳动能力的人的总和,他们通过从事体力劳动和智力劳动,为社会创造物质和精神财富。可以从宏观和微观两个层面上理解人力资源的概念:宏观上,人力资源指一个国家或地区内所有人口具有的劳动能力的总和;微观上,人力资源指一个企业或部门内所有员工的劳动能力的总和。

人力资源包含数量和质量两个方面。对于企业而言,人力资源的数量包括企业现有的员工(不包括即将离开的员工)以及潜在员工(计划从外部招聘的员工)。人力资源的质量则是指企业所有员工的劳动力素质,包括体力素质和智力素质,它通常受到先天遗传和环境因素的影响。

人力资源的概念涵盖以下四个基本要点:① 人力资源是一种"活"资源,必须依赖人体而存在,劳动能力的形成与身体密不可分;② 人力资源必须经过开发才能够形成生产力,企业通过对人力资源的有效管理和投资能够提高企业生产力;③ 人力资源是价值创造的源泉。企业通过充分利用人力资源进行生产活动可以实现企业利润最大化;④ 人力资源包含数量和质量两个方面,人口的数量和质量都会直接影响人力资源的整体质量。

(二) 人力资源与相关概念

在理解人力资源的概念时,我们需要明确人口资源、劳动力资源、人才资源与人力资源的区别。

人口资源是指一个国家或地区的劳动力总和,侧重于人口的数量,是其他相关资源的基础。劳动力资源是指一个国家或地区内具有劳动能力并在劳动年龄范围之内的人口总和。根据《劳动法》相关规定,劳动力资源通常是16—60岁的人口群体。人才资源是指一个国家或地区内具有较多科学知识、较强专业技术能力、管理能力、创造能力,能够为组织目标实现起到关键作用的人口总和。人才资源侧重于人口的质量,是劳动力资源中较为优秀的那部分人。广义的人力资源是指在一个国家或地区中,能够推动社会经济和文化发展的,具有劳动能力的人口的总称。人力资源强调劳动能力,涵盖了所有具有劳动力的人口,包括现实和潜在的劳动力资源。狭义的人力资源也可以等同于劳动力资源,主要指各类组织中的员工。

人口资源、人力资源、劳动力资源以及人才资源四者之间关系,如图1-1所示。人口资源强调数量,包含一定范围内所有的人口数量,它是人力资源形成的基础。而人才资源强调质量,是人力资源中质量较高的那一部分。人力资源和劳动力资源在强调质量的同时也重视数量,是个体所具有的对价值创造起贡献作用,且能够被组织开发利用的体力和智力的总和。这四种资源在概念上相近又有所区别,就数量而言存在一种包含的关系。

在管理实践中,人力资本也是常与人力资源相混淆的概念。美国经济学家西奥多·舒

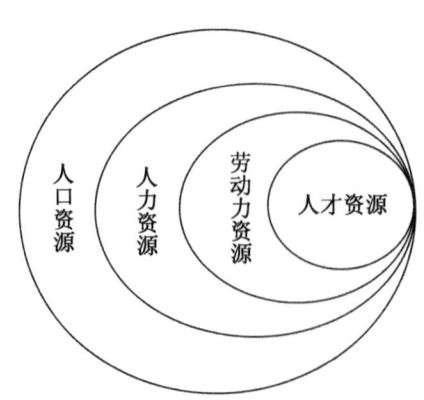

图1-1 人口资源、人力资源、劳动力资源以及人才资源四者之间的包含关系

尔茨在《论人力资本投资》中指出,相较于实物资本,人的知识、健康、智力等人力资本对于经济增长具有更重要的意义。人力资本是人的体力、智力和技能的总和,是凝结于人身体中的资本。人力资本和其他资本一样具有增值性,能够为投资者带来收益。人力资本的形成建立在人力资源基础上。人力资本是经过开发的人力资源,这一概念在经济学范畴中更多地被当作一种生产要素。

(三) 人力资源的基本特征

人力资源作为一种最有价值的资源,除了具有其他资源的特点,还具有自身的独特性质。

1. **人力资源具有能动性**

人力资源与其他资源相比,一个最重要区别就是具有能动性,能够根据所处的环境条件,主动地适应和改造社会。不同于其他生物,人类对于自身和外部世界有着清晰的看法和意识,这种意识使得人类在社会生活中处于主导地位,是最积极、最活跃的主动性生产要素。人作为劳动者,具有思考和创造能力,能够充分利用自己的体力、智力和自然资源进行生产活动,为社会创造财富。人力资源的能动性主要体现在自我强化、职业选择和积极劳动三个方面。自我强化是指人们通过努力学习和教育发展,不断提高自身劳动能力的过程;职业选择指个体可以主动地选择职业,能够将人力资源和物质资源有效结合,最大限度地发挥自身才能;积极劳动是指个体在劳动过程中产生敬业精神,主动积极地利用自身知识和能力,推动生产力不断进步,促进经济增长和人类社会的进步与发展。因此,在开发和管理人力资源时,不仅要关注人力资源的数量和质量,更要注重调动人力资源的主观能动性。

2. **人力资源具有时效性**

人力资源的时效性从两个方面进行理解。一方面,人作为人力资源的载体,其生命具有周期性。人力资源的形成、开发和利用都受到时效性的限制。劳动力所处的时期(青年、壮年、老年)不同,劳动能力也有所不同,呈现一种"倒U形"关系。另一方面,相对于日新月异的环境,人力资源所掌握的知识技能等要素是有时效性的,如果不及时学习和更新就难以满足外部环境变化的要求。因此,人力资源的开发必须符合人力资源时效性规律,做到适时开发、及时利用、不断学习更新,最大限度地发挥人力资源的作用。

3. 人力资源具有社会性

从社会角度来看,人力资源也是一种社会资源。人力资源的基础是人,人是构成社会的基础。人与动物的区别在于,人类不仅具有生物性,还具有社会性。人力资源处在特定的社会范畴内,它的形成依赖于社会,并通过社会分配后在社会经济体系发挥作用。人的思想理念、精神文化的产生都基于一定的社会环境,又会随着社会的发展而不断变化。人力资源的社会性,主要体现在人的社会关系中。人是社会中的群体,离开社会群体而完全孤立的人是不可能存在的,个体必须要通过群体来发挥作用。合理的群体结构能够帮助个体发挥作用,群体结构又在很大程度上取决于社会环境,它通过影响群体间接影响个体人力资源的开发与利用。在进行人力资源管理时,要注重人与个体、人与群体和社会之间的关系协调,不仅要考虑经济发展,也要注重精神文明发展。

4. 人力资源具有再生性

资源可以划分为可再生性资源和不可再生性资源两大类。一般来说,可再生性资源(如森林等生物资源)被合理开发使用后,依然可以恢复;不可再生性资源(如矿产等自然资源)会因为持续被消耗而不断减少。人力资源是一种可再生性资源,其再生性以人的生物性为基础,体现为人口和劳动力的再生产。个体不断更新恢复以及"劳动力耗费—劳动力生产—劳动力再次耗费—劳动力再次生产"的过程实现了人力资源的再生产。由于人力资源在使用过程中以人为载体,就会不可避免地出现磨损,主要包括身体疲劳衰老和知识技能老化导致的劳动能力下降。个体通过培训学习、积极锻炼等手段可以有效减少磨损,实现自我更新、自我丰富与自我提高。

5. 人力资源具有生产、消费双重性

人力资源既具有生产性,又具有消费性。生产性是指人力资源是创造财富的生产要素,而且人力资源的使用是一种生产性行为。人力资源和其他资源一样有投入与产出的规律,必须与自然资源相结合,有相应的活动条件才可以生产出满足人类社会需求的产品和服务。消费性是指人力资源的保持需要消耗一定的物质财富。因此,劳动者不仅仅是生产者,也是消费者。需要特别注意的是,不论一个有生命的人是否具备劳动能力,都需要消耗社会生活资料。人力资源的生产性和消费性是相辅相成的,生产性创造物质财富,消费性则保障劳动力的维持和发展。同时,消费性也是人力资源本身的生产和再生产的条件。组织在投资开发和管理人力资源时,要注意人力资源生产、消费双重性的平衡。

(四)人力资源的作用

人力资源是国民经济运行和企业进行生产活动的基本前提。人力资源的作用主要体现在以下几个方面。

1. **人力资源是财富创造的关键要素**

人力资源是构成社会经济活动的基本要素。从宏观角度来看,人力资源可以组合运用其他各种资源在社会中进行价值创造;从微观角度来看,企业对雇佣的劳动力进行开发和利用,通过生产活动获得利润。人力资源在自然资源转化为财富的过程中起到了关键作用。

2. **人力资源是企业的首要资源**

企业是指集中各种资源(如土地、资金、信息、技术、人力等),进行有效整合实现利益最大化,并满足利益相关者要求的组织。企业是社会经济活动中最基本的单位之一,是价值创造的主要形式。在企业生产活动的各种资源中,人力资源能够充分利并将其他物质资源转化为财富,最终帮助组织实现其目标。

3. 人力资源在经济发展中的作用

现代经济理论认为,经济增长的主要途径包括以下四个方面:新的资本资源的投入;新的可利用自然资源的发现;劳动者平均技术水平和劳动效率的提高;科学和社会知识储备的增加。后两个因素与人力资源密切相关,只有通过不断开发和管理人力资源才能够实现。随着时代的发展,知识型经济逐渐成为主导,可以说人力资源决定了经济的增长,经济学家也将人力资源称为第一资源。一个国家经济发展的关键在于如何提高人力资源的质量,换句话说,人力资源的开发是生产发展和经济增长最重要的因素,也是社会进步的一个前提条件。

二、人力资源管理的内涵

(一) 人力资源管理的含义

人力资源管理(Human Resource Management,HRM)最早由社会学家怀特·巴克在1958年出版的《人力资源功能》一书中提出。后来,不少国内外学者从多种视角对人力资源管理的概念进行解释,具有代表性的观点如下表1-1所示。

表1-1 人力资源管理的几个代表性概念

代表观点	人力资源管理释义	学者
目的观	人力资源是通过各种技术与方法有效运用人力资源达成组织目标的活动。	韦恩·蒙迪和罗伯特·M.诺埃,1996
过程观	人力资源管理是负责组织人员的招募、选拔、训练以及报酬等功能的活动,以达成个人与组织的目标。	舍曼,1992
制度观	人力资源管理是指影响雇员的行为、态度以及绩效的各种政策、管理实践和制度。	雷蒙德·A.诺伊,2001
主体观	人力资源管理指那些专门的人力资源管理职能部门中的专业人员所做的工作。	余凯成,1997
综合观	人力资源管理是指运用现代科学方法,对与一定物力相结合的人力进行合理的培训、组织与调配,使人力、物力经常保持最佳比例,同时对人的思想、心理和行为进行恰当的诱导、控制和协调,充分发挥人的主观能动性,使人尽其才、事得其人、人事相宜,以实现组织目标。	赵曙明,2001

管理是指在特定的环境下,对组织拥有的各项资源进行计划、组织、领导和控制,保证以有效的方式实现组织既定目标的过程。人力资源管理是管理的职能之一,因此,人力资源管理就是对组织的人力资源进行计划、组织、领导和控制,以保证从人力资源的角度帮助组织实现目标。以上几种观点从不同的角度解释了人力资源管理的内涵,其中,"综合观"是目前最广泛使用的观点。本书将人力资源管理(HRM)定义为:组织通过招聘、甄选、培训、报酬等管理活动,对组织内相关人力资源进行合理配置、有效开发和科学管理,满足组织当前以及未来发展的需要,以保证组织目标实现和员工价值最大化。

人力资源管理包含宏观和微观两个层面。宏观层面的人力资源管理是从社会经济的范围来界定的,指的是在一个国家或地区范围内,政府对于全社会的所有从业人员从招聘、培训直至退休的全过程管理。宏观人力资源管理的主体是一个国家或地区的政府,通过建立一系列制度、政策和具体的措施,为人力资源开发和利用提供条件,从而实现推动社会经济发展的目标。微观的人力资源管理是以企业等组织为主体,对于组织中的人力资源进行工作分析、战略规划、招聘与选拔、薪酬管理等各个关节的系统管理。通过系统的规划和管理,充分调动员工的积极性,帮助实现组织目标,促使组织利益最大化。我们通常提到的人力资源管理主要是指微观的人力资源管理。

(二)人力资源管理的目标

1. 人力资源管理的根本目标

人力资源管理的根本目标是促进人的发展并实现组织价值。组织通过对人力资源进行科学合理的配置和开发,有效发挥并运用人的潜能,实现人力资源与组织的共同发展。人力资源并不一定具备现实的生产力,通过有效的措施进行开发利用,提高劳动者质量,改善劳动力结构,才能够促进劳动者和生产资料的最优结合。

2. 人力资源管理的总体目标

人力资源的总体目标是帮助企业实现整体目标。人力资源管理作为企业管理的一个部分,从属于企业管理,而企业管理的目标是实现企业既定的目标,人力资源管理的目标也应当服务于这一目标。

3. 人力资源管理的具体目标

(1) 经济目标。将劳动力和生产资料进行合理配置、科学结合,实现最佳的经济产出。

(2) 社会目标。提高劳动力素质,优化劳动力结构,提高社会整体的生产力,促进经济增长和社会进步。

(3) 个人目标。通过对个人潜能的开发,对于知识技能的学习和培训,不断提高个人素质,培养全面发展的人,帮助个体更好地融入社会、创造价值。

(4) 技术目标。完善和改进人力资源管理全过程中的各项技术手段,并以此强化个体提高人力资源管理的效率。

(三)人力资源开发与人力资源管理的关系

1. 人力资源开发的含义

人力资源开发(Human Resource Development,HRD)最早由里奥·那德勒教授于1970年出版的《人力资源开发》一书中提出,书中完善了人力资源开发领域分析框架的模型。那德勒将人力资源开发定义为:在一段时期内,雇主为员工提供有组织的学习体验,来增加雇员提高绩效和个人发展的潜能。后来,也有许多学者提出了人力资源开发的不同解释。目前,广义的人力资源开发是指对一定范围内的劳动力进行提高素质、激发潜能、合理配置等活动,旨在提高人们参与生产活动所必备的知识、技能、体力以及正确的劳动态度、价值体系等的一系列活动。广义的人力资源开发包含三个层次的目标:① 社会范围内的人力资源开发目标,如维持和发展一个国家或地区范围内的人力资源数量与质量;② 微观企业范围内的人力资源开发目标,如提高企业内的人力资源劳动水平;③ 劳动者个人的人力资源开发目标,如提高自身的知识技能水平、促进自身职业生涯发展。

2. 人力资源管理与人力资源开发的关系

人力资源管理与人力资源开发在实践中是一对既有联系又有区别的概念,两者相辅相成、难以割裂。从包含关系来看,人力资源开发的主要内容体现在人力资源管理的各个环节中。人力资源开发的重点是针对组织中的人力资源进行有针对性的培训与开发,提高劳动力素质,这些内容都被公认为是人力资源管理的职能组成部分。另一方面,人力资源开发要建立在人力资源管理的基础上。人力资源开发是有针对性的培训与开发,需要对组织中不同的个体和群体执行不同的政策,这些信息都需要通过人力资源管理的手段获取。从战略导向来看,人力资源管理要以人力资源开发为导向。人力资源开发的目标与企业战略是一致的,提高组织中劳动力的知识技能水平,体现了企业"以人为本"的精神,也顺应知识型人才培养的时代趋势。一个能够长久发展的企业不能只停留于组织的日常管理,更要注意长期发展所必需的人力资源开发。

虽然两者联系紧密,但是在侧重点、研究内容等方面依然有所区别,主要体现在以下三个方面:

(1) 侧重点不同。人力资源开发更加强调战略性,是为了组织与组织中的个人长远发展所采取的措施。

(2) 研究内容不同。人力资源开发主要涉及职业生涯规划、培训与开发等长远性、未来性的内容,而人力资源管理则包含企业中所有的招聘、甄选、薪酬等具体、现实的环节。

(3) 研究理念不同。人力资源开发是人本理念的集中体现,人力资源开发的各项措施对于个体具有很强的针对性,强调将组织目标与个人需求相结合,是对人力资源的极大重视。

(四) 现代人力资源管理与传统人力资源管理的区别

人力资源管理最初被称为人事管理,它起源于工业革命后期,属于一种范围较小、短期导向为主的行政事务性管理。经过长期发展,传统人事管理的职能和内容不仅在功能上得到扩展,而且直接与企业战略关联,从而形成了现代人力资源管理。两者的区别体现在四个方面:首先,传统人事管理是单纯的事务性、技术性的管理,现代人力资源管理更具有战略性,着眼于企业的长远发展。其次,传统人事管理以利益、事务为中心,忽略了人的价值,将人视为工具;现代人力资源管理以人为本,把人视为重要的企业资源,主动开发利用人力资源。再次,传统的人事管理部门是企业内部执行工作的职能部门,而现在人力资源管理部门已经成为组织中的生产效益部门。最后,对于员工的管理方式上,传统人事管理将人视为"经济人",实行工具化的行政管理,而人力资源管理将人视为"社会人",对员工进行人本化管理。

表1-2 现代人力资源管理与传统人事管理的区别

项目	人力资源管理	传统人事管理
管理导向	过程导向	成果导向
管理观念	以人为本,将员工视为有价值的资源	以利益为本,将员工视为成本负担
管理目标	满足员工自我发展需要,保障企业长远利益实现	保障组织短期目标实现

(续表)

项目	人力资源管理	传统人事管理
视野	长远性	短期性
部门性质	生产、效益部门	非生产、非效益部门
与其他部门关系	合作关系	职能式
地位	决策层	执行层
管理功能	系统整合	单一分散
管理对象	雇佣双方	员工
管理深度	注重开发潜能	注重管理人员
管理焦点	人力资源的发展	绩效考核
管理方案	变化的、挑战的	例行的
工作方式	参与、透明	控制、命令
劳资关系	平等和谐的	从属对立的
HRM实践	范围广泛	范围狭窄

(五) 人力资源管理的人性理论演变

影响人力资源管理演变的一个重要因素就是对于组织中人的看法,即管理的人性观。管理的人性观是指管理者对于组织中员工的认识和看法,不同的组织会根据管理的人性观设计不同的人力资源管理措施,进行不同的管理活动,美国著名心理学家沙因将多种人性理论简洁地概括为"经济人""社会人""自我实现人"以及"复杂人"四种。根据不同的假设,不同的人力资源管理理论被相继提出。

1. "经济人"假设　X理论

"经济人"假设源于西方享乐主义的哲学观点和亚当·斯密关于劳动交换的经济理论,经济人假定人的思考和行为都是目标理性的,总是追求利益的最大化。具体包括:① 人是由经济诱因引发工作动机的,其目的在于获得经济利益。② 经济诱因由组织提供,因此,人在组织的操纵控制之下工作。③ 人总是以理性的方式行事,企图用最小的投入获得最大的回报。④ 人的情感是非理性的,会干扰人们对于利害的理性权衡,组织必须设法控制人的感情。

美国工业心理学家麦格雷戈在1960年出版的《企业中的人性方面》中提出了X理论,X理论是对"经济人"假设的概括。X理论的基本观点如下:① 多数人天生是懒惰的,他们都尽可能逃避工作。② 多数人都没有雄心壮志,不愿负任何责任,而心甘情愿受别人的指导。③ 多数人的个人目标都是与组织目标相矛盾的,必须用强制、惩罚的办法,才能促使他们为达到组织的目标而工作。④ 多数人干工作都是为满足基本的生理需要和安全需要,因此,只有金钱和地位才能鼓励他们努力工作。⑤ 人大致可分为两类,多数人都是符合上述设想的人,另一类是能够自己鼓励自己,能够克制感情冲动的人,这些人应负起管理的责任。

2. "社会人"假设——"人际关系"理论

"社会人"假设的理论基础是人际关系学说,这一学说由霍桑实验的主持者梅奥提出。梅奥对霍桑试验进行了总结,完成了《工业文明中人的问题》一书,并提出人际关系学说,其主要内容如下:

(1) 工人是"社会人"而不是"经济人"。梅奥认为,人们的行为并不单纯出自追求金钱的动机,还有社会方面的、心理方面的需要,即追求人与人之间的友情、安全感、归属感和受人尊敬等,而后者更为重要。因此,不能单纯着眼于技术和物质条件,而必须首先从社会心理方面考虑合理的组织与管理。

(2) 企业中存在着非正式组织。企业中除了存在着古典管理理论所研究的为了实现企业目标而明确规定各成员相互关系和职责范围的正式组织,还存在着非正式组织。这种非正式组织的作用在于维护其成员的共同利益,使之免受由于内部个别成员的疏忽或外部人员的干涉所造成的损失。为此,非正式组织中有自己的核心人物和领袖,有大家共同遵循的观念、价值标准、行为准则和道德规范等。

梅奥指出,非正式组织与正式组织有重大区别。正式组织以效率逻辑为行为规范;而非正式组织则以感情逻辑为行为规范。如果管理人员只是根据效率逻辑来管理,而忽略工人的感情逻辑,必然会引起冲突,影响企业生产效率的提高和目标的实现。因此,管理当局必须重视非正式组织的作用,注意在正式组织的效率逻辑与非正式组织的感情逻辑之间保持平衡,以便管理人员与工人之间能够充分协作。

(3) 新的领导能力在于提高工人的满意度。在决定劳动生产率的诸多因素中,置于首位的因素是工人的满意度,而生产条件、工资报酬只是第二位的。职工的满意度越高,其士气就越高,从而生产效率就越高。高的满意度源于工人个人需求的有效满足,不仅包括物质需求,还包括精神需求。因此,企业管理人员必须具有处理人事管理的能力。

3. "自我实现人"假设——Y理论

"自我实现人"是美国管理学家、心理家马斯洛提出的一个概念。所谓自我实现指的是:人都需要发挥自己的潜力,表现自己的才能,只有人的潜力充分发挥出来,人的才能充分表现出来,人才会感到最大的满足。

麦格雷格总结了马斯洛以及其他学者的类似观点,结合管理问题,提出了Y理论。Y理论与X理论是根本对立的,其基本内容如下:

(1) 一般人都是勤奋的,如果环境条件有利,工作如同游戏或休息一样自然。

(2) 控制和惩罚不是实现组织目标的唯一方法,人们在执行任务中能够自我指导和自我控制。

(3) 在正常情况下,一般人不仅会接受责任,而且会主动寻求责任。

(4) 在人群中广泛存在着高度的想象力、智谋和解决组织中问题的创造性。

(5) 在现代工业条件下,一般人的潜力只利用了一部分。

4. "复杂人"假设——超Y理论

"复杂人"假设是20世纪60年代末至70年代初由沙因提出的。这种理论要求将工作、组织、个人三者做最佳的配合,其基本观点可概述如下:① 人怀着各种不同的需要和动机加入工作组织,但最主要的需要是实现其胜任感。② 胜任感人人都有,它可能被不同的人用不同的方法去满足。③ 当工作性质和组织形态适当配合时,胜任感是能被满足的(工作、组织和人员间最佳配合能引发个人强烈的胜任动机)。④ 当一个目标达到时,胜任感可以继续被激励起来,目标已达到,新的更高的目标就又产生了。

根据"复杂人"假设,美国管理心理学家约翰·莫尔斯和杰伊·洛希在1970年提出了一种新的管理理论——超Y理论。超Y理论是一种在组织管理中更具当代特色的学说,它是有关"权变理论"的别称。所谓权变,是指组织根据环境的变化而产生的适应性变化。超Y理论认为:① 人的需要是多样的,并且随着生活条件的变化而变化。每个人的需要各不相同,需要层次也因人而异。② 人在同一时间内有各种需要和动机,它们会发生相互作用,并结合为统一整体,形成错综复杂的动机模式。③ 动机模式的形成是内部需要和外界环境相互作用的结果,人在组织环境中,因工作与生活条件不断变化会产生新的需要与动机。④ 一个人在不同的单位或同一单位的不同部门工作,会产生不同的需要。⑤ 由于人们的需要不同、能力各异,对于不同的管理方式会产生不同的反应,因此,没有一套适合任何时代、组织和个人的普遍行之有效的管理方法。

三、人力资源管理的职能

(一) 人力资源管理的基本职能

企业人力资源管理是组织根据内外部环境所设定的一系列相互联系、相互作用的管理活动,帮助企业进行人力资源的有效运用和管理,实现利益最大化的目标。人力资源管理通过它所承担的各项职能和管理活动来实现其功能和目标。关于人力资源管理的职能,国内外学者也存在不同的观点。在实践中,人力资源管理通常被划分为六大模块,包括人力资源规划、招聘与配置、培训与开发、绩效管理、薪酬福利管理和劳动关系管理。本书将人力资源管理的基本职能概括为以下八个方面:

1. 人力资源战略与规划

人力资源战略是为实现企业的总体战略而制定的在人力资源方面的政策方针,是企业总体战略的一个重要组成部分。人力资源战略为人力资源管理的各项活动提供指导思想和发展方向,是人力资源部门开展工作的长远性和根本性的目标。人力资源规划是将人力资源战略进一步转化为分阶段、可实施的阶段性目标、政策和措施。根据组织的内外部环境和人力资源战略,系统全面地分析和确定人力资源需求,保证组织的人力资源供需平衡。具体内容包括评估组织的人力资源现状及发展趋势、对人力资源的供需进行预测、制定人力资源发展和培训计划等。良好的人力资源规划可以帮助企业减少不必要的损失,降低企业经营风险,保障企业平稳运行。

2. 工作分析

工作分析也称为岗位分析或职务分析,是对组织中的具体岗位进行分析和界定,确定岗位的具体工作内容、权限、责任和人员素质的过程。工作分析通过对职位的责任、内容、规范、流程进行信息搜集和整理,明确能够胜任该职位的工作者所需的素质、技能、知识,最终形成工作描述和职位说明书。工作分析的结果是员工招聘、培训、考核等工作的依据,是人力资源管理的基础环节。

3. 员工招聘

员工招聘是根据人力资源规划和工作分析的要求从组织内外部吸收人力资源的过程，是组织扩充人员的主要方式。员工招聘包括招募、选拔、评估、录用等一系列环节，通过对候选人进行评估与测试，为企业寻找并获取合适的、具有潜力的人力资源。

4. 培训与开发

员工培训是通过企业内部培训和外部社会培训等方式，提高员工知识、技能、思想素质等方面的过程。员工开发是指为员工未来发展而展开的正规教育、在职实践、人际互动以及个性和能力的测评等活动。企业开展一系列培训与开发活动，旨在提高员工的个人能力和工作态度，使员工能胜任本职工作并不断有所创新，可以帮助员工更好地实现个人价值，激发潜能，提高对于组织的责任感和归属感，最终提高企业整体的生产效率和经济效益。对于现代企业来说，人力资源已经成为企业的核心资源，因此，企业想要长远发展，员工的培训与开发是不可忽视的重要环节。

5. 绩效管理

绩效管理是组织通过制定绩效目标、确定工作任务并对员工工作过程和结果进行考核评估的过程。绩效考核是组织目标实现的重要手段，能够为员工的工作情况提供反馈，帮助员工改善绩效，调动员工工作积极性，最终改善组织的整体绩效。员工绩效考评的结果也是员工的培训、晋升、奖惩等人事决策的重要依据。

6. 薪酬管理

薪酬管理包括对于基本工资、绩效工资（成就工资）、津贴、奖金以及福利等薪酬结构的设计与管理，以激励员工努力工作。薪酬管理是人力资源管理的重要组成部分，人力资源管理部门需要根据员工的职位、资历、表现和工作成果，来制定相应的、具有吸引力的薪酬制度，帮助组织吸引和留住人才，充分发挥人力资源的效能。

7. 职业生涯规划

职业生涯规划是组织和个人对职业历程的规划，促进职业生涯发展的一系列活动，包括职业生涯决策、设计、发展等内容。职业生涯规划不仅仅是员工个人的工作，企业可以通过内外部培训等方式指导员工进行规划。企业适当地参与员工职业生涯规划，不仅可以帮助员工个人成长和发展，也可以使企业了解员工的需要、能力和目标，将员工兴趣特长与企业的岗位需要相结合，充分发挥员工的潜力。职业生涯规划也能够成为企业和员工相互了解的工具，创造出企业与员工共同发展的良好氛围。

8. 劳动关系管理

劳动关系又称劳资关系，是通过劳动建立的企业与员工之间的关系。人力资源管理旨在发展良好的劳资关系，通过企业制度文化建设、规范化和制度化的管理，营造和谐的劳动关系和良好的工作氛围。一个企业的劳动关系是否融洽，直接关系到企业人力资源能否正常发挥效用。通常，企业会建立工会，对劳动过程中出现的劳动纠纷进行调解。

(二) 人力资源管理的功能

人力资源管理的功能是通过人力资源管理的职能来实现的，是履行各项职能的结果。人力资源管理的基本功能包括获取、整合、调控、开发、激励和维护。

1. 获取

人力资源的获取功能主要包括人力资源规划、工作分析、员工招聘等内容。根据组织目标确定所需要的员工,通过规划、招募和选拔获取优秀的员工,帮助组织吸纳所需要的员工。

2. 整合

整合功能主要包括组织沟通、群体认同、人际关系、信息沟通、矛盾冲突的调节等内容。整合功能旨在帮助员工之间形成良好的人际关系,和谐共处,建立团队合作,发挥集体优势。在这个过程中员工个人的行为、目标、态度将与组织的目标趋于一致,是个人行为与组织规范的同化过程。员工个人的价值观趋同于组织理念,使员工产生对组织的认同感和归属感,能够促进员工的工作满意度,提升员工工作积极性。

3. 调控

调控功能是对员工实施公平管理的过程,包括员工的绩效考核、素质评估,并根据考评结果对员工进行动态管理,包括晋升、奖励、调动、惩罚、解雇、裁员等。

4. 开发

广义上的人力资源开发包括人力资源数量和质量的开发,从宏观上看,主要包括国家人口方针政策的调整等;从微观上看,在组织内部主要包括员工培训、职业生涯规划与开发等内容。人力资源开发能够提高员工的知识技能和素质,使员工最大程度实现其个人价值,使得组织高效运作,提高生产率。有效的人力资源开发能够为组织节省投入成本,带来高产出、高回报、高效益。

5. 激励

激励功能是人力资源管理的核心,是对员工的工作成果进行奖酬的过程,主要包括薪酬政策的制定、报酬分配、物质精神激励等过程。激励旨在根据员工绩效考评的结果,公平地向员工提供合理的工资、奖金和福利,激励员工努力工作,提升工作积极性和生产效率,提高组织绩效。

6. 维护

维护功能是企业人力资源管理顺利进行的保障。维护的基本内容包括劳动关系管理、员工安全保护、公平管理等。组织根据相关法律法规保证员工在劳动场所的安全和身心健康,为员工提供安全舒适的工作环境,提高员工的满意度,才能维护组织人力资源的健康持续发展。

第二节 人力资源管理的发展历程

一、人力资源管理在西方的发展

人力资源发展至今,经历了一个漫长的发展过程。关于西方国家的人力资源发展史,国内外学者将其划分为几个阶段进行研究。代表性的观点主要有佛伦奇基于管理的历史背景提出的六阶段论;罗兰和菲里斯主张从管理发展的历史划分的五阶段论;韦恩·F.卡肖从功能角度提出的四阶段论。对人力资源管理的发展阶段进行划分,可以帮助我们更深入地理解它(见表1-3)。

表1-3 人力资源发展阶段的几个代表观点

代表理论	划分依据	学者	具体内容
六阶段论	管理的历史背景	弗伦奇	第一阶段:科学管理运动阶段 第二阶段:工业福利运动阶段 第三阶段:早期工业心理学阶段 第四阶段:人际关系运动阶段 第五阶段:劳工运动阶段 第六阶段:行为科学和组织理论阶段
五阶段论	管理发展的历史	罗兰和菲里斯	第一阶段:工业革命时代 第二阶段:科学管理时代 第三阶段:工业心理时代 第四阶段:人际关系时代 第五阶段:工作生活质量时代
四阶段论	功能的角度	韦恩·F.卡肖	第一阶段:档案保管阶段 第二阶段:政府职责阶段 第三阶段:组织职责阶段 第四阶段:战略伙伴阶段

资料来源:杨东.人力资源管理(第二版)[M].重庆:重庆大学出版社,2012年.

综合这些观点,我们将西方人力资源管理的发展历程划分为五个阶段。

(一)劳动管理阶段

在14世纪至工业革命时期,人力资源管理以劳动管理的形式存在,主要分为前工业革命时期和工业革命时期两个阶段。14世纪末到19世纪的前工业革命时期,封建制度逐渐解体,商业和贸易伴随人口的流动不断发展,手工业劳动成为主流,各种手工作坊开始兴起。个体工作被群体工作代替,家庭作为生产单位,劳动分工在这个时期非常有限。当手工业劳作的效率已经无法满足日益扩大的市场需求时,第一次工业革命带来了重大的技术突破,大机器生产也代替了传统的手工业劳动。这个时期,工厂成为新的生产单位,管理者是工厂主。员工进入工厂劳作,使用机器进行生产,大大提高了生产效率。工业革命不仅推动了生产方式的变革,也促进了人力资源管理方式的变革。为了管理工厂内部的员工,工厂主设置专门的部门对员工进行管理,对他们进行培训和监督,使其高效地完成工作,提高生产效率。这个阶段的人力资源管理主要是与大机器生产相适应的,以提高企业生产效率为主要目的,以物质利益为主要手段。

(二)科学管理阶段

科学管理阶段与这一时期兴起的古典管理理论密不可分。古典管理理论以"经济人"假设为基础,认为人的行为目的是为了获得最大利益,并将人视为机器。在这种理论的影响下,组织有着严格的等级制度,推崇自上而下的管理,并通过报酬来激励员工。科学管理之父泰勒认为管理的根本目的是谋求最高劳动生产率,最高的工作效率是雇主和雇员达到共同富裕的基础,达到最高的工作效率的重要手段是用科学化的、标准化的管理方法代替经验管理。科学管理大大推动了企业的成长与发展,但在实践中也暴露出它的缺陷。泰勒制在使生产率大幅度提高的同时,也使工人的劳动变得异常紧张、单调和劳累,因而引起了工人们的强烈不满,并导致工人的怠工、罢工以及劳资关系日益紧张等事件的出现;另一方面,随着经济的发展和科学的进步,有着较高文化水平和技术水平的工人逐渐占据了主导地位,体力劳动也逐渐让位于脑力劳动,也使得西方的资产阶级感到单纯用古典管理理论和方法,已不能有效控制工人以达到提高生产率和利润的目的。这使得对新的管理思想、管理理论和管理方法的寻求和探索成为必要。

(三) 人际关系阶段

以霍桑实验为起源的"人际关系运动"推动了整个管理学界的革命,也对人力资源管理造成了重大的影响。人际关系运动主张通过协调企业内部的人际关系来提高劳动生产率,指出企业人际关系的好坏对企业的生产具有重要影响。社会心理学家梅奥通过实验发现工人不是只受金钱刺激的"经济人",个人的态度在决定其行为方面起重要作用。在"社会人"假设的指导下,人事管理的重点也从工作转向员工。管理者开始采取适度人性化的人力资源管理模式,即在管理的过程中,重视员工与同事、组织之间的关系,重视员工的情绪与感受,通过对员工的尊重与爱护,体现组织中员工主体地位的上升。基于"社会人"假设,管理者可采取的人力资源管理对策如下:① 企业的管理不应只关注工作任务,还应注意员工的人际关系问题,尊重和关心员工。② 在对员工的激励方面,用集体奖励制度代替个人奖励制度。③ 管理人员的职能不仅是计划、组织、控制,还包括了解员工的人际关系情况,协调员工之间的关系,培养员工对组织的归属感。④ 鼓励员工之间的沟通与交流,实行参与式管理。相对于"经济人"假设下的科学管理制度,"社会人"假设下的这种管理模式更具人性化,能够提高员工的工作满意度和对组织的归属感,工作效率也得到了极大提高。在这一阶段,管理研究的重点首次从工作上和物的因素转到人的因素上来,不仅在理论上对古典管理理论进行了修正和补充,开辟了管理研究的新理论,还为现代行为科学的发展奠定了基础,而且对管理实践产生了深远的影响。

(四) 行为管理阶段

随着管理研究重心向人的转移,人力资源管理进入了行为科学时期。学者开始研究人的行为、社会现象和心理现象,发现工人的行为、需要、动机和个性都会对工作效率带来重大的影响。美国人本主义心理学家马斯洛提出了需求层次理论,认为人有五种不同层级的需求,依次为生理的、安全的、社交的、尊重的和自我实现的。自我实现是人的最高需求。后来,麦格雷戈发展了马斯洛的"自我实现人"假设,提出了Y理论,认为人的本性是喜爱工作,要求工作是人的本性;在一般情况下,人们能主动承担责任,是受内在兴趣自我驱动的,热衷于发挥自己的才能和创造性;大多数人都具有解决组织问题的能力。因而在管理中,为了促使人们努力工作,应考虑工作对于员工的意义,鼓励员工参与目标的制定;以"启发和诱导"来代替"命令和服从",用信任代替控制和监督;重视员工的各种需要和内在激励,并尽可能在实现组织目标过程中予以员工最大的满足。在"自我实现人"假设的大背景下,管理实践者更注重高度人性化的管理模式,通过分权和授权、工作扩大化、参与式管理等方式扩大了员工自主权,注重员工心理因素的影响,充分认识到员工的动机和需求,促进了个人目标和组织目标的统一。无论是从国家出台的政策,还是从企业具体的管理实践都不难看出,人们关心的不仅有物质福利,还有精神上的满足。"自我实现人"假设的提出与发展,使得20世纪60年代学者们开始从社会学、心理学的视角来研究人的行为、需求和动机,是从简单人力资源管理向科学管理的转变,是从工作的管理到人的管理的转变。

(五) 现代人力资源管理阶段

到20世纪60年代末,"复杂人"的假设被提出,它认为人既不是单纯的"经济人",也不是完全的"社会人",而应当是因时、因地、因各种情况采取不同反应的"复杂人"。根据这一假设,学者提出了一种新的管理理论,即超Y理论。这种理论是要求将工作、组织、个人三者作最佳的配合,其基本观点可概述如下:① 人怀着各种不同的需要和动机加入工作组织,但最主要的需要是实现其胜任感。② 胜任感人人都有,它可能被不同的人用不同的方法满足;当工作性质和组织形态适当配合时,胜任感被满足(工作、组织和人员间最好配合能引发个人强烈的胜任动机)。③ 当一个目标达到时,胜任感可以继续被激励,从而产生更高层次的目标。超Y理论也被称为权变理论,根据这一理论,实践中不存在一个普遍适用的管理方式,管理实践者需要根据个体之间的差异,结合多样的组织形式、企业情况,采取灵活多变的管理模式。现代人力资源管理强调以人为本,将企业的发展战略与企业人力资源管理相结合。在新的时代,随着企业扩大、经济全球化和新生代员工的发展,企业员工类型逐渐多样化,不同种族、信仰、性别、文化和知识技能的员工差异明显,人力资源管理必须适应员工类型的变化,采取与其相适应的方式和方法来更好地管理不同的员工,实现人与事的最佳匹配。

随着市场竞争日益激烈,人力资源管理的功能开始多样化。实践界的管理者们在研究企业战略的同时,开始思考如何将企业战略与人力资源管理结合起来,发挥人力资源管理的最大效用。对学者们而言,不同战略管理下的人力资源管理也成为当今人力资源管理的热点话题。

二、人力资源管理在中国的发展

(一) 传统劳动人事管理阶段(1949—1977年)

新中国成立以后,为了发展社会经济,提高人民生活水平,我国出台了一系列方针政策提高生产力,增加人民就业机会。毛泽东同志也在1955年发表的《中国农村的社会主义高潮》中首次提到人力资源这个词。当时处在计划经济体制下,企业没有真正意义上的人力资源管理。国家和地区统一安排分配工作。这一时期人才供不应求,受到历史事件影响,人民工作积极性得不到提高,生产能力落后。因此,在新中国成立后至20世纪80年代前,我国都处在劳动人事阶段。

(二) 现代人力资源管理起步阶段(1978年—20世纪90年代初期)

人力资源管理理论在西方兴起于20世纪80年代初,改革开放后,我国在经济、社会、文化等方面都得到了空前发展,人力资源管理理论也逐渐传入中国。随着我国经济体制改革不断深入,市场经济体制初步建立,国务院颁发了《关于扩大国营工业企业经营自主权的若干意见》,重新规定了企业人事管理的职责权限范围。通过对企业下放权力,企业生产积极性不断提高,国民经济得到了进一步的发展。在20世纪80年代到90年代初期,我国的人事管理工作发生了巨大变化,由传统的劳动人事管理转变为人力资源管理,这是我国人力资源管理发展的起步阶段。

(三) 现代人力资源管理成长阶段(20世纪90年代中期—21世纪初)

20世纪90年代中期开始,我国开始探讨人力资源管理理念在实践中的运用,越来越多的企业将招聘、培训、绩效考核等流程融入企业人力资源管理实践中去。与此同时,国家出台了首部《劳动法》以及一系列法律法规,保护劳动者权益,为我国人力资源管理的进一步发展提供了强有力的制度保障。随着人力资源管理在企业中的广泛应用,人力资源管理的各项专业技术都有了很大程度的提高,但是这一时期的企业管理体制和市场经济体制依然不完善,所以还没能够建立起明确的人力资源管理体系。

(四) 现代人力资源管理成熟阶段(21世纪以来)

21世纪以来,我国人力资源管理得到了系统性的深化,企业对于人力资源管理的认识已经发生本质变化,人力资源的管理与开发水平大大提高。在这一阶段,国家对于人力资源管理的重视程度不断提高,逐步完善健全劳动法律;市场经济体制不断完善;企业经营和用人自主权不断提高。人力资源管理已经逐渐成为企业管理的核心内容,也从传统的人事职能部门转变为战略职能部门。随着时代发展,企业面临的竞争越发激烈,人力资源已经逐渐成为核心资源,以人为本的思想得到了广泛的认同,企业逐渐建立起了完善的人力资源管理体系和制度。

综观人力资源管理发展的范式维度可以发现,中外人力资源管理的发展均经历了从传统人事管理到现代人力资源管理,再到战略人力资源管理的阶段,各个阶段的时代背景也有所差异(参见表1-4)。虽然我国人力资源管理起步较晚,但是发展速度较快,在吸收了国外先进人力资源管理理论的基础上,根据本国的市场和政治环境也建立起成熟的人力资源管理体系。

表1-4 中外人力资源管理时期比较

	"经济人"假设	"社会人假设"	"自我实现人"假设	"复杂人"假设
主要时间	1911年前后(国外);1949年—20世纪80年代之前(中国)	20世纪30年代—80年代(国外);1978年后(中国)	20世纪50年代以后(国外);20世纪90年代(中国)	20世纪70年代以后(国外);20世纪90年代以后(中国)
时代背景	工业经济时代(国外);计划经济体制(中国)	后工业经济时代(国外);市场经济体制(中国)	后工业经济时代(国外);市场经济体制(中国)	知识经济、网络经济时代
管理理论	科学管理理论	行为科学理论	现代管理理论	当代管理理论
人力资源角色定位	被动的反应者和执行者	一定战略思维的规划者	战略思维的规划者	系统战略思维的规划者
研究理论范式	科层化范式	扁平化范式	扁平化范式	网络化范式
关注焦点	部门任务绩效	员工的人际关系	员工的自我实现需求	战略目标、竞争优势、组织绩效

资料来源:根据吴秀莲(2006)的《人力资源管理范式演进的资本逻辑》整理。

三、人力资源管理发展的新趋势

伴随着内外部市场环境的迅速发展,经济结构转型与企业创新变革的趋势日渐显著,企业对于人才资源的需求格外强烈。为了顺应时代发展,应对挑战和机遇,企业也要迅速更新自身的发展模式和人力资源管理模式。在新的时代背景下,人力资源管理发展可能会有以下几个方面:

(一)新生代员工的管理

"80""90后"群体因其不同于传统观念的个性和理念,被称作"新生代"。新生代员工中大多数是独生子女,也是经济全球化和政治、文化多元化环境下共同熏陶的"复合体"。他们享受到了物质文明的极大成果,互联网快速普及则让新生代接触了大量来自不同社会的文化和知识。在这种复杂背景下成长起来的员工,他们在性格特征、价值观、人生观方面与老一辈员工存在较大差异,主要表现在:具有较高的文化水平和学习能力;追求自由平等,文化价值观念开放;生活压力较大,抗压力不强;以自我为中心,具有较强的自我意识;关注自己的职业发展,注重自我价值的实现。近年来,新生代员工已经逐步进入职场,新生代员工的比例不断增大,已成为企业新的较具影响力的成员。这对企业传统的命令和控制式的管理模式是一个很大的冲击。因此,如何用新的思维和方式管理新生代员工,探索符合时代、企业特点的激励理论和方法,已成为不可忽视的、不得不面临的新课题。

传统的管理模式已经不适用于新生代员工,他们正呼唤新的领导和管理力量。他们更关注薪酬、激励和弹性的工作时间,希望被信任,渴望被真诚对待。因此,制定有针对性的措施是管理新生代员工的关键。在具体的管理实践上,企业需要做到以下几方面:

1. 管理要"因人而异、量体裁衣"

新生代员工追求民主、自由和平等,权力距离小,中国传统式的"权威管理"对其并不适用。他们不喜欢被命令和压迫,甚至有时还喜欢挑战权威。因此,对于这样个性鲜明的个体,用命令的方式并不能有效地对他们进行管理。管理者应该考虑转换领导方式,对新生代员工采取参与式管理,并且搭建无障碍沟通平台。

2. 构建完善的职业发展道路

新生代员工注重自我实现,单纯的物质激励满足不了他们的追求,完善员工的职业发展通道,有利于帮助新生代员工清晰地认识其需要努力的方向,提高新生代员工长期留在企业中的意愿。

3. 建立完备的培训制度

新生代员工处于一个社会竞争压力巨大的时代,如果不进行持续的学习很容易被社会淘汰。因此,他们期望得到更好的发展和持续学习的机会,并看重企业是否能培育员工具有"可转移"的竞争能力。在对员工进行入职培训时可以加强企业文化的输入,让员工对所在组织有一个清晰的认识,从而使其产生对组织的认同,并愿意将自己的职业生涯与企业的持续发展紧密相连。同时,阶段性的工作培训有利于企业挖掘新生代员工身上的闪光点,有利于企业将合适的人放在适合的岗位上,实现"能岗匹配"及组织效用的最大化。

4. 建立良好的双向沟通机制

新生代员工思维开阔,思想活跃,通常具有自己特有的见解和许多新奇的想法。同时,他们文化水平普遍较高,接收信息的能力强、范围广。通过与其沟通,不仅可以了解新生代员工的思想动态,及时发现员工的不满或心理失衡,从而采取有针对性的措施规避其消极情绪的出现,而且有利于企业管理者吸收新思想、新信息,从而产生"创新"的火花。

在全球知识经济的时代背景下,人才资源依旧是企业保持活力和可持续发展的重要因素,而新生代员工作为企业竞争中新一代的员工主力军,发挥着至关重要的作用。与众不同的个性特点和职业特征,使得新生代员工成为管理的难点。因此,对于管理者和学者们来说,应了解新生代员工的个性特征及需求,制定符合企业战略和组织文化的计划,对新生代员工进行有效的管理,发挥新生代员工最大的价值。

(二)大数据背景下的人力资源管理

伴随着互联网技术的发展和云计算的推广,大数据时代已经到来。大数据模式成为经济发展中的主流因素,越来越频繁地被组织中的人力资源管理系统所应用。大数据中一些技术与思维模式被应用于人力资源管理中,可以对管理中存在的问题及时发现与调整,促进人力资源管理模式的创新,推动人力资源管理的整体发展水平,为企业在新时代的创新发展创造良好的条件与基础。因此,企业若想落实可持续发展政策,必须从大数据入手,加大对人力资源管理的强度,充分利用人才竞争优势。

企业人力资源管理水平的提高需要壮大专业技术人才队伍,数据技术人才的培养对于企业人力资源管理的持续发展具有重要作用。企业不仅需要制定灵活可靠的政策来建立专业人才储备库,也需要在生产发展的过程中加强专业人才培训工作。从招聘上来说,人力资源管理者可以将招聘人才的眼光投向全球,加强人才选拔国际化的意识,同时根据企业的具体需求,运用区块链等大数据的形式对应聘人员进行筛选,选择适合企业发展的复合型人才;从员工培训上来说,大数据可以提供各式各样的课程和培训,但应从个性化的角度,针对不同类型的员工,提供"量身定做"的课程和培训,这样更有利于激励员工,从而提高其绩效;从绩效薪酬上来说,尤其要加强对内部核心人才的激励,在对员工的绩效评价中,要注意评价制度的柔性化,且应提供相对应的激励政策,并运用大数据,根据员工的不同特点,智能化地制定绩效评价方式。从企业自身的角度来看,企业也需要创新管理思想、企业组织、管理制度、管理方式和技术等几个方面,通过不断的管理创新,切实提高自身的经济利益。

(三)共享经济下的人力资源管理

共享经济以获得一定报酬为目的,是一种物品使用权暂时转移的新兴经济模式。学者们认为,共享经济模式是借助互联网的技术分享平台满足用户的需求,同时可以使闲置资源达到共享的一种模式。共享经济主要是整合线下的闲置物品,通过互联网的方式使得供给与需求方通过共享经济平台进行交易。共享经济模式是新的商业模式,同时也为人力资源管理带来了多方面的影响以及变化。在雇佣关系方面,传统企业是通过劳动合同契约的方式和员工进行绑定,一旦员工签订了劳务合同,那么,员工所创造的价值就会归企业所有。因此,企业与员工的雇佣关系是一对一的关系。在共享经济的模式下,雇主和员工的雇佣关系是合伙关系、平台关系或者契约关系。在组织目标方面,传统组织的模式中,要求员工的个人目标和组织的目标保持一致。一旦目标之间发生冲突,首先要求员工要考虑组织的目标,其次考虑员工个人的目标,并且倡导员工为了组织目标而贡献。那么,在共享经济下,主要倡导组织和员工有各自的目标,并且每个人都是借助这个平台去实现自身价值。此外,在传统模式的组织中,各部门之间不仅仅职责分明,而且等级结构相对来说较为森严。而在共享经济模式下,提倡去"组织边界",强调各组织和部门之间的资源融合,各部门员工的职能也要互补。

共享经济未来在战略人力资源管理中将有一定的影响力。共享经济所打造的平台上不仅仅人力资源丰富,更是打破了空间的束缚,而且获取成本相对来说也比较低。更重要的是,在平台上组织与员工的关系为合作关系,与传统上下等级不同,可以使员工工作的积极性和主动性有所提高。在平台上,供需双方沟通更加有效,信息交换更加便捷,能够大大提高工作效率。

共享经济不光给人力资源管理带来了重要机遇,同时也带来了很多的挑战。只有结合新形势的人力资源管理,才可以更好地应对这些挑战。首先要改变人力资源的管理职能,在共享经济模式下,强烈要求人力资源管理部门对职能进行区分和改变。可以将人力资源三支柱模型应用到实践中,包括人力资源专家中心、人力资源共享服务中心以及人力资源业务合作伙伴。根据企业战略和员工的需求,提供解决全局性、长远性以及战略性的重大决策。其次要有人才发展战略,在一个企业中,人力资源管理者应该培养人才价值共享的理念。企业应该为员工提供共享平台,类似海尔集团,为员工提供平台发展,激发员工的积极性和创造性,同时为顾客创造更大的价值。

(四)跨国企业的人力资源管理

全球化是新时代的特征,为新经济产生和发展提供了广阔的机遇。经营管理全球化的主要原因是:越来越多的国际并购组建了更多的全球企业;公司开展海外业务形成跨国公司;基于互联网的电子商务使得大多数企业面对全球市场。我国加入WTO以后逐步融入全球化,许多企业走出国门,建立了跨国的经营体系,这也对企业人力资源管理提出了新的要求。国际性公司的人力资源管理面临着国外员工的招聘、培训、薪酬和工作生活质量等方面的特殊问题,企业为了充分利用国外资源优势,就必须对其他国家进行直接投资,建立独资企业或合资企业,这些业务范围在地理空间超越一个国家的公司就被称为跨国公司。国际人力资源管理与国内人力资源管理有着很大的区别。一方面,国际人力资源管理的很多活动都需要考虑政治、环境和经济因素,要遵守东道国的劳动法律程序,建立起以当地市场为标杆的薪酬体系和考评方式。另一方面,员工之间可能存在着跨文化差异,如何突破传统意义上的企业边界和组织边界,培养员工的全球化意识,对海外员工进行管理,都是企业家和管理者亟须解决的问题。

伴随全球化的进程,为了防范环境中的不确定因素,并保持企业竞争优势,企业就需要从人力资源管理职能的角度再造,运用全球战略和政策解决自身遇到的新问题。在新经济全球化背景下,人力资源的管理面临的挑战主要是来自两方面,一方面是经济社会的变化,另一方面是人力资源管理本身。社会经济的变化导致企业管理的变化,为了适应这种变化,对于企业的人力资源管理者来说,遵循文化的多样性,制定适合不同文化类型、不同发展阶段的人力资源管理方案极为重要。从经济全球化角度来讲,一个成功的全球企业应该具备独特的技能和视野,保持尊重各地条件的同时,可以接受世界范围内各种不同的文化、宗教、不同生活习惯的差异,以及对产品、服务的影响力。能够在全球范围内共享信息,建立遍布全球的人才精英网络,采取有效激励政策激励员工,并且在全球范围内共享自己的智慧,保证一个地方的技术发明可以全球分享。

作为企业获取持续竞争优势的工具,人力资源管理在全球竞争当中面临着经济全球化、信息网络化、社会知识化、人才国际化,以及企业管理广泛变革的挑战,从而使人力资源管理面临着全球化的挑战,因此,我们更要考虑到全球化背景下企业人力资源管理和开发怎么做。这就要求人力资源管理者结合企业自身的实际情况,关注组织能力的建设、员工生涯的发展,以及员工管理理念和价值观的转变,制定适合企业跨国、跨文化发展的、具有战略性和科学性的人力资源管理方案。

(五)知识经济下的人力资源管理

管理学大师彼得·德鲁克指出,建立在知识上的经济将成为未来的经济形式,企业的真正价值在员工的思维能力中,如果人们对工作没有主动性,他们绝不会进行创造性思维。另一方面从企业组织形态的变化来看,随着科学技术和信息通信技术的发达,有专家认为未来企业之间的竞争不再取决于技术本身,而是取决于如何使用技术。现代企业十分强调核心技术能力,并通过人力资源的管理和开发打造自己的核心技术和核心能力,业务的外包、联合、分并成为经营中的常见活动。从企业活动内容和未来组织发展方向来看,要建立可以不断创造知识、应用知识和转移知识的学习型组织。组织自身知识的获取依赖于员工的学习和知识的转移,因此,对于知识型员工的获取、开发和管理极为重要。

在知识型经济时代,资本追逐人才,人才选择资本,高素质的人才已经成为经济发展的主要驱动力。企业想要谋求生存发展,必须重视人力资本投资,针对知识型员工的特点,采取不同的管理政策,开发相应的知识工作系统,充分发挥效用。首先,知识型员工由于拥有知识资本,在企业中具有较强的独立自主性,这就要求企业在对员工赋能的同时强化人才风险管理。知识型员工具有较高的流动意愿,对企业保留人才带来了新的挑战。其次,知识型员工的工作过程难以监控,工作成果难以量化评估,使得价值评估体系的建立变得复杂和不确定,因此,企业必须建立与知识型员工工作特征相一致的价值评估和分配体系。此外,对知识型人才要进行柔性化人力资源管理,要求企业不断调整人才数量和结构,充分开发和利用企业内部的知识型人才,同时整合企业外部的咨询人员和合伙人,最大限度地拓展企业人才资源储备,激发人才创造力和企业创新活力。

(六)雇佣关系新模式下的人力资源管理

在将来,企业中"人高于一切"的价值观将更为流行,人力资源管理将成为企业的核心价值导向。企业的人本化管理就是把人作为企业最具活力、能动性和创造性的要素,把开发和挖掘人的潜能作为人力资源管理的基本职能。此外,以人为本也要求企业更多关注员工的需求。根据马斯洛需求层次理论,过去的企业只满足了员工的生理需求、安全需求、社交需求这些低层次的需求。目前,在不同组织中、不同时期的员工以及组织中不同员工的需求充满差异性,而且经常变化。因此,管理者应该经常性地用各种方式进行调研,弄清员工未得到满足的需求是什么,然后有针对性地进行激励。企业可以采取下放权力、提高任务复杂度等方式增强员工的自我满足感和工作胜任感等高层次的心理需求,从而使员工获得更高的工作满意度。

目前在西方国家,工作生活平衡(Work & Life Balance)也是一种新的人力资源管理理念。组织中的员工除了职业生活外同时还在经历家庭生活,家庭对员工本人有重大意义,也会给职业生活带来许多影响。工作与家庭间的潜在冲突对职业生活的影响甚至超过个人发展目标对职业的影响。因此,很多员工越来越看重工作与生活之间的平衡,这也对企业人力资源管理提出的新要求。制定出有效的工作家庭平衡计划的主要措施包括:向员工提供家庭问题和压力排解的咨询服务;创造参观或联谊等机会促进家庭和工作的相互理解和认识;将部分福利扩展到员工家庭范围以分担员工家庭压力,把家庭因素列入考虑晋升或工作转换的制约条件中,以及设计适应家庭需要的弹性工作制以供选择等。企业采取工作生活平衡的政策可以带来很多好处。比如,提高工作效率、吸引人才、降低流动率和缺勤率、减少管理成本、增强顾客满意度,并可以建立一个更加愉悦、公正并充满活力的工作场所,最终提高员工的工作满意度和改善组织绩效。

(七) 组织结构变革下的人力资源管理

企业组织结构的变革,是技术革命特别是信息网络化的必然结果。传统的组织模式一般是根据物流过程设计的,分工细、专业化程度强,组织结构呈现"金字塔"的特点,这样组织协调监督困难,管理成本高,效率却很低,官僚主义问题突出。显然,这种管理组织结构与知识经济时代的信息开放和企业快速应变的要求不相适应。新兴的组织结构包括扁平化的组织结构和网络化的组织结构,这也是企业适应激烈的竞争环境,提高对外部环境变化反应速度的一大变革趋势。组织结构扁平化有利于缩短上下级距离,密切上下级关系,信息纵向流通快,管理费用低。而且由于管理幅度较大,被管理者有较大的自主性、积极性和满足感。然而管理幅度较宽,权力分散,不易实施严密控制,加重了对下属组织及人员进行协调的负担。同时,员工需要承担更多的自我开发和自我管理的责任。在这种情境下,如何提高员工对于组织的承诺和认同、增强管理人员的监管能力是人力资源管理的关键点。

网络型组织结构是利用现代信息技术手段发展起来的一种新型的组织机构,它使管理者对于新技术及来自海外的低成本竞争有更大的适应性和应变能力。网络结构是一种很小的中心组织,以合同为基础,依靠其他组织进行制造、分销、营销或其他关键业务的经营活动。在信息网络化的条件下,企业组织结构一改传统的以集权为特征的金字塔型的层次结构,演变成以分权为特征的横向网络型组织结构。原来承担上下级层次间信息链的中间管理层将大大减少;人力资源的内部分工及由分工带来的控制与协调可以简化,从而创造了最短的信息流。这种组织结构意味着员工素质已有极大的提高,具有独立处理、解决问题的管理能力;意味着组织的分权趋势,组织成员可以在自己职责范围内直接处理事务;也意味着领导观念的转变,员工可以直接面对社会和顾客,承担为顾客服务的责任,企业领导者起着指导、支持、激发员工智慧的作用。网络型组织结构极大地促进了企业经济效益实现质的飞跃,其优点如下:一是降低管理成本,提高管理效益;二是简化了机构和管理层次,实现了企业充分授权式的管理,组织结构具有更大的灵活性和柔性;三是有利于组织变革创新,营造可持续的竞争能力。缺陷在于可控性较差,员工对于组织的忠诚度较低,这种新的组织结构对于人力资源管理也提出了新的挑战。

第三节　战略人力资源管理

一、战略人力资源管理的含义

(一) 战略人力资源管理的含义

战略人力资源管理(Strategic Human Resource Management，SHRM)产生于20世纪80年代，是指组织为了实现目标，对人力资源各种部署和活动进行计划的模式。1981年，戴瓦纳、弗布鲁姆和蒂希在《人力资源管理：一个战略观》一文中提出并深刻分析了企业战略和人力资源的关系，标志着战略人力资源管理的诞生。后来，许多学者对战略人力资源管理做出概念界定，目前使用最多的是莱特、麦默恩等人所提出的：战略人力资源管理是为了实现组织目标而采取的人力资源配置和活动模式，它将人力资源管理的职能及其活动与组织的战略性目标结合起来，强调人力资源管理在达成经营目标中的战略性角色，关注组织达成目标过程中运用的多种人力资源实践。简单地说，战略人力资源管理：(1) 将人力资源视为获取竞争优势的重要资源；(2) 强调通过人力资源规划、政策及具体实践，实现获取竞争优势的人力资源配置；(3) 强调获取竞争优势的人力资源配置能够与企业战略配置垂直，并与企业内各种活动水平相匹配；(4) 强调所有人力资源活动皆为达成企业目标而服务。

与以前的人力资源管理相比，战略人力资源管理认为人力资源是决定企业成败的关键因素，其核心职能是参与企业战略决策，根据内外环境的需要倡导并推动变革，进行企业整体的人力资源规划和实践活动。战略人力资源管理与战略规划之间是一种动态的、多方面的、持续的联系，其职能直接融入企业战略形成和执行的过程中。

战略性人力资源管理理念视人力为资源，认为人力资源是一切资源中最宝贵的资源，认为企业的发展与员工职业能力的发展是相互依赖的，企业鼓励员工不断地提高职业能力以增强企业的核心竞争力。重视人的职业能力必须先重视人本身，把人力提升到了资本的高度，一方面通过投资人力资本形成企业的核心竞争力，另一方面将人力作为资本要素参与企业价值的分配。

战略人力资源管理认为开发人力资源可以为企业创造价值，企业应该为员工提供一个有利于价值发挥的公平环境，给员工提供必要的资源，赋予员工责任的同时进行相应的授权，保证员工在充分的授权内开展工作。通过制定科学有效的激励机制来调动员工积极性，在对员工能力、行为特征和绩效进行公平评价的基础上给予相应的物质激励和精神激励，激发员工在实现自我价值的基础上为企业创造价值。

(二) 战略人力资源管理目标与特征

1. 战略人力资源管理的目标

战略人力资源管理的基本目标是，在对内外部环境理性分析的基础上，明确企业人力资源管理所面临的挑战以及现有人力资源管理体系的不足，清晰勾勒出未来人力资源愿景、目标以及与企业未来发展相匹配的人力资源管理机制，在企业总体战略框架下对人力资源进行使用、管理、控制、监测、维护和开发，以创造协同价值，达成企业战略目标。在这个过程中企业需要制定出能把目标转化为行动的可行措施,以及对措施执行情况的评价和监控体系,从而形成一个完整的人力资源战略系统。这一系统包括:战略性人力资源管理理念、战略性组织管理体系、战略性工作管理体系、战略性人力资源配置体系、战略性薪酬管理体系、战略性绩效管理体系、战略性开发培训体系以及战略性人才培养体系等。

2. 战略人力资源管理的基本特征

(1) 战略性。一方面,企业所拥有的人力资源是企业获得竞争优势的源泉。战略人力资源(Strategic Human Resources,SHR)是指在企业的人力资源系统中,具有某些或某种特殊知识(能力和技能)、拥有某些核心知识或关键知识、处于企业经营管理系统的重要或关键岗位上的那些人力资源。相对于一般性人力资源而言,这些被称为战略性的人力资源具有某种程度的专用性和不可替代性,也是组织获得竞争优势的战略性资源。另一方面,人力资源战略服务于企业战略,与企业战略目标相匹配,强调人力资源管理在达成经营目标中的战略性角色,具有规划性和长远性,是企业获得持久竞争优势的基础。

(2) 系统性。企业为了获得可持续竞争优势而部署的人力资源管理政策、实践以及方法、手段等构成一种战略系统,是人力资源各种具体实践活动的组合,在组织中这种组合发挥的效用远大于单个实践的效用。同时又与企业的生产、运营、研发等系统相互协调、相互配合,注重不同系统间的一致性和协同性,是企业战略管理体系的重要组成部分。

(3) 契合性。战略人力资源管理的契合性包括"纵向契合"与"横向契合"。纵向契合即人力资源管理必须与企业的发展战略契合,以帮助组织实现发展目标;横向契合指整个人力资源管理系统各组成部分或要素之间相互契合形成一种系统。契合的观点认为,环境与组织的契合度越高,组织行为的效率也越高。对于组织来说,最核心的问题不是如何识别哪些是最佳的人力资源政策,而是去寻找组织内部、组织外部、总体战略和人力资源管理政策和执行间的最佳契合点。

(4) 动态性。战略人力资源管理的动态性表现在内外部两个方面。一是系统的外部适应性,指组织中的人力资源政策以及实践要能够适应外部环境中一些因素(如市场因素、政策因素、法律因素)的突发性变化。在企业内部是指对员工实施动态化、柔性化管理。在传统的刚性组织中,决策层是领导层和指挥层,管理决策是自上而下推行的,组织成员是决策的执行者。战略人力资源管理系统打破了严格部门分工的界限,实行职能的重新组合,让每个员工或每个团队获得独立处理问题的能力,独立履行职责的权利,让管理决策有更大的弹性。

二、战略人力资源管理的理论模型

战略人力资源管理的主要观点是人力资源管理活动对组织绩效有重要作用。为了对战略人力资源管理与组织绩效之间的具体关系展开研究,很多学者应用不同的理论和视角进行观察和解释,主要研究方向包括:战略人力资源管理模型的构建;组织中是否存在一组最佳的人力资源实践使组织获得最优绩效;知识型组织的构建以及管理;组织内部以及组织间关系重构等。在研究过程中,应用到的主要理论模型包括资源基础理论、人力资本理论、角色行为理论、人力资源优势理论、制度理论等,下文将对这些理论模型进行简要介绍。

(一)基本理论模型——资源基础理论

资源基础理论(Resource-Based View,RBV)是战略人力资源管理研究中一个普遍应用的基础性理论模型,是其他理论模型建立的基础。1984年,沃纳菲尔特发表的"企业的资源基础论"标志着资源基础论的诞生。资源基础论的假设是:企业具有不同的有形和无形的资源,这些资源可转变成独特的能力;资源在企业间是不可流动的且难以复制;这些独特的资源与能力是企业持久竞争优势的源泉。基本思想是把企业看成是资源的集合体,将目标集中在资源的特性和战略要素市场上。这一理论不同于传统的管理理论,强调战略与企业内部资源的关系,为人作为企业资源的战略重要性提供了理论基础。

企业竞争优势根源于企业的特殊资源,只有在资源符合以下四个条件时才可以作为竞争优势的基础。① 有价值的资源,它是公司构想和执行企业战略、提高效率和效能的基础。② 稀缺的资源,资源即便再有价值,一旦为大部分公司所拥有,它便不能带来竞争优势或者可持续的竞争优势。③ 无法仿制的资源,一般需同时具备以下三点特征:历史条件独特、起因模糊以及社会复杂性。④ 难以替代的资源,不能够存在一种既可复制又不稀缺的替代品。

20世纪90年代中期开始,资源基础理论与SHRM研究相结合,为人力资源管理理论与战略管理理论的结合,以及战略人力资源管理的研究和发展提供了最重要的理论支持。其中,最具代表性的观点有:

(1) 莱特等人将人力资源(他们称之为人力资本池,Human Capital Pool)和人力资源实践相区分,认为单个人力资源实践很容易被竞争对手模仿,但是要复制整体的人力资源管理系统却很困难,因此,有高技能和高意愿的人力资本集合是长期拥有竞争优势的源泉。

(2) 拉多和威尔逊提出人力资源实践才是企业获取竞争优势的源泉。他们指出人力资源实践在增强企业胜任力方面具有独特性,由一整套相互补充和相互依赖的实践构成,这样系统化的人力资源实践难以被竞争对手模仿。同时,人力资源系统是企业经过长期发展形成的结果,如果不能理解人力资源系统的运行模式,就不可能对其进行模仿。

(3) 鲍克斯奥整合了以上两种观点提出了"人力资源优势"的概念,认为人力资源所带来的优势包括两方面:人力资本优势和人力资源整合过程优势。他认为,组织通过对人力资源进行合理的管理和配置,能够形成高素质和具有使命感的员工队伍,即人力资本优势。通过开发员工和团队,使组织具备在行业内或者跨行业的组织学习能力,形成组织的过程优势。这两种优势的整合具有价值性、稀缺性和不可模仿替代性,能够成为企业竞争优势的源泉。

资源基础理论作为企业战略人力资源管理研究中的基础理论模型,为战略管理与人力资源管理研究相结合提供了一个桥梁。后来的学者在这个基础上不断研究发展,也认识到资源基础理论的一些缺陷。

(二)人力资本理论

20世纪60年代,美国经济学家舒尔茨和贝克尔创立的人力资本理论(Human Capital Theory,HCT)开辟了人类关于人的生产能力分析的新思路。人力资本理论的观点认为组织应该将人看作资本,将员工培训、激励、保留的成本看作投资于组织的人力资本。该理论强调通过投资人力资本提升组织生产率。组织成员所具备的知识、技能与能力等具有经济价值,而且人力资源管理活动与人力资本的提升具有正向关系,那些能提升人力资本的人力资源管理活动对组织绩效的发挥是最有利的,人力资本开发也逐渐成为企业管理活动的焦点。

人力资本与物质资本相比,具有无形性、收益递增性、个体差异性、依附性等性质。① 由于人力资本依附于人的身体,因此,其具有时间、健康等方面的限制,是一种具有稀缺性的资源。② 物质资本会随着使用不断减少,而人力资本的生产和消费过程相结合,会随着使用次数的增加而增加,因此,人力资本的收益递增性体现出价值性。③ 人力资本的无形性和个体差异性体现出其难以模仿、难以替代的性质。因此,根据资源基础理论,对于企业而言,人力资本是一种特殊资源,能够成为企业竞争优势的源泉。

人力资本理论为理解战略人力资源管理与组织绩效的关系提供了一种理论框架,研究者将人力资本看成战略人力资源管理和组织绩效的中间变量,企业人力资源管理实践能够提高员工的知识、技能和能力,从而提高组织的人力资本含量。当员工所具有的人力资本能够对顾客产生价值时,便成为企业获取竞争优势的来源。

(三) 行为理论

角色理论(Role Theory)是关于人的态度与行为怎样受其在社会中的角色地位及社会角色期望所影响的社会心理学理论,该理论试图按照人们所处的地位或身份去解释人的行为并揭示其中规律。行为理论植根于角色理论,关注员工与组织之间相互依赖的角色行为,它为理解战略人力资源管理系统对组织绩效的影响提供了另一种途径。行为理论中将关注目标、导向、意志倾向的行为统称为行动。这样的行动是完成某一事项的自觉自愿的产物,行为理论基于认知的复杂模型,将个体看作是行动的发起者、自身行为的原因。与强调对环境反应的强化理论相反,行为理论是目标设置理论与控制理论的扩展形式,目标设置中是将目标转化为绩效,控制过程中对目标进程的反馈以影响行为。行为理论涵盖了从目标到绩效之间的认知过程。根据行为理论,要严格根据行动定向,即遵循行动过程,设定目标,制定计划,严格遵守,直到达成目标。

研究中将行为理论与组织绩效结合起来,认为员工的行为是战略及组织绩效的中介变量,人力资源实践是为了诱导或控制员工的态度与行为。当组织特性、经营目标改变,相应也会要求员工的态度和行为有所调整以适应战略。行为理论假设组织将战略人力资源管理实践作为管理员工行为的工具,并且认为不同的战略强调不同的行为规则。人力资源管理通过传递角色信息,审核角色表现,支持预期行为来实现组织的目标。

(四) 制度理论

制度理论(Institutional Theory)关注组织运行中所处的社会环境、价值和规范。制度不仅包括正式规则、程序和规范,还包括为人的行动提供"意义框架"的象征系统、认知模式和道德模块。制度通过提供行为所必不可少的认知模版、范畴和模式影响个体的基本偏好和对自我身份的认同,进而影响个体的行为。个体与制度之间的相互关系建立在某种"实践理性"的基础之上,个体或组织寻求一种具有社会适应性的方式来界定并表达他们的身份。制度理论将组织看作实体,组织在社会环境中为持续生存而顺从于内外部的制度。在内部,制度化研究主要集中于正式的组织结构和程序、非正式的群体规范等；外部包括国家法律法规、行业环境等。制度理论还认为制度化的活动难以改变，企业赖以生存的规范化环境和社会情境促使企业间产生同质性。在这个基础上，奥立弗还提出了"规范理性"的概念，它是指管理者选择和决策的依据是社会规范和以往的先例，管理活动的进行与否由企业的文化规范判定，而不是经济财务依据，并且这种决策准则被认为是理所当然的。在这种观念的约束下，社会合理性比利益最大化更加影响企业管理决策。这一理论的提出使得管理者在关注企业利益的同时，注重对企业制度、环境、文化的分析，关注社会情境的重要性。

（五）人力资源优势理论

人力资源优势（Human Resource Advantage）理论是由鲍克斯奥提出的，建立在资源基础理论的逻辑基础之上，该理论认为组织优势的来源是组织对于人力资源管理，这样，组织就能拥有人力资源优势。人力资源优势来源于人力资本优势和人力整合过程优势。当组织获取了行业范围内高技能水平和对组织高度认可的管理者、技术专家以及员工时组织就拥有比竞争对手多的人力资本优势。而当组织在人力资源管理过程中采取有效的人力资源实践使得企业平稳运行时，组织就拥有人力整合过程优势。在组织获取人力资源优势的过程中，人力资源实践和人力资本质量起着至关重要的作用。具有优势的人力资源符合特殊资源的四大特性：稀缺性、价值性、难以模仿性和难以替代性。当企业获得了具有这些特征的人力资源时，通过人力资本优势与人力整合过程优势的互动，就能够获得竞争对手难以复制和超越的优势。

三、战略人力资源管理的研究视角

在研究中，理论与视角可谓是紧密联系的两个概念，两者之间的区别主要在于：理论是完整的假设、验证和结论体系，而视角只是看待问题的某一个角度，从一个侧面反映问题、解释或揭示问题的实质。战略人力资源管理研究的视角主要有三个：最佳实践视角、权变视角和整合视角。

（一）最佳实践视角

最佳实践视角认为一些人力资源实践是普遍有效的，组织采用那些最佳的人力资源实践就能给组织的绩效带来好的结果。研究人员试图找出一组最佳的人力资源实践，使得人力资源管理活动帮助企业实现效益最大化。这些最佳人力资源实践活动通常对组织的绩效有直接的正向作用，而且不用考虑产品市场、经营目标和组织外部环境，强调了一些人力资源实践对企业绩效具有的普遍性促进作用。许多学者对人力资源实践与组织绩效的关系进行了研究，发现一些人力资源实践与企业绩效确实存在正相关的关系，但关于最佳人力资源实践组合并未得到一致的结论。其中，德莱瑞和多蒂发现的七项最佳实践最为经典，内容包括：工作保障、选择性招聘、广泛的培训、有竞争力的薪酬、信息共享、自我管理以及团队参与。

（二）权变视角

权变视角认为人力资源管理的效率是随企业战略、环境等多因素变化的。相对于最佳实践视角追求普遍适用的、最合理的模式与原则，权变理论认为每个组织的内在要素和外在环境条件都各不相同，因而在管理活动中不存在适用于任何情景的原则和方法。即在管理实践中要根据组织所处的环境和内部条件的发展变化随机应变,没有什么一成不变的、普遍适用的管理方法。成功管理的关键在于对组织内外状况的充分了解和有效的应变策略。研究发现,只有特定的企业战略与特定的人力资源实践相配合,组织才能发挥出较佳的绩效。它强调了人力资源实践与组织战略的交互将对组织绩效产生影响。依照这种研究思路,当我们在组织绩效和人力资源实践之间引入中间的权变变量之后,如组织战略、组织的发展阶段、外部环境等,原本的正相关关系就会发生变化。因此,在管理中要根据组织所处的内外部条件随机应变,针对具体条件寻求不同的、最合适的管理模式、方案或方法。

(三)整合视角

整合视角强调人力资源系统的匹配性,认为人力资源实践之间存在互动,横向匹配以形成特定的人力资源管理系统形态,并且纵向与组织战略等外部因素匹配,从而对组织绩效产生重要影响。一个组织是一个复杂的系统,为完成共同的任务通常会被分为多个部门,但在组织运行中,不同的部门之间的结构、信息处理程序、战略目标等都相互影响,即它的各组成部分有一种因自然产生相互依赖而结合为一个整体的倾向。整合视角从系统的观点出发,首先强调通过人力资源实践之间的相互协调和配合形成有效的人力资源管理系统,以实现最大化的内部匹配。然后,把这些人力资源管理系统和相应的组织战略、市场环境相适应来实现最大化的外部一致,从而实现战略人力资源管理的内外部匹配。

四、战略人力资源管理与传统人力资源管理的区别

(一)战略人力资源管理与传统人力资源管理的区别

战略人力资源管理是组织为达到战略目标,系统地对人力资源各种实践和活动进行计划和管理的模式,是组织战略不可或缺的有机组成部分。传统人力资源管理是为完成组织任务,对组织中涉及人与事的关系进行专门化管理,使人与事达到良好的匹配。虽然传统人力资源管理与战略人力资源管理都是对人的管理,但是在许多方面都存在着明显的区别(见表1-5)。

表1-5 战略人力资源管理与传统人力资源管理的区别

维度	传统人力资源管理	战略人力资源管理
管理理念	将人看作组织的一种"工具",管理的职能是获取、保持和开发人力资源以实现其有效利用	管理活动以人为中心,认为人力资源是获取竞争优势的根本来源,是决定组织成败的关键因素,实现人与事的系统优化,使企业取得最佳的经济和社会效益之目的
管理目标	站在部门的角度,考虑人事事务等相关工作的规范性,传达决策者所制定的战略目标等信息	站在企业战略的高度,主动分析和诊断人力资源现状,协助决策者制定具体的人力资源行动计划,支持企业战略目标执行和实现
管理地位	具有执行地位,属于职能部门,对企业经营业绩没有直接贡献	具有决策地位,属于核心部门,是企业经营战略的重要组成部分
管理职能	支持性的角色,是企业战略的执行者、协助者	与战略决策的角色,是企业战略的关键参与者、倡导者和推动者
管理手段	比较传统、基础	现代化、科学管理

(续表)

维度	传统人力资源管理	战略人力资源管理
与其他部门关系	联系不多	紧密联系
关注焦点	关注个体水平的结果,如员工满意度、组织承诺等	关注工作团队以及组织水平的结果,如目标完成、战略实现等
侧重点	规范管理、事后管理	人本管理、事前管理
发展视野	短视	长远
灵活性	低灵活性,没有制度的制定和调整权,难以根据实际情况对管理政策和制度进行及时调整	高灵活性,可以灵活地按照规定制度,结合企业内外部环境变化制订符合企业需求的各种人力资源政策
具体实践	管理实践之间没有紧密的联系,没有整体的规划	强调各人力资源活动之间的匹配性和协同效用

在管理理念方面,传统人力资源管理将人看作组织的一种"工具",管理的职能是获取、保持和开发人力资源以实现其有效利用;战略人力资源管理认为人力资源是获取竞争优势的根本来源,是决定组织成败的关键因素,是企业中最重要的资产。管理活动以人为中心,达到人与事的系统优化,使企业取得最佳的经济和社会效益之目的。

在管理目标方面,传统人力资源管理站在部门的角度,考虑人事事务等相关工作的规范性,传达决策者所制定的战略目标等信息;战略人力资源管理要求人力资源管理者站在企业战略的高度,主动分析和诊断人力资源现状,为决策者准确、及时地提供各种有价值的人力资源相关数据,协助决策者制定具体的人力资源行动计划,支持企业战略目标执行和实现。

在管理地位方面,传统人力资源部门在组织中具有执行地位,属于职能部门,对企业经营业绩没有直接贡献,主要的工作是负责员工的考勤、档案及合同管理等事务性工作,只承担小部分的战略制定与实施的角色;战略人力资源管理在组织中具有决策地位,属于核心部门,是企业经营战略的重要组成部分,主要通过促进企业长期可持续发展来实现对经营战略的贡献,涵盖组织建设、文化建设与系统建设各个方面,通过企业文化整合战略、组织和系统,保证企业战略的执行和实现、推动企业长期稳定地成长。

在管理职能方面,传统人力资源管理通常是支持性的角色,与组织战略没有直接的联系,是企业战略的执行者、协助者;战略人力资源管理具有参与战略决策的角色,是企业战略的关键参与者、倡导者和推动者,需要进行人力资源战略规划,重视人力资本影响组织战略的功能,对公司绩效及战略实施产生重要影响。

在关注焦点方面,传统人力资源管理关注个体水平的结果,例如员工满意度、组织承诺等;战略人力资源管理关注工作团队以及组织水平的结果,例如目标完成、战略实现等,关注组织竞争优势的获取。

在灵活性方面,传统人力资源管理则主要是制度的执行,即按照国家和上级主管部门发布的劳动人事管理规定、制度对员工进行管理,人力资源部门基本上没有制度的制定和调整权,难以根据实际情况对管理政策和制度进行及时调整;战略人力资源管理可以灵活地按照国家及地方人事规定、制度,结合企业的实际情况和市场环境的变化制订符合企业需求的各种人力资源政策,从而建立起系统的人力资源管理体系,确保企业实现经营战略目标。

在具体实践方面,传统人力资源管理实践之间没有经过整体规划,没有紧密联系,不能建立起系统、全面的人力资源体系;战略人力资源管理关注员工目标与组织目标的一致性,认为系统化并且高度内部一致性的人力资源管理体系能够增强组织竞争优势的不可替代和不可模仿性,强调各人力资源活动之间的匹配性和协同效用。

从传统人力资源管理到战略人力资源管理,组织中关于"人"的管理理念、观点、范式产生了巨大的改变。组织越来越重视个体对于组织的贡献,将人力资源视为组织实现战略目标的重要因素,强调人力资源管理与企业战略的匹配性。随着知识型经济的不断发展,组织还要不断重视对于人力资源的开发和培训,有效地吸引、开发和保持人力资本,将人力资源转化为人才资源,充分发挥员工的潜能和创造性,提高企业的竞争力,形成难以被模仿和复制的竞争优势,实现可持续发展。

(二) 战略人力资源管理的发展趋势

近年来,随着战略性人力资源管理的不断发展,许多企业纷纷进行了组织变革,使得组织结构扁平化、网络化,提高内部信息交换和沟通效率。组织变革带来优势的同时,也对组织人力资源管理提出了更高的要求:如何在柔性管理的同时保持管理的效率?如何将人力资源战略与组织战略进一步契合?如何有效开发和利用组织内外部的人才资源?这些都是组织亟待解决的问题。为了解决这些实际问题,更好地实现组织战略目标,目前在人力资源管理实践中已经出现了以下一些新的趋势。

1. 人力资源外包活动的增加

人力资源外包是指企业根据需要将某一项或几项人力资源管理工作或职能外包出去,交由其他企业或组织进行管理,以降低人力成本,实现效率最大化。人力资源外包可以分为三个模块:人力资源及人的外包、人事事务外包、人力资源管理职能外包。总体而言,人力资源管理外包将渗透到企业内部的所有人事业务,包括人力资源规划、制度设计与创新、流程整合、员工满意度调查、薪资调查及方案设计、培训工作、劳动仲裁、员工关系、企业文化设计等方方面面。它的优点包括:专业机构规模化运行服务,减少企业内部人力资源部门人员配备,降低单个企业的成本;减轻企业基础性工作,关注促进企业竞争力的核心工作,提升企业运作效率。虽然这种提高企业人才管理效率的方式受到越来越多企业管理者的欢迎,但是人力资源外包行业由于发展还不够完善,也存在着一些风险。因此,企业在选择进行人力资源外包时一定要进行合理的选择和规划,对外部机构进行详细、全面的评估。

2. 数字化信息系统在人力资源管理中的应用

随着大数据时代的到来,人力资源管理也进入了信息化管理模式,能够通过建立的信息系统数据库,快速查询信息,实现人力资源现状的实时诊断和分析,帮助企业减少大量的时间成本。人力资源管理信息系统是指一个由具有内部联系的各模块组成的,能够用来搜集、处理、储存和发布人力资源管理信息的系统。该系统能够为一个组织的人力资源管理活动的开展提供决策、协调、控制、分析以及可视化等方面的支持。其优势在于:① 能够基于流程管控和协同办公,使企业的正常业务管理透明化、流程化,增强企业管理的可控;② 构建开放式交流平台,各个部门密切联系起来;③ 集团管控差异化管理,通过自定义管理内容实现差异化的管控;④ 通过数据进行智能决策分析。企业根据自身发展规划和行业特点可以建立起自己独一无二的人力资源信息系统,协助企业进行科学管理。

3. 人力资源整合模式的出现

人力资源整合是指依据战略与组织管理的调整,引导组织内各成员的目标与组织目标朝同一方面靠近,对人力资源的使用达到最优配置,提高组织绩效的过程。在这个过程中,企业建立了统一的人力资源政策和制度,更重要的是形成了统一的企业文化和价值观。越来越多的研究学者与企业人力资源管理者认识到人力资源整合对提升企业核心竞争力的重大意义。通过明确地、有意识地、系统地提高组织人力资源治理的绩效,有目的地进行人力资源整合,可以充分发挥企业员工的潜能,和谐处理企业经营者与员工之间的关系,并对相应的各种治理活动予以计划、组织、协调、指挥和控制,从而促成企业革新、提高企业组织效率、增强企业核心竞争力。在实际应用中,企业可以运用多种手段和策略,包括人员配置、培训、激励等,但是一定要遵守平稳过渡、保护人才、降低成本、多方式组合的原则,实现最佳的人力资源整合效果。人力资源整合是建立在人力资源管理基础之上的更高层面的目标,是人力资源管理的进一步发展。

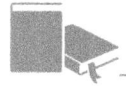

本章小结

人力资源是指一定范围内的人口中所具有劳动能力的人的总和,即一定范围内能够为社会创造物质和精神财富,从事体力劳动和智力劳动的人们的总称。与其他资源相比,人力资源具有能动性、再生性、时效性、社会性和生产消费两重性的特征。

人力资源管理是指各种社会组织通过招聘、甄选、培训、报酬等管理形式对组织内外相关人力资源进行合理配置、有效开发和科学管理,满足组织当前以及未来发展需要,保证组织目标实现和员工价值最大化的全过程。现代人力资源管理经过长期发展,将传统人事管理的职能和内容进行了丰富和提高,不仅在功能上得到扩展,在企业战略上更是得到了整体提升。

人力资源管理的功能和目标是通过它所承担的各项职能和管理活动来实现的。企业中人力资源管理的职能包括:人力资源战略、人力资源规划、工作分析、员工招聘、培训与开发、绩效管理、薪酬管理、职业生涯规划、员工安全管理、劳动关系管理十个方面。

战略人力资源管理是为了实现组织目标而采取的人力资源配置和活动模式。它将人力资源管理的职能及其活动与组织的战略性目标结合起来,强调人力资源管理在达成经营目标中的战略性角色,关注组织达成目标过程中运用的多种人力资源实践,具有战略性、系统性、契合性和动态性的特征。

战略人力资源管理是组织为达到战略目标,系统地对人力资源各种实践和活动进行计划和管理的模式,是组织战略不可或缺的有机组成部分。传统人力资源管理是为完成组织任务,对组织中涉及人与事的关系进行专门化管理,使人与事达到良好的匹配。虽然传统人力资源管理与战略人力资源管理都是对人的管理,但是在管理理念、管理目标、管理地位、管理职能、关注焦点、灵活性和具体实践等方面都有着很大的区别。

 ## 关键术语

人力资源　人才资源　人力资本　人力资源管理与开发　人力资源管理基本职能　战略人力资源管理

 ## 复习思考题

1. 什么是人力资源？人力资源和物质资源有什么关系？
2. 人力资源有哪些基本特征？与人口资源、人才资源、人力资本有什么区别和联系？
3. 人力资源管理的目标与特征是什么？与人力资源开发有何关系？
4. 人力资源管理的职能有哪些？
5. 简述战略人力资源管理的内涵、目标以及特征。
6. 战略人力资源管理的基础理论模型有哪些？
7. 人力资源管理、传统人事管理与战略人力资源管理有什么区别？
8. 试简述人力资源管理在西方和我国的发展历程,分析不同阶段的特点。

 ## 应用案例

麦肯锡的人力资源管理策略

提到咨询企业,许多人首先想到的便是麦肯锡。麦肯锡公司是世界级领先的全球管理咨询公司,由美国芝加哥大学商学院教授詹姆斯·麦肯锡(James O'McKinsey)于1926年在美国创建。自1926年成立以来,公司的使命就是帮助领先的企业机构实现显著、持久的经营业绩改善,打造能够吸引、培育和激励杰出人才的优秀组织机构。

麦肯锡采取"公司一体"的合作伙伴关系制度,在全球44个国家有80多个分公司,共拥有7 000多名咨询顾问。麦肯锡的高层领导者认为,"杰出的人才是麦肯锡唯一的,也是最重要的资产"。据1997年初统计,企业管理硕士(MBA)占49%,具有博士学位的占16%。麦肯锡在招揽人才时着眼于杰出的品格和解决问题的能力、卓越的智慧、有效地同各层次人士交往的能力。能够发展至今,高素质能力的人才就是麦肯锡的财富之源,麦肯锡也有自己对于人才管理的一套哲学。

要领导者,而不是追随者

麦肯锡的经验:关键是找那些企业的领导们,他们能够认识到公司必须不断变革以适应环境变化,并且愿意接受外部的建议,这些建议在帮助他们决定做何种变革和怎样变革方面大有裨益。国外许多行业的公司很早就知道,他们不可能在所有他们涉及的领域都处于世界先进水平,因此,没有必要拥有那些在偶然情况下才会用到的专家。

在招聘担任咨询职务的人时,麦肯锡更加重视个人的素质能力。这些素质能力涵盖:① 要有深刻思考和解决问题的能力。这些经验基本上是在办公中学到的,所以大多数咨询

担任职务的人在参加麦肯锡之前,已具备相当的业务经验,甚至于是某一领域的资深专家。②要有令人满意的同各层级人士沟通、互相来往能力,只有这种能力才能面临不一样行业、不一样文化环境的客户。③要有创新精神。麦肯锡需要的是上层者,而不是追随者,职员要有独立的思想,迅速接纳新事物。④要有长远的抱负和坚韧的毅力。咨询顾问的办公很辛苦,没有顽强的努力精神是很难担任的。

UP OR OUT

麦肯锡的成功更关键的是,严明遵照实行"UP OR OUT"——"不晋则退"的人事原则。凡未能达到企业晋升标准的担任职务的人,企业会妥善劝其退出企业。纵然升到董事也并不意味着不再变动,董事也会被考察审核。企业全部的高级董事和董事都是经过 6—7 年的培训和磨炼后,从咨询担任职务的人中选拔出来的,变成董事的几率约是 5—6 人中有一个。当然假如董事工作表现不佳,一样会被请走。这种激发鼓励机制在麦肯锡内里被称为 UP OR OUT,它始末贯穿在每个级别的咨询顾问中。在 UP OR OUT 的机制下,麦肯锡里很少能见到五十岁人的身影。一方面,年龄的增长往往使员工很难适应咨询顾问的生活;另一方面,公司需要给更年轻的员工提供上升的空间和施展才华的舞台。

很少有人会永远待在麦肯锡,但是没有人会真正地离开麦肯锡。在麦肯锡的眼中,离职的员工不但不是"泼出去的水",反而是一笔弥足珍贵的资源。几十年来,麦肯锡一直通过组织"校友会"(McKinsey Alumni)搭建网络交流平台,通过校友通讯录、举办校友联谊会等方式搭建其遍布各行业的"毕业生网络"。此外,每年也有不少董事离开麦肯锡,去到国际企业继续充当重要的职位,例如,IBM 企业、西屋电气企业、美国运通企业的现任总裁均是麦肯锡企业的前董事。

构建学习型组织

知识管理是当前企业界的热门话题。据美国《商业周刊》的一项调查,在 158 家跨国公司中有 80% 的企业正在着手建立正规的知识管理程序。而麦肯锡公司被公认为知识管理领域的领路人。麦肯锡公司从 1980 年开始就把知识的学习和积累作为获得和保持竞争优势的一项重要工作,在公司内营造一种平等竞争、激发智慧的环境。在成功地战胜最初来自公司内部的抵制后,一个新的核心理念终于在公司扎下根来,这就是:知识的积累和提高,必须成为公司的中心任务;知识的学习过程必须是持续不断的,而不是与特定咨询项目相联系的暂时性工作;不断学习过程必须由完善、严格的制度来保证和规范。公司将持续的全员学习任务作为制度被固定下来以后,逐渐深入人心,它逐渐成为麦肯锡公司的一项优良传统,为加强公司的知识储备、提升公司的核心竞争力打下了坚实的基础。

有效的学习机制为麦肯锡带来了两个方面的好处:一个是有助于发展一批具有良好知识储备和经验的咨询专家;另一个是不断充实和更新公司的知识和信息资源为以后的工作提供便利的条件,并与外部环境日新月异的变化相适应。麦肯锡公司不但建立了科学的制度促进学习,而且还通过专门的组织机构加以保证:从公司内选拔若干名在各个领域有突出贡献的专家作为在每个部门推进学习机制的负责人,并由他们再负责从部门里挑选六七个在实践领域和知识管理等方面都有丰富经验和热情的人员组成核心团队。

为了进一步促进知识和信息在组织内的充分流通,麦肯锡公司还打破了以往建立在客户规模和重要性基础上的内部科层组织体系,取而代之的是以知识贡献率为衡量标准的评价体系。这样,组织内的每一个部门和每一个成员都受到知识贡献的压力,而不是仅仅将工作重点放在发展客户上。

资料来源:根据http://www.jinlie.net.cn/news079.html改写

讨论与思考题

1. 麦肯锡的用人理念是什么?对于企业战略有何意义?

2. 如何评价麦肯锡的人力资源管理策略?试着从人力资源和人力资本的理论角度分析一下。

3. 麦肯锡的知识管理体现在哪些方面?

4. 麦肯锡的用人理念能够应用于其他企业吗?如何应用?

5. 在知识型经济时代,对于知识管理,你有什么创新的方法?

第二章 人力资源管理评估

学习目标

1. 了解人力资源管理评估的内容、方法和流程
2. 理解和掌握人力资源指数调查的概念、内容和数据统计
3. 掌握组织与个人成就方式调查的概念、内容和应用

开篇案例

中国新生代,又称"Y一代""新一代"或者"80后""90后",是指在中国实行计划生育政策后出生的一代人,即1980年后出生的人群。由于新生代员工的行为很难预测,并呈现出独特的代际特征和行为方式,这使得以往传承下来的人力资源管理方式对新生代员工难以奏效。此外,新生代员工群体内部也存在差异,有研究表明"80后"与"90后"群体的群体特征和行为方式存在显著差异。而且对于新生代而言,无论是否有工作经验,由于环境的不同,其工作动机或态度可能大不相同。由于新生代员工已经成为中国劳动力市场的主力军,因此,研究并预测他们的工作行为尤为重要。

根据社会历程理论,"80后"经历了改革开放这一重大社会事件,而"90后"则处在互联网和通信技术快速发展的时代,这些社会事件和环境特征对"80后"和"90后"的思维方式和行为特征产生重要影响。相对而言,"80后"更加遵从权威、喜欢稳定,虽然自我意识开始增强,获得信息的水平比父辈强,对事物认识的视野更宽,但是他们身上传统的烙印也更深。"90后"出生在互联网时代,物质生活极大丰富,网络技术的发展使其可以沉浸在网络世界中,从而敢于尝试、敢于创新,以最大限度地接收信息和知识。此外,"90后"大多是独生子女,从小倍受关爱,面临的生活环境和社会环境也更加自由,因此,相比"80后",其竞争意识更弱,更倾向于分享和合作。

从历程的角度来看,身份转变(如进入社会)可以赋予个人独特的意义。那么,从社会化理论的视角来看,中国的"80后"基本上在2000年左右陆续进入职场。此时,我国经济体制改制正在推进,社会主义市场经济体制逐步建立,国有企业开始了以公司制为重点的现代企业制度改革,但是由于市场发育程度不高,人力资源管理制度还不完善,有关体系还未完全建立。此时经历社会化的"80后"员工更多地受到市场经济体制和企业改革的影响,竞争意识不断增强。此外,传统行政命令式的人事管理方式逐渐转变,"80后"员工在社会化过程中的权力导向也逐渐降低。

2019年,赵宜萱、赵曙明和徐云飞基于社会化理论以及生命历程理论的视角,分析了个体感知形成到态度/行为表现的逻辑关系,并加入成就方式模型作为新生代员工行为导向的研究基础。结合新生代员工成就方式的最新数据,分析探讨新生代员工成就方式对企业人力资源管理的影响。研究结果发现,与X世代员工相比,中国的"80后"和"90后"员工在工作中的竞争直接型行为逐步弱化,而依赖工具型以及合作关系型行为有所提升。与此同时,同"80后"员工相比,"90后"员工在使用直接型和关系型成就方式组合方面都显著减弱,而在工具型成就方式组合方面有所增强,但并没有显著差异。研究结果有助于人力资源管理者预测新生代员工的行为导向,并为新生代员工的管理提供了新视角和新对策。

资料来源:赵宜萱,赵曙明,徐云飞.基于20年成就方式数据的中国员工代际差异研究[J].管理学报,2019,16(12):1751-1760.

案例思考题

1. 如何理解不同时代个人成就方式的新特点和新内涵?
2. 围绕新生代员工个人成就方式的变化,企业人力资源管理评估应该注意哪些问题?

企业人力资源管理实践表明,一个单位的组织环境、职员的士气、职业生活质量以及职工在工作中的满意程度,是影响生产率高低的主要因素。因此,管理者必须经常考虑和评估分析人力资源管理系统。

为了测定、分析和控制人力资源管理的绩效,我们必须先取得有关单位人力资源的条件和单位组织管理的绩效质量等资料。这些必要的资料不仅反映职工的能力、技术水平,而且反映职工的态度、激励、动力以及满意程度等方面的情况。通过人力资源管理评估,我们可以随时检测人力资源管理的绩效,了解组织的气氛环境与职工的工作成就方式和士气,及时发现组织和个人存在的问题,纠正错误,改善组织环境,提高职工的士气,把职工的积极性引至实现组织目标。

本章在介绍人力资源管理评估主要内容的基础上,分别介绍美国著名人力资源管理专家设计的用于测量分析人力资源管理组织的研究工具:人力资源指数调查和组织与个人成就方式调查。这些工具不仅在美国,而且在西方其他国家以及日本企业中广泛应用。任何组织单位,尤其是企业单位,都可通过采用这些调查工具随时掌握本单位人力资源管理的情况,这对提高整个组织人力资源管理绩效具有重要意义。

第一节 人力资源管理评估概述

对人力资源的政策、人力资源工作的贡献度进行评估,是美国等发达国家最近30年来发展较快的人力资源实践领域。企业人力资源开发与管理所面临的机遇与挑战,给人力资源管理评估带来了巨大的外部压力和拓展空间。企业给那些成功项目提供增值及评定其成功程度的方法,帮助人力资源部门从活动过程导向转向结果导向。同时,人力资源管理思想的改变及信息技术在人力资源管理中的应用,又大大推动了人力资源管理评估工作的发展,人力资源管理评估工作的意义也愈加显著。

一、人力资源管理评估的内容

人力资源管理评估不仅能够使企业管理者及员工看到在人力资源上的投入与花费,而且更关注人力资源的有效产出。正确的评估方法可以将这种产出及其对组织绩效的改善情况显示出来,令人信服。人力资源工作绩效的显示不仅有助于企业进一步重视人力资源管理,增加有效投入,而且使人力资源工作有了评判依据,从而有助于实现人力资源工作人员的工作成就感。[①]

通过评估,人力资源工作人员能够有效识别那些明显改善组织绩效的人力资源活动,从而保证有限投入的最佳回报。否则,不分主次、不分轻重缓急地盲目投资,往往会降低人力资源部门和整个企业对资源的利用水平。同时,及时、客观的评估可以帮助企业及时纠正偏差,避免资源的进一步浪费,并减少不当的人力资源政策带来的风险。此外,在评估基础上建立起来的人力资源信息系统可以为企业决策提供人力资源工作的详细历史数据,帮助企业从过去的经验教训中学习有效的手段与方法。

二、人力资源管理评估的方法与流程

虽然国际上评估人力资源工作的贡献度依然是一个存在较多分歧与争议的新领域,但是 20 世纪 80 年代以来的迅猛发展还是为我们提供了一些可以借鉴的评估方法。正如我们所知道的那样,人力资源管理能给组织带来效益和效率。但是,如何才能进行测量?关于这个问题,Husehid(1995)就一直致力于研究人力资源管理与子公司财务状况之间的关系,[②]而 Lam 和 Wite(1998)也曾对 14 家制造企业进行了研究,发现人力资源管理与公司财务效益具有一定的相关性。[③] 不管是人力资源管理的收益还是为此而付出的支出,都难以得到准确的计算值,这说明运用简单的比值法去评估组织人力资源管理效益的做法并不现实可行,还需要研究和开发适用的、能够反映企业人力资源管理绩效的其他测评方法。

目前,在一些管理实践中已经出现如下几种测评人力资源管理工作绩效的办法:人力资源会计、人力资源关键指标、人力资源效用指数、人力资源指数、投入产出分析、人力资源调查问卷、人力资源声誉、人力资源审计、人力资源案例研究、人力资源成本控制、人力资源竞争基准、人力资源目标管理和人力资源利润中心等 13 种方法。

(一) 人力资源会计

人力资源会计曾盛行于 20 世纪 60 年代末 70 年代初,80 年代一度衰退,但最近这种方法又被人们重新采用。人力资源会计是将员工视为企业资产给出员工价值,采用标准会计原理去评价员工价值的变化。它是一个有关识别、评价人力资源并交流有关信息以实现有效管理的过程,其中,人力资源被看成企业资产或投资。与其他资产评估不同的是,人力资

[①] 赵曙明,沈群红. 论企业人力资源管理评估的功能与方法[J]. 生产力研究,1998 年第 6 期.

[②] Husilid, Mark A. The impact of human resource management practices on turnover, productivity, and corporate financial [J]. *Academy of Management Journal*, 1995(38).

[③] Lam, L W and White, L P. Human resource orientation and corporate performance[J]. *Human Resource Development Quarterly*, 1998(9).

产评估,需使用由行为科学所提供的评价工具对员工的能力和价值进行计算。

(二) 人力资源关键指标

这种评估方法是用一些测评组织绩效的关键量化指标来说明人力资源部门的工作情况。这些关键指标包括就业、平等就业机会、培训、雇员评估和开发、生涯发展、工资管理、福利、工作环境、安全、劳动关系以及总效用等。每一项关键指标均需给出可量化的若干指标,如培训可采用每种岗位上雇员完成培训人数的比例及每一个雇员的培训时间等。在人力资源工作与组织绩效的关联性显示方面,人力资源关键指标显示二者有较高的相关度。

(三) 人力资源效用指数

人力资源效用指数是一种试图用一个衡量人力资源工作效用的综合指数来反映企业人力资源工作状况及其贡献度的评估方法。人力资源绩效用指数(Human Resource Performance Index, HRPX)则是使用人力资源系统的大量数据来评估选才、招聘、培训和留用等方面的人力资源工作,但由于其过分庞杂,加上指数与组织绩效之间的相关性仍不明确,有不少研究者并不看好它。

(四) 人力资源指数

人力资源指数(Human Resource Index)是由美国舒斯特教授开发而成,由酬劳制度、组织沟通、合作、组织环境等15个因素综合而成。人力资源指数不仅说明企业人力资源绩效,而且反映企业的环境气氛状况,包含内容较为广泛。研究者在美国、日本、中国、墨西哥许多企业使用HRI进行调查,并在此基础上建立了地区标准和国际标准。

(五) 投入产出分析

将投入产出分析方法运用于人力资源管理评估,计算人力资源成本与其效益之比,具有较高信度。在企业个案研究中,投入产出分析是较为成功的。一般而言,人力资源项目的成本是可以计量的,但是项目收益很难确认,尤其是无形收益的确认更为困难。投入产出分析法在评估人力资源单一项目时还是有效的,但是在评估整个人力资源工作时则显得力不从心。

(六) 人力资源调查问卷

这种评估方法将员工态度与组织绩效相联系以实现对企业人力资源工作的评价。一般而言,员工态度与组织绩效之间存在正相关,但相关性的原因仍不清楚。但已有的一些研究表明:有可能是好的组织气氛提高企业业绩;或者是成功企业的环境产生了良好的气氛。

(七) 人力资源声誉

有些专家认为人力资源工作的效用判断,可以通过员工的主观感觉来对企业人力资源工作进行评估。员工的评价及企业人力资源工作的声誉对人力资源管理评估是比较重要的,但这种评价与组织绩效之间的相关度不高。

(八) 人力资源审计

人力资源审计是传统审计的延伸,它通过采用、收集、汇总和分析较长时期内的深度数据来评价人力资源管理绩效。这种系统方法取代了过去的日常报告,经过调查、分析、比较、审计为人力资源工作提供基准,以便人们发现问题,采取措施提高效用。在人力资源审计中可综合使用访谈、调查和观察等方法。

(九) 人力资源案例研究

案例研究近年来被引入人力资源管理评估实践中,成为一种成本低、花费少的评估方法。对人力资源工作绩效的调查分析,与人力资源部门的顾客、计划制定者进行访谈,研究一些人力资源项目、政策的成功之处,并将其报告给选定的听众。

(十) 人力资源成本控制

虽然大多数管理者意识到工资和福利是人力资源的总成本,但是他们没有认识到人力资源工作的改变会带来巨大的开销。评估人力资源绩效的一种方法是测算人力资源成本并将其与标准成本比较。普通的人力资源成本可包括每一雇员的培训成本、福利成本以及薪酬成本占总薪资成本的比重等。这种人力资源成本控制方法是对传统成本控制的拓展,在典型的成本控制表中可包括：雇佣、培训和开发、薪酬、福利、公平雇佣、劳动关系、安全和健康、人力资源整体成本。

(十一) 人力资源竞争基准

竞争基准方法也在人力资源部门中得以运用,并被作为评估人力资源工作的方法。这一方法首先将人力资源工作的关键产出列出来,然后再将此与同行业中的佼佼者进行比较,从而进行评估。

(十二) 人力资源目标管理

运用目标管理的基本原理,根据组织目标要求,确立一系列的目标来评价人力资源工作。在这种方法中,关键是目标合理、可评估、有时效性、富有挑战性且又合乎实际,能被所有参与者理解。同时,目标又必须是达到高水平管理所要求的。当然,这些目标应尽可能可以量化,且必须与组织绩效相联系。

(十三) 人力资源利润中心

利润中心评估方法是当代管理理论和实践将人力资源部门视为能够带来收益的投资场所的体现。人力资源部门作为利润中心运作时,可对自己所提供的服务和计划项目收取费用。典型的人力资源服务项目有培训与开发项目、福利管理、招聘、安全和健康项目、调遣项目、薪资管理项目和避免工会纠纷等。

第二节 人力资源指数调查

组织气氛调查的结果能反映企业组织的优势和弱点,有助于和在其他企业组织调查结果的基础上建立的规范标准进行比较。标准化的调查方法,如人力资源指数方法提供了企业组织之间以及企业内部不同部门之间比较的手段和方法。这种指数调查表适用于愿意进行调查的企业,其方法既有利于调查者按他们自己设计的标准,对众多职工的调查答卷作比较分析,又有利于企业了解到自身的组织气氛且不需要投入大量时间和资金。美国一些大公司,如 IBM、施乐等率先引入这种调查方法,建立了检测和评估人力资源状况的调查反馈系统。

对于中国企业来说,人力资源指数为我国人力资源效益评估提供了有效可行的方法。人力资源指数在宏观层面被用在国内整体、行业整体人力资源效益评估;在微观层面被用在具体企业、企业内不同部门之间的人力资源效益评估,发现了我国企业人力资源管理中的问题和不足,提供了改进建议与措施。

一、人力资源指数的概念

20世纪60年代,任西斯·李克特(Rensis Likert)在从事人力资源统计时,力图在收入报告和收支平衡表上综合人力资源统计与财务数据,以求对人力资源作出评估。然而,这种努力遇到了一系列的实际困难,包括专业会计的反对。结果,人力资源统计只好尽量少用财务数据,而更多地采取组织气氛调查数据来测量、评估人力资源状况,这种方法对测量和评估人力资源的素质更为合适。

1977年,美国佛罗里达大西洋大学管理学教授弗雷德里克·舒斯特(Frederick E. Schuster)博士在李克特研究的基础上,设计了"人力资源指数"(Human Resource Index),用于企业自下而上沟通的气氛调查。他指出,人力资源指数调查方法的作用在许多企业得到了证明,它可用于评估职工的态度、满意度和对组织目标所作的贡献,准确地找出症结以及需要集中考虑的问题,并为开辟双向沟通和组织发展奠定有益的基础。

学者们普遍认为,人力资源指数是指尽量少用财力数据,更多采用组织气氛调查数据测量人力资源状况的指数。利用人力资源指数调查研究组织气氛,对企业评价人力资源管理的效能程度很有帮助。此外,在诊断许多具体管理问题的病源以及利用双向沟通处理组织中的问题,以促进企业发展等方面,这些调查数据已被证明是很有效的。有些组织使用组织士气态度测验来评估人力资源管理部门的工作成效,这些问卷试图将员工的态度与企业绩效联系起来。比如,美国联合特快专递公司在1993年建立了自动员工调查系统,这被认为是该公司成功的一个关键因素。

二、人力资源指数的内容

根据舒斯特教授的人力资源指数设计思路,人力资源指数调查表的内容反映了接受调查职工的想法。这个调查表列有关于组织的64个问题,要求职工逐一回答对这些问题的同意程度。最后两题为被调查者提供了随意发挥的机会,即让被调查者陈述在组织中他们"最喜欢本单位的事"和认为"最需要改革的方面"。下面列举一下人力资源指数的说明和确定的因素(见表2-1)。

表 2-1 人力资源指数的说明①(部分)

> 这次调研的目的是了解职工对本单位人力资源管理效益的态度。本调查表提供给您一个表达您建设性意见的机会。您的见解对帮助您单位正确地评估人力资源管理的效益,从而进一步改进人力资源管理是具有价值的。
>
> 这次调查采取不记名形式,请不要在问卷答题纸上署名或以任何方式说明您的身份。不会根据回收的问卷去追究任何个人。坦率和自由地表达您的观点是最有帮助的。
>
> 下面列出的每一项都是对组织人力资源管理现状的陈述。当您每阅完一项,请从下面 5 种选择中挑选一种最适合于您所处的环境和表达的感受。
>
> A. 几乎从来没有
> B. 不经常
> C. 有时
> D. 经常
> E. 几乎总是
>
> 然后用 2B 铅笔把问卷答题纸上相对应的格子涂黑。例如,您认为就某个问题"有时"最确切,则请将该题答案中的 C. 涂黑。
>
> 第 65 题和 66 题请用铅笔在答题纸反面回答。
>
> 当您答完该问卷,请按信中的要求把答题纸和问卷反馈给我们。
> 1. 本单位各部门之间有着充分的沟通和交流,信息能够分享。
> 2. 职工的技能在单位里能得到充分、有效的发挥。
> 3. 单位的目标和个人的工作具有有效性和挑战性。
> 4. 我的工作是令人满意的,并且是有益的。
> 5. 我已经得到了干好本职工作所必需的各种训练。
> 6. 领导是通过能力实现的。
> 7. 各种报酬、奖励是公正平等地分配的。
> 8. 第一线的管理是高质量的。
> 9. 管理人员高度关注生产情况,并有效地让有关人员了解。

舒斯特教授对调查表中 64 个项目分别记分和汇总,综合形成由 15 项因素综合构成的人力资源指数。②这 15 项因素分别是:报酬制度、信息沟通、组织效率、关心职工、组织目标、合作、内在满意度、组织结构、人际关系、组织环境、员工参与管理、工作群体、群体间的协作能力、一线管理、管理质量。研究者对美国、日本和加拿大等国家的许多企业进行了调查,并在此基础上建立了地区标准和国际标准。

(1) 报酬制度。工资、津贴、奖金、福利和其他(物质的与非物质方面的)奖励。

(2) 信息沟通。组织内信息的纵向沟通和横向沟通。

(3) 组织的效率。对组织的整体能力和取得成功的自信心程度以及组织实现其目标的成功程度。

(4) 关心职工。组织在关心职工方面给人们的印象如何。

(5) 组织目标。每一个职工对组织目标有所了解,并确认其目标,而且对此感到自豪。

(6) 合作。组织的全体成员在为共同目标而有效合作奋斗的同时,各自的能力得到了极大的发挥。

(7) 内在满意度。职工对自己工作得到报酬的满意度,如对成就的进取意识,工作的自

---

①② Frederick S E. Human Resources Management:Concepts, cases and readings[M]. Prerrtice-Hall Compomy, 1985.

豪感,对自我成长发展的评估以及对自己有能力的感受。

(8) 组织结构。规章制度、管理政策和程序、管理体系与管理实践、正规的组织机构与请示报告制度。

(9) 人际关系。组织内部成员之间的感情沟通。

(10) 环境。组织内部的气氛使职工感到愉快,得到拥护和支持,并且将组织视作和谐的工作环境。

(11) 职工参与管理。职工有为组织献计献策的机会,能与上级磋商、沟通,并在组织的决策中起到一定的作用。

(12) 工作群体。对自己日常工作中最接近的同事的感情。

(13) 群体间的协调能力。各独立群体间相互协调,并能有效地完成共同工作目标的能力。

(14) 第一线的管理。组织成员对第一线管理人员的能力与人品的信任。

(15) 管理的质量。组织成员对中级和高级管理人员的能力与人品的信任。

上述15种因素评分可作为对比分析各组织绩效的依据,或对比分析同一组织在某个时期中的变化的依据。确认了主要的因素后,有关的单项得分就变得十分重要,因为它能指明所关注问题的原因所在,并有助于理解它对组织的重要性。

三、人力资源指数的数据分析与统计

人力资源指数的统计数据,为那些对人力资源指数技术性较强领域感兴趣的人提供了一些关于心理测试方面的材料。舒斯特教授指出,对于人力资源指数的数据分析首先初步提出各个项目和因子,然后由调查设计的专家小组进行审核筛选,再由人力资源管理经理参加的研究指导小组对分析方法做试验研究。

(一) 人力资源指数的分类因素

舒斯特教授指出,通过因素分析和收集附加的规范数据可改进人力资源指数问卷调查法,其基本要点仍在于是否对调查建立分行业的标准。目前,人力资源指数的分类因素是通过一万多人的应答数据进行因素分析而得出的,这些被调查者具有广泛的代表性。具有代表性的取样范围超过30个公私企事业部门,其中包括电子电器制造业、零售业、金融业、职业性行业(如医生、律师等)、研究与开发部门、农业、医疗事业、消费品生产业、旅游业和政府机关等。被调查的企业规模不等,从50人到1 000人以上。

(二) 人力资源指数的可靠性分析

整个调查方法以及每一因素的可靠性,用Cronbach's Alpha临界值[①]来确定,这是一种广泛用于测度一般测量可靠性的系数。对整个分析方法和每个因素计算的Alpha系数列于表2-2中,因素的可靠性系数的范围从0.757到0.929,都超过了满意值,进一步说明使用这一分析方法是适当的。

---

① Cronbach L. J. Coefficient alpha and the internal structure of test. Psychometrika, 1951(16).

表 2-2 系数 Alpha 的可靠性

测量项目	Alpha 系数
全部工具	
因素：	0.978
报酬制度	0.774
信息沟通	0.894
组织效率	0.901
关心职工	0.828
组织目标	0.874
合作	0.852
内在满意度	0.888
组织结构	0.757
人际关系	0.765
环境	0.929
职工参与管理	0.852
工作群体	0.766
群体间的协作能力	0.799
第一线管理	0.798
管理的质量	0.866

（三）人力资源指数的专家评分

调查分析方法工具的有效性取决于内容的有效性。由于缺乏同类确定因素的工具，因此不能预先通过某一相关的标准来确定其有效性。此外，一种直接反映个人感觉和态度的问卷调查法，其内容的有效性似乎更加合理。两种专家意见涉及内容的有效性：① 每个项目的特性和因素尺度从属于定义所描述的因素的程度；② 全部项目代表所有因素的程度。这种人力资源指数的每个因素，都被调查设计专家和人力资源管理经理小组证明为"高度有效"的调查测量因素。

四、人力资源指数问卷调查法的应用

在国内，赵曙明（1998）将人力资源指数这一工具引入国内，为国内的研究奠定了基础。目前，人力资源指数在国内正逐渐受到重视和应用，在不同行业以及不同规模的组织中广泛采用。其他学者针对高校、IT、科技等具体行业，以及不同类型企业进行了更为详细的修订。各种规范标准已经建立，到目前为止已被证明是相当稳定的。虽然组织与组织相比有很大差异，但是只要是大批调查数据，结果总有惊人的一致性。人力资源指数的 15 个因素现有标准列在图 2-1 中。

1990—1991 年，赵曙明教授在舒斯特教授所在大学做博士后并兼任客座教授，与舒斯特教授一起研究人力资源管理问题。1992—1995 年，两人合作研究跨文化组织的人力资源

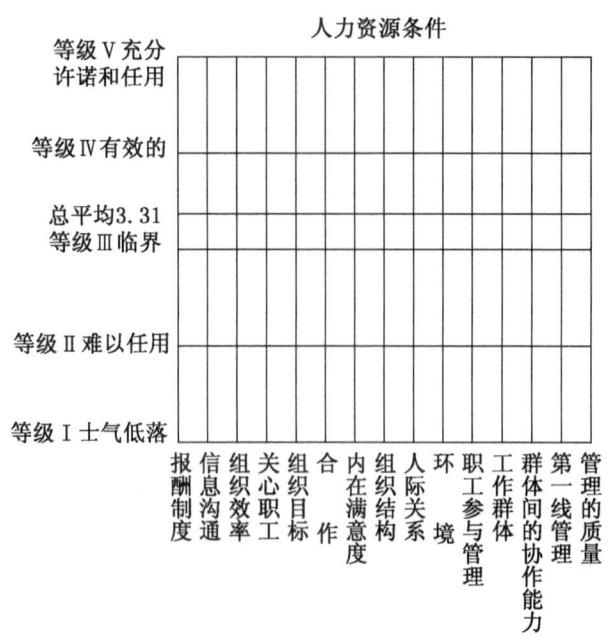

图 2-1　人力资源指数 15 个因素分析

管理课题。该课题采用人力资源指数问卷调查表在中、美、日三国的企业进行调查,比较三国人力资源管理的异同,学习国外先进的人力资源管理的理论和实践,建立起具有中国特色的人力资源管理模式。

1995—1997 年,赵曙明教授在国家自然科学基金支持下,以舒斯特的人力资源指数问卷调查表为基础,重新设计了一套适合中国国情的人力资源指数调查表,并在中国华北、华中、华东、华南 10 多个城市近 100 家企业进行了调查研究,了解了中国国有、"三资"、私营等不同所有制企业的人力资源管理现状,分析了中国不同所有制企业人力资源管理与开发方面的优劣势以及存在的问题,并提出了对策建议。[①] 该研究以问卷形式在深圳、广州、重庆、武汉、宜昌、长沙、南京、无锡、苏州、镇江、济南、北京、上海等城市对近百家企业进行了实地调查,共发放问卷 5 050 份,回收问卷 2 400 份,回收率 47.52%。同时,在对这些企业的人力资源管理状况进行定量测评的同时,研究人员还对样本企业的各层次管理人员及各部门的员工进行了大量访谈(见表 2-3)。

表 2-3　三种不同所有制企业人力资源总体指数表

基本类别	国有企业	民营企业	"三资"企业	总样本	极差
报酬制度	3.23	3.14	3.32	3.21	0.18
信息沟通	3.26	3.24	3.45	3.29	0.21
组织效率	3.17	3.32	3.62	3.37	0.45
关心员工	3.38	3.27	3.25	3.31	0.13

---

① 赵曙明.中国三种不同所有制企业人力资源管理研究[J].中国工业经济,1998 年第 10 期。

(续表)

基本类别	国有企业	民营企业	"三资"企业	总样本	极差
组织目标	3.39	3.51	3.66	3.49	0.27
合作	3.35	3.35	3.60	3.40	0.25
内在满意度	3.27	3.38	3.46	3.35	0.19
组织结构	3.06	3.04	3.18	3.08	0.14
人际关系	3.39	3.48	3.57	3.46	0.18
组织环境	3.25	3.30	3.60	3.33	0.35
参与管理	3.07	3.09	3.17	3.10	0.10
基层管理	3.33	3.39	3.06	3.39	0.23
中高层管理	3.24	3.40	3.66	3.39	0.42
用人机制	3.09	3.20	3.47	3.21	0.38
职工精神与期望	3.30	3.36	3.58	3.38	0.28
总均值	3.25	3.30	3.47	3.31	
极差	0.33	0.47	0.49	0.41	

从总均值来看,国有企业得分值为3.25,民营企业得分值为3.30,"三资"企业得分值为3.47。以上数值从总体上表明,国有企业现阶段人力资源管理出现滞后性。这与中国国有企业长期生产导向型的经营思想和计划经济的传统管理模式,呈现出必然的因果关系。而"三资"企业人力资源指数分值明显高于国有企业和民营企业,表现出良好的人力资源管理的绩效。样本民营企业人力资源指数均值与国有企业较为接近。这一方面源于我国民营企业大多在国有企业的背景之下产生,其管理模式对国有企业有着较大的模仿效应;另一方面,民营企业的管理方法与管理手段具有较强的灵活性,使其能够较快地吸收使用先进的人力资源管理经验,较之国有企业僵化的管理模式,民营企业表现出了较好的人力资源管理的绩效。但民营企业现阶段管理上的非规范性,又在一定程度上削弱了它的管理绩效。

国际人力资源指数的样本标准分值为3.31,样本国有企业的人力资源指数总均值低于国际样本标准0.06;样本民营企业与国际样本标准较为接近,只差0.01;而样本"三资"企业的人力资源指数总均值则比国际样本标准高0.16。总样本的人力资源指数总体均值与国际样本标准相同。国有企业人力资源指数的总均值低于国际样本标准,与其低水平的管理方法和管理手段是吻合的。民营企业由于经营的自主性较强,能够较快地吸收外国先进的管理经验,人力资源管理的方法与手段在不断寻求与国际接轨,从而使其人力资源指数总体均值与国际样本水平较为接近。但是,由于其独特的产权结构和管理结构,中国民营企业较之西方实施规范、明晰产权制度的现代企业又具有一定程度上的非规范性,因而其人力资源总体指数仍然低于国际样本标准。中国"三资"企业的员工主要来自国有企业和集体企业,相对于运行效率较低的国有或集体企业,"三资"企业在报酬制度、组织效率、用人机制及其内部管理等方面具有十分明显的优势,使其员工在对企业人力资源管理与开发以及自我价值实现等方面的评价上产生了极大的反差。这一反差,是造成中国"三资"企业人力资源指数总体均值高于国际样本标准的主要原因。总样本人力资源指数均值与国际样本标准相一致,这在整体上表明,改革开放以来,随着现代企业制度的逐步确立以及产权实现形式的多元化和规范化,中国企业在人力资源管理与开发上取得了十分明显的进步。

从三种不同所有制样本企业人力资源指数的极差来看,样本国有企业的极差为0.33,民营企业为0.47,"三资"企业为0.49,总样本人力资源指数的极差为0.41。国有企业的极差明显小于民营企业和"三资"企业,这表明国有企业人力资源管理具有较强的均衡性,这与国有企业的管理制度在我国沿袭了几十年紧密相关,员工对这一管理模式形成了习惯与共识。同时,较低的极差水平反映国有企业人力资源管理绩效的各项分类因素存在着较强的内在联系与整合效应。联系上述样本国有企业较低的人力资源指数总体均值,说明中国国有企业的人力资源模式处于一种低水平稳定状态。

总之,设计人力资源指数问卷调查表目的是调查了解组织气氛,管理者和经理们通过这类调查研究能比较容易地确定管理方面亟须改进的若干关键环节。需要改进之处往往是员工普遍感到不满的混乱政策和现状。通过组织气氛调查,人们往往能找到现在组织中存在的问题,确定改进的对策与时机。

第三节　组织与个人成就方式调查

随着企业管理中的人事管理向现代人力资源管理的转变,关注员工的成长与发展、提高员工的工作生活质量,成为企业人力资源管理活动和政策的制定中,除了企业发展目标和需求之外需要考虑的重要方面。正因为如此,在人力资源管理学界存在两类观点:一类观点认为,个人的目标和组织的目标是趋于一致的;另一类观点认为,个人需求和组织需求并不总是一致,组织可以努力平衡两者的差异。显然,这两类观点都有其适用的时代背景和组织条件,至少可以说,员工个人目标与组织目标是可以通过个人与组织双方的合作来实现,当然,我们不一定要求他们的目标一定一致。由此产生了这样的问题,企业是如何鼓励或激励员工取得成功的呢?员工个人又是如何看待自己的成功和实现自己追求的呢?

成就方式的研究就是试图回答这类问题,让组织明白它所传达给员工的企业文化是什么,企业的价值观是什么;也让员工明白,他们自己成就的方式是什么,是否是企业文化所鼓励和支持的,与其他人存在哪些差距。研究成就方式可以使管理者和领导者了解自己和职工的成就方式,更好地调动各方面的积极性,为实现组织目标服务。了解企业员工的个人成就方式和组织成就方式,也有利于管理者制定符合我国企业文化的人力资源管理政策[①]。

一、成就方式的概念

成就方式(Achieving Styles)是心理学者、教育学者、管理学者,尤其是人力资源管理学者所关心的研究课题。人们要做什么事,要完成什么任务,要达到什么目的,所采取的方式方法都不太一样,许多研究结果已经证明了这一点。成就方式反映了员工及其所在组织,在

---

① 赵曙明,刘洪. 我国企业员工个人与组织成就方式调查报告[J]. 管理世界,2002(9).

一定社会经济文化背景下的需要与追求,了解他们的成就方式有助于组织制定与员工个人发展相匹配的人力资源管理政策,有助于员工个人根据组织需要调整自身行为。

美国加州克莱蒙特研究生院管理心理学教授吉恩·普曼-布卢门(Jean Lipman-Blumen)博士和斯坦福大学管理学教授哈罗德·莱维特(Harold J·Leavitt)博士于1972年共同设计了L-BI成就方式图,用来确定个人为完成某任务或达到某目的所喜欢的方式和战略[①]。不论是领导者还是被领导者,都可以通过填此表了解自己的成就方式,看其个人成就方式是否合乎组织行为要求,从而可以培养自己所需要的成就方式。个人成就方式对管理人员是很有用的,因为它们可以作为管理人员的决策、领导、沟通、合作等方面的管理技能。尤其是领导干部,通过了解下属的个人成就方式,可以更好地发挥下属的各人所长,充分利用人力资源。

二、成就方式的内容与构成

L-BL成就方式模型和相关的L-BL成就方式表(包括个人成就方式表ASI和组织成就方式表OASI),该模型和量表自1972年以来,已经经过了多次的修改和完善,并对众多案例对象进行了测试。赵曙明教授与吉恩·利普曼-布卢门合作,并经过多次调查,根据中国的情况对此量表进行修改。赵曙明教授在1990年对中美企业管理专业的学生的成就方式进行比较研究发现,中美学生的成就方式有很大差异。研究表明,应用成就方式表来研究员工个人和组织的成就方式,对于指导员工成就行为,帮助管理者激励员工的具有追求高成就行为具有十分重要的作用。

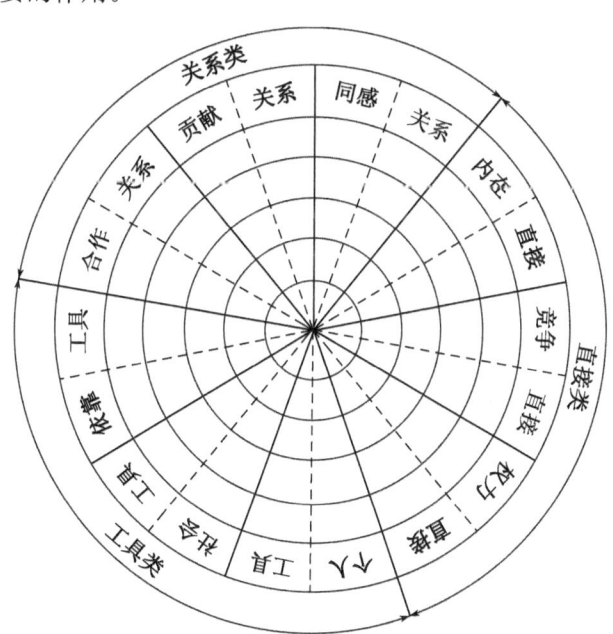

图 2-2 L-BL 成就方式模型图

---

① Lipman-Blumen J, Leavitt H J. Vicarious and direct achievement patterns in adulthood[J]. *The Counseling Psychologist*, 1976, 6(1).

成就方式模型主要用来说明人们是如何实现他们各种各样的目标,而成就方式表是用来刻画人们实现目标的策略。因此,我们可以将成就方式看成是个人实现目标的实施策略或者个人技巧(做事的方式)。个人常常会依赖并完善对实现他们的目标非常有效率的成就方式。此外,组织开发的回报系统也常常鼓励那些使用一定成就方式的个人或群体。

L-BL成就方式模型将人们的成就方式划分为三大类:直接类(Direct)、工具类(Instrumental)和关系类(Relational),每一类又包含三种有明显差异的成就方式。所以,该成就方式模型总共用九种成就方式来刻画个人实现他们目标的策略。

(一) 直接类成就方式(The Direct Set)

他们的特点是人们直接面对任务,寻求、选择完成方式。有这类成就方式的人,其性格是依靠自己的能力去完成任务,有责任意识。他们关心怎样更好地去完成任务,对自己成功地完成了任务感到满足。主要涉及面对任务时的活动和对于实现目标的心态、努力情况,主要是受所承担任务导向。

(1) 内在直接方式(The Intrinsic Direct Style)。表现出很强的个人感,他们更喜欢本人直接去完成任务,而且有自己的高标准、严要求,喜欢任务富有挑战性。

(2) 竞争直接方式(The Competitive Direct Style)。特点是喜欢与别人竞争,比别人做得更好。他们将任务比作竞争环境,将别人比作竞争者,为竞争获胜感到高兴。

(3) 权力直接方式(The Power Direct Style)[①]。利用权力,对个人、资源、形势进行控制,组织力量去完成任务。他们也许将任务委托或分配给别人,但往往要保持总的控制和领导。

(二) 工具类成就方式(The Instrumental Set)

他们把个人的成就、与别人的关系作为完成新任务、达到新目标的渠道。主要涉及活动是利用个人的特点、取得的成果以及和其他人的关系,作为实现目标的方式。主要受人际关系、群体过程、非正式组织和完成任务的沟通系统导向。

(1) 个人工具方式(Personal Instrumental Style)。利用"自我",即本人的成绩或背景,包括家庭背景、教育水平、职业、职务等,作为完成任务、达到某目的的工具。个人工具方式者很重视奖励、公认、关系等。

(2) 社会工具方式(Social Instrumental Style)。利用与别人的关系,以此作为工具去完成任务或达到自己的目的;他们有意发展与别人的关系,建立关系网,甚至以与别人相识作为完成任务的一种途径。

(3) 依靠工具方式(Reliant Instrumental Style)。依靠别人为他们承担一部分或全部任务;他们往往确定自己的目标,接受任务,但依靠别人的方法去完成。也许他们对自己能否完成任务信心不足,所以靠别人建议、鼓励或帮助;或许他们有足够的信心,但要请别人帮忙。总之,他们依靠别人去完成自己的任务。

(三) 关系类成就方式(The Relational Set)

他们将别人、别的组织或单位所树立的目标或任务作为自己的任务去完成。他们喜欢集体环境,与人合作,贡献自己的力量,鼓励别人成功。涉及的活动就是直接、主动地对他人

---

① 赵曙明,刘洪. 我国企业员工个人与组织成就方式调查报告[J]. 管理世界,2002年第9期.

的目标和任务做出贡献。对于认同欣赏的人,采取合作、贡献、鼓励或者仅仅培育与他们的关系;为别人的成功而感到高兴,主要导向是他人。

(1) 合作关系方式(Collaborative Relational Style)。喜欢通过小组集体的力量去完成任务。他们有集体观念,希望与人合作,甚至认为,只有在小组集体环境中,他们才能真正发挥自己的力量。

(2) 贡献关系方式(Contributory Relational Style)。对别人的任务主动地、直接地做出自己的贡献。他们将别人的任务当作自己的任务,并认为自己的贡献对别人的成功是有帮助的。

(3) 同感关系方式(Vicarious Relational Style)。对别人取得成绩感到高兴,他们接受别人确定的目标和任务以及完成任务的方法。他们也许鼓励别人去完成任务或赞扬那些取得成绩的人,但他们不主动或不直接帮助别人去完成任务。

以上三大类,九种个人成就方式者各有各的特点。他们之间有明显的区别,但又有连贯性,尤其是那些经验性的行为方式之间区别很小。每个人都有自己的成就方式,一些人几乎用所有成就方式,但大部分人喜欢其中的几种成就方式。

三、个人成就方式表的应用

赵曙明教授(1990)[①]以利普曼-布卢门教授和莱维特教授所设计的个人成就方式表(ASIForm 13)为研究工具,对南京大学的 80 名企业管理本科生和硕士生分两次取样调查,学生年龄在 18—34 岁,平均年龄为 21.5 岁;对美国欧维恩加州大学(University of California, Irvine)的 49 名企业管理硕士生取样调查,学生年龄在 23—34 岁,平均年龄为 27.2 岁。

个人成就方式表共有 45 项,其中大部分题项都是描述用于完成任务或达到目的的个人行为,还有描绘完成任务具体方式的感觉等。问卷的每一项都是与一种特别的成就方式相联系。个人成就方式共有 9 种,问卷 45 项中每 5 项描述一种个人成就方式。每一项目都用 7 分衡量,从左到右 1 分到 7 分。1 分代表"从不",7 分代表"总是"。目的是使答者根据自己的具体情况认真作答。

这次研究所获全部资料均经编码输入计算机,然后将中美两组学生所答数据通过计算机作平均值(mean)、标准偏差(standard deviation)、T-测验(T-test)等分析,并将中美学生分以下几种类型进行比较分析:

1. 中国学生 80 人与美国学生 49 人总体分析比较
2. 年龄与个人成就方式比较
(1) 中国学生 18—21 岁的 60 人与中国学生 23—34 岁的 20 人比较。
(2) 中国学生 23—34 岁的 20 人与美国学生相同年龄的 49 人比较。
3. 性别与个人成就方式比较
(1) 中国学生中 58 名男生与美国学生中 19 名男生进行比较。
(2) 中国学生中 22 名女生与美国学生中 30 名女生进行比较。

---

① 赵曙明.中美企管学生成就方式之比较[J].现代教育科学,1990 年第 4 期.

从中美学生总体比较看(见表2-4),中国学生直接类为4.9,高于工具类和关系类的4.4;美国学生直接类是5.1,工具类为4.5,关系类为4.3。根据数据的高低排列,中国学生最高的三种个人成就方式为:内在直接方式为5.1,竞争直接方式与个人工具方式均为5.0,同感关系方式4.9。中国学生最低的个人成就方式为社会工具方式4.0,贡献关系方式3.8。

表2-4 中、美学生个人成就方式总体比较

(1组中国学生80人,2组美国学生49人)

方式	组	平均值	标准偏差	T-测验
内在直接	1	5.1	0.940	−2.34 0.021
	2	5.6	0.743	
竞争直接	1	5.0	0.975	3.82 0.000
	2	4.3	1.231	
权力直接	1	4.5	1.538	−3.61 0.000
	2	5.3	0.852	
个人工具	1	5.0	1.132	0.08 0.938
	2	4.9	1.131	
社会工具	1	4.0	1.266	−2.65 0.009
	2	4.4	0.939	
依靠工具	1	4.1	1.088	−0.21 0.832
	2	4.2	0.992	
合作关系	1	4.5	0.971	1.88 0.062
	2	4.2	1.266	
贡献关系	1	3.8	1.162	−1.88 0.063
	2	4.2	1.023	
同感关系	1	4.9	1.163	1.46 0.147
	2	4.6	0.786	
直接类	1	4.9	0.983	−1.00 0.317
	2	5.1	0.701	
工具类	1	4.4	0.900	−1.28 0.203
	2	4.5	0.716	
关系类	1	4.4	0.877	0.59 0.559
	2	4.3	0.802	
测验项平均值	1	4.5	0.751	−0.72 0.474
	2	4.6	0.546	

美国学生最高的三种个人成就方式是:内在直接方式5.6,权力直接方式5.3,个人工具方式4.9。美国学生最低的个人成就方式为依靠工具方式、合作关系方式和贡献关系方式,均为4.2。

中美学生之间比较显示,美国学生的直接类5.1和工具类4.5,高于中国学生的直接类4.9和工具类4.4;中国学生的关系类4.4,高于美国学生的关系类4.3。九种个人成就方式中,美国学生有五种高于中国学生,即内在直接方式5.6∶5.1,权力直接方式5.3∶4.5,社会工具方式4.4∶4.0,依靠工具方式4.2∶4.1,贡献关系方式4.2∶3.8。而中国学生有四

种高于美国学生,即竞争直接方式5.0∶4.3,个人工具方式5.0∶4.9,同感关系方式4.9∶4.6,合作关系方式4.5∶4.2。

研究结果表明,中、美学生都偏向内在直接方式,这说明他们都有自己的高标准、严要求,喜欢自己去完成任务。中国学生偏重竞争直接方式,也许这是由于中国人从小就培养竞争意识,上小学、中学、大学都要考试竞争,现在找工作也要竞争。美国学生偏重权力直接方式,这说明美国人外向,喜欢负责,勇于表现自己,表现领导才能。中、美学生都很少倾向贡献关系方式,这对于美国学生很好理解,因为美国人从小就受西方价值观念熏陶,崇尚个性自由和自我价值实现;而中国学生出现这种现象的原因,一方面,也许是这几年我们宣传助人为乐的精神少了,强调个人价值多了的缘故;另一方面,也与市场经济强调个性多元相关联。中国学生还偏向个人工具方式和同感关系方式,这说明他们很重视取得成绩,对自己取得进步表示高兴,而且善于与别人相处,对别人取得成绩表示欣赏。

年龄与个人成就方式的研究结果表明,年龄的大小与个人成就方式有存在差异。中国年龄大一点的学生,尤其是那些有工作经历的,他们的直接类高于工具类和关系类。为了便于分析,笔者将中国学生分成两组,一组是23—34岁,20人;另一组是18—21岁,60人(见表2-5)。

表2-5 中国学生不同年龄的两组个人成就方式比较

(1组18—21岁,60人;2组23—34岁,20人)

方式	组	平均值	标准偏差	T-测验
内在直接	1 2	5.1 5.2	0.983 0.812	−0.55 0.586
竞争直接	1 2	5.0 5.1	1.009 0.890	−0.09 0.927
权力直接	1 2	4.5 4.4	1.593 1.395	0.25 0.803
个人工具	1 2	5.0 4.2	1.143 1.112	0.78 0.485
社会工具	1 2	3.9 4.3	1.266 1.235	−1.39 0.168
依靠工具	1 2	4.0 4.4	1.124 0.947	−1.32 0.190
合作关系	1 2	4.5 4.6	0.976 0.975	−0.47 0.642
贡献关系	1 2	3.7 4.0	1.269 0.727	−1.09 0.279
同感关系	1 2	4.8 5.2	1.165 1.129	1.37 0.174
直接类	1 2	4.9 4.9	1.048 0.776	−0.07 0.947
工具类	1 2	4.3 4.5	0.905 0.891	−0.88 0.380

(续表)

方式	组	平均值	标准偏差	T-测验
关系类	1 2	4.3 4.6	0.918 0.721	−1.26　0.211
测验项平均值	1 2	4.5 4.7	0.777 0.667	−0.87　0.385

年龄大的一组有两类高于年龄小的一组，即关系类4.6∶4.3，工具类4.5∶4.3，他们的直接类相同，均为4.9。但比较他们的个人成就方式，我们不难看出他们的差异。年龄大的一组三种最高的个人成就方式是：内在直接方式和同感关系方式各5.2，竞争直接方式5.1。年龄小的一组三种最高的个人成就方式是：内在直接方式5.1，竞争直接方式和个人工具方式都是5.0。

将中、美相同年龄的学生进行比较，我们也可以看出他们之间的差异（见表2-6）。美国学生直接类5.1，高于中国学生的4.9；工具类相同，均是4.5；中国学生关系类4.6，高于美国学生的4.3。美国学生在下列五种个人成就方式上高于中国学生：内在直接方式5.6∶5.2；权力直接方式5.3∶4.4；个人工具方式4.9∶4.8；社会工具方式4.4∶4.3；贡献关系方式4.2∶4.0。而中国学生在以下四种个人成就方式方面高于美国学生：竞争直接方式5.1∶4.3；同感关系方式5.2∶4.6；合作关系方式4.6∶4.2；依靠工具方式4.4∶4.2。

表2-6　中、美相同年龄的学生个人成就方式比较

（23—34岁）

（1组中国学生20人，2组美国学生49人）

方式	组	平均值	标准偏差	T-测验
内在直接	1 2	5.2 5.6	0.812 0.743	−1.88　0.065
竞争直接	1 2	5.1 4.3	0.89 1.231	2.46　0.017
权力直接	1 2	4.4 5.3	1.395 0.871	−3.19　0.002
个人工具	1 2	4.8 4.9	1.112 1.131	−0.27　0.788
社会工具	1 2	4.3 4.4	1.235 0.939	−0.48　0.636
依靠工具	1 2	4.4 4.2	0.947 0.992	0.80　0.425
合作关系	1 2	4.6 4.2	0.975 1.314	1.36　0.179
贡献关系	1 2	4.0 4.2	0.727 1.023	0.59　0.559

(续表)

方式	组	平均值	标准偏差	T-测验
同感关系	1 2	5.2 4.6	1.129 0.786	2.34　0.022
直接类	1 2	4.9 5.1	0.776 0.701	−0.90　0.369
工具类	1 2	4.5 4.5	0.891 0.716	0.00　0.997
关系类	1 2	4.6 4.3	0.721 0.809	1.36　0.178
测验项平均值	1 2	4.7 4.6	0.667 0.542	0.24　0.813

性别与个人成就方式研究结果表明,性别与个人成就方式也有差异关系(见表2-7)。中国58名男生与22名女生比较,男生在三种个人成就方式上都比女生高,直接类5.1∶4.3,工具类4.5∶4.1,关系类4.4∶4.3。中国男生最高的三种个人成就方式是:内在直接方式和竞争直接方式5.2,个人工具方式5.1,权力直接方式4.9。中国女生最高的三种成就方式是:同感关系方式5.0,内在直接方式4.9,竞争直接方式和个人工具方式相同,均是4.6。

表2-7　中国学生男、女两组个人成就方式比较

(1组男生58人,2组女生22人)

方式	组	平均值	标准偏差	T-测验
内在直接	1 2	5.2 4.9	1.009 0.703	1.25　0.215
竞争直接	1 2	5.2 4.6	0.924 1.005	2.42　0.018
权力直接	1 2	4.9 3.4	1.352 1.475	4.38　0.000
个人工具	1 2	5.1 4.6	1.097 1.152	1.98　0.052
社会工具	1 2	4.2 3.4	1.231 1.226	2.40　0.019
依靠工具	1 2	4.1 4.2	1.193 0.767	−0.35　0.725
合作关系	1 2	4.5 4.5	1.052 0.738	0.04　0.969
贡献关系	1 2	3.9 3.5	1.239 0.887	1.41　0.163
同感关系	1 2	4.8 5.0	1.227 0.982	0.70　0.488

(续表)

方式	组	平均值	标准偏差	T-测验
直接类	1 2	5.1 4.3	0.930 0.897	3.45　0.001
工具类	1 2	4.5 4.1	0.906 0.838	1.79　0.078
关系类	1 2	4.4 4.3	0.962 0.615	0.32　0.749
测验项平均值	1 2	4.7 4.2	0.776 0.593	2.30　0.024

美国19名男生与30名女生比较(见表2-8)，男生在三种个人成就方式上有2种高于女生，直接类5.2∶5.0，关系类4.5∶4.3。女生在工具类上比男生高，即4.6∶4.3。美国男生三种最高的个人成就方式是：权力直接方式5.5，内在直接方式5.2，同感关系方式4.8。美国女生三种最高的个人成就方式是：内在直接方式5.9，权力直接方式5.2，个人工具方式5.0。

表2-8　美国学生男、女两组个人成就方式比较

(1组男生19人，2组女生30人)

方式	组	平均值	标准偏差	T-测验
内在直接	1 2	5.2 5.9	0.857 0.544	−3.18　0.003
竞争直接	1 2	4.7 4.1	0.841 1.374	1.92　0.061
权力直接	1 2	5.5 5.2	0.731 0.939	1.28　0.207
个人工具	1 2	4.7 5.0	0.962 1.220	−1.11　0.274
社会工具	1 2	4.2 4.6	0.978 0.907	−1.20　0.237
依靠工具	1 2	4.0 4.3	0.985 0.992	−1.14　0.259
合作关系	1 2	4.1 4.2	1.261 1.366	−0.17　0.865
贡献关系	1 2	4.4 4.0	1.019 1.017	1.22　0.229
同感关系	1 2	4.8 4.5	0.818 0.755	1.32　0.192
直接类	1 2	5.2 5.0	0.640 0.744	0.58　0.563

(续表)

方式	组	平均值	标准偏差	T-测验
工具类	1 2	4.3 4.6	0.771 0.659	−1.66 0.104
关系类	1 2	4.5 4.3	0.890 0.759	0.84 0.405
测验项平均值	1 2	4.6 4.6	0.619 0.498	−0.04 0.965

中、美学生之间比较(见表2-9),美国男生在直接类(5.2)和关系类(4.5)上高于中国男生,后者分别是5.1和4.4;而中国男生在工具类上高于美国男生,为4.5:4.3。美国女生直接类(5.0)和工具类(4.6)均高于中国女生,后者分别是4.3和4.1;中、美女生在关系类上相同,都是4.3。

中国男女生与美国男女生相比,差异最明显的是,中国男、女生在竞争直接方式上都高于美国男女生,分别是男生5.2:4.7,女生4.6:4.1。美国男、女生在权力直接方式上都高于中国男女生,分别是男生5.5:4.9,女生5.2:3.4。

此外,中国男生在个人工具方式、合作关系方式和依靠工具方式上高于美国男生,分别是5.1:4.7、4.5:4.1、4.1:4.0。中国女生在同感关系方式和合作关系方式上高于美国女生,分别是5.0:4.5、4.5:4.2。美国女生与中国女生相比,差异最大的是美国女生在内在直接方式上大大高于中国女生,为5.9:4.9;个人工具方式是5.0:4.6,社会工具方式是4.6:3.4(见表2-9)。

表2-9 中国男女生与美国男女生个人成就方式比较

中国学生80人,美国学生49人

其中:中国男生58人,中国女生22人;美国男生19人,美国女生30人

方　式	中国男生	美国男生	中国女生	美国女生
直接类:				
内在直接	5.2	5.2	4.9	5.9
竞争直接	5.2	4.7	4.6	4.1
权力直接	4.9	5.5	3.4	5.2
工具类:				
个人工具	5.1	4.7	4.6	5.0
社会工具	4.2	4.2	3.4	4.6
依靠工作	4.1	4.0	4.2	4.3
关系类:				
合作关系	4.5	4.1	4.5	4.2
贡献关系	3.9	4.4	3.5	4.0
同感关系	4.8	4.8	5.0	4.5

(续表)

方　式	中国男生	美国男生	中国女生	美国女生
直接类	5.1	5.2	4.3	5.0
工具类	4.5	4.3	4.1	4.6
关系类	4.4	4.5	4.3	4.3
测验项平均值	4.7	4.6	4.2	4.6

虽然这次调查研究的实例人数不多，又非随意抽取的实例样品，代表性有限，但是从所得调查研究结果来看大致可合理解释，或许所用研究工具问卷的有效度和可信度还可以。

四、组织与个人成就方式表的应用

赵曙明教授(2002)在承担国家自然科学基金重点项目"企业人力资源开发与管理对策"过程中，基于我国的情况，修改了 L-BL 成就方式模型（The L-BI Achieving Styles Model），对华东、华北和华南等地区共 21 家企业开展了调查研究，搜集样本 1200 个，分别从企业总体和员工总体、个体企业和个体企业的员工两个方面，对个人成就方式和组织成就方式，进行了统计分析与比较，获得了有重要价值的结论。①

在个人成就方式上：员工大多是通过自己完成任务，取得比较好的工作业绩，来获得自身满意；工作中，比较重视与他人的合作，并愿意分享集体的成功与失败，愿意作为群体的一员承担工作任务；通过与他人进行比较，做得比别人更好来获得自己的满意；相对于其他成就方式而言，员工并不喜欢利用社会关系网络来达到自己目标，倾向于自己独立自主地完成任务。总体而言，员工个人倾向于使用"直接类"和"关系类"成就方式，而"工具类"偏少。

在组织成就方式上：企业鼓励员工通过自己完成任务、取得比较好的工作业绩来获得满意；工作中，鼓励与他人的合作，希望员工分享集体的成功与失败，作为群体的一员承担工作任务；鼓励员工在工作中帮助他人，以帮助他人获得成功为荣；相对于其他成就方式而言，企业不鼓励员工依靠他人完成任务，希望他们自己担当起工作职责；企业不鼓励员工利用社会关系网络、信息网络和群体过程完成任务目标，说明我们的企业还是倾向于员工关注自己工作、关注企业内部资源的调配和使用。

组织成就方式和个人成就方式相比较而言，两者基本上是一致的。在直接类成就方式和工具类成就方式上，个人比组织的强度要高；而在关系类成就方式上，个人比组织的要低。相对于员工感受到的组织和鼓励的成就方式，如组织鼓励员工通过自身的工作，借助各种关系来实现目标，员工自己在这些成就方式上所付出的努力，以及个人所追求的价值，成就感更为强烈；而组织更为主张员工相互帮助，将他人的成功看成是自己的成功所在。但在同感关系方式上却是个人比组织要高，即个人更愿意通过依赖他人、由他人承担责任来完成任务。人们要完成任务，要达到某个目的，他们所采取的态度、方式方法都不太一样，各人有各人的个性和特点。每个人的个人成就方式也受政治、文化、经济、教育等背景环境因素影响。

随着社会、组织行为的变化，尤其是世界进入到高科技、信息、知识爆炸的时代，为了迎

---

① 赵曙明，刘洪. 我国企业员工个人与组织成就方式调查报告[J]. 管理世界，2002年第9期。

接国际化、跨国化、全球化的竞争与挑战,个人应了解自己的个人成就方式,取长补短,使个人成就方式适应社会和组织的需要,尤其是要适应跨文化组织的需要。赵宜萱、赵曙明和徐云飞(2019)的研究结果发现,与 X 世代员工相比,中国的"80 后"和"90 后"员工在工作中的竞争直接型行为逐步弱化,而依赖工具型以及合作关系型行为有所提升。研究结果有助于人力资源管理者预测新生代员工的行为导向,并为新生代员工的管理提供了新视角和新对策[①]。组织也应了解组织中的每一个人的个人成就方式,将每个人都安排在适当的岗位上,充分发挥人力资源的作用。

本章小结

本章围绕人力资源管理评估,介绍人力资源管理评估的内容、方法和流程,阐述人力资源指数调查、组织与个人成就方式调查两种比较经典的人力资源管理评估研究工具,分析研究工具的具体应用。

关键术语

人力资源管理评估　人力资源指数　成就方式　L‐BL 成就方式模型

复习思考题

1. 人力资源管理评估的方法有哪些?
2. 人力资源指数的内容有哪些?
3. 成就方式的内容与构成有哪些?
4. 如何理解 L‐BL 成就方式模型?

应用案例

练习调查研究

研究者可以利用附件中的人力资源指数调查表或个人成就方式表,去企事业单位进行调查了解,分析所调查单位的组织气氛环境与职工的工作成就方式和士气,掌握组织和个人存在的问题,并向这些单位提出改进建议。

---

① 赵宜萱,赵曙明,徐云飞. 基于 20 年成就方式数据的中国员工代际差异研究[J]. 管理学报,2019,16(12).

附表 2-1 人力资源指数

这次调研的目的是了解职工对本单位人力资源管理效益的态度。本调查表提供给您一个表达您建设性意见的机会。您的见解对帮助您单位正确地评估人力资源管理的效益,进一步改进人力资源管理具有价值。这次调查采取不记名形式,请不要在问卷答题纸上署名或以任何方式说明您的身份。不会根据回收的问卷去追究任何个人。坦率和自由地表达您的观点是最有帮助的。

请从下面五种选择中选择最能说明您所处的环境和表达您的感受的其中一种。

(1) 几乎从来没有。

(2) 不经常。

(3) 有时。

(4) 经常。

(5) 几乎总是。

然后用 2B 铅笔把问卷答题纸上相对应的格子涂黑。例如,您认为就某个问题"有时"这句话最正确,则请将该题答案中的(3)涂黑。

第 65 和 66 题请用铅笔在答题纸反面回答。

当您答完该问卷,请按信中的要求把答题纸和问卷反馈给我们。

1. 本单位各部门之间有着充分的沟通和交流,信息能够分享。
2. 职工的技能在单位里能得到充分、有效的发挥。
3. 单位的目标和个人的工作具有有效性和挑战性。
4. 我的工作是令人满意的,并且是有益的。
5. 我已经得到了干好本职工作所必需的各种训练。
6. 领导是通过能力实现的。
7. 各种报酬、奖励是公正平等地分配的。
8. 第一线的管理是高质量的。
9. 管理人员高度关注生产情况,并有效地让有关人员了解。
10. 我的工作给我提供了个人负责任的机会。
11. 职工有忠诚感和归属感。
12. 职工可以参加并影响决策。
13. 单位关心照顾为之工作的员工。
14. 在我工作的部门里所有成员对有关目标十分了解。
15. "政治"不会妨碍个人目标和组织目标的实现。
16. 与本部门其他同事之间的关系是令人满意的、有益的。
17. 总的来讲,控制数据资料(如财务、劳动生产率、工作质量和成本等)只是用于自我指导和解决一些部门问题,而不是用于惩罚和管制。
18. 能就本单位的问题进行公开的、坦诚的、富有建设性的讨论。
19. 实施完成目标的人员能参与这些目标的制定。
20. 我的工作能提供发展提高的机会。
21. 在单位中有创新的自由。
22. 本组织的薪水和福利是具有吸引力的。
23. 管理人员既关心生产又关心职工生活。
24. 人们是坦诚和直率的,能自愿地交流信息。
25. 单位里有一种相互支持和信任的气氛。
26. 工作绩效与经济奖励直接挂钩。
27. 管理人员非常关心职工的疾苦,并有效地让所有员工通晓。
28. 我的工作能提供一种成就感。
29. 单位能积极寻求并愿意接受改革意见。
30. 有关单位的目标、想法和建议、要求和问题等信息都能自下而上地反映。

31. 各阶层职工都希望用高的标准来要求自己，并期望有高绩效。
32. 政策是严肃认真地制定的，这些政策有益于实现单位的目标。
33. 与其他单位相比，本单位所得到的收入和福利是充足的和公正的。
34. 其他职工都了解整个单位和我的工作目标。
35. 有关规章制度是切合实际的，并有利于单位目标的实现。
36. 本单位在各方面（产品、废物处理、营销技巧、就业等）都对社会负责。
37. 我所在的部门职工之间能相互合作，没有破坏性的冲突。
38. 职工工作积极性高（每个人能独立开展工作）。
39. 单位用最佳的技术和专业知识进行决策。
40. 我的工作为我提供了不断成长和提高能力的机会。
41. 为使每人有出色的绩效，上层管理人员能将单位的有关目标、问题、缺点、策略等信息自上而下地沟通。
42. 本单位的协作精神较强。
43. 人们能参与并影响决定整个单位命运的决策。
44. 各级员工都感到对整个单位的目标负有责任，并通过行动去实现。
45. 我的上司知道并且能理解下属的问题。
46. 各部门对单位的目标都非常了解。
47. 为实现总体目标，对单位的资金和人力资源能进行合理的分配。
48. 人们能参与并影响对本部门而言是十分重要的决策。
49. 我的工作提供了自我表现的机会。
50. 管理人员能信任员工，并对职工抱有信心。
51. 与其他部门之间的关系是令人满意和有益的。
52. 人们能拧成一股绳，相互之间充分合作以实现组织的有关目标。
53. 工作环境舒适、安全，并有助于产生绩效。
54. 我的工作能得到别人的承认。
55. 管理人员对员工充分信任，并对员工极有信心。
56. 全体职工参与决策，而不是几个头头说了算。
57. 管理是高质量的。
58. 单位十分清楚其目标是什么，并知道如何去实现它。
59. 单位各部门之间有着良好的合作关系，而没有破坏性的冲突。
60. 员工能自由地与上司讨论工作问题。
61. 本单位在各方面都是符合职业道德伦理的。
62. 最能帮助单位实现目标的人才能得到录用和晋升。
63. 大体上说来，本单位大多数职工是灵敏的、有洞察力的，并且能相互帮助。
64. 总的说来，单位决策所需的全面、精确的信息都可获得。
65. 我最喜欢本单位的是：（请答在反面）
66. 我最希望改变的是：（请答在反面）

  此表由美国佛罗里达大西洋大学商学院教授 Frederick E. Schuster 博士设计，并在美国许多企业做了大量的调查研究。由南京大学商学院教授赵曙明博士编译成中文后，根据中国的实际情况重新设计了一套人力资源指数。1995—1997 年，赵曙明博士在国家自然科学基金项目的资助下，花费了两年多的时间，带领博士生利用这一工具走访和调查了近 100 家中国国有企业、"三资"企业和私营企业。通过这些研究，赵曙明博士发现国有企业的人力资源管理状况不是很乐观。要振兴国有企业，必须首先改变人力资源管理状况。国有企业的领导应该首先增强其人力资本意识，改变人力资源管理政策，充分释放现有人力资源的能量。国家应该积极采取措施促进人才的合理流动,实现人才资源的优化配置和充分利用。这些最新研究成果集中体现在赵曙明博士的《企业人力资源管理与开发国际比较研究》一书中(人民出版社,1999)。

2000—2002年,赵曙明博士利用三年时间主持国家自然科学基金重点项目(60万元)"企业人力资源开发的理论基础与管理对策"的课题,他与课题组成员以及他的博士后和博士生对这一重点课题进行了大量的调查研究。赵曙明博士多次使用人力资源指数对我国的企业人力资源的现状进行调查,研究成果已体现在他的专著《人力资源管理研究》(中国人民大学出版社,2001)以及他和他的课题组成员发表于核心杂志上的许多篇论文中。这一研究成果于2003年获得第十三届中国国家图书奖及江苏省第八届哲学社会科学优秀成果一等奖。

附表2-2 L-BL成就方式表(个人)

1. 性别:(1) 男_____ (2) 女_____ (12)
2. 年龄:_____ (13—14)
3. 国籍:_____ (15—17)
4. 婚姻状况: (18)
 (1) 未婚_____ (4) 分居_____
 (2) 已婚_____ (5) 离婚_____
 (3) 再婚_____ (6) 鳏夫·寡妇_____
5. 你有几个子女:0 1 2 3 4 5 6 7 8 9 (21)
6. 受教育年数(如:12=高中):_____ (24—25)
 6 7 8 9 10 11 12 13 14 15 16 17 18 19 20 21 或更多
7. 获得的最高学位 0123456789 _____ (26)
8. 最高学位的专业(如现在还是学生,说明大学的主修专业)_____ (27—28)
9. 目前的状况: (29)
 (1) 全日制学生
 (2) 非全日制学生
 (3) 目前不是学生
10. 工作经历:是否在家庭外就业过
 (1) 是的_____
 (2) 不是的_____ (30)
 如果是,做临时工年数_____ (31—32)
 做全日制工作年数_____ (33—34)
11. 目前职业状况:
 全日制工作_____ (35) 退休_____ (38)
 非全日制工作_____ (36) 非全日制主妇_____
 失业_____ (37) 全日制主妇_____ (39)
 志愿工作者_____ (40)
12. 目前工作职位(如您现在就业,请按目前的工作回答;如您现在未就业,则以过去工作最长的就业回答): (41)
 (1) 高级管理_____ (4) 专业性、非管理职位_____
 (2) 中级管理_____ (7) 秘书/文书_____
 (3) 低层管理_____ (8) 其他(请具体说明)_____
13. 您担任目前职务的年数_____ (42—43)
14. 目前(或最新)职业_____ (44—46)

15. 目前(或最新)职务_____ (47—49)
16. 如就业,雇主单位: (50)
(1) 政府_____
(2) 大公司_____
(3) 中/小型企业_____
(4) 院校_____
(5) 除院校外的非营利单位_____
(6) 自己经营(个体)_____
(7) 其他(请具体说明)_____
17. 雇主的领域或行业(如:航空、卫生等):_____ (51—52)

L-BL 成就方式表

请您在每个问题中的一个最能代表你的行为的号码上画圈。

	从未 总是	
1. 对我而言,最令人满足的事是我已经解决了一个很困难的问题。	1 2 3 4 5 6 7	(9)
2. 我去认识重要的人物以使我成功。	1 2 3 4 5 6 7	(10)
3. 我通过帮助别人的成功而达到我的目标。	1 2 3 4 5 6 7	(11)
4. 对我而言,赢是一件最重要的事。	1 2 3 4 5 6 7	(12)
5. 当我想要完成某件事时,我寻求别人的帮助。	1 2 3 4 5 6 7	(13)
6. 我努力工作以使自己成功,这样别人就会认为我很能干。	1 2 3 4 5 6 7	(14)
7. 我要做领导人。	1 2 3 4 5 6 7	(15)
8. 我喜欢接受具有挑战性的重任胜过其他的事。	1 2 3 4 5 6 7	(16)
9. 面对一项重任,我宁愿集体而非个人完成。	1 2 3 4 5 6 7	(17)
10. 我寻求具有领导性的职位。	1 2 3 4 5 6 7	(18)
11. 在竞争中获胜,是我能想象到的最令人兴奋的事。	1 2 3 4 5 6 7	(19)
12. 我感到那些我所亲近的人的成败就像我自己的成败一样。	1 2 3 4 5 6 7	(20)
13. 我努力成功以使别人喜欢。	1 2 3 4 5 6 7	(21)
14. 愈有竞争性,我愈喜欢。	1 2 3 4 5 6 7	(22)
15. 真正的集体努力是我完成工作的最好办法。	1 2 3 4 5 6 7	(23)
16. 引导别人朝向他们的目标奋斗便是我的成功。	1 2 3 4 5 6 7	(24)
17. 对我来说,最令人兴奋的事解决一个很困难的问题。	1 2 3 4 5 6 7	(25)
18. 当我有工作要完成时,我寻求别人的指引。	1 2 3 4 5 6 7	(26)
19. 当我所关心的人做得不好时,我就有一种失败感。	1 2 3 4 5 6 7	(27)
20. 我发展和别人的一些关系,以便达到我所需要的成功。	1 2 3 4 5 6 7	(28)
21. 我寻求具有权威性的职位。	1 2 3 4 5 6 7	(29)
22. 如果在竞争中我不能名列前茅,我就不会高兴。	1 2 3 4 5 6 7	(30)
23. 我取得成就的方法是指导别人达到他们的成功。	1 2 3 4 5 6 7	(31)
24. 对我来说,努力是完成目标的最有效的方法。	1 2 3 4 5 6 7	(32)
25. 在从事一项新的工作时,我寻求别人的支持。	1 2 3 4 5 6 7	(33)
26. 我建立某些关系,是为了它们所带来的好处。	1 2 3 4 5 6 7	(34)
27. 我尽力使我所做的事情能够成功,以便受别人尊敬。	1 2 3 4 5 6 7	(35)
28. 当我和别人一起工作时,我要做负责人。	1 2 3 4 5 6 7	(36)
29. 当我所爱戴的人成功了,虽然我并没有作直接的贡献,但我仍然有一种成功的感觉。	1 2 3 4 5 6 7	(37)
30. 我努力有所成就,以便得到别人的公认。	1 2 3 4 5 6 7	(38)
31. 做决定时,我再三征求意见。	1 2 3 4 5 6 7	(39)

32. 对我来说,最大的成就乃是当我所爱的人达到了他们的目标。	1	2	3	4	5	6	7	(40)
33. 我做特别的努力去做具有挑战性的工作。	1	2	3	4	5	6	7	(41)
34. 我的成功,就是积极地帮助别人获得成功。	1	2	3	4	5	6	7	(42)
35. 我利用我的关系,以使事情能够完成。	1	2	3	4	5	6	7	(43)
36. 和别人一起工作,能使我作出最大的努力。	1	2	3	4	5	6	7	(44)
37. 我选择具有竞争性的工作,因为我在竞争时会做得更好。	1	2	3	4	5	6	7	(45)
38. 做一个负责人,能使我兴奋。	1	2	3	4	5	6	7	(46)
39. 我工作是为了达到我的目标,得到别人的钦佩。	1	2	3	4	5	6	7	(47)
40. 我和某人建立关系,以便认识其他的人。	1	2	3	4	5	6	7	(48)
41. 我成功的方法是帮助别人学习如何得到他们所想的东西。	1	2	3	4	5	6	7	(49)
42. 那些我所亲近的人的成就,也给我一种成就的感觉。	1	2	3	4	5	6	7	(50)
43. 对我来说,最满意的是突破一个新的问题。	1	2	3	4	5	6	7	(51)
44. 当我遇到难题时,我找人帮忙。	1	2	3	4	5	6	7	(52)
45. 我最大的成就是来自与别人一起工作。	1	2	3	4	5	6	7	(53)

(此表由美国加州克莱蒙特研究生院管理心理学教授 Jean Lipman-Blumen 和斯坦福大学管理学教授 Harold J·Leavitt 共同设计。笔者将其编译成中文,然后根据中国的具体情况重新设计,并用其工具在中国和美国进行调查研究和比较分析。)

附表 2-3　L-BL 成就方式表(组织)

1. 性别:(1) 男_____ (2) 女_____ (12)
2. 年龄:　　　　　　　　　　　　　　　　　　　　　　　　　　　　　(13—14)
3. 国籍:　　　　　　　　　　　　　　　　　　　　　　　　　　　　　(15—17)
4. 受教育年数(如:12＝高中):　　　　　　　　　　　　　　　　　　(24—25)
　7　8　9　10　11　12　13　14　15　16　17　18　19　20　21 或更多
5. 获得的最高学位_____ (26)
6. 您担任目前职务的年数:_____ (42—43)
7. 目前工作职位　　　　　　　　　　　　　　　　　　　　　　　　　　(41)
(1) 高级管理_____ (4) 专业性、非管理职位_____
(2) 中级管理_____ (7) 秘书/文书_____
(3) 低层管理_____ (8) 其他(请具体说明)_____
8. 目前工作职务_____ (47—49)
16. 雇主类别:　　　　　　　　　　　　　　　　　　　　　　　　　　　(50)
(1) 政府_____
(2) 大公司_____
(3) 中/小型企业_____
(4) 院校_____
(5) 除院校外的非营利单位_____
(6) 自己经营(个体)_____
(7) 其他(请具体说明)_____
17. 雇主的领域或行业(如:航空、卫生等):_____ (51—52)

L-BL 成就方式表

请您在每个问题的一个最能代表你的行为的号码上画圈。

	从未						总是	
1. 为解决一个艰巨的困难而感到满意的人。	1	2	3	4	5	6	7	(9)
2. 去认识重要的人物以使自己成功的人。	1	2	3	4	5	6	7	(10)

3. 通过为别人成功作贡献而达到他们目标的人。   1 2 3 4 5 6 7 (11)
4. 认为赢是最重要的事的人。   1 2 3 4 5 6 7 (12)
5. 当他们想要完成某件事时,寻求别人帮助的人。   1 2 3 4 5 6 7 (13)
6. 努力工作以使自己成功,这样别人就会认为他们很能干的人。   1 2 3 4 5 6 7 (14)
7. 要做领导人的人。   1 2 3 4 5 6 7 (15)
8. 喜欢接受具有挑战性的重任胜过其他的事的人。   1 2 3 4 5 6 7 (16)
9. 面对一项重任,宁愿集体而非个人完成的人。   1 2 3 4 5 6 7 (17)
10. 寻求具有领导性的职位的人。   1 2 3 4 5 6 7 (18)
11. 在竞争中获胜,是最令他兴奋的事的人。   1 2 3 4 5 6 7 (19)
12. 感到他们所亲近的人的成败就像他们自己的成败一样的人。   1 2 3 4 5 6 7 (20)
13. 努力成功以使别人喜欢的人。   1 2 3 4 5 6 7 (21)
14. 愈有竞争性的事愈喜欢的人。   1 2 3 4 5 6 7 (22)
15. 认为真正的集体努力是完成工作的最好办法的人。   1 2 3 4 5 6 7 (23)
16. 喜欢引导别人朝向他们的目标奋斗的人。   1 2 3 4 5 6 7 (24)
17. 认为最令人兴奋的事是从事于解决一个很困难的问题的人。   1 2 3 4 5 6 7 (25)
18. 当他们有工作要完成时,寻求别人的指引的人。   1 2 3 4 5 6 7 (26)
19. 当他们所关心的人做得不好时,就有一种失败感的人。   1 2 3 4 5 6 7 (27)
20. 发展和别人的关系,以便使他们达到成功的人。   1 2 3 4 5 6 7 (28)
21. 寻求具有权威性的职位的人。   1 2 3 4 5 6 7 (29)
22. 如果在竞争中不能名列前茅,就不会高兴的人。   1 2 3 4 5 6 7 (30)
23. 成功的方法是指导别人达到成功的人。   1 2 3 4 5 6 7 (31)
24. 认为集体努力是完成目标的最有效方法的人。   1 2 3 4 5 6 7 (32)
25. 在从事一项新的工作时,寻求别人支持的人。   1 2 3 4 5 6 7 (33)
26. 建立某些关系,是为了给他们带来好处的人。   1 2 3 4 5 6 7 (34)
27. 尽力使所做的事情能够成功,以便受人尊敬的人。   1 2 3 4 5 6 7 (35)
28. 当和别人一起工作时,要做负责人的人。   1 2 3 4 5 6 7 (36)
29. 认为与他们关系密切的人成功了,虽然他们并没有作直接的
    贡献,但仍然有一种成功感觉的人。   1 2 3 4 5 6 7 (37)
30. 努力成功,以使得到别人的公认的人。   1 2 3 4 5 6 7 (38)
31. 做决定时,再三征求别人意见的人。   1 2 3 4 5 6 7 (39)
32. 认为最大的成就是与关系密切的人达到了他们的目标的人。   1 2 3 4 5 6 7 (40)
33. 作特别的努力去做具有挑战性的工作的人。   1 2 3 4 5 6 7 (41)
34. 认为积极地帮助别人获得成功就是自己成功的人。   1 2 3 4 5 6 7 (42)
35. 利用关系以使事情能够完成的人。   1 2 3 4 5 6 7 (43)
36. 和别人一起工作,自己最能发挥出作用的人。   1 2 3 4 5 6 7 (44)
37. 选择具有竞争性形势的人,因为他们在竞争时会做得更好。   1 2 3 4 5 6 7 (45)
38. 做一个负责人就很兴奋的人。   1 2 3 4 5 6 7 (46)
39. 设法达到他们的目标,以得到别人的钦佩的人。   1 2 3 4 5 6 7 (47)
40. 和某人建立关系,以便认识其他的人的人。   1 2 3 4 5 6 7 (48)
41. 以为成功的方法是帮助别人学习如何得到他们所想要的东西的人。   1 2 3 4 5 6 7 (49)
42. 认为他们所亲近的人取得成就时,会有一种成就感觉的人。   1 2 3 4 5 6 7 (50)
43. 认为最满意的是突破一个新的问题的人。   1 2 3 4 5 6 7 (51)
44. 当他们遇到难题时,找人帮忙的人。   1 2 3 4 5 6 7 (52)
45. 最大的成就是与别人一起工作的人。   1 2 3 4 5 6 7 (53)

(此表由美国加州克莱蒙特研究生院管理心理学教授 Jean Lipman-Blumen 和斯坦福大学管理学教授 Harold J. Leavitt 共同设计。笔者将其编译成中文,然后根据中国的具体情况重新设计,并在中国和美国

进行调查研究和比较分析。)

附表 2-4　L-BL 成就形态目录

1. 性别：(1) 男_____　　　(2) 女_____　(10)
年龄：_____　(11—12)
国籍：_____　(13—15)
婚姻状况：
(1) 未婚_____　　　(4) 分居_____
(2) 已婚_____　　　(5) 离婚_____
(3) 再婚_____　　　(6) 鳏夫・寡妇_____
如果您曾经结婚，总共结婚年数为_____年　(17—18)
您的子女人数：0　1　2　3　4　5　6　7　8　9　(19)
您自己的兄弟姐妹人数(不包含您自己，但包含小时候和您住在一起的同父异母或同母异父的兄弟姐妹)：0　1　2　3　4　5　6　7　8　9　(21)
教育年数(最高教育程度且包含目前情况。例 12＝高中、高中毕业；16＝大学毕业，等)：
6 及以下；7　8　9　10　11　12　13　14　15　16　17　18　19　20
大学主修(如果有)：_____　(25—26)
如果您目前是学生或者在学校注册修课，您是：
(1) 全日制学生　　　　　　　　(2) 非全日制学生　(27)
一生就业总年数(请填写所有适合于您的项目)：
(1) 从未在家庭外就业_____　(28)
(2) 做临时工总年数_____　(29—30)
(3) 全日制工作总年数_____　(31—32)
(4) 受雇于目前雇主的总年数_____
目前的工作状态：
全日制工作_____　(33)
临时工_____　(34)
失业_____　(35)
无薪职(如果您目前并非受雇于付薪之工作，请选出最适当的一项)：
退休_____　(36)
家庭管理_____　(37)
志愿工作者_____　(38)
目前工作的职位(如果您现在未就业，则以过去最长期的就业为主，以下皆同)：(39)
(1) 高级主管_____
(2) 中级主管_____
(3) 低级主管_____
(4) 专业性、非管理职位_____
(5) 非专业性、非管理职位_____
(7) 秘书/文书_____
(8) 其他(请注明)_____
在目前职位的总年数_____　(40—41)
如果目前正失业或退休，自从上次就业或退休以来已经有_____年
工作类别(请先选出最适合的一项主类别，然后再在此主类别后划出专门行业。如果您目前未就业，请以您过去最长期的就业为主)：　(42—44)
_____　00　建筑、工程：(1) 建筑　(2) 航空　(3) 电机　(5) 土木　(6) 制陶　(7) 机械
　　　　　(8) 化学工程

_____ 01 工程:(0) 矿业/石油 (1) 冶金 (2) 工业工程 (3) 农业工程 (4) 航海工程
            (5) 核子工程 (7) 制图工程 (8) 测量工程
_____ 02 数学、物理科学:(0) 数学 (1) 天文学 (2) 化学 (3) 物理学 (4) 地质学
            (5) 度量衡学 (9) 电子计算机学
_____ 04 生物科学:(0) 农业 (1) 生物学
_____ 05 社会科学:(0) 经济学 (1) 政治科学 (2) 历史学 (3) 心理学 (4) 社会学
            (5) 文化人类学
_____ 07 医学、保健:(0) 医学/外科 (1) 骨学 (2) 牙医学 (3) 兽医学 (4) 药剂学
            (5) 护理学 (7) 营养学 (8) 齿科技术等
_____ 09 教育:(0) 大学、专科学校 (1) 中学 (2) 小学 (3) 特殊教育 (5) 家政/农业
            (6) 职业教育
_____ 10 图书馆学:(0) 图书馆员 (1) 档案管理 (3) 博物馆
_____ 11 法律、法理学:(0) 法律 (1) 司法
            专门项目:_____
_____ 12 宗教、神学:(0) 牧师圣职 (1) 神学
_____ 13 写作:(0) 自由投稿人 (1) 写作或编辑(电影、广播、电视) (2) 写作或编辑(出版)
            (3) 翻译
_____ 14 艺术:(1) 商业广告 (2) 设计 (3) 摄影 (4) 绘画 (8) 雕刻
_____ 15 演艺、娱乐:(0) 戏剧 (1) 舞蹈 (2) 音乐 (3) 运动/体育
_____ 16 行政专业:(0) 会计 (1) 主计分析 (2) 采购 (3) 推销、分销 (4) 广告宣传
            (5) 公共关系 (6) 人事 (7) 投资
_____ 18 管理:(0) 农业/林业/渔业 (1) 矿业 (2) 制造业 (4) 交通运输/传播/公共设施
            (5) 批发/零售 (6) 财政/保险/房地产 (7) 服务业 (8) 公共行政
_____ 19 其他专业及技术:(1) 商业关系 (2) 广播操作 (3) 音响、录音 (4) 社会福利
            (5) 飞行员及航海员 (6) 海洋业 (7) 铁路 (8) 其他
_____ 其他职业类别:(200) 文书 (300) 服务 (400) 农业/林业/渔业 (500) 制造工人
            (600) 机械工人 (700) 生产线工人 (800) 建筑工人 (900) 其他
            请写出专长:_____

目前的职位名称:_____ (45 47)
受您管理的人数共_____人
雇主类别:
(1) 政府机关_____   (5) 公立学校_____   (48)
(2) 大企业机构_____   (6) 私立学校_____
(3) 私人商业公司_____   (7) 非营利机构_____
(4) 自营_____   (8) 其他(请注明)_____

第三章 人力资源规划与设计

学习目标

1. 掌握人力资源规划的含义、过程和作用
2. 理解人力资源需求和供给的影响因素
3. 掌握人力资源需求和供给预测的方法
4. 理解人力资源信息系统的构成和应用

开篇案例

比不懂业务更可怕的，是你不懂人力资源规划

转眼进入下半年，大部分公司进入了备战的状态，一方面在梳理盘点，一方面又在为明年做着规划。而人力资源的规划，对于大部分 HR 来说，是否会遇到这样的困惑：不懂业务，不了解每年公司整体业务上的变化。尤其对于一个新入公司的 HR，习惯基于 HR 的模块思维去做人力资源规划，不太懂得如何把专业性和业务结合起来。这就使得 HR 做出来的规划只是一份堆满专业概念和理论的方案。管理服务于经营，同样，人力资源的规划也要围绕业务，以业务为导向。那么，一家公司都有哪些业务上的变化？

公司业务的变化一定是每年都会有的，只是在有的行业和企业会剧烈一些，有些则会平缓一些，可能是局部或一些细微的变化。以一家做"金融服务外包"的公司 A 为例，可从以下几个层面去发现：

1. 产品面变化

A 公司前几年是为金融机构提供单纯的"产品"，即人力资源外包服务，而这两年公司由原来"卖这一项产品"转型到"卖整体的外包服务解决方案"。这是因为他们的很多大客户都认为，人力资源外包服务这项业务相对简单，可选择的供应商也较多，反而是"硬件设施、业务流程、IT 系统"等全流程解决方案才是客户迫在眉睫的需要。此外，统筹管理的成本更低，总体性价比会更高，但能提供整体解决方案的供应商则少之又少。于是，A 公司就做了这样一个转变。

2. 客户面变化

一家公司的客户群体并非一成不变。A 公司是为金融机构里的银行客户群体提供外包服务的。通过多年经营后发现，这个群体最近几年整体发展态势趋于放缓，并且因为一些风险事件的出现，导致其外包政策也变得相对保守和紧缩起来，使得 A 公司今年的业务量

急剧下降,甚至出现多个项目亏损。于是,A 公司今年在做未来 1—3 年的业务规划时,在客户群体上已然有一些变化,除了银行客户,那些异军突起的保险、证券公司,甚至企事业单位,也是 A 公司需要突破的机会点。

3. 客户的需求层面变化

客户最大的不变就是需求的变化。A 公司的客户群体是银行系统,这个群体决定了其经营的决策不是某个企业主或老板个人就拍板的,有着较为繁琐而冗长的内部流程机制。并且因为 A 公司对接的是省行单位,而客户所在的总行如果需求发生变化,就会波及省行,从而 A 公司及下属机构的客户服务同样随之要做出调整。这就导致 A 公司在与客户的日常沟通对接中,因客户所在行业和其组织架构的特殊性,而导致客户的需求是不确定的。

4. 组织的地域或规模上的变化

很多企业会因为整体大环境、国家政策、行业特性、服务客户的需求等,做出组织扩张、合并、调整或缩减的决定。银行系统的业务承接是由总行到分行直至支行,因此客户对于地域的辐射要求是比较广的。所以,A 公司只有做好上有集团总部、中有省级公司、下有分公司办事处的组织架构定位,方可做到整体业务的全面承接,才能满足银行客户的整体需求。

资料来源:https://www.hroot.com/d-9387697.hr

案例思考题

1. 基于以上业务情况的变化,A 公司的人力资源需求和供给分别会受到什么样的影响?
2. A 公司应如何通过人力资源规划工作来支撑未来业务发展目标的实现?

第一节　人力资源规划概述

人力资源规划是将人力资源管理与企业战略相结合的计划,其在企业发展战略的指导下,涵盖人力资源各项管理工作的重要环节。人力资源规划在企业人力资源管理乃至整体战略规划中具有举足轻重的作用,对于企业的人力资源获取、配置、开发、战略目标实现以及成本控制等方面都具有重要意义。本章将首先进行人力资源规划的概述,然后分别介绍人力资源需求预测、人力资源供给预测和人力资源信息系统等方面,使读者了解和掌握人力资源规划的理论知识和实践操作。

一、人力资源规划的含义和类型

(一)人力资源规划的含义

人力资源规划体现了管理的计划职能,是基于组织任务和环境对企业的要求,制定人力资源管理行动目标与行动方针的过程。该定义表明:首先,人力资源规划应当以组织目标为基础,并预见未来人力资源管理的需要。组织的外部环境处于不断的变化之中,因此,组织的战略目标也处于不断的变化和调整之中。人力资源规划就是要在未来环境和组织目标可能发生变化的前提下,进行预测分析,对组织的需要进行识别和应答,把握环境和战略目标对组织的要求,以确保组织长期、中期和短期的人力资源需求,使组织能够更快地学习并对环境做出反应,从而增强竞争优势。其次,组织需要通过人力资源规划来确定行动方针,制定新的政策、系统和方案来指导人力资源管理的政策和实践,使人力资源管理在变化的条件下保持有效和一致。最后,人力资源规划是管理循环中的一个过程,规划为组织实施和评价控制提供目标和依据,同时通过反馈进行修正。

(二) 人力资源规划的类型

企业人力资源规划的种类繁多,根据不同标准可划分出人力资源规划的不同种类。它大致可以从规划的时间、规划所涉及的范围和规划的性质上来划分,企业根据实际需要灵活选择。

从规划的时间上,人力资源规划可分为三种:短期规划一般为6个月至1年;长期规划为3年以上;中期规划介于二者之间。企业人力资源规划的期限长短,主要取决于企业环境的确定性、稳定性以及人力资源素质高低的要求。如果经营环境不确定、不稳定,企业对人力资源的素质要求不高,可以随时从劳动力市场补充所需劳动力,则企业的人力资源规划就可以制定短期规划;反之,企业就必须制定较长期限的人力资源规划。国外的实践表明,规模较小的企业不宜拟定详细的人力资源规划。因为其规模小,各种内外环境对其影响大,规划的准确性较差,规划的指导作用往往难以体现。另外,小企业规划成本较高也是其缺少适应性的原因之一,但并不表示小型企业没有人力资源规划的必要。

从规划所涉及的范围上,企业的人力资源规划可分为企业总体人力资源规划、部门人力资源规划、专项任务或工作的人力资源规划。① 企业总体人力资源规划是有关计划期内人力资源开发利用的总目标、总政策、实施步骤及总体预算的安排。它与企业的战略直接相关,是实现企业战略目标的人力资源保证。② 部门人力资源规划为总体人力资源规划的目标的细分规划,是总体人力资源规划在各个部门的分解。它是关于部门的人力资源开发利用的目标、政策、实施步骤及部门预算的安排。③ 专项任务或工作的人力资源规划主要包括人员补充计划、人员使用计划、人才接替计划及提升计划、教育培训计划、薪资计划、劳动关系计划等,是总体规划的展开和具体化。

从规划的性质上,可分为战略性人力资源规划和战术性人力资源规划。前者具有全局性和长远性,通常是人力资源战略的表现形式;后者一般指具体的、短期的,具有专门针对性的业务计划。

二、人力资源规划的内容和过程

(一) 人力资源规划的内容

企业的人力资源规划按照影响的范围,可分为两个层次:第一个层次是人力资源总体规划。这主要是指在计划期内人力资源管理的总目标、总政策、实施步骤和总预算的安排,它是连接人力资源战略和人力资源具体行动的桥梁。第二个层次是人力资源业务计划。人力资源业务计划包括人员补充计划、分配计划、提升计划、教育培训计划、薪资计划、保险福利计划、劳动关系计划、退休计划等。这些业务计划是总体计划的展开和具体化,每一项业务计划都由目标、任务、政策、步骤及预算等部分构成。这些业务计划的结果应能保证人力资源总体规划目标的实现,如表3-1所示。

表3-1 人力资源规划内容一览表

计划类别	目标	政策	步骤	预算
总规划	总目标(绩效、人力资源总量素质、职工满意度等)	基本政策(扩大、收缩、保持稳定等)	总体步骤(按年安排,如降低人力资源成本等)	总预算
人员补充计划	类型、数量、对人力资源结构及绩效的改善等	人员标准、人员来源、起点待遇	拟定标准、广告宣传、测试、录用	招聘、挑选、费用
人员使用计划	部门编制人力资源结构优化及绩效改善,职务轮换幅度	任职条件、职位轮换、范围及时间	略	按使用规模、类别及人员状况决定的工资、福利预算
人才接替和提升计划	保持后备人才数量,提高人才结构及绩效目标	选拔标准、资格、试用期、晋升比例、未提升人员的安置等	略	职务变动引起的薪酬变化
教育培训计划	素质及绩效改善,培训类型数量,提供新人力资源,转变态度和作风	培训时间的保证,培训效果的保证(如待遇、测试、使用)等	略	教育培训总投入,脱产损失
薪资激励计划	人才流失降低,士气提升,绩效改进等	激励重点,工资政策,激励政策,反馈	略	增加工资、奖金额
劳动关系计划	减少非期望离职率,干群关系改进,减少投诉率及不满	参与管理,加强沟通	略	法律诉讼费

资料来源:赵曙明,张正堂,程德俊.人力资源管理与开发(第二版)[M].北京:高等教育出版社,2018.

(二) 人力资源规划的过程

随着组织所处的环境、企业战略与战术计划、组织目前的工作结构与员工工作行为的变化,人力资源规划的目标也不断变化。因此,制定人力资源规划不仅要了解企业现状,更要认清企业的战略目标方向和内外部环境的变化趋势;不仅要了解现实,更要认清人力资源的潜力和问题。人力资源规划过程可以分成四个阶段。

1. 调查分析准备阶段

把握影响企业战略目标的宏观环境和行业环境;利用企业的人员档案资料来估计目前的人力资源技术、能力、潜力,并分析目前这些人力资源的利用情况;针对外在的人力资源环境,如劳动力市场结构、市场供给与需求状况、人口与教育的社会状况、劳动力择业心理等有关影响因素,做专门的深入调查分析;另外,还需要对组织内外人员流动的状况加以分析。

2. 需求和供给预测阶段

在所收集的人力资源信息基础上,采用主观经验判断和各种统计方法及预测模型,并与所实施或假定的人力资源政策相匹配,对人力资源的需求和供给进行预测。这一阶段是人力资源规划中较具技术性的部分。

3. 制定和实施规划阶段

通常,企业首先形成人力资源战略,根据人力资源战略制定总体规划,再制定各项具体的业务计划以及相应的人事政策,以便各部门贯彻执行。在规划实施阶段,除分派负责执行的具体人员外,还要有必要的权力和资源等组织保障。

4. 评估和反馈阶段

人力资源规划是一个长久持续的动态过程,并在滚动实施过程中修订完善。组织将人力资源的总规划和各项业务计划付诸实施后,要根据实施的结果进行评估,并及时对评估结果进行反馈,以修正人力资源规划。

一个完整的人力资源规划模型如图3-1所示。

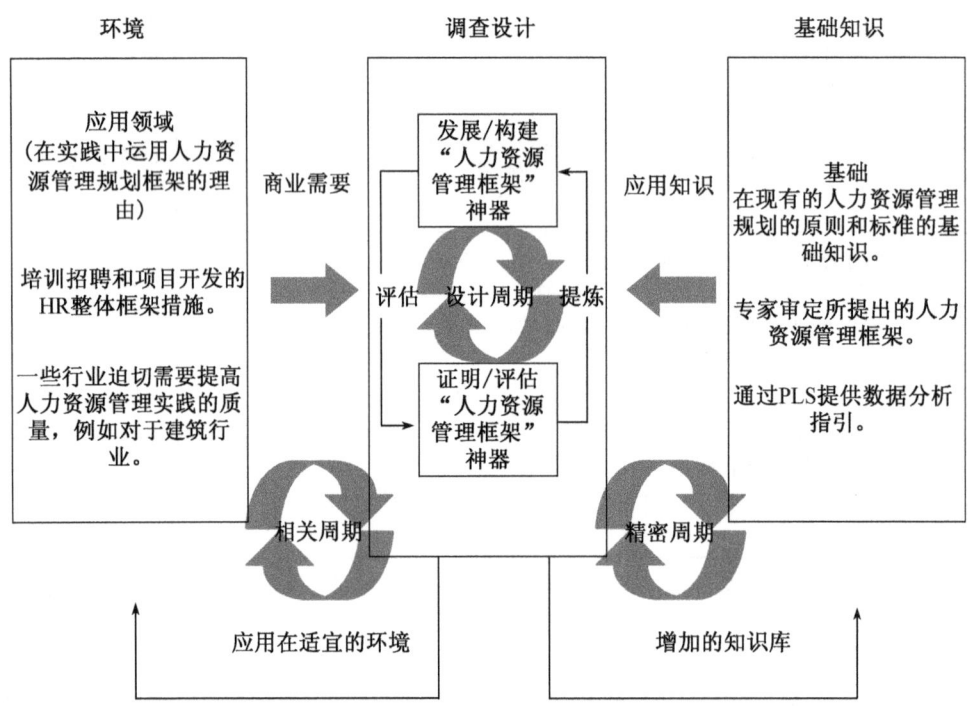

图3-1 针对项目管理的人力资源规划模型

资料来源:Pournader, M., Tabassi, A. A., Baloh, P. A three-step design science approach to develop a novel human resource-planning framework in projects: the cases of construction projects in USA, Europe, and Iran[J]. *International Journal of Project Management*, 2015, 33 (2): 419-434.

三、人力资源规划的作用

人力资源规划是在更广泛的企业计划与具体人力资源活动选择之间的一座"桥梁"。一般而言,人力资源规划可以在企业的环境层面、组织层面、人力资源部门层面以及具体的人力资源管理活动层面五个层面上发挥影响作用。

(一) 环境层面

一个企业的人力资源规划的相关决策会在不同程度上影响企业在社会上的地位和声望。企业的人力资源管理规划可能直接影响企业的生产安全性、公共关系、劳动法规的执行、就业等情况,进而影响政府对企业的评定等级、社区的态度和看法等战略环境。企业的人力资源规划相关决策还可能在一定程度上间接地影响一些财务指标如股票价格、债券评级等。例如,在美国,市场分析人员会对 IBM、福特、通用汽车等大公司降低劳动力成本或改变公司组织结构等人力资源管理方面的规划极为关注。而且有研究表明,证券市场会对公司的人力资源管理规划相关决策作出反应。

(二) 组织层面

人力资源规划在组织层面上的作用主要是,致力于把组织结构、组织文化和管理理念等与企业的战略目标有机结合起来,使它们相互配合、保持一致,以利于组织目标的实现。例如,在一年之内使所有员工接受公司的组织理念和公司文化,使企业的管理层级和组织结构与成本领先战略或差异化战略相互协调,这些都属于组织层次的人力资源规划可设定的目标。在组织中,人力资源经理是其他部门的业务伙伴,他们必须考虑公司的盈亏,并与战略制定者相互配合。一般来说,组织是指整个企业,但在大型企业或分权化组织中,人力资源规划的组织层面也可以是一个部门、一个地区、一个利润中心或者一个分公司。

(三) 人力资源部门层面

这一层面的计划主要是把企业的整体目标转化为人力资源管理部门具体活动的目标。典型的决策包括人力资源管理部门将如何为企业的业务发展服务,人力资源部门将使用多少资源,重点努力的方向,考虑企业所使用的人力资源的具体数量及其任用问题等。例如,三个月内实施招聘计划,在一年之内进行两次高层管理人员的管理技能培训,半年之内削减公司总部20%的行政人员。

一般而言,人力资源管理部门层面的计划应当与企业的组织结构、管理理念、组织文化、市场定位及生产方式互相适应,并且在此基础上,分析人力资源的需求和供给,协调人力资源的供需缺口。那些容易遭遇人才短缺的企业,需要人力资源管理部门在外部招聘和员工保持方面发挥重要作用;对于那些员工过剩的传统制造型企业,需要人力资源管理部门强化公平的内部激励机制,同时留住最有价值的员工;那些强调组织文化的企业则希望人力资源管理部门能够加强与员工的交流,了解并引导员工的需求。

(四) 具体的人力资源管理活动层面

这一层面的计划是人力资源管理的行动计划,它应该能够为各种人力资源管理活动的继续、扩展和取消提供非常明确的指导。例如,特定人力资源管理活动的相关员工数量、活动的成本、活动的结果、活动的影响范围以及收益或效用等,在年底以前让每一位参加技能培训的员工都通过三级证书等级考试,证明建立工作小组的收益超过其成本的150%等,都属于人力资源管理活动层面上的计划范围。

第二节　人力资源需求预测

人力资源需求预测是综合考虑企业发展前景、企业能力及岗位要求，对企业未来所需员工的类型（含数量和质量）进行估计的活动。企业的人力资源需求既取决于外部的经济、社会、政治、法律环境和技术进步等情况，又与本企业的战略规划、经营状况、管理水平、现有员工的素质密切相关。这些因素作用的大小取决于企业的特性。例如，在制造业，技术变化和竞争的影响可能是主要的，而在公用事业中，政府的各项政策更重要。作为人力资源战略和规划的核心内容，人力资源需求预测是制定人力资源计划、实施培训与开发方案的基础。处于环境不断变化中的企业要想在一个动态的环境中保持竞争力，一支富有竞争力的、合格的员工队伍是不可缺少的。企业需要通过人力资源需求预测去发现、培养、保留和储备这些人才。

一、人力资源需求的影响因素

影响人力资源需求的因素很复杂，既有经济、社会、政治方面的因素，又有企业的战略、经营状况、管理水平及现有员工素质等因素。下面将分别从宏观层面和微观层面加以分析。

（一）宏观层面

宏观层面上影响人力资源需求的因素很多，诸如经济环境、社会、政治和法律环境、劳动力市场、技术进步和竞争者状况等都会影响人力资源需求状况。

1. 经济环境

经济环境影响企业未来的发展趋势和社会经济发展状况，包括国家或地区的经济状况、行业的经济状况，也包括世界的经济状况，这都会对企业人力资源需求产生很大的影响。在经济全球化的今天，区域性的经济危机可能导致世界范围的经济疲软，使得企业对人力资源的需求普遍下降。同时，经济周期的变化也会影响人力资源需求。经济高速发展时期，企业对人力资源的需求比较旺盛，而经济低迷时期，社会对人力资源的需求可能普遍不足。目前，我国正处于经济转型过程中，经济转型给企业提出了新的目标，那就是自主创新。企业在产品、组织结构以及人才方面都需要有所创新，人力资源需求预测针对这一新的要求，要对企业现有员工组织模式和人才结构进行优化，寻求有助于实现自主创新的员工。

2. 社会、政治和法律环境

这包括社会习惯、法律法规、国家政策和行政体制等方面的因素。社会政治环境因素如政局的动荡会影响人力资源需求，进而影响企业的人力资源规划。法律法规的变更也会影响人力资源需求，如户籍管理政策和档案管理办法、大学生毕业就业政策、农民工就业政策、社会保障法规、环境保护法规的变更等都会引起企业人力资源需求的变化。《中华人民共和国劳动合同法》《中华人民共和国就业促进法》等的实施，以及2016年开始我国各地逐步推行延迟退休方案，这些对企业人力资源的需求影响都是明显的。而在西方发达国家，法律法规的影响更显著，这表明了政策法规对我国企业人力资源管理活动的强制作用有加强的趋势。

3. 劳动力市场

劳动力市场一般指人才市场,也是影响企业人力资源需求的一个重要因素。人才市场是企业进行招工、招聘,劳动者进行求职、投递填写简历的市场。由于互联网的蓬勃兴起,除实际场地的人才市场外,还有网上人才市场、校园招聘人才市场等。由于劳动力市场是随时变化的,这也引起企业内部劳动力质量和数量的变化。例如,2020年在全球范围内爆发的新冠肺炎疫情对各国的劳动力市场产生了不同程度的影响。企业只有对劳动力市场进行分析,才能够准确地进行人力资源需求预测。

4. 技术进步

技术革新与进步对人力资源需求的影响较大。市场竞争推动技术进步,技术创新和升级换代通常伴随着对技术水平低的工人的需求减少,对具有较高技能的工人的需求增加。当前,信息技术、生物技术革命,特别是移动互联网、大数据、物联网、人工智能、区块链等新兴科技的发展已经对我们的社会经济生活各方面产生了巨大的影响,它们既会直接影响企业的人力资源需求,也会通过改变人们对企业产品或服务需求,对企业人力资源需求产生间接影响。

5. 竞争者

竞争者一直是影响企业人员需求的一个重要因素。一方面,竞争者之间可能相互争夺人才,直接影响企业的人力资源配置和需求;另一方面,竞争对手的易变性,导致社会对企业产品或劳动力的需求变化,这种对产品或劳动力的需求变化必然引起企业人力资源的需求变化。特别是在人才紧缺的地方,竞争对手的人才政策对企业的人才有很大影响,企业更需要有针对性地进行人力资源需求预测,并开展人员招聘活动。

此外,不同的地区由于经济发展不同,人力资源需求也不一样。典型的是,中国的东部沿海地区经济发达,对高级经营管理人才和技术人才有更高的现实需求,而西部地区随着经济发展步伐的加快,对人才的需求也会越来越旺盛。地区因素在对人力资源需求产生影响的同时,对人力资源的供给也会产生影响,而且地区因素对人力资源供给的影响也许更显著。

(二)微观层面

社会对人力资源的需求(总需求)是以微观经济单位(即企事业单位等)为基础的,人力资源需求的现实形态是微观的。各个微观经济单位对人力资源的需求总和,形成了一个社会对人力资源的总需求。从微观层面看,影响企业人力资源需求的因素主要有企业战略、经营状况、企业的管理水平和组织结构,以及现有人员的素质和流动情况等。

1. 企业战略

企业战略是影响人力资源需求的重要因素,企业的战略目标规划为企业规定了发展方向和目标,决定了其发展速度,决定了企业发展需要什么人来完成。由于战略的实施一般需要较长的时间,因此在制定企业战略时,既要考虑现有的人员状况,也要为未来的发展储备人才,要么进行培训开发,要么从外部招聘。战略一旦制定,就会对企业未来的人力资源需求和配置产生决定性影响。如果企业希望发展壮大,采取扩张性战略,进入新的市场或扩建部门机构或成立分公司,则将来需要的具备一定素质的员工数量就会增加。因此,战略规划和企业计划制约、决定着人力资源规划,并对人力资源需求预测提出要求。

2. 企业经营状况

企业的经营效率也是影响人力资源需求的重要因素。高效率的企业为了满足高速扩张的需要，可能需要的人员数量较少但是质量要求较高。如果企业经营效率低下，则需要分析现有人员的配备是否合理，甚至涉及减员问题。与经营状况有关的影响企业人力资源需求的具体指标有：企业的工作任务（如销售量和销售额）、完成工作量的决定因素等。例如，企业如果希望生产量或销售量增加一倍，那么完成工作所需的人数必然也相应增加，但不能简单地增加同样的倍数，而要考虑到企业的生产率和管理效率等因素。

3. 企业的管理水平和组织结构

企业的管理水平是指企业组织、管理生产经营活动的技术和方法所达到的先进程度。管理水平高，则企业可以充分利用现有人员。但是管理水平的高低首先取决于管理人员的素质，管理水平高，自然对高水平管理人员的需求就较大。此外，随着组织结构趋于扁平化，管理跨度增加，员工跨层升迁的机会有所减少，同一级别的人员供给相对过剩；对一般员工的需求减少，对具有较高管理能力的高层管理人员的需求增加；对现有员工的需求减少，而对从外部招聘新人的需求增加；还要求员工有更高的素质、能学习适应新角色等。

4. 现有人员的素质和流动情况

人力资源需求预测其实不仅仅是预测未来所需的人才，判断企业是否合理使用现有的人力资源更重要——判断现有的人员要看能否满足企业增加产量、提高效率的需要，能否适应市场竞争的需要。如果现有的人员配置合理，现有工作对人力资源的需求就不那么重要，企业就可以更多地着眼于未来。此外，企业还应考虑内部人员因为辞职、调动、升迁或中止合同而发生的流动比例或流动频率等因素。人员流动对企业来说成本相当高，这些成本包括离职成本、重置成本和培训与开发成本等，且对于专业技术人员和管理人员来说，这些岗位的流动成本可能还要高得多。

二、企业战略与人力资源需求

（一）企业战略与人力资源需求的关系

企业战略涉及组织总体目标的设立及其背景依据，以及实现总体目标的政策、措施和手段。而这些政策、措施和手段关系到利用企业内外一切可以利用的资源（含人力资源和物质资源），以取得最大的经济效益和社会效益。企业战略对实施战略的人员提出了数量和质量要求，而对外部环境的研究和企业状况的分析则能发现企业可以利用的外部资源，两者结合最终影响企业的人力资源规划。人力资源规划是对人力资源的需求和这种需求得以满足的可能性进行分析和确定的过程，目的是保证实现企业的各种目标所需的人才。因此，企业战略是制定包括人力资源需求在内的人力资源规划的目标和基础。

企业在规划未来的时候，必须使组织的战略和人力资源计划相吻合，不仅要考虑到现有的员工能否满足战略发展的要求，还需要预测未来战略的实施可能需要的人才，以便提前做好培训或招聘准备。在企业战略规划中，管理者应该考虑一个重要因素，就是需要什么样的人以及需要多少人来实现组织的目标。成功的人力资源需求预测有助于增进企业灵活应变的能力，保持竞争优势。人力资源需求预测首先考虑的不是眼前的某个具体人员，而是一个时期内的一批、一组或一类人员的需求。图3-2反映了战略与人力资源需求的关系。

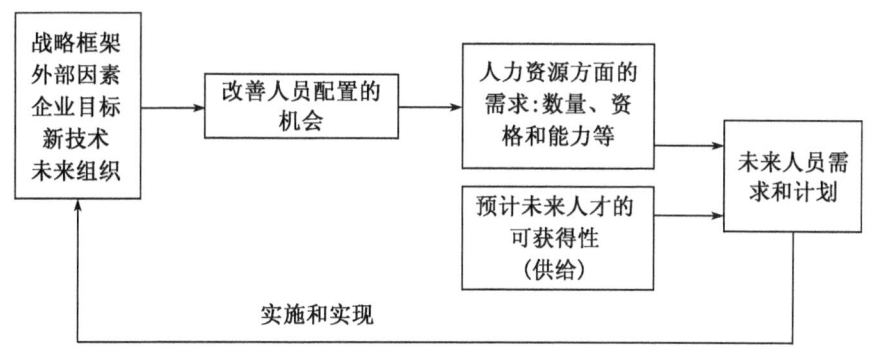

图 3-2 战略与人力资源需求的关系

从图 3-2 中可以看出企业战略对人力资源需求有很大的影响,反过来战略的实施与实现离不开适当的人,人力资源需求预测可以为战略的实现寻找合适的人员。同时,企业总体上的竞争战略是制定人力资源规划的基础。不论企业采用什么样的战略,它都必须适应经济体制中各类基本关系的变化。特别是在经济全球化的时代,世界各国正在兴起科技创新的热潮。与此相适应,企业组织需要一种能够支持创新的"柔性"结构体系。在目前的经营环境下,世界经济的发展状况和员工数量的变动都是不容忽视的考虑因素。这些因素是战略规划需要考虑的问题,也是人力资源需求预测需要解决的问题。

(二)人力资源需求预测与企业战略的整合

战略规划是影响人力资源规划的重要因素,同时战略的实施和实现又离不开人力资源需求预测的配合。企业战略必须包括人力资源规划,才能保证落实企业战略规划的其他任务。而有效的人力资源需求预测也必须和企业战略相互依赖,相互作用。企业战略和人力资源需求预测的整合如表 3-2 所示。

表 3-2 人力资源需求预测和企业战略的整合

战略分析	战略陈述	战略实施
建立联系	阐明业绩期望和未来管理的方法	达到预期目标的实现过程
经营目标 SWOT 分析	价值观与指导原则、经营任务、目标、行动计划和资源分配	组织的变革、学习与发展人员配置战略
确定与人有关的经营问题	定义人力资源战略、目标和计划并进行人力资源需求预测	实施人力资源管理、按需求合理配置人员

一个企业可以根据不同的假设,制定几种人员需求方案。每种方案都可以运用到规划中。例如,企业为了实施一系列兼并与收购战略所制定的计划,要根据这些并购活动成功实施的程度,确定不同层次的管理及专业人才的需求。而其他企业则可能根据与经济环境相适应的各种增长率,制定不同的人员方案。

人力资源需求预测作为人力资源规划的核心部分,分析企业当前的人员配置是否合理及未来发展所需的人力资源,预先测定企业的总体规划实施所需要的人员数量和质量。比如,如果一家公司决定进入一个新的领域,建立一家新的工厂,或者压缩活动范围,所有这些活动都会影响到需要补充的人员数量和种类,这就需要人力资源需求预测的帮助,同时也会影响公司人力资源计划其他方面的活动。

而人力资源需求预测显然又会影响战略的实施与实现。预测的主要作用是为管理者提供有用的信息。预期结果可能是一张表格、一些数据或者一份分析报告,这些都可以作为管理者进行招聘或减员的参考依据。不过预计的需求和供给很难恰好相符,必须不停地调整需求(例如需要更少的员工)或者调整供给(例如加速进行人员的轮换,或者增加人员的招聘),直至供需平衡。

三、工作分析与人力资源需求

(一) 工作分析是人力资源需求预测的基础

工作分析是通过确定工作的义务、任务或者活动来收集信息的过程,工作分析收集的信息是许多其他人力资源管理职能的起点,因而有时工作分析被称为人力资源管理的基石。工作分析收集的信息和资料对人力资源管理的许多方面都有影响,对企业进行人力资源需求预测则起到非常关键的作用。仅仅认识到一家公司需要多少新员工生产产品或提供服务以满足销售需要是不够的,人力资源经理还应该清楚了解每项工作所需的不同知识、技能和能力。显然,有效的人力资源规划必须考虑到这些工作要求,而人力资源需求预测也必须以这些要求为基础。人力资源经理会利用这些数据来扩充工作描述和工作说明书的内容,为人力资源需求预测提供依据。反过来,这些文件也会被用来实施和强化不同的人力资源管理职责。工作分析的最终目的是提高企业工作效率和生产率。

工作分析也是企业找到合适人才的基础。企业的招聘、选择和淘汰员工等决策都必须依据工作分析,在人力资源需求设计的基础上进行。在制造业、服务业甚至高新技术产业中,越来越多的人力资源管理者发现,很难为空缺的职位找到合适的申请者,因此,进行人力资源需求预测对经理而言又有了新的意义,不仅可以找到完成当前工作所需的人才,也可以为企业的未来发展提前储备人才。

(二) 需求预测前进行有效的工作分析

工作分析是企业有效预测人才需求,进行人力资源规划的重要前提。工作分析要对人力资源需求预测有价值,则要求通过工作分析得出的工作描述和工作说明书尽可能准确。详细的工作描述和工作说明书为企业选拔、任用合格的员工奠定了基础。通过工作分析,企业掌握了工作任务的动态和静态特点,能够系统地提出有关人员的生理、心理、技能、文化和思想等方面的具体要求,并对岗位的用人标准作出具体而详尽的规定。

工作分析收集信息的过程是依照一系列事先确定的步骤,进行一系列的工作调查。工作分析的结果是形成一份书面报告,通过对若干个工作任务或活动的分析,对收集来的信息进行总结。进行工作分析是人力资源部的主要职责,但也需要相关部门员工和经理的配合。工作分析的流程如图3-3所示。工作分析形成的工作描述和工作说明书,以及分析过程中收集的数据都对人力资源需求预测有重要的作用,如图3-3虚线框所示。

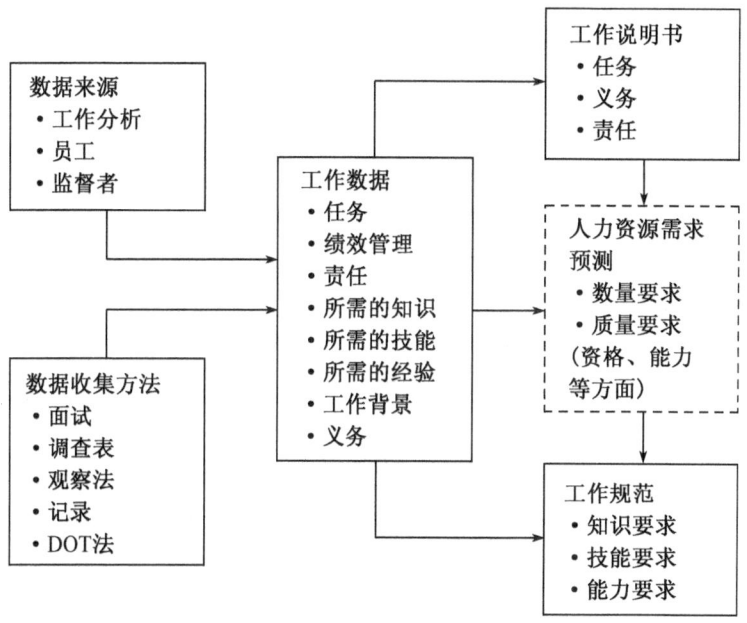

图 3-3 工作分析与人力资源需求预测的关系

四、人力资源需求预测方法

人力资源需求预测的技术有很多，包括自下而上预测法、德尔菲法、驱动因素预测法、回归分析法、趋势外推法、比率分析法、计算机模拟预测法，还有时间序列分析法等一些不常使用的方法。这些方法大体可以归结为定性预测法和定量预测法两类。

(一) 定性预测法

1. 自下而上预测法

自下而上预测法又称管理者经验预测法，它是基于这样的推理，即每个部门的管理者最了解该部门的人员需求。自下而上法是先由企业中的每个层次——从最低层开始——预测其需求，最终汇总得出人员需求的预测总数。本企业管理者是最有资格对为实现本企业目标所必需的人员配置做出判断的人。这个判断的质量取决于该管理者的估计，并且靠运用预测所得到的信息来提高。

这种"询问和发现"的预测方法通常能满足一个企业的需要，尤其是对运营状态以及人员配置需求稳定的企业而言。这种预测包括从单位管理者那里收集、判断、估计信息并将这些信息汇集成一个全面的预测。然后，在准备整体预测的过程中，根据连续的管理评价与分析对预测结果进行调整。一旦完成并得到批准，就会将这个预测分解开来，作为被批准的人员配置计划返还给管理者。

这个方法体现了一种正式的、系统的规划过程，但是这个过程仍主要依赖于企业管理者的主观判断知识。在这个预测过程中，"询问"应包括对一系列问题的估计，例如，所需要的新职位；要撤销或不需要进行补充的职位；现有职位的变化；双重人员配置，预期的加班等；预期的人力闲置（由于新员工上岗参加培训或项目的时间间隔等）；计划期内工作量波动；变化的预算影响(成本);企业一般管理费用、签约的劳动力及管理监督的变化。将这些因素调整到当前人员配置表上,从而得到对每个单位未来人员配置的预测。这个表提供了对该单位内部工作层次与种类的一种预测和未来规划基准。

2. 德尔菲法

德尔菲法(Delphi)是美国兰德公司开发的一种预测方法,是一种使用频率很高的主观判断法,对于那些缺乏资料的预测尤为适用。使用德尔菲法,首先应成立一个研究小组,将需要预测的专题概括为若干问题,然后邀请20—30位专家,将问题表寄给他们,请他们回答,参与的专家是匿名的,参与者处于互不知晓的状态。当小组收到专家寄回的问卷答案后,进行统计分析与归纳,将第一次回答的结果归纳成新的问题表,反馈给专家。一般经过两三轮的反馈后,意见趋于收敛。根据专家提出的最后意见,总结前几轮的反馈结果,进行最后预测。

运用德尔菲法,专家不需要同时出席会议就可研究问题,既方便了专家,又可以防止专家之间相互干扰,信息反馈有助于提高回答质量。人力资源需求预测邀请的专家可以是一线管理人员,也可以是高层管理人员或外聘专家等。利用德尔菲法进行预测,应该遵循一些基本的原则,例如,挑选的专家应该有代表性;问题表设计应该措辞准确,不引起歧义;征询的问题一次不宜太多,列入征询的问题不应该相互包含;进行统计分析时,应该区别对待不同的问题,对于不同专家的权威性应给予不同的权数,而不是一概而论;提供给专家的信息应该尽可能充分。

3. 驱动因素预测法

该方法的原理是某些与企业的本质特征有关的因素,主导着企业的活动或工作量,进而决定人员的配置需求。影响人员需求的因素包括:产量方面的变化(生产或销售的数量或金额、完成的项目、交易等);所提供服务的变化(数量、质量、速度等);客户关系方面的变化(规模、时间长短、质量等);新资本投资(设备、技术等)。

企业可以通过分析这些驱动因素的变化来进行人力资源需求预测,确定人员配置需求。例如,扩张、新的购并、新的设备、组织重构或其他因素都可能直接影响未来的人员配置需求。另外,企业中的研发部门,还可以根据项目计划确定人员配置需求。每个项目都有明确的工作计划和包含人力资源在内的资源需求。

驱动因素预测法是当今企业首选的方法,因为该方法透明、合理、慎重,管理者很清楚对企业具有直接影响的人员配置需求驱动因素,并能够根据自己的判断去进行调整。这种方法也考虑到对规划模型的快速调整,无论何时对计划进行更新,都可以在这个模型中对驱动因素进行评估、再评价和调整。它还将人力资源需求预测直接与经营和资本规划联系起来。但是,这种方法合理应用的前提是驱动因素的影响容易测量,更常用于确定操作人员和事务性岗位的人员需求,而不是确定管理、专业或某些技术岗位的人员需求。

(二) 定量预测法

1. 回归分析法

回归分析法是一种定量的预测方法,是通过建立人力资源需求与其影响因素之间的函数关系,从影响因素的变化来推测人力资源需求量的变化的一种数学方法。回归分析既有一元回归、二元回归和多元回归之分,又有线性回归和非线性回归之别。我们主要讨论一元线性回归和多元线性回归预测法。一般只有在某一因素与人力资源需求量,具有高度相关关系时,才运用一元线性回归预测法。在应用一元线性回归方程进行预测的时候,首先必须预测自变量和因变量之间的相关系数。

实际工作中,影响企业人力资源需求的因素往往不止一个,而是多个主要因素共同决定了企业人力资源需求量,而且它们与人力资源需求之间也是线性关系,因此需要建立多元线性回归方程。多元线性回归预测法与一元线性回归预测法不同,它是一种从事物变化的因果关系来进行预测的方法,该方法不再把时间、产量或收入单个因素作为自变量,而是将多个影响因素作为自变量。多元回归分析能够确定许多变量之间的关联模式。它运用事物之间的各种因果关系,根据多个自变量的变化,来推测与之相关的因变量的变化。由于多元线性回归分析法涉及很多数学公式,在此不进行详细的介绍。

2. 趋势外推法

趋势外推法是时间序列法中最简单的一种方法,时间序列法还包括移动平均法、指数曲线法。有些方法不经常使用,这里只介绍一种比较简单易行的趋势外推法。

趋势外推法是当企业人力资源需求量在时间上表现出明显的均等趋势时才使用的方法。具体的做法是:将企业人力资源需求量作为纵轴,时间作为横轴,在坐标轴上直接绘出人力资源需求曲线,如图3-4所示。根据需求曲线可以预测企业未来某一时点的人力资源需求量。

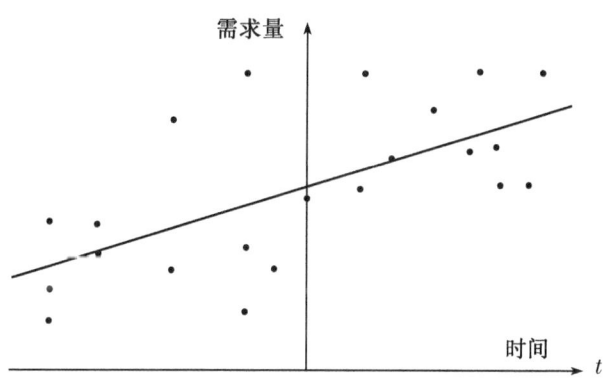

图3-4 人力资源需求曲线图

这种方法的优点在于实用性比较强,只要将横坐标换成其他对人力资源需求影响显著的因素如企业的工作任务、销售额、销售量、生产率等,就可以用这种方法来预测完成一定的工作量所需的人力资源数量。具体操作是对同类工作所需要的人力资源数量的散点图进行分析,可以根据散点的走势来判断工作量或其他因素的变化对人力资源数量的影响。但是,这种方法的缺点是过于简单,只能预测人力资源需求的大概走势,不能提供有关人力资源质量的数据。

3. 比率分析法

比率分析法首先是以企业中以下两种因素的比率为依据的:一是某些关键因素,如销售额、关键技能员工的数量等;二是所需要的人力资源数量。例如,可以根据企业的销售额预测企业需要的销售人员数量。假设销售收入=销售员数量×每位销售员的销售额。一名销售人员每年通常可以实现50万元的销售额。在过去的两年中,每年需要10名销售人员完成500万元的销售额。假如计划在当年将销售额提高到800万元,并在下一年将销售额提高到1 000万元。那么,如果人均销售额保持不变,在当年就需要增加6名销售人员,在下一年又需要增加4名新的销售人员来完成另外的200万元销售额。另外,还可以通过企业的一些关键人员数量预测其他人力资源需求量。例如,可以通过计算销售人员与文秘人员比率,来确定需要增加多少文秘人员与新增加的销售人员相匹配。

需要注意的是,比率分析法假设两种因素的比率不变,这常常影响了预测的准确性。例如,上面对销售人员数量的预测就是假设销售生产率不变,无论对销售人员如何进行激励,也不可能使每位销售人员每年的销售额超过50万元。如果销售生产率上升或下降,销售额和销售人员之间的比率就会改变,那么根据历史比率进行人力资源预测就缺乏准确性了。

4. 计算机模拟预测法

计算机模拟预测法是人力资源需求预测中最复杂也是最精确的一种方法。这被比喻为在一个"虚拟的世界"里的实验,它能综合考虑各种因素对企业人员需求的影响。该方法主要在电脑模拟的虚拟环境中,对企业可能面临的外部环境的变化及自身的复杂动态进行分析,从而得到未来需求的人力资源配置方案。随着信息技术的广泛应用和计算机的普及,这种方法将会逐渐得到普遍应用。

以上从定性和定量两方面介绍了人力资源需求预测的几种方法。定性预测方法的使用使管理部门直接参与到人才需求预测过程中,还可以将一些技术变化、工作负荷变化、组织变化综合起来考虑,包括把一些无法度量的因素考虑在内,使预测结果更可信。而定量分析方法提供了一种有效的补充信息,有助于管理人员做出有关未来人员配置需求的判断。这一分析方法的重要价值在于为可能的人员配置目标确定可能的人员配置水平,而不在于其精确性,包括回归分析、数学模型等在内的定量分析可以改变对生产、销售及其他经营计划的人力资源管理。总之,人力资源需求预测的不同方法各有优劣,在实际操作中可以结合使用。

第三节　人力资源供给预测

人力资源需求预测是对企业未来所需员工的数量和类型进行预测。但是在企业人力资源管理中,不仅要进行需求预测,而且要解决以下几个问题:所需员工来自何处?是来自企业内部,还是来自外部劳动力市场?所找到的员工的能力和水平能否满足企业的需求?企业如何根据不同岗位、不同部门的人员流动情况进行人员的配置?

一、人力资源供给的影响因素

人力资源的未来供给,是指一个企业在未来某一时点或某一时期自身的人力资源可供量。从内部劳动力市场角度来看,企业对未来人力资源可供量的预测是以当前的在职员工为基础的。根据人力资源管理的经验,推断计划期内可能流失的员工数量及相应类型,推断企业内部劳动力市场上的变动情况(如晋升、降职、转职等),推断新增员工的数量,这样就能确定在未来某个时点或者时期企业内部可以提供的人力资源数量。

（一）企业外部环境因素的影响

外部环境是指宏观经济状况、劳动力市场和法律法规等环境。宏观经济状况包括一个国家或地区的经济状况、行业的经济状况，甚至跨国的经济状况，这些状况对一个企业的人力资源供给状况影响很大。劳动力市场代表着这样一个外部活动场所，企业从这个场所寻求新的员工（劳动力需求），个人在这个场所谋职（劳动力供给）。以招聘为例，相比于2018年的全国普通高校毕业生820万人，2019年的毕业人数增加了近14万，劳动力供给更加充足，毕业生的就业形势日益严峻。从量的方面来说，当劳动力市场的劳动力供不应求时，企业不易招聘到适当数量的求职者。与此相反，当劳动力市场的劳动力供过于求的时候，企业更容易识别并吸引足够数量的求职者。从质的方面来说，劳动力需求一方对求职者的素质会提出具体要求，对求职者的物质和精神需求也会设定一个范围。而劳动力供给一方的素质结构、激励因素在一定时期内是相对稳定的。因此，能否满足企业特定的员工配备需求，取决于当前劳动力市场上的资源数量和结构。法律法规对企业人力资源政策的影响是巨大的，并带有强制性，它们规范和界定了聘用关系的性质以及人力资源管理活动的合法范围。无论是通过集体谈判达成劳资协议，还是企业与员工之间签订劳动合同，都要依法进行，其结果具有法定约束力，受到法律保护。

（二）企业内部环境因素的影响

内部环境分析是指对企业内部劳动力状况以及与人力资源管理相关的活动，进行了解和评价。企业必须清楚企业内部的劳动力状况，特别是员工的结构和多样性，否则，就无法制定切合实际的人力资源政策和活动项目，从而无法实现理想的员工结构和多样性；另一方面，企业还必须了解员工志向、偏好和兴趣的转变，特别是在工作报酬方面。比如，现在我国的双职工家庭越来越多，在放开二胎政策后，越来越多的员工希望公司提供更多产假、婴幼儿日托之类的福利。如果公司对此项要求不重视的话，这些员工很可能会转而投奔能提供这些福利的公司。因此，对内部环境的分析，可以帮助企业预测已有员工的流失数量或者吸引新员工的数量。

此外，影响人力资源供给的因素还有技术进步和行业生命周期阶段。例如，我国目前正在进行产业结构调整，加大高新技术对传统产业的改造。随着企业技术进步的加快，一些劳动密集型产业的劳动力人数明显过剩，而一些新兴行业的人才需求明显增大，如金融业、IT业、保险业的高级专门人才。再有，工会组织由于其自身代表职工行使集体协商权利，对企业人力资源规划具有一定的话语权。就工作岗位的要求而言，劳动合同中要明确列出工作职责和任务范围，列出工作的级别。同样，内部劳动力市场的运作方式，比如，职位空缺的通报方式和工龄制度，都要与工会协商解决。至于劳动报酬的内容和水准，更是如此。总之，有工会组织的地方，聘用条件的确立必要时要有工会的参与。

二、内部劳动力市场分析

内部劳动力市场是由现在正被企业聘用的员工构成的，需要进行分析的内容如下。

（一）企业战略

企业内部劳动力市场的可供给程度，首先取决于企业发展战略。例如，如果企业准备实施收缩战略,超过50岁的员工就要考虑提前退休。如果公司发现有大批中高级经理年龄均在50岁以上,就说明企业的中高级管理人员明显过剩。如果超过50岁的员工都提前退休,企业将会失去大批有经验的管理人员。相反,当企业实施扩张战略时,则可以从企业内部提拔人员补充到经理队伍中,这就要求对候选人在目前岗位上的业绩进行评价,考察候选人的提升潜力。一般考察的内容包括工作经历,教育背景,优势和劣势评价,个人职业生涯发展的需要,目前及未来提升的潜力,目前工作业绩,专业领域,工作特长,地理位置偏好,职业目标和追求,预计退休时间,个人生理、心理评价记录等。

(二) 组织结构

随着企业纵向层次的减少,管理层数就会减少,员工跨层升迁的机会也相应减少,同一级别的人员供给就会相对过剩,这时横向的职位变迁(如在某个同级工作部门中调换不同的岗位)将受到欢迎。因此,员工能够通过学习新的技能,熟悉部门内其他新的角色,培养技能的多样性,从而增大内部劳动力供给的强度。当现有员工的工作需求有所减少时,一个或多个部门中会出现人浮于事的现象,企业可以计划减少内部劳动力供给。造成这种情况的原因是多方面的,例如,当新技术出现和自动化程度提高时,劳动密集型企业的一般劳动力将出现过剩,相反,对技术人员和研究人员的供给将提出新的要求。

(三) 企业人员流动率

在收集和分析有关内部劳动力的供应数据时,企业内部人员流动率将对劳动力供给产生重大影响。例如,某个部门有50名员工,前一年有10位员工离职,则该部门的人员流动率为20%。如果企业其他部门的该指标都不超过5%,就说明这一部门的人员配置存在问题。人员流动率较高的原因可能是竞争者为其提供了更好的条件和福利,或员工对所在部门有种种不满,也可能是工作缺乏保障或管理太差。

三、外部劳动力市场分析

如果企业增加员工的需要不能从内部供应得到满足,就需从外部劳动力市场招聘。在劳动力市场中,通过劳动力供给方(寻找工作的人)与劳动力需求方(寻找人员的企业)相互作用,从而决定劳动力价格的地理区域或劳动力特征的类别。在供不应求的劳动力市场中,企业对劳动力的需求量超过劳动力的供给量,因而使工资水平上升。在供大于求的劳动力市场中,劳动力的供给量超过企业对劳动力的需求量,从而使工资水平下降。实际上,人力资源管理者在进行外部劳动力市场分析时往往要受到许多因素的约束。下面是一些影响外部劳动力市场的重要因素。

(一) 人口因素

人口数量和结构的变化将改变劳动力供给的总量及结构,并迫使企业重新评估其招聘方针。从年龄来看,如果社会上年轻人所占的比重越来越低,那么企业只好偏向于招聘年龄较大的工人。从性别来看,女性就业人口比例上升的趋势将使企业更具"家庭化"和"亲情化"特征。按照这种趋势,企业将会雇佣更多的女性和老龄员工,这就要求企业根据已有的变化,采用适宜的招聘、培训和薪酬策略。另外,随着我国劳动力政策法规的不断完善,人才可以在不同省市自由择业。近年来,许多省市也纷纷颁布了吸引各类人才的政策,预示着人才在全国范围内会有更大的流动。

(二) 地理因素

劳动力的外部供给还会受到地理因素的影响。人们不可能给劳动力市场划定一个明确的地理界限。如果有必要的话,企业会在很远、很广的地区范围内招聘所需的员工。从劳动力供给方的角度看,从一个地区的劳动力市场到另一个地区的劳动力市场将受到很大的限制。企业所面对的并不是单一的劳动力市场,而是一些不连续的、相互分割的劳动力市场,这些市场的供需条件差异很大,这也是造成职业之间和地区之间工资差别的主要原因。还有其他一些因素,其中包括高质量的运输系统和近距离的产品市场等,也会促使企业做出将生产转移到劳动力供给充足的地区的决定。

(三) 员工的类型和资质

员工的类型和资质也是外部劳动力供给中需要考虑的一项因素。和蓝领熟练工人、半熟练工人相比,应届毕业生和专业人员更容易为选择工作而搬迁。例如,某个企业可能发现,来自某个特定高校的毕业生十分适应企业的环境和文化;某个大型农业设备制造企业在从位于农村的地方学校招聘员工方面做得非常成功,原因在于这些学生大多来自农村,能够更快地适应农业企业的运作方式。除此之外,员工所必需的文化素养、技术能力和资质也影响外部劳动力市场,企业可根据这些因素中的一个或几个来分析现有的劳动力市场。

(四) 企业的人力资源政策

当外部劳动力市场难以满足企业所需人员的各类条件时,劳动力供应将出现紧缺。相反,宽松的供应意味着有大批符合条件的人可供挑选。在失业率相对较高的情况下,劳动力的外部供给比较宽松。从定量的角度来看,的确如此;但从定性的角度来看,就会发现情况比较复杂。例如,在失业人员中,企业往往很难找到它所要求的具有特定技能的求职者。例如,目前我国信息技术某些领域的专家奇缺。根据有关资料统计,信息技术人员的需求与供给比例超过了3∶1,因此,有关企业会为这类人员提供比竞争对于更高的薪金和激励政策。

当企业无法从劳动力市场直接招到所需的人员时,可以采用外包的方式来解决问题,这可以是一次性的,也可以将它作为一种持久的替代形式。企业也可以先聘用具有特定潜力的人员,然后通过培训与开发使其达到所需标准。当然,这中间会涉及培训的成本和效果问题。员工培训是一项费时费力的事情,特别是对尚未建立体系的小型企业来说,这类活动可能费用极高、难度极大。不过,企业自己培训员工也有其独特的优势,有利于提高员工对企业的认同感和责任感,更好地达到企业对员工的能力要求,是促进企业长远发展的一项人力投资。

综上所述,企业外部劳动力市场供给主要受到人口、地理位置、员工类型、企业人力资源政策等因素的影响。

(五) 内部与外部劳动力市场供给的比较

总体来看,内部劳动力供给比外部供给有更多的优势。企业的现有员工对其行为方式和各部门的协同运作有很好的了解,也适应了企业的文化。负责选拔的人员可以对候选人的能力、过往记录和潜在成就有更深的了解,而从外部劳动力市场选拔的方式则很难达到这个效果。利用内部劳动力填补岗位空缺,当内部候选人得到提升时,也给所有员工传递一个明确的信号,即企业很注意他们的生涯发展并且认可他们的成绩。

然而,内部选拔的弊端也非常明显。虽然负责选拔的人员对候选人可以有更多的了解,但有些情况下这些信息带有倾向性。而且,有关内部候选人的一些不利资料也容易被选拔人员掌握,而外部求职者则可较好地掩饰一些有关失败和遭遇困难的记录。此外,内部候选人已被深深包围在组织文化中,如果这种文化是回避风险和保守的,那么一旦空缺需要一位有创新意识的候选人,整个选拔就会大受限制。而外部候选人在工作中需要引进新思想时则会受到较少约束。企业如果试图对其原有的文化进行变革,则一般倾向于从外部招聘员工,这样可以使员工树立与理想的企业文化相适应的价值观和工作态度。

四、内部人力资源供给预测

正如前文所述,影响一个企业内外部人力资源的因素有很多,要实施有效的人力资源管理,必须对未来某个时期的供求状况进行预测。关于供给情况的预测分为两种:内部和外部的劳动力供给预测,这两种预测应该分别考虑,因为每一种预测都建立在不同的需求基础之上,所涉及的变量也不同。企业的内部供给预测主要与内部劳动力市场有关,常用的方法有接班人计划法、马尔可夫链预测分析、供给预测矩阵法与供给推动模型等。

(一) 接班人计划法

在一个企业中预测特定时期内的员工流动状况是确定劳动力供给的基础工作,进行这一预测工作的基本思路是:确定预测目标和工作范围,确定每个关键职位上的接替人选,评估接替人选目前的工作情况,根据个人的职业目标和组织目标确定职业发展需要,并预先实现供给。接班人计划法就是根据这一思路进行人力资源供给预测的。

在接班人计划中,通常要列出现在的在岗人员和一旦出现空缺时的替换人选。图3-5以一家企业为例,说明如何为总经理制定接班人计划。注意,该计划提供的信息是目前在岗员工的工作绩效和必要时的接替安排。

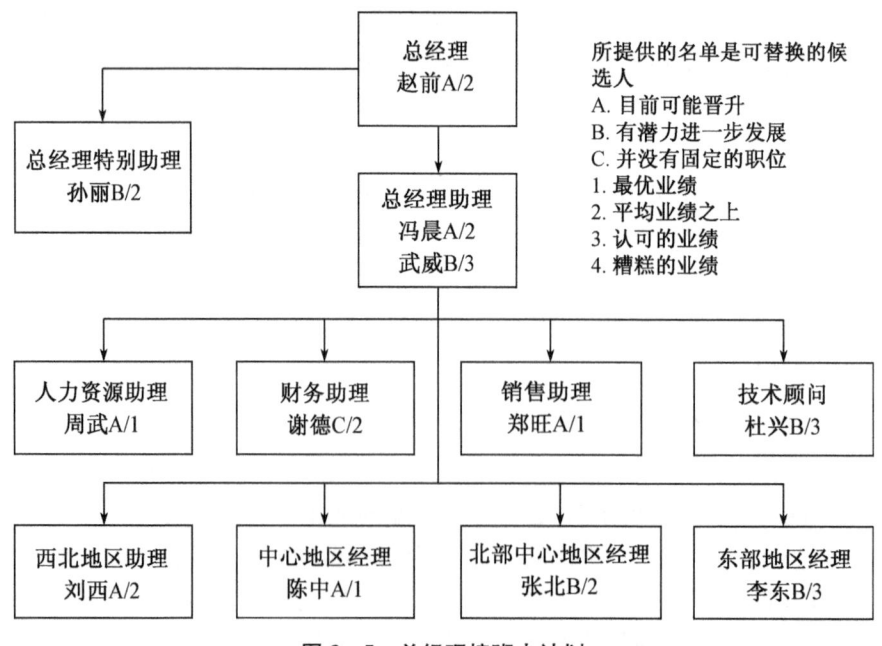

图3-5 总经理接班人计划

（二）马尔可夫链预测分析

该方法的基本思想是找出过去人员变动的规律，以此推测未来的人员变动趋势。所谓马尔可夫链，就是一种随机时间序列，它在将来取什么值只与它现在的取值有关，而与过去取什么值无关，这种性质称为无后效性。以某一会计师事务所的人员变动作为简单的例子（见表3-3）。预测步骤如下：

第一步，编制人员变动矩阵表。表中的第一个元素表示从一个时期到另一个时期（例如，从某一年至下一年）在两个工作之间调动的员工数量的历史平均百分比（以小数表示）。一般以5—10年为周期来估计年平均百分比。周期越长，根据过去人员变动所推测出的未来人员变动就越准确。例如，表3-3(A)表明，在任何一年里，平均80%的合伙人仍在该会计师事务所工作，而20%的合伙人退出了该会计师事务所。在任何一年里，大约有65%的会计员留在原工作岗位，15%的会计员被提升为高级会计师，20%的会计员离职。这些历史数据代表了每一种工作中人员变动的概率。

第二步，预测未来的人员变动（供给量）情况。将计划初期每一种工作的人员数量与每一种工作的人员变动概率相乘，然后纵向相加，即得到组织内未来劳动力的净供给量，如表3-3(B)所示。

表3-3 某会计师事务所人力资源供给情况的马尔可夫链预测分析

(A)

	人员调动的概率				
	P	M	S	J	离职
合伙人(P)	0.80				0.20
经理(M)	0.10				0.20
高级会计师(S)		0.70	0.80	0.05	0.10
会计员(J)		0.05	0.15	0.65	0.20

(B)

	初期人员数量	P	M	S	J	离职
合伙人(P)	40	32				8
经理(M)	80	8	56			16
高级会计师(S)	120		6	96	6	12
会计员(J)	160			24	104	32
预计的人员供给量		40	62	120	110	68

如果下一年与上一年相同，该会计师事务所可以预计下一年将有同样数量的合伙人（40人），以及同样数量的高级会计师（120人）。但是经理将减少18名，会计员将减少50名。这些反映人员变动的数据与正常的人员扩大、缩减、维持计划相结合，可以用来决定怎样使预计的劳动力供给与需求相匹配。要做到这一点，可能要到外面招聘更多的会计员和高级

会计师,把更多的高级会计师提升为经理,或者采取与总的组织计划一致的其他策略。

虽然马尔可夫链预测分析广泛采用,但是该方法的准确性和可行性如何到目前为止尚无定论。一些公司发现,该方法提供了能被决策者接受的准确有用的信息;然而马尔可夫链预测分析在另外一些公司的应用并不成功。所以,仍然需要进一步的研究来确定哪些是决定马尔可夫链预测分析成功或失败的因素。

(三) 供给预测矩阵法

供给预测矩阵法是运用一种结构化表格进行人力资源供给预测并将预测结果标在表上的常用方法,管理人员无论是采用直觉判断还是量化分析,都可以使用这个结构化表格。该表格简明地总结了:(A)人力需求;(B)关键比率和指标;(C)预计的人员配置来源。表 3-4 所提供的是一个石油生产公司设计和使用的人员配置需求与来源总表,企业可以根据实际情况,将相关数据填入表 3-4(A)和表 3-4(B),依此计算得出预计的人员供给与需求相关数据,填入表 3-4(C)。

表 3-4　人员配置需求与来源总表

从　　　　到　　　　期间　　　　制表人:　　　　制表日期:

(A) 人力需求

主要工作种类	1. 当前人力状况	2. 预计人力状况	3. 净变化	每个工作种类预期的人员流失					10. 该时期总需求
				4. 调动	5. 晋升	6. 辞职	7. 退休	8. 解雇	9. 其他	
1. 高级经理和经理										
2. 基层主管										
3. ……										
员工总数										

(B) 关键比率和指标

	当前	计划
收入/员工		
纯收入/员工		
直接劳动/间接劳动		
管理人员/员工		
总体工资成本		
平均薪资		
其他关键指标(详细说明)		

(C) 预计的人员配置来源

	总需求	本企业现有员工的晋升	其他企业现有员工的晋升	被录用和参加晋升前培训的员工	为紧急任务而聘用的员工
1. 高级经理和经理					
2. 基层主管					
3. ……					
员工总数					

（四）供给推动模型

近年来，建模技术逐渐被用于分析或模拟人力资源流动情况。通过建立模型，管理者可以考察以往政策以及企业环境对未来人才供求的影响，还可以研究政策变化、人员配置与开发行动及组织变革的作用，并在制定人力资源规划时考虑这种作用。供给推动模型和需求拉动模型是常用的模型，前者用单位及层次间的人员流动率预测未来的人员流动；后者则依靠对由空缺职位所带来的人员流动的分析，说明人员"更新"或牵引作用。在这里，我们着重讨论供给推动模型。

供给推动模型采用自下而上的方法来预测员工在企业中的流动。员工可能离开其现任工作岗位，晋升或调动到其他工作岗位，也可能因为离职或解聘离开该企业。该模型根据以往经验或假设判断得出的比率来说明员工的流动。如果看到员工有从一个单元转移到另一个单元或完全离开该企业的可能性，企业就能制作一个转换比率或概率的矩阵或表格。通过矩阵或表格，使企业能够了解在该系统中人员流动的动力，从而奠定供需预测的基础。通过分析员工流动的变化情况及其原因，可以帮助管理者判断或调整这种概率，由此就会得到一种灵活的模拟模型。实际上，在某些模型中，每一种转换比率都可能改变，因此可以根据非常特殊的假设进行预测。

以上是内部人力资源供给预测中常用的模型。在实际工作中，可供选择的人力资源供给预测方法有很多，适应性各不相同，需要灵活运用。

五、外部人力资源供给预测

招募和录用新员工是每个公司人力资源工作不可缺少的一个环节。无论是由于生产规模的扩大，还是由于劳动力的自然减少，公司都要在劳动力市场上获得必要的劳动力。因此，对外部劳动力市场进行预测对企业制定人力资源战略具有直接的影响。外部人力资源供给预测方法有很多，在内部人力资源供给预测方法中都有涉及。在这一节中，我们仅叙述市场调查预测方法和相关因素预测方法。

（一）市场调查预测方法

市场调查预测是企业人力资源管理人员组织或亲自参与市场调查，并在掌握第一手劳动力市场信息资料的基础上，经过分析和推算，预测劳动力市场的发展规律和未来趋势的一类方法。由于市场预测方法强调调查得来的客观实际数据，较少涉及人的主观判断，可以在一定程度上减少主观性和片面性。

1. 调查的程序

市场调查是一个过程,从明确调查的目的和任务开始,到最终获得有效的市场信息并写出调研报告为止。它一般要经过以下几个阶段:明确调查的目的和任务;市场情况分析;非正式调查;正式调查;数据资料的整理加工和分析。调查取得的数据和资料一般都要经过资料分类、资料编校、列表处理和分析研究等程序整理加工分析,才能变成有用的资料,即成为有用的市场信息。

2. 调查的方法

具体的市场调查方法有很多,常用的有六种。一是文献查阅法,通过查阅各类经济信息报刊、市场行情资料以及各类调研机构所发表的各种统计数据等文献资料,来了解人力资源供给的一般情况。二是询问法,可以直接面谈,也可以通过电话交谈或邮寄调查表要求被调查者填写等。三是实验法,这种方法是把市场调查看成一次实验,通过实验,摸清影响劳动力市场状态的各种因素的变化情况。四是直接观察法,依靠有经验的市场调查人员或市场研究人员对市场的直接观察结果来判断劳动力市场状况的方法。五是对企业本身积累的资料进行调查,许多企业积累了本企业的内外部人力资源供给等方面的大量统计资料,而且比较准确,查阅比较方便。六是会议调查法,通过各式各样的会议收集劳动力市场信息也是一种行之有效的调查方法。例如,每年有各种人才招聘会、人才信息发布会、人才交流会以及劳动力市场分析会等。

3. 调查的抽样方法

市场调查的抽样方法有两大类:一是随机抽样;二是非随机抽样。这两类抽样方法还可根据具体对象进一步细化为一些更具体的抽样方法,前者包括单纯随机抽样、分层随机抽样、分群随机抽样等;后者包括便利抽样、判断抽样和配额抽样。随机抽样是指被抽查总体(抽查对象的全体)的每一个个体被抽查的可能性是相等的,只要将被查的对象一一编号,然后采用抽签的形式抽取即可。这种抽样方法的优点是避免了人的主观因素,如感情、倾向、知识论断等的影响,而且所得的数据具有统计推断的功能,能估算出样本的代表性程度。非随机抽样则不具备这种功能,因而其代表性差,然而也并非毫无用处,当抽样的总体过于庞大而且复杂,不适于随机抽样时,就必须采用非随机抽样。

(二) 外部劳动力市场的相关因素预测方法

相关因素预测方法是通过调查和分析,找出影响劳动力市场供给的各种因素,探索各种因素对劳动力市场发展变化的作用方向和影响程度,预测未来劳动力市场的发展规律和趋势。由于影响因素往往很多,通常要对主要因素进行分析,包括业务量和劳动生产率等。

1. 业务量

相关因素预测方法就是分析企业的业务量对劳动力供给的影响。例如,对零售鞋店来说,企业的业务量可能体现为销售额;对钢铁公司来说,则可能是钢产量。然而,在某些行业,特别是在劳动力数量与产量不成比例的行业,业务量对人员供给情况的影响并不那么明显。例如,在航空运输业中,机场满负荷运转时所需的导航人员和地勤人员与没有飞机起落时相等。此外,某些公司可能生产多种产品,一些产品需要投入较多的劳动力,另一些则只需要较少的劳动力。在上述情况下,对企业进行整体的人力资源预测就可能导致错误的判断,因此,必须分别对不同的产品或不同的人力资源进行预测。

2. 劳动生产率

要准确地预测人员供给,就必须知道劳动生产率的变化和业务量的变化。这些变化之所以重要,是因为对某一年劳动力供给的预测必须要能反映预计的该年劳动生产率以及对商品或服务的需求情况。同时,需要确定劳动生产率的变化趋势以及对趋势的调整。例如,要确定过去 5 年(10 年更好)间平均每年劳动生产率的变化率,必须收集期间的业务量和劳动力数量的数据。有了这些数据,就可以计算出平均每年的生产率变化和业务量变化,并以此来预测下一年的变化。

相关因素预测方法是一种经验预测方法,因此,为了提高预测精确度,有时需要在此基础上再进行定量预测,如线性回归预测等。

第四节　人力资源信息系统

一、人力资源信息系统概述

(一) 人力资源信息系统的定义及其特征

人力资源信息系统(Human Resource Information System,HRIS)是企业进行有关人力资源信息的收集、保存、分析和报告的过程,是获得人力资源决策所需相关信息的来源。一个有效的人力资源信息系统对于做出正确的人力资源决策来说是非常关键的。信息系统可以是人工的,也可以是计算机化的。在小型企业(少于 250 人)中使用人工的档案管理和索引卡片系统比较有效。而在大型企业中,人力资源信息的计算机存取则是必需的。一个人力资源信息系统应当提供具有以下特征的信息:

(1) 及时。管理者能够获得最新的信息。

(2) 准确。管理者能够相信系统所提供信息的准确性。

(3) 简明。管理者一次只能吸收一定数量的信息,重要的信息不应被淹没。

(4) 相关。管理者应当能通过系统获得特定情况下有较强针对性的信息。

(5) 完整。管理者所获得的信息应当是完整的。

如果一个人力资源信息系统所提供的信息缺少上述特征之一,就会降低其有效性并使决策过程复杂化;相反,拥有上述特征的系统将使决策过程更容易、更准确。

人力资源信息系统内容庞杂,有些信息的采集成本较高,虽然从理论上讲,人力资源信息越详细越好,但这势必增加企业管理成本,达不到有效管理的目的。所以,建立企业人力资源信息系统不能教条僵化,应该根据不同企业的不同情况来设计、建立。在这一过程中要考虑如下因素:企业发展战略及现有规模;管理人员对人力资源有关数据要求掌握的详细程度;企业内信息复制及传递的潜在可能性;人力资源管理部门对人力资源信息系统的运用程度和期望;其他企业人力资源信息系统的建立和运用情况。在建立人力资源信息系统的过程中,还要考虑企业发展时系统的扩展性和使用过程中系统的可修改性。因为任何一位职工的信息都不是永远不变的,所以需要随时更新。

(二) 人力资源信息系统的建立

建立人力资源信息系统主要包括以下四个阶段：

1. 对系统进行规划

这包括使全体人员充分理解人力资源信息系统的概念；考虑人事资料设计和处理的方案；做好系统发展的时间进度安排；建立各种责任制和规章制度等。

2. 系统的设计与发展

这其中主要包括：分析现有记录、报告和表格，以确定人力资源信息系统对数据的要求；确定最终的数据库内容和编码结构；说明用于产生和更新数据的文件保存和计算过程；规定人事报告的要求和格式；决定人力资源信息系统技术档案的结构、形式和内容；确定工资和其他系统与人力资源信息系统的接口要求。

3. 系统的实施

这其中包括：考察目前及以后系统的使用环境并找出潜在的问题；检查计算机硬件结构、所用语言和影响系统设计的软件约束条件；确定输入—输出条件要求、运行次数和处理量；提供有关实际处理量、对操作过程的要求、使用者的教育情况及所需设施的材料；设计数据输入文件、事务处理程序和对人力资源信息系统的输入控制。

4. 系统的评价

这其中包括：评估改进人力资源管理的成本；确定关键管理部门人员对信息资料的特殊要求；确定人们对补充特殊信息的要求；对与人力资源信息系统有关的企业问题提出建议；提出保证机密资料安全性的建议。

(三) 人力资源信息系统的用途

一般情况下，会计信息系统是企业建立的第一个信息系统，而人力资源信息系统通常是最后一个。许多企业开始意识到，一个合理的人力资源信息系统对于整个企业是非常有益的。人力资源信息系统的用途主要有以下几点：

1. 人力资源信息系统可以建立人事档案

人事档案既可以用来估计目前劳动力的知识、技术、能力、经验和职业，又可以用来对未来的人力资源需求进行预测。这是人力资源规划所必需的两种基础信息。这两种信息必须互相补充，否则对人力资源规划就是无用的。例如，如果不以企业内现有人员状况为基础进行预测，就会导致脱离实际。我们也只有对未来人员的数量、技术和经验等有所预见，才能制定行动方针去解决未来的问题。

2. 人力资源信息系统为各类人事决策提供依据

如晋升人选的确定、对特殊项目的工作分配、工作调动、培训、绩效评估和工资奖励计划、职业生涯计划和组织结构分析等，这些工作的完成都必须借助人力资源信息系统。

3. 人力资源信息系统可以生成若干重要的报表和各种报告

如按时间进度每周、每月或每季度将用人情况告知总经理或最高管理层的一些常规报表，以及反映经营活动中出现变化的例外报表；在经营活动中用于日常管理的工作性报告，包括岗位空缺、新员工招聘、辞职、退休、晋升和工资等方面的情况；向政府机构和一些指定单位提供的规定性报告和用于企业内部研究的分析性报告，以表明人力资源在各个部门或各管理层次上性别、种族和年龄的分布,按消费水平划分的员工福利情况,也可表明录用新员工的测验分数与工作绩效考核分数之间的相关性等。

二、人力资源信息系统的模块构成

高度集成化的 HRIS 总是需要实现一些基本的 HR 任务:福利管理、培训管理和招聘、人员基本信息、轮班计划、岗位管理、能力评估和一些常规的报表。而更加智能的 HRIS 应该支持员工自助服务、互动的语音服务(IVR)、自动邮件系统和简单的报表设计。一般情况下,人力资源信息系统应包括以下几个主要模块。

(一)人事档案

人事档案分为在职、离职、退休、后备四个人员库。系统内置丰富的人事档案字段,用户可自行定义人事档案的数据字段,可自行设计人事档案界面。人事档案中包括薪酬、考勤、绩效、培训、社保、调岗、调薪、奖惩等常用数据子集。用户也可自行增加新的数据子集,还可以针对子集进行独立的导入、导出、统计分析。系统支持人事业务的在线办理,包括入职、转正、调岗、调薪、奖励、处分、离职、复职等。这些业务既可以直接办理,也可以通过系统工作流平台进行审批处理。业务办理的结果直接记录在人事档案中。人事档案数据支持分部门管理,各分公司或部门可以独立管理本部门人员。

(二)组织架构

首先,可以进行部门管理,用户可以对部门进行设立和撤销操作,建立无限层级的树形部门结构;可以回顾部门结构的历史记录;可以即时查看组织架构图,并直接打印,也可以导出为 HTML 格式。其次,可以开展职务及岗位管理,用户可以对职务和岗位进行设计和撤销,建立说明书,对岗位编制进行管理;可以实时统计通过各部门及岗位编制人数统计表,随时了解企业编制情况。最后,可以进行模型化管理,用户可以建立精确的岗位及员工能力素质模型,为人力资源各项工作提供量化依据。

(三)招聘管理

用户可以制订招聘计划,包括招聘的岗位、要求、人数,招聘流程定义等。招聘计划可在线申报。应聘简历可以详细记录应聘者资料,并记录他们在应聘各阶段的评价。应聘流程也可以通过系统完成,可以管理求职者的整个应聘过程。系统内置招聘报表包括:各部门招聘计划明细表、应聘情况明细表、应聘人员构成统计表、招聘计划各阶段人数统计表、各岗位招聘及应聘人数统计表等。

(四)培训管理

培训管理员可以向员工进行培训需求调查。各部门上报培训需求,汇总成培训计划,计划内容包括培训的时间、地点、参与人、预算等。培训计划可以在线申报,根据培训计划生成培训的实施方案,详细记录培训实施情况。培训评价管理:记录员工在每次培训中的评价。培训记录:自动记入员工档案。培训资源管理:可以管理培训课程、培训机构、培训讲师、培训资料、培训地点等。可以进行分部门管理,各分公司或部门可以独立管理本部的培训。系统内置培训报表包括:各部门培训计划费用与人数统计表、各部门培训实施费用与人数统计表等。

(五)考勤管理

与企业现有考勤有机结合,实现班次定义、员工排班、智能抓班、考勤汇总计算等功能。可以进行请假、出差、加班、补休、调班、停工等考勤业务管理。薪酬模块可以直接引用月考勤结果进行相关计算。假期管理中可以自定义法定假期与企业假期。可以进行分部门管理,各分公司或部门可以独立管理本部的考勤系统,提供常用的考勤数据报表。

(六)绩效管理

可以采用定性及定量两种绩效考核方式,如360度考核、量化考核等考核方式。系统内置各岗位常用的绩效考核表,可供用户直接使用。用户也可以自行设定考核指标、评分权重、计分公式等项目,创建自己的考核表。考核任务发布后,员工直接在线进行绩效打分,自动完成分数汇总计算。考核结果自动记录在员工档案中。薪酬模块可以自动引用绩效考核结果,直接计算用户的绩效工资。系统内置绩效报表包括:绩效考核结果和记录一览表、考核结果单指标分析表、考核评分记录明细表、各部门量化指标分析表、部门考核等级汇总表。可以进行分部门管理,各分公司或部门可以独立管理自己的绩效。

(七)薪酬管理

用户可以通过计算公式、等级表等方式,实现岗位工资、级别工资、工龄工资、学历津贴、考勤扣款、社保扣款、绩效奖、个人所得税等各类常见的薪酬项目管理。可以进行分部门管理,由各分公司或部门可以独立管理本部的薪酬,也可以进行薪酬发放工作流程的审批,每月薪酬数据自动记录在人事档案中。系统可以内置薪酬报表,包括:各部门员工薪酬明细表、各部门及岗位薪酬汇总表、部门月工资条打印表、职务薪酬汇总表、部门及岗位薪酬多月合计表、部门及岗位多月薪酬对比表、员工薪酬多月合计表等。

(八)社保管理

用户可以自定义各类保险福利类别;可以为员工批量创建保险帐户;可以为当月入职员工开户,离职员工退保;实现社保缴费自动核算;可以在工资计算中自动引入社保缴费数据;完成社保报表。

除以上主要功能模块外,还有报表中心、预警功能和系统管理等模块。在报表设计中心,用户可以自行定义各类明细、统计报表。在预警中,可以设置员工生日、劳动合同期满、合同续签、员工转正等方面的提醒,还可以实现部门数据权限、数据结构等方面的系统管理。随着大数据时代的兴起,新兴技术在人力资源管理领域的应用更加广泛,基于"云计算"的人力资源信息系统应运而生。这种系统可以运用各种类型的数据,为人力资源规划与设计提供具有广泛价值的数据和信息支持。

三、常用人力资源信息系统介绍

当前市场上的人力资源管理信息系统大致可以分为两大类,一类是国外知名的软件供应商;另一类则是我国本土的软件供应商。现在,人力资源管理信息化建设各个企业都十分重视,市场竞争也比较激烈,人力资源管理系统的品牌不胜枚举。下文对国内外比较有代表性的系统产品做以介绍。

(一) 国外知名的人力资源软件供应商

1. Oracle People Soft

该软件起步较早,优点是设计思路严谨,流程规范,功能覆盖也比较全面,用户体验较好。但是缺点也比较明显,价格较为昂贵,后期实施和售后服务的成本较高。

2. SAP

该软件的功能比较齐全,知名度很高。它的主要优点是结构严谨,而且设计思路比较契合制造行业公司的实际需求,考虑到了制造企业管理的严密性,在排班管理这一方面做得很好。缺点也是很明显的,价格较高,而且结构有些庞大和复杂,实施的时间长、成本高。

3. Workday

该软件设计思路较好,用户体验也很好。它是基于云计算技术的,一般来讲,Workday是不支持客户定制的。客户的系统是基于 Workday 所提供的功能和流程框架进行配置,而不是像传统软件,可以根据企业自身的需求来定制或拓展某些功能。因此,这一软件在个性化方面有一定的局限性。

(二) 国内知名的人力资源软件供应商

1. 红海科技 EHR

该软件主要专注于大中型企业的人力资源系统解决方案,标准化和定制化兼容,对人力资源各个模块的功能覆盖都很全面,也比较成熟稳定。另外,还有一些实用的特色功能,设计也比较人性化,性价比相对较好。

2. 磐哲

该系统是全模块一体,按需部署的,功能也比较全面,主要模块包括组织、人事、薪酬、考勤、加班、休假、报表等。

3. 北森

该系统是可以灵活配置的 SaaS(Software-as-a-Service)产品。招聘模块做得相对较好,尤其是人才测评这一方面。

4. 用友 EHR

该公司做财务软件起家,人力资源信息系统属于传统业务的衍生产品。因为财务管理系统有明显优势,所以薪酬管理这个模块做得比较好。

除以上有代表性的系统产品之外,还有企业微信、阿里钉钉等 SaaS 产品供应商。这种人力资源管理的 SaaS 系统市面上有很多同类的产品,企业微信和钉钉是现在很多小企业用得比较多的。这种软件最大的优势就是成本比较低,用户体验好的话就继续用,体验不好可以换。但是随着企业规模的不断发展,管理复杂度不断提高,这种产品便很难满足用户需求了。而前面所提到的那些传统的 EHR 产品,如果要替换的话,成本代价就比较大,因此,企业应根据实际情况来选择适合自身发展需要的系统产品。

本章小结

本章首先对人力资源规划的含义、类型、内容、过程和作用进行了概述;其次,介绍了影响人力资源需求的宏观因素和微观因素,分析了企业战略、工作分析等因素与人力资源需求的关系,指出了进行人力资源需求预测的方法;然后,介绍了影响人力资源供给的内外部因素,分析了内外部劳动力市场情况,给出了进行人力资源供给预测的方法;最后,介绍了人力资源信息系统的定义、特征、用途和模块构成,总结了当前市场上常用的人力资源信息系统服务提供商。

关键术语

人力资源规划　人力资源需求　人力资源供给　人力资源需求预测　人力资源供给预测　人力资源信息系统

复习思考题

1. 什么是人力资源规划？人力资源规划有哪些类型？
2. 简述人力资源规划的内容和过程。
3. 人力资源规划有哪些作用？
4. 人力资源需求主要受哪些因素的影响？如何进行需求预测？
5. 人力资源供给主要受哪些因素的影响？如何进行供给预测？
6. 简述人力资源信息系统的功能和作用。

应用案例

HKW公司的人力资源规划

HKW公司是家坐落在浙江的民营企业,其主营业务是风机的生产和销售。经过十多年的发展壮大,其主要产品的年销售额已达15亿元。公司的发展蒸蒸日上,高层领导也是雄心万丈,提出了突破20亿大关的销售目标,经营模式进行多元化发展的目标。可就在这时,公司却在人力资源管理问题上陷入了泥潭,遇到了一系列的问题。

(1)"人到用时方恨少",员工数量总是不能满足业务的需要,经常发生人员不足而需要人力资源部门突击招聘的情况;

(2)关键岗位人员储备严重不足,在岗员工离职后缺乏继任者;

(3)管理人员的管理水平较低,从外部招聘难以满足企业对管理人员的要求;

(4)出现了部分员工集中离职的势头,经过人力资源部门的调查,发现他们离职的原因集中在公司的职业发展前景不明确;

(5)企业人力资源管理的水平较差,无法为公司的发展提供人力资源方面的支持,人力资源工作也无法满足公司发展的需要。

公司领导包括人力资源部门想尽了办法,问题依然得不到解决。出于无奈,该公司请了专业的咨询公司为自己制定一个人力资源的三年规划。那么,应该如何制定企业人力资源规划呢？咨询公司给的人力资源规划制定方案是分五步走。

一、以企业战略为出发点，搜集资料

一般来说，企业的人力资源规划与企业的战略紧密相关，并遵循着这样的一个路线：由企业战略决定人力资源战略，由人力资源战略决定人力资源规划，由人力资源规划决定人力资源工作计划。如此一来，应该怎么进行人力资源规划就一目了然了。事情的源头是在企业的战略，为此，咨询公司做了如下一系列的工作。

（1）对 HKW 公司的高层进行深度访谈，了解企业未来三年的战略目标、实现战略目标的困难、步骤以及对人力资源的战略要求；

（2）对企业外部环境进行调查，包括但不限于：国家政策、法律法规、行业动态、市场（包括上游和下游市场）动态、关键技术信息等；

（3）选取行业标杆进行分析研究。

经过了一番调查和资料的搜集，咨询公司在与 HKW 公司高层共同商议、研究之后，确定了 HKW 公司的发展方针，并在这个基础之上确定了人力资源的工作目标。

二、对企业人力资源现状进行摸底，弄清问题所在

接下来，就是对企业人力资源的现状进行摸底，搞清楚困扰企业的人力资源问题出在哪里。通过对企业人力资源现状的全面分析和诊断，才能找出实际和目标之间的差距，这也是制定人力资源规划的关键所在。在这阶段主要有以下工作内容：

（1）按照层次和序列，对企业各岗位的员工进行数量统计；

（2）对员工进行绩效考核，确认员工对工作的胜任程度和工作技能；

（3）分析人力资源现状。从整体、分类、分层三方面进行分析，确定企业人员的结构和数量与企业需求之间的差距。这里有一点要特别提出来，那就是数据的收集必须是一段时间内的，有一定的历史跨度，比如，可以搜集企业过去几年内的数据。

三、区分出关键员工

关键员工一般是对企业发展起着关键作用的人才，或是掌握关键技术、信息、流程的人才，或是中层以上管理者，或是行业热门人才等。关键员工与一般员工不同，他们通常更难获取，有着不可替代性。相比于一般员工的短缺，如果关键员工短缺，将会给企业带来更大、更难以解决的麻烦。因此，企业需要明确哪些是关键员工，以下几个工作是必须要做的：

（1）各部门分别确定部门内关键的、不可替代的岗位并提交清单；

（2）各部门依据公司的发展战略，提出部门发展计划中所需要的人才；

（3）从公司层面对所有员工进行统一盘点，找出掌握关键技术和信息、流程的人才；

（4）公司提出行业热门人才。

四、制定人力资源政策和制度

对于 HKW 公司原有的既定人力资源政策和制度，也必须进行修订。根据 HKW 公司的人力资源工作目标，咨询公司为其制定了以下几个方面的规划：

（1）员工招聘方面，从招聘渠道、招聘方法以及试用期考核方面入手，进行丰富和完善；

（2）提升人员劳动效率方面，制定合理的编制、与业绩挂钩的薪酬制度，进行绩效管理；

（3）人才培养策略，培养管理层、关键员工等，并确定相应的人才激励机制；

（4）人才成长策略，建立技术等级，让员工有晋升的层次空间；

（5）集团化管控策略，主要从人力资源、薪酬制度、绩效制度及监控机制等方面。

五、定期评估并修正人力资源规划

由于企业的人力资源规划多是中期甚至长期的，在这段实施的过程中，企业的内外环境因素都会发生一定程度的变化，很多因素是当初制定规划时所不能预料的，并且很多不确定因素会随着时间的推移而逐渐清晰明确起来，有可能企业的战略目标也会调整。因此，对人力资源规划进行修正就是件非常必要的事情。

咨询公司给 HKW 公司制定的人力资源规划迅速在公司推行开来，公司的人力资源问题也逐渐得到了解决。没有了人力资源方面问题的掣肘，HKW 公司终于走出泥潭，开始了更好的发展。

资料来源：http://www.hrsee.com/? id=1387

讨论：

1. HKW 公司为什么要做人力资源规划？
2. 人力资源规划与企业战略是什么关系？
3. 企业应如何开展人力资源规划？需要注意哪些问题？

第四章 工作分析

 学习目标

1. 解释工作分析、工作描述及工作说明书等专业概念
2. 阐述工作分析在组织人力资源管理中的作用
3. 掌握工作分析的具体步骤和方法
4. 描述工作分析与组织人力资源管理其他活动的关系

 开篇案例

A公司是我国中部省份的一家房地产开发公司。近年来,随着当地经济的迅速增长,房产需求日渐强劲,公司飞速发展,规模持续扩大,逐步发展为一家中型房地产开发公司。公司现有的组织机构是基于创业时的公司规划,随着业务扩张的需要逐渐扩充而形成的。随着公司的发展和壮大,员工人数大量增加,众多的组织和人力资源管理问题逐步凸显出来。

部门之间、职位之间的职责与权限缺乏明确的界定,扯皮推诿的现象不断发生。有的部门抱怨事情太多,人手不够,任务不能按时、按质、按量完成;有的部门又觉得人员冗杂,人浮于事,效率低下。公司的人员招聘方面,用人部门给出的招聘标准往往比较含糊,招聘主管无法准确地加以理解,使得招来的员工大多不尽如人意。同时,目前的许多岗位往往不能做到人事匹配,员工的能力不能得以充分发挥,严重挫伤了士气,影响了工作的效果。之前公司员工的晋升是由总经理直接委任,现在公司规模大了,总经理没有太多时间与基层员工和部门主管打交道,所以基层员工和部门主管的晋升只能根据部门经理的意见来做出。而在晋升中,上级和下属之间的私人感情成为决定性的因素,有才干的人往往并不能获得晋升,因此,许多优秀的员工由于看不到自己的发展前途而另谋高就。在激励机制方面,公司缺乏科学的绩效考核和薪酬制度,考核中的主观性和随意性非常严重,员工的工作付出与薪酬获取不够对等,人力资源部经常可以听到大家对薪酬的抱怨和不满,这也是人才流失的重要原因。

案例思考题

1. 该企业主要面临哪些问题?
2. 解决这些问题的关键是什么?应该如何做?

实际上，类似 A 企业的情况在企业发展中经常出现。而上述问题的关键是各岗位的工作职责界定不清，出现了职责交叉和职责真空的现象，导致一旦出现问题，员工之间就会相互推卸责任。同时，作为后续工作的员工招聘、绩效考核和薪酬制度的建立，由于没有工作分析而缺乏相应参照和衡量的标准，实际操作中的主观性和随意性大，致使员工士气低下，组织凝聚力低。由此可见，工作分析在组织人力资源管理中有着至关重要的地位。本章内容将向大家介绍工作分析相关专业概念及具体方法，以期加深大家对人力资源管理的理解。

第一节　工作分析的概念与作用

一、工作分析的概念

在我们具体实施工作分析方法前，必须对其相关概念有较为详细的了解，便于更高效地投入实践活动。由于相关术语具有一定的专业性，所以非人力资源管理专业的人士很难理解专有名词代表的意义，即使是专业人员，如果不熟悉工作分析工作，也很容易混淆部分概念。为了避免在工作中出现失误，影响组织管理效率，对这些术语有清晰的认知，是十分必要的。编者接下来将对相关术语做进一步的区分与阐释。

（1）工作分析。它是根据某项工作所有重要方面收集信息的系统过程。分析一词具有"将事物、现象、概念分成部分或基本要素来确定整体性质，并用方法加以检验"的含义。所以，工作分析并不仅仅是简单地收集信息，其收集信息的过程是分门别类地对信息进行分解，从中找出这些信息的内在逻辑，据此来确定职务的性质的过程。

（2）工作描述。工作描述也称职务描述、职务说明、岗位描述，主要围绕工作内容进行描述，包括某一职位或岗位的职位信息、工作职责、工作活动、工作联系及工作条件等方面的内容。一般只包含工作相关信息，对任职者应如何提出指导，是对工作本身的内涵和外延加以规范的描述性文件。

（3）工作说明书。它又称职位说明书、岗位说明书，用书面形式记录完成某一工作所需要的知识、技能、能力和其他特征。它是对企业各类工作岗位的工作性质、任务、责任、权限、工作内容与方法、工作应用实例、工作条件与工作环境以及人员资格条件等所做的统一要求。

（4）工作要素。工作要素是指工作中不能继续再分解的最小动作单位。

（5）工作任务。工作任务是指工作中为了达到某种目的而进行的一系列活动。任务可以由一个或多个工作要素组成，是工作要素的集合体。

（6）职位。职位也叫岗位，是指担负一项或多项责任的一个任职者所对应的位置。一般情况下，有多少个职位就有多少个任职者。

（7）职务。职务是由一组主要责任相似的职位组成的，也称为工作。在不同的组织中根据不同的工作性质，一种职务可以有一个或多个职位。很多人不能区分职务和职位的关系，用简单的例子进行阐释和区别：某专业有 12 位教授和 1 位系主任，其中，"教授"这一职务提供了 12 个职位，"系主任"这一职务提供了 1 个职位。职务可以对应提供很多职位，而职位不会因为从事者的个人特征发生变化,即无论是男是女,是高是矮,符合要求则都可视为处于"教授"这一职位。

(8) 职责。职责是指任职者为实现一定的组织职能或完成工作使命而进行的一项或一系列的工作。

(9) 职权。职权是指依法赋予的完成特定任务所需要的权力,职责与职权紧密相关。特定的职责要赋予特定的职权,甚至特定的职责等同于特定的职权。

至此,本章节对相关专业概念做了一定介绍,但是依旧需要着重注意几个概念的区别与联系。工作分析是与信息收集息息相关的系统过程,"系统"意味着工作分析包含资料收集以及后续的所有处理,其结果是经过辨别、分析判断、整理和综合后得出的关于职务和任职者的整体性质的结论,而工作描述、工作说明书都是包含在工作分析过程中的内容,也是工作分析结果的体现。此外,工作任务、职位、职权等都是工作分析过程中需要被描述说明的对象,清晰描述这些对象是工作分析的主要任务。

二、工作分析的作用

在对工作分析的相关概念有更加清晰认识的同时,我们不免也会产生一些疑问:为什么工作分析不可或缺?其仅仅用来做信息参考吗?除了人力资源管理涉及工作分析,它还有别的用处吗?其是否独立于企业其他工作活动?为了进一步理清工作分析在组织中的作用,我们需要对工作分析的价值有进一步的了解。

(一) 从组织整体的人力资源管理活动来看

工作分析的协助非常重要,具体而言表现在以下五个方面:

(1) 在人力资源规划方面,工作分析为人力资源规划提供了必要的信息。组织管理层可以通过工作分析的内容充分了解企业各个环节的工作相关内容,掌握人员及业务情况,对人才需求与供给有充分的了解,便于宏观战略决策。

(2) 在人员招聘与录用方面,工作分析为人员招聘与录用提供了标准。工作分析通过对工作内容、要领的分析,为招聘录用环节提供明确的方向和标准,便于人—职匹配,提高录用效率,降低招聘成本。

(3) 在员工培训与职业生涯设计方面,工作分析为员工培训与职业生涯设计提供了方向。员工培训与职业生涯设计的本质特点都包含强烈的导向性,而工作分析便为这一特质提供了合理依据,工作分析对岗位有明确的工作要求、业务指标要求、指导方向明晰等,便于为员工培训和职业生涯设计提供有效参考。

(4) 在绩效考核方面,工作分析为绩效考核提供了依据。工作说明书的必备项目中有包含对岗位关键绩效指标的说明,这些指标帮助考核人员确定考核方向,也指出了岗位上人员的努力方向,绩效考核的方案就可以依靠部门和岗位考核指标进行制定。

(5) 在薪酬设计与管理方面,工作分析为薪酬设计与管理奠定了基础。工作分析通过了解各项工作的内容、工作所需要的技能、学历背景、工作的危险程度等因素,确定工作相对于组织目标的价值,可以作为决定合理薪酬的依据。

从以上描述不难看出,工作分析与各项人力资源管理活动密切相关,且几乎覆盖了人力资源管理涉及的所有活动。

(二) 从个体层面出发来分析

无论是对普通员工还是管理者，工作分析都至关重要。

员工方面，工作分析有助于员工本人反省和审查自己的工作内容和工作行为，帮助员工自觉主动地寻找工作中存在的问题，通过调整自身认知、行为等方式实现自身绩效和对组织的贡献。

管理层方面，借助于工作分析，组织的最高经营管理层能够充分了解每一个工作岗位上的人目前所做的工作，可以发现职位之间的职责交叉和职责空缺现象，并通过职位及时调整，提高组织的协同效应。工作分析详细地说明了各个岗位的特点及要求，界定了工作的权责关系，明确了工作群之间的内在联系，不断实现组织机构的精简与统一，避免人力资源的浪费，最终实现组织的经营战略目标。

同时，工作分析对人力资源直线管理者的帮助也十分显著。它不仅有利于直线管理者加深对工作流程的理解，及时发现工作中的不足，针对工作流程进行改造创新，从而提高工作的效率或有效性，也可以使直线管理者更深入地明确工作中完成某项任务所应具备的技能，这有助于直线管理者在辅助人力资源部门进行人员招聘时真正发挥它的效能。除此之外，由于直线管理者还担负着对每一位雇员进行绩效评估，及时反馈并督促其改进绩效的职责，而绩效的评定标准以及绩效目标的设定离不开各项工作任务内容，与工作分析休戚相关。

第二节　工作分析的步骤

一、工作分析的主要内容

在明晰工作分析的相关概念和目标方向后，我们即将开始工作分析的具体工作。但在展开具体工作前，我们要明确工作分析具体是围绕哪些内容开展，它的工作价值与目的到底是什么，以便我们在实施步骤时不偏离本质目标，更好地完成工作要求。

对工作分析来说，其所有的工作内容都是基于足够的信息收集展开的，所以，信息对于企业的工作分析至关重要，我们首先可以将这些信息大致分为两类：一是关于职务工作本身的信息，包括工作目标、工作内容、工作职责、工作关系、工作环境等概念；二是关于任职者的信息，包括对任职者生理和心理上的各种要求。专家将这些内容总结成"6W1H"的公式，即工作分析主要收集关于工作7个方面的内容，而这些内容也正是企业需要通过工作分析直接回答的问题，反映出工作分析在企业中的价值。

1. 做什么（what）

即员工需要完成什么工作任务，工作活动是什么，工作活动的结果是什么，工作要达到什么标准，工作结果的数量要求是多少，工作的错误分析等。工作分析通过对工作的详细描述和说明，帮助从事该项工作的员工尽快掌握工作要求和要领，直接了解工作的内容。

2. 为什么（why）

即员工为什么要完成这种工作，该项工作在组织中有什么重要作用，会影响到其他哪些工作。工作分析通过对工作内容的分析，以及对组织目标的阐述，赋予工作实际价值。

3. 谁来做（who）

它指从事这项工作的人必须具备哪些知识、技能，必须有怎样的工作经验，必须接受何种培训以及要求任职者具有怎样的生理特征和心理特征等。其中，生理特征主要包括健康状况、身材、体力、耐力、器官敏感度、视力等级等；心理特征则包括观察能力、注意能力、记忆能力、理解能力、性格、气质、态度、事业心、合作精神、兴趣、成就欲、价值观等。工作分析通过对某项工作的描述，对完成者提出工作要求，对接企业目标和从业者能力，缩小从事者范围，协助确定最后的实施者。

4. 何时做（when）

即工作开展的时间，哪些工作活动是有固定时间和固定发生频率的，哪些是突发的。例如，哪些工作是每日进行的，哪些工作是隔一周进行一次的。工作分析围绕工作内容展开，给出该项工作的普遍完成需求及情况，判断完成时间。

5. 哪里做（where）

它是指工作在什么环境下进行，包括工作的自然环境以及工作的社会环境和组织环境。例如，雇员通常要跟多少人、什么人打交道。工作分析通过对工作流程及性质等的分析，对工作完成地点、环境等进行描述，同时这一部分还需要强调对员工安全性问题的描述。

6. 为谁做（for whom）

这是指在工作中与哪些人有什么样的联系，向谁负责，向谁汇报，接受谁的监督和指挥，工作的成果提供给谁。内部客户如直接上司、同事、下属与其他相关部门等，外部客户如客户、供应商或者同行业合作伙伴等。

7. 怎么做（how）

即员工运用什么方式、使用什么样的工具完成工作任务，完成工作的程序如何，包括工作时使用的工具、机器、设备和应用知识。工作分析通过对该项工作的工作要点进行分析概述，结合组织使命、要求等，对任职者给予工作指导。

以上便是工作分析根据七个主题展开的内容，围绕这七个方面展开工作分析，我们可以确定某一工作的任务和性质是什么，以及哪些人适合被雇佣来从事这一工作，从而实现工作分析的意图。

二、工作分析的关键步骤

工作分析从前期准备工作到最后的成果展示都至关重要，这项工作具有很强的专业性，除了要对工作职位进行全面的分析和概括，还需要做好充分的准备工作。对信息收集要敏感，对工作调查要具有良好的沟通能力，对组织结构有全面认知等，我们将所有步骤精简概括主要分为六个步骤，搜集有关工作分析的步骤如下图4-1所示：

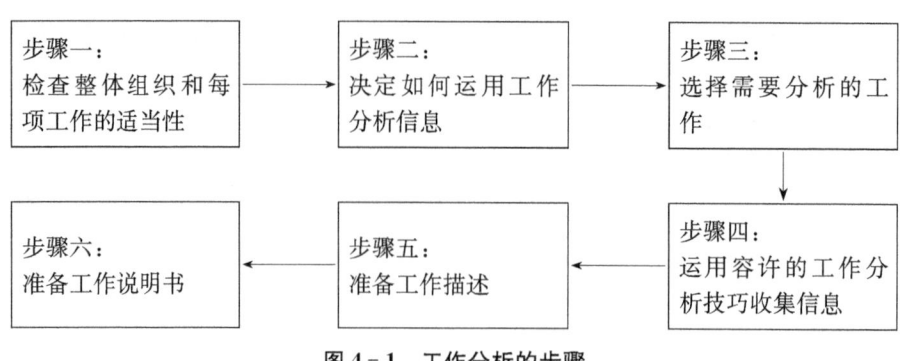

图4-1 工作分析的步骤

资料来源:赵曙明,《人力资源管理》(中国版)

[美]约翰 M. 伊万切维奇(John M. Ivancevich),赵曙明著. 人力资源管理 中国版[M]. 机械工业出版社,2005.06.

步骤一:确定分析样本的合理性与代表性,也通过对组织整体的结构梳理,计划后续不同工作分析嵌入组织的合理性。这是准备调查阶段,其任务关键是了解组织结构的整体情况,建立与各种信息渠道的联系,更好地了解组织工作流程(这一步骤需要组织结构图的帮助,后文有具体讲解阐述)。

步骤二、三:工作信息的收集方式和具体操作需要根据工作分析目标的不同而发生改变,首先需要掌握相关技能,其次为了减少工作分析的成本,提高分析效率,需要对信息进行取舍,选择代表性内容。这一阶段,我们可以组织一支研讨小组,由工作分析专家、岗位在职人员、上级主管共同参与,以精简、高效为原则挑选具有代表性的、有分析价值的工作。挑选工作分析目标,往往需要结合组织要求和现阶段的组织水平进行选择。

步骤四:对不同的工作分析对象采用不同方法收集信息。这一步骤可以通过编制各种调查问卷和提纲,灵活运用面谈法、问卷法、观察法、参与法、实验法、关键事件法等不同的调查方法,根据工作分析的目的,有针对性地搜集有关工作的特征及所需要的各种数据。要注意在此过程中重点收集工作人员必要的特征信息,并且留意对各种工作问题发生频率和重要性做出等级评定。

步骤五:对收集的信息进行整理与筛选,进行工作描述。这一步骤需要将收集的信息进行加工整理分析,编入工作说明书与工作规范的项目内。它不是简单的信息堆砌,要结合调查目的和调查对象,进行系统分析和判断归纳,揭示各职位工作主要成分和关键因素,并总结出工作分析的必需材料和要素等工作。

步骤六:将描述用专业用语及模式书面记录下来,形成工作说明书。工作说明书要定期进行评审,看是否符合实际的工作变化,同时要让员工参与工作分析的全过程,一起探讨每个阶段的结果,共同分析原因,需要调整时也要员工加入调整工作。

第三节 工作分析的方法

工作分析在人力资源管理活动中的重要性,我们已经有一定了解,它能为人力资源管理中的规划、招聘与选拔、绩效评估、培训和开发、薪酬设计、职业生涯设计等提供参考信息,甚至可以作为活动行进的标准和依据。尽管我们对工作分析的内容与步骤有了一定了解,但具体实施过程中应该如何操作?事实上,进行工作分析时,我们会面临多种方法之间的选择问题,没有任何一种方法能够独立完成整个工作分析。因为每种方法各有优缺点及适用范围,所以要根据不同的职位,结合不同的方法进行。组织在进行具体的工作分析时要根据分析的不同目的、不同分析方法的利弊、不同人员选择不同的方法。如果方法选择不当,就不可能收集到可靠、准确和全面的资料。接下来,我们将对工作分析方法进行系统说明,主要从工作分析实施主体的选择方法、组织结构图运用类型的参考和信息收集的具体方法三方面展开。

一、工作分析实施主体的选择方法

确定了工作分析的步骤后还应该选择由谁来进行分析。负责组织和实施工作分析的人员有两方面的责任:一是在基本步骤的框架下制定更加详细的计划,要求员工下决心去实施;二是审查与监督计划的实施情况。在对工作分析人员的选择,一般人都认为,担任工作分析的人员应该职级较高,善于分析,有良好的视觉能力、记忆能力,文化水平较高,可以与同事保持良好的合作关系,同时熟悉多方面职位的工作、工艺和机器。符合上述条件的人员虽然很优秀,但在实际情况下可能也遇到困难,例如,对工作分析具体步骤不够熟悉,对组织结构整体感知较弱等,我们需要考虑不同主体在不同阶段的优劣。

在对工作分析人员的选择和匹配中,需要对整个组织分析活动有一个全盘的考虑。工作分析者的业务素质、责任心以及实践能力对企业开展工作有着重要的影响,在具体实施过程中,可以有不同的实施主体,如表4-1所示。这些主体具有不同的优点和缺点,但在实际工作中,可以从企业工作人员的专业水平、企业成本、确保公平性等角度考虑工作分析实施主体。

表4-1 工作分析不同实施主体的优缺点

工作分析实施主体	含义	优点	缺点
组织内人力资源部	以人力资源部为主,其他部门配合	节省成本;实施主体了解公司文化、战略和现状	耗费大量的人力和时间;如果工作分析方面的经验不丰富,会影响实施效果
组织内各部门	由工作分析需求部门自己实施工作分析,人力资源部门提供支持	节省成本;非常熟悉本部门工作,收集的信息全面、内行	从人力资源管理的角度看,实施过程中和形成的工作分析结果文件可能不专业,会影响工作分析的信度
外部咨询机构	聘请咨询机构实施工作分析,人力资源部门协调问题,确保计划的实施	工作分析经验丰富;作为中立位置第三方,员工易于接受第三方工作分析结果,相对也容易提供真实的信息给工作分析员	耗费咨询费用;咨询顾问不了解企业具体情况,组织需要花费时间与他们进行企业文化、战略、管理等方面的沟通

二、组织结构图的运用参考

前文有提及在进行工作分析时,需要对组织结构有充分的了解,对组织整体架构有一定认知。在进行具体工作分析操作之前,需要借助组织结构图确定职位的名称,相互连接的直线明确表明各职位间的相互关系(图4-2),还可以显示出当前工作与组织中的其他工作的关系,以及它在整个组织中所处的地位。

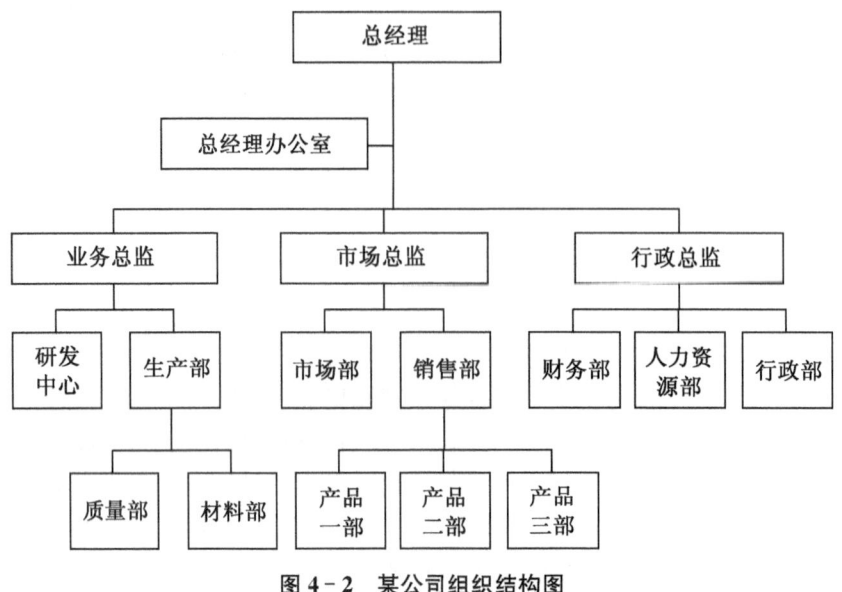

图4-2 某公司组织结构图

资料来源:朱勇国.工作分析[M].北京:高等教育出版社,2007.08.

组织结构图能够简洁明了地展示组织内的等级与权力、角色与职责、功能与关系,还有助于新员工了解和认识公司。不同的企业类型、规模也会采用不同种类的结构图:小型企业往往采用等级式结构,只强调不同层级的划分以及层级间的领导关系;直线职能制组织结构被运用得最为广泛,它把直线制结构与职能制结构结合起来,在各级行政负责人之下设置相应的职能部门,实行主管统一指挥与职能部门参谋、指导相结合的组织结构形式;基于功能、产品/服务、顾客类型、地理区域等划分依据,又可以采用功能式结构或部门式结构形式;结构矩阵组织结构既包含纵向垂直领导系统,又囊括按产品、项目划分的横向领导关系。

组织结构图的使用对企业来说是一项极为重要的部分,因为它对公司的战略、营销、决策、沟通、金融投资及领导力等各个方面都有着重要影响。一张简明的图表能够帮助人们快速、准确地把握有用信息。

组织结构图表示的是部门或职位之间的一种静态联系,而工作流程图则表明了部门或职位之间的动态联系。从工作流程图中可以看出在一项工作活动中,某个部门或职位需要接受来自哪些部门或职位的信息或指令,需要对信息或指令做出哪些处理,需要向哪些部门或职位发出信息或指令等。

通过工作流程图,还可以比较清楚地了解工作任务以及工作中的关联关系等(见图4-3)。图4-3中能够清晰看出企业图书资料室的工作流程,首先需要收集传递到各部门的图书信息,再将信息传递至相关负责人,得到反馈意见后确认下一步购买、归档保管及借阅等具体工作内容。工作分析可以通过工作流程图了解各种工作的关键步骤,从而进行下一步分析和匹配。

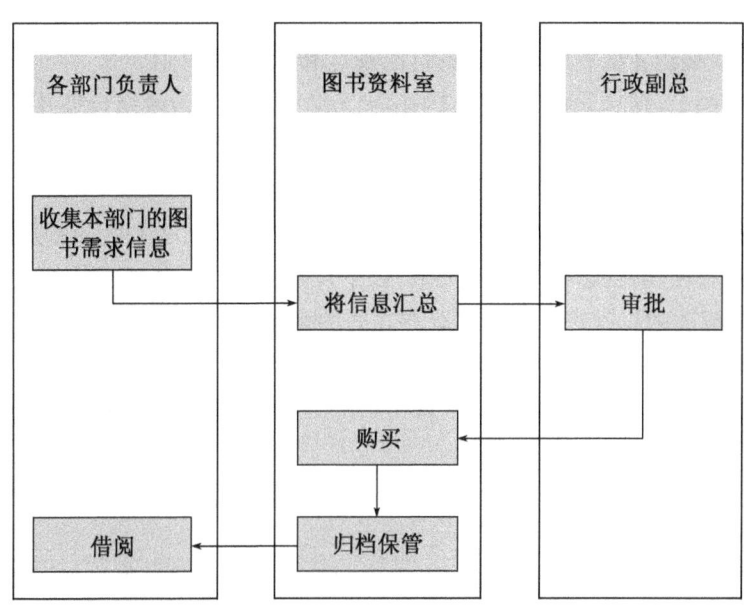

图 4-3　某图书资料室工作流程图

三、收集信息的方法

收集工作分析信息的方法很多,其中采用较多的四种方法分别是:访谈法、关键事件法、现场观察法以及问卷调查法。要注意的是,通常信息收集的方法和分析使用一般由工作分析人员根据企业的实际进行灵活运用,常常综合选用几种方法,以便有效地发挥各种方法的优点,使得所收集的信息尽量全面。

(一) 访谈法

访谈法又称面谈法,工作分析人员就某项工作,通过与任职者、主管等人面对面的谈话来询问对相关工作的意见或看法,进而收集相关工作信息的一种分析方法。访谈者可以对任职者的工作态度和工作动机等深层次内容进行详细的了解,通过该方法收集的信息是工作分析的基础,为其他工作分析方法提供资料,例如,访谈法获取的信息有助于开发工作分析问卷。访谈法的适用范围很广,能够适应各层各类工作,也是对高层管理工作进行深度工作分析效果最好的方法。在整个访谈过程中,任职者对工作进行的系统思考、总结与提炼具有重要的价值和意义。

1. 访谈法的分类

按照结构化程度划分,访谈法可分为结构化访谈、非结构化访谈及半结构化访谈。

(1) 结构化访谈。结构化访谈需要制定完整的问卷和提纲,信息收集全面但不利于发散任职者思维。

(2) 非结构化访谈。非结构化访谈事先不制定完整的调查问卷和详细的访谈提纲,甚至不规定标准的访谈程序,访谈员可根据实际情况灵活收集工作信息,但在收集信息的完整性上存在缺陷。

(3) 半结构化访谈。这是一种介于结构性访谈和非结构性访谈之间的访谈方式。在半结构性访谈中,有调查表或访谈问卷,但可以随着访谈进程随时调整,访谈员对访谈结构有一定的控制,但给被访者留有较大的表达自己观点和意见的空间。

在实际的运用上,结构化访谈、非结构化访谈和半结构化访谈结合使用,以结构化访谈问卷为一般性指导,进行访谈过程中,根据实际情况就某些关键领域进行深入探讨。

2. 注意事项

访谈法不仅可以收集到需求和广度信息,还可以针对某个问题进行深层次的追问,但如果访谈的方式选择不当,会造成访谈的失败,以下几点需要进行访谈工作的人员注意:

(1) 访谈法成功的关键在于面谈者双方之间的坦诚与信任,在进行访谈时,要尊重被访谈者,接待热情,态度诚恳,讲话注意方式、方法。

(2) 为了提高访谈的效率,必须与主管密切配合,找出最了解工作内容和最能客观描述自己职责的员工。

(3) 选择的场地环境要适合面谈,以创造良好的环境氛围,让被访谈者感到轻松愉悦,能够无拘无束地回答问题。

(4) 尽快与被询问者建立融洽的感情沟通交流,询问者向面谈者说明面谈的目的,使其对面谈者有正确的认识和态度,赢得他们的理解和支持,确保获得真实可靠的工作信息资料。

(5) 在进行面谈时把握好提问的技巧,分析人员所提出的问题要有针对性,语言表达清晰,含义准确。所涉及的问题和谈话内容不能引起被询问者的不满或涉及他人的隐私。

(6) 如果被询问者的工作比较多,应要求他将各种职责分别列出,按照重要程度排列,确保那些偶尔发生但又非常重要的工作内容不被遗漏。

(7) 面谈结束后将收集到的信息资料请任职者的直接主管浏览核对,并有针对性地做出适当的修改和补充。

(二) 现场观察法

现场观察法是指工作分析人员通过感官或利用其他工具,对员工正常的工作状态进行观察记录,获得有关工作内容、工作环境以及人与工作的关系等信息,并通过对信息进行分析汇总等方式得出工作分析成果的一种方法。这种方法是最早被使用的工作分析方法之一,实际中多用于了解工作活动所需的外在行为表现、体力要求、工作条件、危险性或者所使用的工具及设备等方面。但由于许多工作职位的职责不容易被观察到或者没有完整的工作周期,单独使用观察法难以获得全面的信息,所以,现场观察法主要适于大量的、周期性、重复性较强的工作,如果用于复杂性较强的工作时,最好与其他方法结合使用。

1. 现场观察法的分类

现场观察法的结构化程度指的是观察过程、记录方式、结果整理等环节在多大程度上得以事先确定和统一。按照结构化程度,可分为结构化观察法和非结构化观察法。

(1) 结构化观察法。它需要在现有的理论模型(如 KSAO)和对职位相关的资料进行分析整理的基础上,针对目标的特点开发个性化的观察分析指南,对观察过程进行详细规范,严密掌握分析的全过程。

(2) 非结构化观察法。它只需根据观察的目标定位所要收集的信息进行观察,方式较为灵活。

2. 注意事项

现场观察法主要依赖工作分析人员的观察,因此或多或少会带有主观判断,为了使观察法所收集的工作信息准确、全面,在运用观察法时,应注意以下方面:

(1) 工作分析人员要有足够的实际操作经验,在进行观察前对要观察的工作进行深入了解,事先准备好详细的观察提纲和行为标准,以便随时填写观察记录。

(2) 观察的工作应相对静止,即在一段时间内,工作内容、工作程序等要求不会发生明显的变化。为避免机械记录,应反映工作相关内容,并将所获信息进行比较和提炼。

(3) 适用以标准化的、周期短的体力活动为主的工作,不适合以智力活动为主的工作。

(4) 观察人员应尽可能不要引起被观察者的注意,至少不应干扰被观察者的工作,尽量观察几名任职者的工作,注意工作行为样本的代表性,保证观察不单是针对某一特定个体的特定操作。

(三) 关键事件法

关键事件法是员工和其他有关人员描述能反映其绩效好坏的"关键事件",即对岗位工作任务造成显著影响的事件,并将其归纳分类,在大量收集信息之后,对工作职位的特征规划要求进行分析研究的方法。关键事件法应对完成工作的关键行为进行记录,以反映特别有效和特别无效的工作行为,通过对每个职位大量典型示例的收集,可以分析示例发生的概率、重要程度、工作特征和任职要求,最后对岗位工作有一个全面的了解。关键事件法能有效地提供任务行为的示例,适用于外显性工作。

虽然关键事件法简单快捷,能够获得非常真实可靠的资料,但在实际过程中需要注意以下事项:

(1) 在运用关键事件法时,要求工作分析人员熟悉行业的情况,并具备丰富的专业知识和熟练的技术。

(2) 实际操作中必不可少与其他工作分析方法结合,比如,在利用访谈方法来获取关键事件时,要注意访谈法的一些注意事项。

(3) 描述关键事件应该特定明确,描述的内容应包括发生事件背景状况、有效行为与无效行为、关键行为所带来的后果及员工控制上述行为后果的能力如何等,避免出现含糊不明确的话术。

(四) 问卷调查法

问卷调查法是采用调查问卷的方式,通过任职者或其他目标工作相关人员单方信息传递来获取工作信息,从而实现工作分析目的的一种工作分析方法。问卷调查法可以用于对组织内各层各类工作进行工作分析,具有较为普遍的适用性,也是目前我国组织中运用最为广泛、效果最好的工作分析方法之一。

1. 问卷调查法的分类

在工作分析实践中,工作分析人员根据不同的用途以及理论模型要求设计出大量的工作分析问卷。这些问卷按照结构化程度的标准可分为以下两类:

(1) 定量结构化问卷

定量结构化问卷是在相应的理论模型和假设前提下,按照结构化的要求设计的相对稳定的工作分析问卷,一般采用封闭式问题问卷,遵循严格的逻辑体系,分析结果可通过对信息的统计分析加以量化,形成对工作的量化描述或评价。

定量结构化问卷最大优势在于问卷一般经过大量的实证检验,具有较高的信度和效度,便于工作之间的相互比较。

(2) 非结构化问卷

非结构化问卷是目前国内使用较多的工作分析问卷形式,其特点在于能对工作信息进行全面完整的调查收集,适用范围广泛,能根据不同的组织性质、特征进行个性化设计。

与结构化的问卷相比,非结构化问卷存在精度不够、随意性强、与工作分析人员和主管等因素高度相关等缺陷,但非结构化问卷也有适应性强、灵活高效等优势。非结构化问卷不仅是一种信息收集工具,而且包含了任职者和工作分析人员的信息加工过程,因而其分析过程更具互动性,分析结果更具智能性。

2. 工作分析中常用的问卷调查法

由于问卷调查法收集的信息完整、系统,操作简单、经济,可在事先建立的分析模型指导下展开,因此,几乎所有的结构化分析方法在信息的收集阶段都采用问卷调查的形式。工作分析则主要以职位分析问卷法以及管理职位描述问卷法为主,接下来将详细阐述这两种方法。

(1) 职位分析问卷法

职位分析问卷法是由普渡大学教授麦考密克开发出的一项基于计算机的、以人为基础的结构化的系统性职位分析问卷(Position Analysis Questionnaire, PAQ)。这套问卷包括了194个标准化的问项,其中有187个问项被用来分析完成工作过程中员工活动的特征(工作要素),另外7个问项涉及薪酬问题。这些问项填写难度较大,一般来说,需要大学毕业以上程度人员才能清楚地了解职位分析问卷中各个问项的要求。

通用的PAQ法的要素和问题包括六大类:信息输入(即员工从何处及如何得到信息)、思考过程(即工作中如何推理、决策及信息如何处理)、工作产出(即工作包含哪些体能活动,需要哪些工具、仪器、设备)、人际关系(即工作中与哪些有关人员有联系)、工作环境(即工作中物理环境与社会环境)和其他特征(即与工作相关的其他活动、条件或特征)。

应用PAQ法时,工作分析人员则根据6个计分标准:① 使用程度;② 对工作的重要程度;③ 工作所需时间;④ 适用性;⑤ 发生的概率;⑥ 特殊计分,来对上文所述的六大工作要素进行衡量,给出评分。将评价结果输入到计算机中会产生一份报告,说明某项工作在各个维度的得分情况(如表4-2)。

表4-2 职业分析问卷使用示例

使用程度:
NA:无运用;1:几乎不用;2:少量;3:一般;4:运用较多;5:总是运用
资料投入
工作资料来源(请根据任职者使用的程度,审核下列项目中各种来源的资料)
工作资料的可见来源
1. __4__ 书面资料(书籍、报告、文章、说明书等);
2. __2__ 数量化资料(所有涉及数量或金额的资料,如图、账目、报表、数字表格等);

(续表)

```
3. __1__ 图形资料(图片或类似图片的、可作为信息员的资源,如草图、蓝图、图表、地图、描绘图、照
片、X光照片、电视照片等);
4. __1__ 模型及相关的器具(如模板、钢板、模型等);
5. __2__ 陈列物(计量表、速度计、钟表、画线工具等);
6. __2__ 测量器具(尺、天平、温度计、量杯等);
7. __4__ 机械器具(工具、机械、设备等);
8. __3__ 使用中的物料(工作中、修理中和使用中的零件、材料和物体等);
9. __4__ 尚未使用的物料(未经过处理的零件、材料和物体等);
10. __3__ 自然特色(风景、田野、地质样品、植物等);
11. __2__ 人为环境(建筑物、水库、公路等,经过观察或检查已成为工作资料的来源)。
```

资料来源:马国辉,张燕娣.工作分析与应用[M].上海:华东理工大学出版社,2008.

当然,任何方法都有其优劣势。职位分析问卷法优势在于考虑了员工和工作两方面因素,将各种工作所需基本技能与基础行为以标准化的方式罗列出来,为人事调查、薪酬标准的制定提供了依据,不需要修改就可以运用到不同组织、不同工作,使得各个组织之间的工作比较更加容易,也使得工作分析更加准确与合理;同时,其也存在着一些明显的不足,它对管理性、技术性的工作适用性比较差,工作特征的抽象化导致不能描述实际工作中特定的具体的任务活动,需要的时间成本很高,可读性较差。

(2) 管理职位描述问卷法

管理职位描述问卷法(Management Position Description Questionnaire,MPDQ)是一种结构化的、以工作为中心、以管理型职位为分析对象的工作分析问卷调查法。它是由美国著名工作分析专家亨普希尔(Hemphill)、托纳(Tornow)和平托(Pinto)等人开发的。MPDQ主要收集、评价与管理职位相关的活动、联系、决策、人际交往、能力要求等方面的信息数据,通过特定的计算机程序加以分析,有针对性地制作各种与工作相关的个性化信息报告,为人力资源管理职能板块提供信息支持。

管理职位描述问卷法是一套系统的工作分析方法,其包含15个部分,274项工作行为,由管理职位任职者填写(见表4-3)。

表4-3 管理职位描述问卷的内容

序号	主要部分	项目释义	题数
1	一般信息	描述性信息,如工作代码、预算权限、主要职责等	16
2	结构图	职位在组织框架中的位置,如上司、平级、下属等	5
3	决策	决策活动描述和决策的复杂程度	22
4	计划组织	战略性规划和短期操作性计划、组织活动	27
5	行政事务	写作、归档、记录、申请等活动	21
6	控制	跟踪、控制和分析项目、预算、生产、服务等	17
7	监督	监督下属的工作	24
8	咨询创新	为下属或者其他工作提供专业性、技术性咨询指导	20
9	工作联系	内、外部工作联系,包括联系对象与目的	16

(续表)

序号	主要部分	项目释义	题数
10	协调	在内部联系中从事的协调性活动	18
11	表达	在推销产品、谈判、内部激励等工作中的表达行为	21
12	商业指标监控	对财务、市场、生产经营以及政策等指标的监控与调节	19
13	知识、技能和能力	工作对任职者知识、技能和能力的要求以及所需要的培训活动	31
14	自我评价	上述职能功能的时间和相对重要性评价,其中"计划组织"功能分为战略规划和短期规划两方面	10
15	反馈	任职者对本问卷的反馈意见以及相关补充说明	7
总计			274

在 MPDQ 中,15 个因素又分别由若干个题目构成,对这些项目进行评价的尺度主要有三种:重要性、决策权限和综合评定。每一种职能都有其对应的评价问卷部分,表 4-4 展示了控制职能评价问卷。

表 4-4 管理职位评价问卷示例

第六部分:控制

第一步:评定重要性
请指出以下每项活动对您职位的重要程度。然后按 0—4 分计分(标准如下),将分数写在每个题目前面的空白处,请记住在评定时需要考虑该活动和其他职位活动相比的重要程度和发生的频率。

"0"——该活动与本工作完全无关;
"1"——该活动只占工作的一小部分,且重要程度不高;
"2"——该活动属于本工作的一般重要部分;
"3"——该活动是本工作的重要组成部分;
"4"——该活动是本工作的关键部分,或者说至关重要的部分。

审阅需要提交的机会,使之与组织的目标与策略保持一致;
追踪并调整工作活动的进度,以保证按时完成目标或合同;
为项目、计划和工作活动制定阶段目标、最后期限,并将职责分配给个人;
监督产品的质量或者服务效率;
对部门的发展和效率制定评估标准;
在工作计划或项目结束后评估其效果并记录在案;
每个月至少进行一次工作成效的分析;
分析工作报告;
控制产品生产或服务质量;
监督下属完成部门目标的工作进程;
监督在不同地区的部门的工作进度并调整他们的活动,已达到完成组织目标的要求;
解释并执行组织的安全条例。

第二步:评论
在下面的空白处写下您认为对您的职位,该部分还应该包括其他工作。

管理人员职务描述问卷法是通过对管理要素的描述来准确地分析管理工作岗位,从而抓住管理工作的实质。该方法适用于不同组织内管理层的职位分析,具有很强的针对性,为培养管理人才指明了培训方向,为管理工作的分类、正确评估管理工作和确定管理职业发展路径提供了依据,并为管理人员的薪酬设计、选拔程序以及提炼绩效考核指标奠定了基础。由于管理工作的复杂性,该分析方法难以深入分析所有类型的管理工作,且灵活性不足,各种管理分析立足于国外的分析研究,需要根据中国的实际情况进行调整。

以上两种方法的适用范围很广,其他不同类型的问卷调查方法也得到了人们的关注。但无论怎样,一切要根据实际条件进行选择,以达到工作分析的最初目的。

3. 操作注意事项

在实施问卷调查法之前需要注意到以下注意事项,否则会达不到预期效果,甚至调查无效。

(1) 问卷设计内容需要包括填写说明和填写规范,调查项目应与调查目的一致,问题的阐述应简明扼要,易于回答,防止出现诱导式问题。

(2) 进行问卷调查前,必须对调查对象进行填写指导,说明调查的意图,针对问卷内容和填写规范进行讲解,这样有利于填写问卷者对调查的合作,提高他们对问卷的理解程度。

(3) 对问卷调查的过程严密控制、及时沟通反馈,提高问卷的实际效果。

(4) 进行回收之前,先将问卷反馈到被调查者职位的上司,请他们对问卷中的信息进行确认、修正并签字,确保收集信息的真实性和准确性。

4. 方法优劣对比

以上四种方法可以单独或者结合起来使用,对于哪几种方法可获得最好的信息还没有定论,表4-5列举了以上四种方法的优缺点。各种方法之间不能相互替代,在特定情形下,可能选择某种方法得到的效果会更好,但大多数组织会根据它们的现实需要来进行选择,没有固定的选择方法,一切都需要根据环境决定,比如,需要考虑分析的时间、目的和预算的限制等。充分、完整的工作分析需要投入大量的时间、精力和资金,所以必须对分析方法进行准确选择,如果选择时能根据需要和自身特点综合考虑,比较利弊,会使时间、精力和资金得到最有效的利用。

表4-5 工作分析方法优缺点比较

	优点	缺点
访谈法	• 访谈双方当面交流,能够深入、广泛地探讨与工作相关的信息 • 工作分析人员能够及时地对访谈问题进行解释和引导 • 工作分析人员能够及时地修正访谈提纲的信息缺陷 • 工作分析人员可以对所获取的信息及时地与任职者进行现场确认,有利于提高工作分析的效率	• 工作分析人员在访谈过程中容易受到任职者个人因素的影响,导致收集的信息扭曲,比如种族、性别因素等 • 对任职者的正常工作甚至组织的日常运转产生一定影响
现场观察法	• 工作分析人员能够比较全面和深入地了解工作要求 • 成本低,经济适用,且易于操作	• 不适用于脑力劳动要求比较高的工作,以及处理紧急情况的间歇性工作 • 对有些人员而言,他们自己受到监视或威胁,在心理上对工作分析人员产生反感等 • 不能得到有关任职者资格要求的信息

(续表)

	优点	缺点
关键事件法	• 可广泛应用于人力资源管理许多方面 • 描述工作行为、建立行为标准更加准确，能更好地确定每一行为的作用	• 收集与整理关键事件需要花费大量的时间和精力 • 对中等绩效的员工关注度不够
问卷调查法	• 在短时间内可以从众多任职者那里收集所需的信息资料 • 可以在生产和工作时间之外填写，不影响正常工作 • 调查范围广，可用于多种目的、多种用途的工作分析 • 比较适用收集管理职位的工作信息	• 对问卷编制的技术要求较高 • 不同任职者因对问卷中同样问题理解的差异，会产生信息资料的误差，进而偏离工作分析的目标 • 问卷的回收率通常很低 • 不适合对文字理解能力和表达能力较差的人进行问卷调查

第四节 工作分析的结果运用

前文已经从工作分析的概念、目的、步骤和方法等方面详细论述了工作分析，最后我们还需要学会将工作分析的结果灵活运用到实践工作中。下文将着重介绍工作分析的结果及其具体运用形式。

一、工作描述

工作描述是工作分析的直接结果，工作行为研究的最终结果常常表现为有关工作流程与行为的工作描述。一般来说，工作描述没有固定的模式，需要根据工作分析的特点、目的与要求具体确定编写的条目，但往往需要涉及以下内容：

（1）工作识别。表明工作在组织中的角色地位，包括工作名称、编号、部门、直接上级、工作地点和日期等项目。一个好的工作名称应能反映工作的性质，并能把一项工作与其他工作区别开来。注明工作分析日期的目的是为了避免使用过期的工作描述。

（2）工作概要。即用简练的语言说明工作的性质、任务和责任。

（3）责任范围及工作要求。任职者需承担和完成的职责任务、所使用的材料及最终产品、需承担的责任、与其他人的联系、所接受的监督及所施予的监督等。

（4）工作职责。职责来自组织使命的分解，即按照组织的要求，本岗位应该做什么。

（5）工作任务。其内容包括做什么、何时做、何地做、做到什么程度等，逐项说明工作活动内容。

（6）工作输出。工作职责的定义中常常包括这些职责所对应的结果和完成程度的定义，也就是主要的工作输出，例如，用来衡量工作输出的量化与非量化的绩效标准。

（7）权限与相互关系。权限与相互关系标示的是在一个组织中，每项工作内容完成时各岗位相互之间的权责分配情况与各部门之间的相互合作与通知关系。一项工作内容的完成在不同的岗位间存在承办、审核、复核、批准等不同权限，并且往往需要部门之间进行协作。权限与相互关系的界定有助于组织内部责权分明，能够找到具体工作的责任人。

(8) 工作环境。它是指工作的物理环境和心理环境。在一般情况下,我们所讨论的工作环境主要指工作的物理环境,但随着企业对员工的心理重视程度的提升,心理环境在工作描述中也逐渐引起重视。

下表(表4-6)为某公司培训主管的工作描述示例。

表4-6 某公司培训主管工作描述

岗位名称:培训主管	所在部门:公司人力资源部
岗位编码:	编制日期:
岗位概要:在人力资源部经理的指导下,对公司人员进行培训,丰富员工业务知识,提高员工的工作技能	
主要工作关系	
直接上级	人力资源部经理
直接下级	无
内部沟通	部门内其他人员、公司事业部等其他部门
外部沟通	管理咨询公司、政府劳动部门和人事部门、教育机构
工作岗位职责	绩效标准
制度规范 (1) 草拟公司的培训制度,提交部门经理 (2) 拟订公司培训工作的流程及程序,提交部门经理 (3) 制定新员工手册,编制企业内部培训教材	制度可行、完备与有效; 流程规范、清晰; 培训材料适用
培训活动 (1) 制订新员工的教育计划,并具体负责实施 (2) 根据各部门和各事业部提交的培训需求,并结合公司实际拟订年度培训计划,提交部门经理 (3) 按照培训流程,具体实施公司通用技能的培训 (4) 负责公司中高层专业知识和技能的培训	新员工及时融入公司; 培训费用节省; 培训对象满意
业务指导 (1) 指导各部门和各事业部制订本单位的培训计划 (2) 帮助各单位处理在培训过程中出现的问题 (3) 检查各单位培训计划的实施情况	各事业部满意; 计划落实完好
其他 (1) 对各单位外出参加的培训进行审核并备案 (2) 领导交办的其他工作	领导满意
工作环境和条件	
经常性工作场所	公司总部办公室
工作设备	台式计算机
工作时间	每周5天,每天8小时

近几年呈现以下四点改变:① 大量组织面临调整重组的境遇;② 需要运用创新的方法来激励和回报员工;③ 科技加速改变工作环境;④ 用人成本的极大提升。这些改变都使得

工作描述对组织的重要性大大提高。由于全球性组织发展的大变化,对工作描述的需求逐渐增强,而工作描述对工作各个环节的细致呈现,能够为组织人力资源管理发展提供足够的信息支撑。

二、工作设计

工作设计是工作分析结果运用的另一大体现。一旦开展了全面的工作分析并生成了高质量的工作描述和工作说明书,组织就能利用这些信息设计和再设计工作。工作设计是指一种以任务结构为中心的组织开发技术,对工作的内容、方法、环境条件、人员素质和工作负荷等加以分析,以达到组织人员、工作、环境最佳配合的过程。利用工作分析对工作单元、职责和任务进行明确,从而进行工作设计,可以帮助组织达到最优的绩效和满意度。

工作设计有很多不同的方法,其中,激励型工作设计法和机械型工作设计法是管理学文献最关注的。

(一) 激励型工作设计法

激励法主要的理论来源是美国心理学家弗雷德里克·赫茨伯格(Frederick Herzberg)的双因素理论。赫茨伯格指出,对于大多数员工来说,激励的关键并不在于物质方面的刺激,而在于工作内容的多样性、复杂性和有意义性。

工作设计的激励型方法强调的是可能会对工作承担者的心理价值以及激励潜力产生影响的那些工作特征,所提出的设计方案往往通过工作扩大化、工作丰富化等方式使员工的工作变得复杂,从而减少单调重复性。该方法也存在一些缺点,那就是由于员工承担的任务量增加,出错率也会随之增加,企业需要花费更多的培训时间和培训支出,使员工胜任更多的工作。

(二) 机械型工作设计法

机械型工作设计法源于古典工业工程学,与激励方法最大的不同在于,它强调要找到一种能够使得效率达到最大化的、最简单方式来构建工作。任务专门化、技能简单化以及重复性是这种方法进行工作设计的基本思路。

这种方法比较关注工作本身,很少关心从事这项工作的人。它试图使一项工作更加便捷、容易操作,以获得更高的效率和稳定性,更容易找到从事这项工作的人,使上岗前的培训更加简单。该方法对提高工作效率做出了巨大贡献。

三、工作分析与员工招聘

由于企业生产经营环境、任务的不断调整,企业也会不断地有人员流动,比如人员退休、辞职、调动等,使得人员补充成为一项频繁、耗时、费力的工作。如何吸引优秀人才前来应聘、选择何种渠道发布信息、以何种标准科学选拔甄选,都需要工作分析平台支持。工作分析在招聘各个环节所起的作用见表4-7。

表 4-7 工作分析在招聘环节的作用

招聘环节	工作分析的应用
1. 招聘计划	通过人力资源规划确定需要招聘人员数量,借助工作说明书确认招聘岗位的工作职责、工作规范等内容
2. 招聘简章	根据工作说明书撰写招聘广告,使潜在的候选人了解工作要求条件并愿意来企业应聘
3. 招聘渠道	根据工作说明书里的知识、经验、技能、能力等资格条件及招聘难易选择招聘信息的发布渠道
4. 初步筛选	根据工作说明书里对岗位的要求进行资格初步筛选,选择适当的应聘者面试,以节约甄选成本
5. 面试	根据招聘岗位的资格要求,选用适当的方式(考试、情景模拟、评价中心);选用与实际工作相类似的工作内容对应聘者进行测试,预测其在未来实际工作中完成任务的可能性
6. 录用	根据工作岗位的资格要求,录用最适合的应聘者
7. 配置、试用	根据工作岗位的资格要求进行人员合理安置,对试用期的员工进行绩效考核,确认招聘是否满足岗位需要
8. 效果评价	主要从质量角度考核招聘的效果,反馈给工作分析,以便调整工作分工的信息

资料来源:周亚新,龚尚猛.工作分析的理论、方法及运用(第3版)[M].上海:上海财经大学出版社,2014.

从表 4-7 中可以看出,企业在招聘过程的各个环节中,工作分析都提供了关键的支持和贡献。工作分析是一切人力资源管理工作的前提与基础,对于招聘工作而言,通过工作分析可以帮助招聘者了解胜任某项工作所必需的资格条件、掌握适时的岗位变化,并及时预测组织中潜在的人员过剩或人员不足。

明确、详细的工作说明书是人力资源管理实务的重要依据,它可以减少招聘工作中的盲目性,避免在评判应聘人员的条件高低时出现随意性。在招聘过程中,招聘者一定要注意不能完全被应聘者优秀的个人条件所吸引,要以工作说明书为基准。

四、工作分析与员工培训

工作分析对与绩效问题有关的工作详细内容、标准以及胜任工作所应具备的知识和技能有充分的说明。工作分析的结果也是设计和编制相关培训课程的重要资料来源。

工作分析是培训需求分析中最繁琐的一部分。只有对工作进行精确的分析并以此为依据,才能指引组织的培训方向,制定以完成工作岗位的工作任务和以员工需要为核心的、真正符合企业绩效和特殊工作环境需要的培训课程。

通过工作分析确定工作要求,明确组织整体培训需求的先后顺序,有利于在组织内形成整体的培训体系。培训者可以此为依据,对培训活动进行适当的指导,确定适当的培训内容。这样,培训所涉及的工作内容和责任才能准确地反映实际的工作要求,使员工在培训中学到的知识技能与未来的工作实际应用相一致,从而大大减少人力资源培训与开发的费用。

工作分析所形成的工作说明书,列出工作所需承担的责任与任职资格等,在指导培训工作上有相当大的价值。同时,有关工作时间、工作环境特征的分析都为制订有效的培训计划提供了详细资料,有利于培训内容、培训时间的确定和培训人员的甄选等。

有了工作分析,就可以依据企业战略,更明确地确定当前或将来一段时间内,对企业发展起决定或重大作用的工作岗位,以及该工作本身各项任务的重要程度。只有对工作进行精确的分析并以此为依据,才能使设置的培训课程真正符合企业发展和特殊工作环境的需要,从而使培训做到有的放矢,有效地减少盲目培训的成本,避免资源浪费。

五、工作分析与绩效管理

要想做好绩效管理,就需要管理者与被管理者在绩效期望上达成共识。而这种共识需要一个客观的标准来参考,工作分析可以很好地明晰工作要求的职责,进而给予双方谈判的依据。

共识达成后,在对绩效进行考核时,由于有了在工作职责指导下设立的绩效指标和绩效标准,绩效的评估就可做到有据可依。这样可以在一定程度上避免评估主观性,实现绩效的客观评估。由于每项工作的内容、特性不同,就需要采取不同的考核方法,而工作特性的信息来源于工作分析。考核的方法有多种:目标管理法、关键业绩指标法、平衡计分卡、360度考核法等,这些方法不仅因组织规模大小而异,而且随工作特性不同而异。

绩效考核最终会得到反馈结果,无论结果如何,都需要按照工作说明书上的工作职责与员工完成的情况进行对比,分析绩效的好与坏,找出员工绩效不达标的原因,在后续工作中有针对性地进行开发,而其前提就是工作分析尽可能地完善。

本章小结

本章围绕工作分析的内容、实施者、时间、受益人、地点、方法和理由七个方面展开。

工作分析的作用包括为人力资源开发与管理活动提供依据、为组织职能的实现奠定基础,对绩效考核、人员招聘与录用、员工培训与职业生涯设计、人力资源规划、薪酬设计与管理、组织分析,以及对直线管理者都有着重要的作用。

工作描述以最简洁的形式直接叙述了工作的基本信息,一般用于对本职位进行概括性的介绍。工作说明书是对相关职位概况、工作职责及其任职资格的完整说明,由工作描述和工作规范组合而成。工作描述的内容包括工作识别、工作概要、责任范围及工作要求、工作职责等。明确工作分析的主体时,可以从企业工作人员的专业水平、企业成本、确保公平性等角度来考虑。进行工作分析时,收集信息的方法包括问卷调查法、访谈法、现场观察法、关键事件法等。

工作设计是指一种以任务结构为中心的组织开发技术。它是对工作的内容、方法、环境条件、人员素质和工作负荷等加以分析和组织,以达到人员、工作、环境最佳配合。工作设计包含四种方法:激励型工作设计法、机械型工作设计法、生物型工作设计法、直觉运动型工作设计法。

关键术语

工作分析　工作描述　工作说明书　组织结构图职位分析问卷(PAQ)　管理职位描述问卷法(MPDQ)　工作流程图　工作设计

复习思考题

1. 什么是工作分析？请从多角度进行描述。
2. 工作分析有什么作用？请结合实际具体谈谈。
3. 工作描述应该包括的核心内容有哪些？
4. 工作分析的六个步骤是哪些？
5. 试阐述 PAQ、FJA、MPDQ 的联系与区别。
6. 工作分析与人力资源活动的关系是什么？
7. 试阐述激励型工作分析法和机械型工作分析法各自强调的重点。

应用案例

南方电脑公司的工作分析

南方电脑公司是目前国内电子行业中效益好、发展潜力大的公司，它主要为企业和个人提供电子元件、电子产品、电脑及服务。自 1987 年创办以来，南方电脑公司通过灵活的经营手段在市场竞争中保持了行业领先地位。该公司在初创时期员工较少，公司上下级之间很容易沟通，同一部门的工作经常由员工们共同协力完成，有超常能力和成就的员工会很快获得晋升。因而，公司并不重视岗位工作说明书，各个岗位的具体职责和要求也就没有人真正关心和考虑。但是，随着公司规模扩大，员工增多，一些问题逐渐显现，比如，岗位职责不清，部门之间职能重叠，工作出现矛盾时常有"踢皮球"现象等。由于缺乏准确的工作职责要求，人力资源部门没有对员工工作绩效制定确切的衡量标准，更不用说为员工制定合理的改进方案或安排恰当的培训计划，而且公司的薪酬奖励计划与员工的岗位职责和技能要求之间缺乏关联，这些都大大降低了员工的工作积极性。公司高层领导意识到这种情况阻碍了公司的进一步发展，于是找来人力资源管理部门的王经理商量，让王经理对各个岗位重新进行工作分析，对旧的工作说明书进行修正。恰巧公司近期将招聘一名助理程序员，于是，王经理拿出助理程序员的工作说明书。

> 职位：助理程序员
> 基本目的：在项目经理的监督下进行编码、测试、调试程序。
> 具体任务：
> 1. 根据总体的程序设计，编码、测试、调试程序，开发程序的文件资料；

> 2. 使用系统时培训用户,为用户提供帮助,按要求向管理者汇报服务管理信息。
>
> 任职资格:
> 1. 在相关领域里具有 BA/BC 学位或相当的经验和知识;
> 2. 具备 FORTRAN 语言编程知识;
> 3. 在经营和财务应用方面具有较好的工作知识。
>
> 其他要求:
> 1. 具有在分时环境下计算机编程经验;
> 2. 接受过 COBOL、PLI 或者装配语言方面的培训。

王经理发现该工作说明书的内容较笼统,任务没有清晰的界定,且与现实的工作内容相差甚远。因此,王经理决定从招聘助理程序员的工作说明书开始修正,对公司所有的工作岗位进行重新分析,以解决企业当前的问题。

请分析以下问题:

1. 假如你是该公司人力资源部门的工作分析人员,可采用哪些方法收集工作分析所需要的信息?请为该公司制定一套工作分析活动的实施方案。

2. 请为该公司的助理程序员设计一份工作说明书。

第五章　员工招聘与甄选

学习目标

1. 了解招聘的含义和目的,并掌握招聘的流程和渠道
2. 理解和掌握工作预览的定义、内容、作用以及实施流程
3. 掌握招聘成本和收益的计算方法
4. 掌握胜任力模型的内涵及在甄选中的应用

斯坦罗泰克公司的人员招聘

大部分斯坦罗泰克公司的员工都在工厂工作。每当需要聘用人员时,工厂经理特瑞克就招聘所需要的人员,并将人员招聘情况通知部门主管。

该工厂经理是根据他与应聘人员短暂的几分钟面谈得出的个人判断来选聘员工的。在这个简短的面谈之前,特瑞克的秘书审查候选人过去的经历、受教育程度,并通过证明人核查情况。

一旦候选人被聘用,他先到工厂去完成一些诸如填写申请表和简要的身体检查等手续,然后被聘用人员会被分配相应的工作。工作指示仅持续几分钟。新员工无论何时遇到困难,都会得到一些指导和帮助。

斯坦罗泰克公司员工的流动程度超过该行业的平均水平,每个月都有一部分员工辞职。他们中的一些是由于不能适应工作环境,而另一些则是因为不能满足工作标准。

由于公司一直在盈利,工厂经理或公司主管不必为了人员流动问题而烦恼,但是特瑞克已经意识到公司所存在的人员流动问题。

案例思考题
1. 斯坦罗泰克公司人员流动与企业的招聘方法之间是否存在联系?
2. 你对斯坦罗泰克公司在改进招聘程序方面有何建议?

第一节　员工招聘

员工招聘是组织获取所需合格的人力资源的主要途径,对高层管理人员和专业技术人

员的成功招聘还能为组织带来新的管理理念和更加丰富的知识资源。员工招聘是组织生存与发展的关键,是组织形成核心竞争力的基础,是人力资源管理的一项重要职能。在组织进行人员招聘过程中,需要通过一系列的活动来明确需求、吸引应聘者、甄选应聘者、录用合适人才,并总结本次招聘为更有效地开发下一轮的招聘提供参考。整个招聘过程是一个完整的、系统的、程序化的、循环的操作过程,大致可以分为准备阶段、实施阶段和评估阶段。在招聘工作开始之前,要根据需要补充人员的业务类型、职位复杂度、招聘方法本身的适用性等情况,对招聘方法和渠道做出正确的策略选择。可以说,到目前为止还没有哪一种招聘方法或渠道是尽善尽美的,我们只能根据组织不同的需求,去选择那些最合适的方法和渠道。

一、招聘的内涵

员工招聘,是企业为了实现自身生存和发展的需要,根据人力资源规划和工作分析提出相应的人员需求数量与素质要求,以最合适的成本投入,寻找和吸引符合岗位胜任力要求、并有意向任职的足够数量的合格人员和有潜质的人才,通过科学的甄选,最终录用的过程。

雷蒙德·A.诺伊认为,招聘包括招募与甄选两个环节。招募是通过各种渠道,为现有的或预期可能空缺的岗位吸引尽可能多的合格应聘者的过程,这是一个吸引人才的过程。甄选是指通过各种标准和方法,不断地对吸引到的人才进行筛选,减少应聘者的人数,直到剩下那些与所招岗位匹配度最高的应聘者的过程。美国学者乔治·T.米尔科维奇与约翰·W.布德罗对招聘的定义是"招聘是通过吸引大量应聘者并对应聘者进行确认,从中挑选适合企业发展和岗位需求的人才的过程"。

我国管理学家们也做了相应的定义。张德认为"招聘就是企业吸引应聘者并从中选拔、录用企业所需要的人才的过程"。董福荣认为招聘有广义和狭义之分,广义的招聘是指企业为了自身发展的需要,从企业内部或外部对人才进行吸引、挑选、安置的过程;狭义的招聘是指企业为了自身发展的需要,在企业外部发布有效信息,集合应聘者的全过程。

二、招聘的目的

员工招聘的目的在于通过寻找并获得适合的员工,确立组织的竞争优势,完成组织的战略目标,同时可以帮助员工实现个人价值。

从实现的角度而言,招聘是为组织当前岗位的空缺寻找符合要求的人员,以满足组织的正常运行。这种空缺通常是由于离职、退休、内部人员流动缺失、业务扩张突发人员不足、新业务运营人员不够等因素造成的,如果不能及时弥补岗位人员的空缺,会导致组织正常运行受到影响,而招聘可以解决现实的发展需要。

从长远的角度而言,招聘是为组织未来发展的需要,发现潜在人才、建立和谐关系、构建人才梯队、确立人才开发计划的过程,以提升组织的核心竞争力和实现组织的持续发展。组织在不同的发展阶段有着不同的人员需求,如果仅从现实的角度考虑问题,会因为缺乏准备而无法及时获得真正适合组织发展要求的人员。这就需要通过招聘储备具有潜质的人员,为组织未来发展打下基础。

招聘还可以达到树立企业形象和展现企业文化等目的。人员招聘过程是组织代表与应聘者直接沟通的过程,这为树立企业形象和展示企业文化提供了良好的契机,有利于吸引到更多、更好的应聘者。同时，应聘者对组织的全面了解也有利于其认同组织文化和价值观，从而降低应聘者短期内流失的可能性。

三、招聘流程

人员招聘工作是一个复杂、系统而又连续的程序化操作过程，组织将适合的人员引进到组织的同时，外部的人才也在对组织进行选择和比较。也就是说，招聘本身也是外部人员了解组织的过程，一个科学严密的招聘流程能给应聘者留下较好的印象。

招聘流程是指从组织内部出现职位空缺一直到候选人正式进入组织的过程。从广义上来看，招聘流程包括招聘的准备阶段、实施阶段和评估阶段；从狭义上来看，招聘流程仅指招聘的实施阶段，即招聘、选择与录用。招聘的一般流程如图5-1所示。

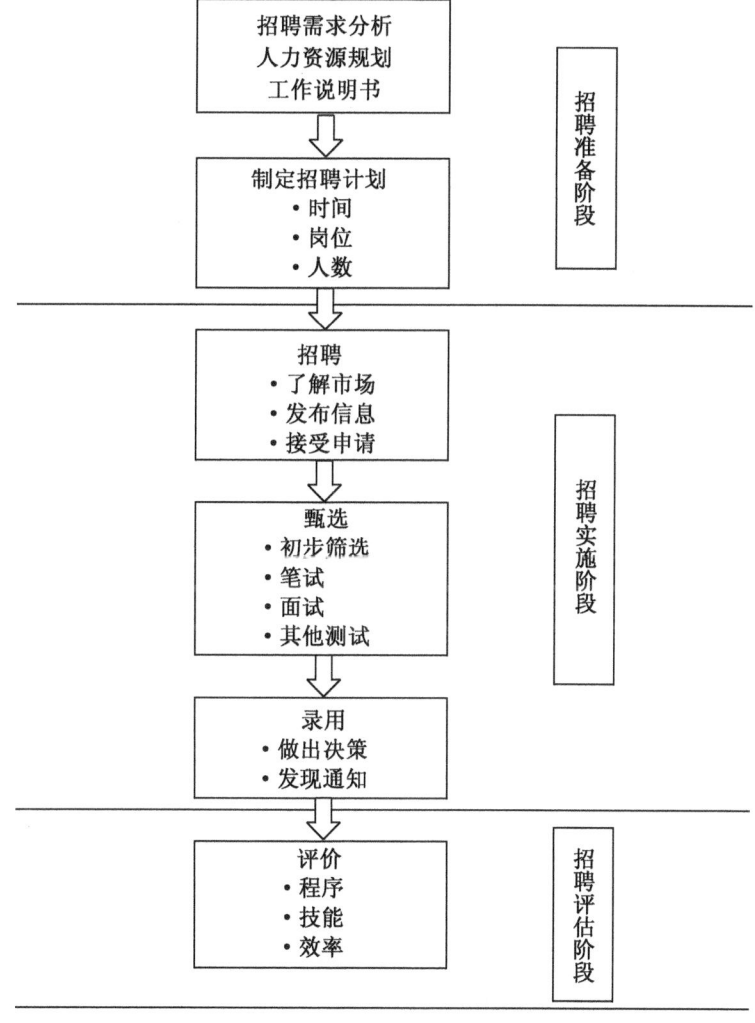

图 5-1 招聘的一般流程

资料来源：徐世勇，陈伟娜.人力资源的招聘与甄选[M].北京：清华大学出版社、北京交通大学出版社,2008.

（一）招聘准备阶段

完善的招聘准备工作是成功招聘的重要保证。招聘的准备阶段要完成以下工作：确定招聘的需求；明确招聘工作的特点和要求；制定招聘计划和招聘策略。

1. 确定招聘需求

确定招聘需求就是要求准确把握组织中各部门对各类人员的需求，确定招聘人员的种类和数量。首先，由组织统一进行人力资源规划，或者由各部门根据实际工作需要提出人员需求；然后，由用人部门填写"人员需求表"，人员需求表必须根据工作描述或工作说明书制定；最后，人力资源部门进行审核，对人员需求及资料进行审定和综合平衡，提出是否受理的具体建议，报告主管部门批准。

2. 明确招聘岗位的特点和要求

在招聘的准备阶段，需要了解招聘岗位的工作特点以及任职资格条件。只有明确了这些，才能制定有针对性的招聘计划，采取有效的招聘策略。这些信息可以通过工作说明书或者是用人部门主管的报告来了解。

3. 制定招聘计划

在用人需求确定下来之后，就需要人力资源部门制定详细的招聘工作计划来指导具体招聘工作的实施。一般的招聘计划中包括以下几方面内容：招聘的规模、招聘小组成员、招聘范围、招聘方案、招聘的时间安排、招聘的费用预算。另外，组织也要根据自己本身的实际情况添加相应的其他内容。

（二）招聘实施阶段

招聘工作的实施是整个招聘活动的核心，也是最为关键的一个环节，包括招聘、甄选和录用三个步骤。其中，招聘是整个招聘实施过程的开始，完善的招聘方式有利于甄选和录用工作的展开。

1. 招聘阶段

招聘工作是指根据招聘计划确定的招聘策略及单位需求所确定的用人条件和标准，采用适宜的招聘渠道和相应的招聘方法，吸引合格的应聘者，以达到良好的招聘效果。招聘阶段的主要目标是吸引足够的合格应聘者，为下一步的人才甄选做好准备。一般来说，应聘者会通过不同的途径获得招聘的信息，组织想要吸引符合要求的人员，必须选择适当的招聘途径。它主要有内部招聘和外部招聘两种途径，具体内容将在下一节中进行介绍。

2. 甄选阶段

人员甄选就是要从工作和候选人的双重角度出发，使用恰当的方法，从众多的候选人中挑选出适合该职位的人员的过程。在人员的比较与甄选的过程中，要以工作岗位的职责为依据，用科学的、具体的、定量的客观指标作为衡量标准。常用的人员甄选的方法有初步筛选、笔试、面试、心理测验、评价中心等。要注意的是，在实际的应用过程中，这些方法并不是被简单、孤立地使用，而是常常结合在一起对人员进行甄选。

3. 录用阶段

人员录用的依据是人员甄选阶段所得出的结果，根据甄选的结果做出录用决策，并进行人员的安置活动。录用阶段主要包括录用决策、发录用通知、办理录用手续、员工的初始安置、员工的试用安排、正式录用等。在这个阶段,招聘方和求职者都要做出自己的决策,以便达成个人和工作的最终匹配。求职者接受了组织的工作条件和录用决定,签订了劳动合同,就形成了劳动关系,根据《劳动合同法》的要求,组织这时应当及时地对新进入组织的员工进行劳动合同的签订与管理。另外,对于拒聘的员工,人力资源部应当给予一定的重视,积极进行联系,努力争取,并且要了解拒聘的原因,反思组织在招聘工作中的工作状况,尽量避免以后发生同样的问题。

(三) 评估阶段

招聘工作结束后,工作人员往往忙于整理应聘人员的简历,办理员工的入职录用手续,忽视了对招聘工作的总结,而实际上对招聘工作的评估和反馈是招聘过程的一个重要的组成部分。对招聘活动的总结,可以为以后的招聘工作积累经验,提高招聘工作的质量、降低招聘工作的成本。另外,对招聘工作的评估有助于从战略角度发现组织内部深层次的问题,比如,组织提供的薪酬是否具有一定的竞争力,组织的人才战略和激励机制是否合理,以及组织文化与组织形象等方面是否存在不足。通过评估工作发现不足,组织可以及时调整人力资源战略和其他有关的管理政策,为组织以后的发展带来帮助。

四、招聘渠道

当人力资源不足以满足组织生产经营需要时,组织就必须进行人员的增补,以弥补原有空缺职位或新增岗位。即使现有人员能满足企业生存发展的需要,组织也应从人力资源管理长远战略的角度出发考虑人力资源的储备,有计划地进行招聘工作,建立人力资源库,以应对人员非正常流出或特殊情况给组织带来的冲击,并为内部劳动力市场的有效运作打好基础。组织人员的招聘渠道主要有两种:一种是从内部人员中选拔、调整;另一种是从企业外部引进。因此,根据所招聘的人员的来源不同,企业招聘可以分为内部招聘和外部招聘两种渠道。两种招聘渠道又表现为多种方式和方法。本节主要介绍内部招聘和外部招聘的特点及方式。

(一) 内部招聘

内部招聘是指组织采用职位公告、岗位竞聘或部门推荐等方式在组织内部招聘新员工。当组织出现职位空缺时,在组织内部通过各种方式向全体职员公开职位空缺的信息,并招聘合适的人选来填补空缺。内部招聘作为从总体上对招聘方式和渠道进行划分的类型之一,目前在企业界和其他各类型的组织中都得到了普遍运用。一些调查结果显示,高达90%的管理职位都是由从组织内部提拔起来的人员来担任的。

1. 内部招聘的原则

(1) 机会均等

内部招聘的信息覆盖面应是整个组织内部的全体员工,应当让每一个人都清楚空缺职位的工作职责和任职要求等信息,从而使所有符合招聘条件的员工都有获得该职位的机会。

(2) 任人唯贤,唯才是用

"贤""才"是人才的客观标准,"任"是主观上对人才使用做出的决策。只有解决了对人才的选任问题,才能保证合格的优秀人才有适合发挥才干的岗位和机会。

(3) 激励员工

无论是通过选拔优秀的员工到更高的职位上工作，还是通过考试将员工安排到更适合的岗位上去，都应当让广大员工认识到，不断地提高自己的工作能力将会在组织内获得更大的发展空间，从而有效调动员工的工作积极性。

(4) 合理配置，用人所长

经过竞争、选拔、考核、甄选，安排最合适的人选到空缺岗位上去，使其能充分发挥自己的特长，确保其能胜任该岗位工作。如果员工在新的岗位上不能取得比原岗位更高的绩效，那么，这就不是一次成功的内部招聘，同时也不能调动起本人及其他员工的工作积极性。

2. 内部招聘的优点

当一个职位出现空缺时，管理人员首先考虑的是从组织内部现有的人员中进行招聘。现有的雇员通常是组织最大的招聘来源。内部招聘被如此广泛和经常地采用，其优点主要如下：

(1) 准确性好

由于招聘的对象来自企业的内部，用人部门和人力资源部门对其有充分的了解。招聘人员对招聘对象在工作中表现出来的工作动机、工作态度、工作业绩、知识水平与技能、个性特征和发展潜力是比较清晰的。所以，建立在对内部应聘者信息可靠了解基础上的招聘，能够提高招聘的成功率。

(2) 可信度高

从选拔的有效性和可信度来看，管理者和员工之间的信息总是对等的，不存在"逆向选择"问题，甚至是"道德风险"问题。因为员工的历史资料是有案可查的，管理者也对内部员工的性格特征、工作态度、沟通能力、工作能力、工作动机、业绩评价以及发展潜能等方面都有比较客观准确的认识，使得对内部员工的了解更加全面和可靠，提高了认识决策的成功率。

(3) 忠诚度高

从企业文化的角度来分析，员工与企业在同一个目标基础上形成的共有价值观、信任度和创造力，体现了企业员工和企业的集体责任以及整体的关系。企业不仅仅是他们的"事业共同体"，更为重要的是他们的"命运共同体"。员工在组织中工作较长一段时间，已经融入企业文化，认同组织的价值观念和行为规范，因而对组织忠诚度较高。

(4) 适应能力较强

从运作模式来看，现有的员工更加了解组织的运作模式，与从外部招聘的新员工相比，他们能够更好地适应新的工作。尤其是招聘一些关键的管理人员时，组织可以通过选拔内部成员来降低由于缺乏对应聘者的了解而产生的风险，增强适应性。

(5) 组织效率高

从组织的运行效率来看，现有员工更容易接受指挥和领导，易于沟通和协调，易于发挥组织效能。内部招聘的人员对原有职位和现有职位都比较熟悉，尤其是通过多次招聘的人员对企业内部的组织结构、生产过程、人员配置等都有较好的了解，因而能够有效地提高组织整体的劳动生产率，增加对现有员工的投资回报。

(6) 激励性更佳

从激励方面来看，内部选拔能够给员工提供一系列交替上升的晋升机会，使组织的成长与员工的成长同步,有美好的愿景,容易鼓舞员工士气,形成积极进取、追求成功的氛围。通过内部招聘来选拔人才,会使员工更加意识到工作绩效与提拔、晋升、加薪之间的关系,从而可以起到强有力的"鼓励先进、鞭策后进"的作用,激励员工奋发向上。同时,内部招聘给组织员工提供了一个对自己职业开发更负责任的机会,内部招聘的对象是组织内部的员工,他们基于对组织的原有了解,认识到在组织中能够获得广阔的发展前景和更多的发展机会。内部招聘为员工提供了更多提拔、晋升、培训、加薪的机会,因而能够使员工在组织中得到高度的认同感和归属感,同时也使他们在不断开拓自己的职业生涯过程中获得自我实现的满足,从而让广大员工感到组织是自身发展的良好空间,在该组织里能够让自己的才能得到最大限度的发挥,进而愿意为组织贡献自己的全部才智和能力。

(7) 费用率低

内部招聘可以节约高昂的费用,如广告费、招聘人员和应聘人员的差旅费等,同时还可以省去一些不必要的培训,减少间接损失。人力资源部门对组织原有职员都有一定的了解,可通过多种渠道获取该员工是否适合招聘职位要求的相关信息,而且在内部发布招聘信息可以利用各种内部媒体,节省人力、物力、财力。另外,一般来说,内部候选人已经认可企业的现有薪酬体系,其工资待遇要求会更符合企业的现状。从组织文化角度来考虑,员工在组织中工作了较长一段时间,已经融入了本组织的文化,对本组织的价值观有了一定的认同,因而对组织的忠诚度较高、离职率降低,避免了招聘不当造成的间接损失。由于内部招聘的人才来源于组织内部,他们对组织,特别是组织文化比较熟悉,已经具备了一定的工作能力和经验,对空缺职位的职责、要求等也比较了解,因此在对他们进行岗前培训时,可以在很大程度上简化培训程序,减少培训费用。

另外,内部招聘还是一个有效的内部沟通手段,它向员工传递了有关企业的发展目标、前景等信息,使员工对组织有更加深入的了解。内部招聘也有助于组织文化的形成。一种组织文化的形成依赖于诸多因素,其中,人的因素是最为重要的。一个善于从内部发现人才、知人善任的组织必定能在其员工中形成良好的竞争氛围、学习风气与和谐的人际关系,并且在组织内部形成强大的凝聚力以及完善、独特的组织文化。

根据某项调查显示,很多企业最喜欢的招聘方式是聘用内部员工。与"做熟不做生"同理,企业也希望用那些已经认识的人。如果企业某个管理岗位正有空缺,首先要考虑的是从内部职员中提拔,或者将原来的临时工转为正式员工。内部跳,也是跳槽的好方法。一位西门子上海分公司行政总经理工作几十年从没离开过西门子,但他的职业生涯发展也相当顺畅,因为他在公司内部的跳槽同样让他在事业上获得成功。从初进西门子担任集团下属某厂会计,到上海分公司行政总经理,他还担任过西门子公司东南亚某国分公司的行政总经理。许多公司都十分注重从公司内部进行人才选拔,尤其是中、高层管理者。

3. 内部招聘的缺点

尽管内部选拔有很多的优势,但其本身也存在着明显不足。通过了解内部招聘的缺点,在实际工作中我们能够使内部招聘变得更为有效可靠。

(1) 可能造成内部矛盾

内部选拔需要竞争,而竞争的结果必然有成功有失败,并且成功的人可能只占少数,竞争失败的员工可能会心灰意冷,士气低下,不利于组织内部的团结。内部招聘还可能导致部门之间"挖人才"的现象,不利于部门之间合作。同时,这种内部招聘易引发企业高层领导和员工之间的不团结。在用人方面的分歧常常是高层领导之间产生矛盾的焦点,这不仅涉及领导的权力分配,而且与领导的威信息息相关。这也是人力资源管理制度改革的一个关注点,内部招聘会在企业政治方面引起异常激烈的明争暗斗,并对员工的士气和没有被晋升的员工的工作表现产生消极的影响,特别是在几个同事申请同一职位时更是如此。这样就可能形成不健康的冲突,导致组织内人际关系紧张。当一个职位空缺时,许多雇员都会被考虑去补充那个职位,当然大部分会被否决,一些被否决的候选人可能会产生怨恨。一项研究发现,被否决晋升的雇员会比获得晋升的对手表露出更强的愤愤不平的情绪,也会表现出更高的旷工率。

（2）容易造成"近亲繁殖"

同一组织内的员工有相同的文化背景,可能会产生"近亲繁殖""团队思维""长官意志"现象,抑制了个体创新,有可能会给组织带来灾难性的后果。尤其当组织内重要的职位是由基层提拔起来的员工担任,这将僵化思维意识,不利于组织长期发展。通用电气20世纪90年代所面临的困境被认为与其长期实施内部招聘策略有关。

（3）滋生"裙带关系"等不良现象

内部选拔有可能是按资历、人际关系或领导喜好而非业绩、能力为标准。这样下去,容易形成不正之风,诱发员工养成"不求有功,但求无过"的心理,给有能力的员工职业生涯发展设置了障碍,导致优秀人才外流或被埋没,削弱企业竞争力。

有可能出现的"裙带关系"等不良现象,滋生了组织中的"小帮派""小团体",引发组织内"政治集团"的斗争,削弱组织效能。通常从内部招聘的员工在企业中有一定的工作背景和人际关系网络,在得到晋升或得到关键职位后,不免会形成自己小的关系网络,在某些情况下,这种正式或者非正式的团体会影响组织工作的正常展开,是组织发展的障碍之一。

（4）失去选拔外部优秀人才的机会

一般情况下,公司外部优秀人才是十分丰富的,内部招聘一味寻求"本部制造",将工作岗位给了内部人员的同时也减少了外部"新鲜血液"进入本组织的机会。这种情况表面上看是节约了成本,实际上是对机会成本的巨大浪费,因为注重对内部员工的选拔,丧失了从外部获取更加适合的人才的机会。

除非有很好的发展或培训计划,内部晋升者不会在短期内达到组织对他们预期的要求,内部发展计划的成本比直接雇佣外部适合需求的人才要高,且多个被提升的员工可能还不能很好地适应工作,影响到组织整体的运作效率和绩效。此外,如果组织的高层管理者多数是从基层逐步晋升的,大多数年龄会偏高,不利于冒险和创新精神的发扬,而冒险和创新是新经济环境下企业发展至关重要的两个因素。要弥补或消除内部招聘的不足,需要人力资源部门做大量细致的工作。

（5）过多的内部招聘可能导致效率降低的现象

例如,如果一位高级经理人员离开本组织,由一名直接下属接任,那这位下属的职位就需要找人来承担。当这个人晋升延伸到等级结构末端的时候,最初的那个职位就激发了许多人的注意。几乎所有的人员都需要一段时间去熟悉新工作,甚至当员工在组织中工作了很多年的情况下,新职位也要求其调整思路以适应新的职责,并重新界定与同事的人际关系。这些人必须在过去的同事面前扮演新的角色,并且在过去的同事成为下级后,面临的管理困难会不断涌现。由于许多人就职新岗位,内部招聘的困难可能会恶化这个结果。直到这些员工都具备了与前任同等的工作能力,并重新界定了他们的工作关系,这种效率降低的状态才会改变。

4. 主要的内部招聘方式

(1) 内部晋升或岗位轮换

内部晋升或岗位轮换是建立在系统有序基础上的内部职位空缺补充办法。运用此种方法:首先,需要建立一套完善的职位体系,明确不同职位的关键职责、胜任素质、职位级别等在晋升和岗位轮换中的运作依据;其次,需要建立员工的职业生涯管理体系,对员工的绩效状况、工作能力进行评估并建立相应的档案,根据组织中员工的发展愿望和发展可能性进行岗位的晋升和有序轮换,使有潜力的员工得到相应的发展。有效地运用内部晋升或岗位轮换机制能提升员工个人素质和能力,充分调动全体员工的主动性和积极性,在公司内部建立公平、公正、公开的竞争机制。

(2) 内部竞聘

通过内部公告的形式在内部组织公开招聘,符合条件的员工可以根据自己的意愿自由竞争、应聘上岗。内部竞聘中的竞聘人员需要接受选拔评价程序,只有经过选拔评价,符合任职资格的人员才能予以录用,以保证内部招聘的质量。另外,参加内部竞聘的员工须征得原主管的同意,且一旦应聘成功,应给予一定的时间进行工作交接。对内部竞聘的员工条件也有一定的界定,如应在现有的职位上工作达到一定的时限,绩效评定的结果应该满足一定的标准等。总之,应完善内部竞聘的制度管理。我国目前不少国有企事业单位在改革人事管理制度时,尝试在中层干部以及一般管理岗位人员中定期实施竞聘上岗制度。竞聘上岗,是内部获取人才的主要方法,也是当前形势下的一种创新性做法。内部竞聘由于其组织流程较为复杂,周期较长,因此,不是所有岗位都适合运用内部竞聘的方法。

(3) 内部员工推荐

当组织出现职位空缺时,鼓励内部员工利用自己的人际关系为组织推荐优秀的人才。据《劳动力杂志》(Workforce)报道,如果组织能善用员工举荐人才,不仅省时省钱,而且能提高征才质量,减轻人力资源部门的负担。但是,在员工举荐的过程中,为保证推荐的有效性,组织有必要注意以下三个因素:员工的道德水平、工作信息的准确性以及中间人的亲密程度。组织鼓励或要求熟人推荐自己熟悉的人应聘空缺职位前,必须先建立一套明确的举荐制度。

(4) 临时人员转正

不少组织在核心员工或正式员工之外,为完成一些临时性的工作任务因编制所限或组织结构整合需要等原因,会雇佣一些临时性员工或派遣员工。当人力资源派遣成为一种发展趋势、派遣员工或临时性员工队伍逐渐扩大的时候,组织应当特别重视这部分人力资源的价值。因此,当正式岗位出现空缺,而临时性员工的能力和资格又符合所需岗位的任职资格要求时,可以将临时人员转正,既可填补空缺,满足组织用人需求,又能激励临时员工的工作积极性。当然,临时人员的雇佣和转正都要注意在各项手续的办理中遵循我国人事管理的各项法规政策。

(二)外部招聘

外部招聘是根据一定的标准和程序,从组织外部众多应聘者中选拔获取所需人选的方法。这是组织根据自身发展的需要,向外界发布招聘信息,并对应聘者进行有关的测试、考核、评定及一定时期的试用,综合考虑其各方面条件之后决定是否聘用的常见方式。

1. 外部招聘的原则

(1) 公正公平原则

外部招聘的对象是广大招聘信息的接受者。面对众多的应聘者,公正公平是首要的原则。应给每一位应聘者以平等的机会,展示自我,公平竞争,使真正有能力的应聘者不因一些外界人为因素的影响而失去获得该职位的机会。组织的招聘人员,应明确公正公平的深刻含义,排除主观偏见,选拔出真正适合组织的优秀人才。

(2) 适用适合原则

招聘人员应熟悉空缺岗位的工作性质、工作职责、能力要求等情况,并根据这些具体条件,认真选择合适的人选,使所招聘的人员真正适合并胜任这项工作。在实际招聘过程中,所聘用的人员并不具备担任该职位能力的现象时有发生。此外,还有一种招聘现象也不容忽视,即许多组织在招聘过程中出现的人才"高消费"现象。不少组织的招聘广告动辄提出仅招聘本科及研究生以上学历的标准,使许多有实际工作能力和经验但不具备正式文凭的人才,只能面对组织招聘的高门槛望而却步。与此同时,组织在招聘中对应聘者的期望过高,录用了能力超出职位要求很高的优秀人才,虽然在短期内组织是受益者,但造成该人才很快感到该职位并不能为自身提供发展的广阔空间,人才的流失在所难免,从而造成人员流动速度过快、频率过高的现象。这无疑会加大组织招聘的工作量和难度,增加招聘、培训等的成本。

(3) 真实客观原则

组织在进行外部招聘的过程中,面对的是不熟悉组织的外部应聘人员,招聘人员有必要真实、客观地向应聘者介绍组织的情况,这在国外被称为 RJP(Realistic Job Previews,真实工作预览),即在招聘时,向应聘者提供全面的信息。这有助于应聘者与组织形成正确的心理契约。实际招聘中,不少组织往往倾向于把自己的组织说得非常好,以吸引更多的人来应聘,但这通常会使应聘者产生过高的期望值,容易产生失望和不满情绪,甚至有上当受骗的感觉,导致新进人员保持率降低。因此,本着真实客观的原则,组织招聘人员应向应聘者如实介绍组织的真实情况,以提高招聘的有效性,防止人员流动率过高。

(4) 沟通与服务原则

外部招聘是组织内外互动的过程。通过信息的双向流动,组织在获取应聘者个人信息的同时,也应向应聘者传递组织的相关信息,实现组织内部与外部的双向沟通。此外,招聘过程也是招聘人员向应聘者提供咨询服务的过程,招聘人员向外界传递的相关信息,直接关系着组织的形象。这些信息不仅包括组织的内部结构、部门设置等硬件设施和组织文化、经营理念、发展潜力等软件配置,还应该能够从招聘人员的形象、谈吐、待人接物等方面反映出该组织对成员素质的培养和人格的塑造,从而使应聘者即使不能被最终录用,也能对组织留下良好的印象。

2. 外部招聘的优点

虽然上面详细地介绍了内部招聘的种种好处,但企业过分依赖内部招聘也是一种失误,外部招聘则可以弥补内部招聘的缺点。

(1) 外部人员有其外部优势

从外部招聘的员工对现有组织文化有一种崭新的、大胆的视野,而少有主观的偏见。如果从外部招聘来的人员真有能力的话,就可以放开手脚大胆工作,从而可以迅速地打开局面。典型的内部员工已彻底被组织文化同化,他们既看不出组织有待改进之处,也无进行改革和自我提高的意识和冲动,整个组织缺乏竞争意识和氛围,这使得员工可能无法大胆工作。

(2) 新员工会带来不同的价值观和新观点、新思路、新方法

通过从外部招聘优秀的技术人才、营销专家和管理专家获得的这种"技术知识""客户群体"和"管理技能"并不是可以从书本上直接学得到的,它是一种"沉没知识",须言传身教才能获得,这种与人同在的特有"人力资本"有时对企业来说是一笔巨大的财富。由于新进员工的个人与组织之间的新关系,在工作中没有内部员工人情网络等因素的影响,对于其工作的开展是很有利的。

(3) 有利于企业树立形象

外部招聘也是一种十分有效的交流方式,外部招聘会起到广告的作用。在外部招聘的过程中,企业可以借此在潜在的员工、客户和其他外界人士中树立积极进取、锐意改革的良好企业形象,从而形成良好的口碑。

(4) 有利于企业内部形成良性竞争

通过从外部招聘优秀的技术和管理专家,在无形中给组织原有员工施加压力,形成危机意识,激发他们的斗志和潜力,从而产生"鲶鱼效应",标杆学习,共同进步。"引进一匹狼,激活一群羊,带出一群狼"。

(5) 有利于招到优秀人才

外部招聘的人才来源广泛,选择余地充分,能引进许多杰出人才,特别是某些稀缺的复合型人才,这样可以节省大量内部培养和培训的费用。

(6) 有利于平息和缓和内部竞争者之间的紧张关系

内部竞争者由于彼此机会均等,可能在同事之间产生互相竞争的局面,进而可能因为同事的晋升而产生不满情绪,消极懈怠,不服管理,从而不利于企业的运作和管理。外部员工的引入可能对于此种情况产生平衡的作用,避免了组织成员间的不团结。

(7) 带来外部经济性

从宏观意义上说,外部招聘可以在全社会范围内优化人力资源配置,促进人才合理流动,加速全国性的人才市场和职业经理市场的形成,节约整个社会的教育和培训成本,具有明显的外部经济性,产生巨大的社会效益。

3. 外部招聘的缺点

(1) 筛选时间长,难度大

组织希望能够比较准确地测量应聘者的能力、性格、态度、兴趣等素质,从而预测他们在未来的工作岗位上能否达到组织所期望的要求。而研究表明,这些测量结果只有中等程度

的预测效果,仅仅依靠这些测量结果来进行科学的录用决策是比较困难的。为此,一些组织还采取诸如推荐信、个人资料、自我评定、工作模拟等方法。这些方法各有各的优势,但也都存在着不同程度的缺陷,这就使得录用决策耗费的时间较长。

(2) 进入角色状态慢

外部招聘的员工需要花费较长的时间来进行培训和定位,才能了解组织的岗位职责、工作流程和运作方式,增加了培训成本。从外部招聘的人员有可能出现"水土不服"的现象,其个人特质很难融入企业文化潮流之中,导致人际关系复杂,工作不顺,影响积极性和创造力的发挥。

(3) 引进成本高

外部招聘在媒体发布信息或者通过中介机构招聘时,一般需要支付一笔不小的费用,而且由于外部应聘人员相对较多,后继的挑选过程也非常烦琐与复杂,不仅花费了较多的人力、财力,还占用了大量时间。

(4) 决策风险大

外部招聘只能通过几次短时间的接触,就必须判断候选人是否符合本组织空缺岗位的要求,而不像内部招聘那样经过长期的接触和考察,所以很可能因为一些外部的原因(如信息的不对称性等)而做出不准确的判断,进而增加决策风险。

(5) 影响内部员工的积极性

外部招聘容易挫伤有上进心、有事业心的内部员工的积极性和自信心。如果组织中有能胜任的人未被选用或提拔,即内部员工得不到相应的晋升和发展机会,内部员工的积极性可能会受到影响。

(6) "中转站"的风险

即外聘人才的潜力、个人发展空间能否与企业发展同步的问题。能够与企业发展趋于同步增长的人才会长期留下来,"为我所用"的可能性较大,个人超前于企业太多或个人滞后于企业,都会产生人才难以长期留下来的隐患。有许多民营企业花费大量资金引进人才,但最后能真正为企业创造价值的寥寥无几。

(7) 往往存在复杂的矛盾

外部招聘人才之间、外部招聘人才和内部人才之间往往存在复杂的矛盾,主要是相互不服气、谁都不服谁以及"盲目排外"情结。这些矛盾会进而引发部门之间的矛盾,个人行为上升到组织行为,导致部门之间协调配合不够、相互拆台,战略措施、方针政策不能很好地贯彻执行。

4. 主要的外部招聘方式

外部招聘的主要方式有广告招聘、人才市场招聘会、校园招聘、专业机构招聘、网络招聘等。

(1) 广告招聘

广告招聘是通过报刊、电视和行业出版物等传统媒介向公众传递组织的人力资源需求信息,以吸引求职者前来应聘的招聘方法。目前,广告媒体非常多,包括报纸、杂志、广播电视、招聘现场、网络等。在借助各类广告进行招聘的过程中,要注意广告方式的选择策略,即决定选用何种媒体。这是由招聘预算和待招聘的职位特点所决定的。除了考虑成本,还要考虑职位的特点和要求。一般而言，由于报纸发行的地域性较强，故报纸类广告比较适合于应聘者的来源限定于某一地区的情况；专业杂志广告的优点是针对性比较强，所以，当招聘职位专业性较强，并对上岗时间和应聘者来源地没有太多要求时，在专业杂志上进行广告招聘不失为一个好选择；电视广告如能提高组织知名度，也可成为一个明智的选择。各种媒体的优缺点及适用范围如表5-1所示。

表5-1 各种媒体的优缺点及适用范围比较

类型	优点	缺点	适用范围
报纸	标题简短精练；广告大小可灵活选择；发行集中于某一特定地域；各种栏目分类编排，便于积极的求职者寻找	容易被未来可能的求职者所忽视；集中的招聘广告容易导致招聘竞争的出现；发行对象无特定性，组织不得不为大量无用的读者付费；广告的印刷质量一般比较差	当你想将招聘限定于某一地区时；当可能的求职者大量集中于某一地区时；当有大量的求职者在翻看报纸并希望被雇佣时
杂志	专业杂志会到达特定的职业群体手中；广告大小有灵活性；广告的印刷质量较高；有较高的编辑声誉；时限较长，求职者可能会将杂志保存起来再次翻看	发行的地域太广，故在希望将招聘限定在某一特定区域时通常不能使用；广告的预约期较长	当所招聘的工作承担者较为专业时；当时间和地区限制不是最重要的时候；当与正在进行的其他招聘计划有关联时
广播电视	不容易被观众忽略；能够比报纸和杂志更好地让那些不是很积极的求职者了解到招聘信息；可以将求职者来源限定在某一特定区域；极富灵活性；比印刷广告能更有效地渲染雇佣气氛；较少因广告集中而引起招聘竞争	只能传递简短的、不是很复杂的信息；缺乏持久性；求职者不能回头再了解（需要不断地重复播出才能给人留下印象）；商业设计和制作（尤其是电视）不仅耗时而且成本很高；缺乏特定的兴趣选择；为无用的广告接受者付费	当处于竞争的情况下，没有足够的求职者看你的印刷广告时；当有许多职位空缺，而在某一特定地区又有足够求职者的时候；当需要迅速扩大影响的时候；当在两周或更短的时间内足以对某一地区展开"闪电式轰炸"的时候；当用于引起求职者对印刷广告注意的时候
现场购买（招聘现场的宣传资料）	在求职者可能采取某种立即行动的时候，引起他们对企业雇佣的兴趣；极富灵活性	作用有限；要使此种措施有效，首先必须保证求职者能到招聘现场来	在一些特殊场合，如为劳动者提供就业服务的就业交流会、公开招聘会、定期举行的就业服务会上布置的海报、标语、旗帜、视听设备等；或者当求职者访问组织的某一工作地时，向他们散发招聘宣传材料
网络广告	不受时空限制，方式灵活，快捷，成本低；联系方便，时间周期长；可以与招聘及人力资源管理的其他环节形成一个整体	没有在网站上查找工作的潜在应聘者可能会看不到空缺职位	适用于有机会使用电脑和网路的人群；适合急需招聘和长期招聘的职位

资料来源：李旭旦,吴文艳.员工招聘与甄选[M].上海：华东理工大学出版社,2014年.

（2）人才市场招聘

我国人才市场包括各级人才市场、劳动力市场和职业介绍中心等。这些机构都是各级政府人事部门与劳动部门为指导和服务就业工作而建立的人才管理服务机构。人才市场招聘会往往就是由这些机构作为主办单位开展的市场招聘活动。根据主办者情况的不同，招聘会一般分为专场招聘会和非专场招聘会两种。专场招聘会是由一家单位主办也只为这一家单位的招聘工作服务的，非专场招聘会则是由人才市场或中介机构组织的有多家单位参加的招聘会。人才市场招聘能使组织在短时间内集中掌握众多求职者的信息，且可以直接见面，有利于双方间的直接沟通，也有利于组织进行一定的形象宣传，因此，这种方法在实际招聘工作中运用得较多。目前，人才市场招聘会作为一种重要的招聘形式已经有了进一步发展，比如，出现了针对某些专门人才的专业市场招聘会，以及针对应届大学毕业生的校园招聘会等。

（3）校园招聘

每年都有大量的大学毕业生走出校园进入社会，这些走出校门的毕业生充满朝气、可塑性强、最具发展潜力，是就业市场上的生力军，也是组织获取新鲜人力资源的来源。越来越多的组织将目光对准校园，开展各种各样的校园招聘活动，以之为获取人才的一个主渠道。比如，被誉为外企"黄埔军校"的宝洁公司在华招聘时，就将目光锁定在重点大学的优秀应届毕业生身上。宝洁公司认为，一张白纸好作最新、最美的图画。因此，他们宁可招聘刚毕业的、没有社会经验的大学生，也不愿意招聘在其他组织有相关工作经验的人员，除非是那些确实需要工作经验和人际关系网络的职位。目前，不少组织主要采用的校园招聘方式有：

A. 各种校园活动。这包括开展各种校园招聘演讲会，宣传组织形象，同时吸引优秀毕业生加盟；举行各种校园竞赛活动从中选拔优秀大学生等。正如欧莱雅公司认为的那样，跨国公司之间的竞争并非只限于市场，也包括世界顶尖商学院的毕业生。多年来，欧莱雅公司凭借着每年吸引3万名学生参与"全球在线商业策略竞赛"以及"校园企划大赛"这两项活动，在校园招聘领域积累起相当多的经验，这类商业竞赛使大学生们对欧莱雅公司及整个化妆品行业有了更深入的了解。为了使招聘过程更加人性化，欧莱雅集团选择体育运动这一方式来增加学生对公司的了解，这种做法被证明是卓有成效的。

B. 学生直接去组织中实践。即邀请学生进入组织中进行社会实践、工作实习或者参观访问等，使学生直接而深入地了解组织，对组织产生兴趣。组织也可以借此了解与观察实习学生的综合素质和能力，进行双向选择。

C. 设立奖学金制度或与学校联合办学。不少希望建立良好校企关系的组织，在相对专业对口的学校里设立了奖学金制度，用以资助那些学业优秀而生活困难的学生。通常情况下，获得奖学金的优秀学生还可以获得优先进入组织工作的机会，同时受资助的学生也会对组织心存感激，愿意为组织发展做出自己的努力，也使学校成为未来员工的培养之地。组织在决定去哪一所大学招聘时，必然会有一定的考虑，如会考虑该学校在关键技能领域的声望、学校的总体声望、过去从该校中聘用员工的绩效等。组织与学校联合办学培养人才的方法，目前也有不少案例。一般这种联合办学培养的人才在毕业后可全部来到培养组织工作，组织不仅出资而且提供专业实习基地，这种方式通常适合某些特殊专业的专门人才的培养。

（4）专业机构招聘

外部招聘中，组织经常采用的方式就是委托人才招聘机构。专业人才机构主要是指那些人力资源服务公司、人才中介服务公司、人才租赁公司、猎头公司等机构组织。我国目前已经出现了大量的职业介绍中介机构,截至2019年底,全国共有各类人力资源服务机构3.96万家。鉴于不少人才中介机构都有自己独特的测验工具和体系,拥有多年的招聘经验,再加上对某一行业领域人才市场的熟悉,他们能为组织提供一些比较权威的、独特的测验分析报告,帮助雇主选拔人员,节省组织招聘选拔的时间。特别是一些组织如果没有设立专门的人力资源部时,可以借助人才中介机构求职者资源广而且能提供专业咨询和服务的优势。当前,我国的人才服务机构可分为公共服务机构和私营服务机构两种类型。

A. 公共人才服务机构。相对私人服务机构,我国的公共人才服务机构发展得更早,也更发达一些。由于在计划经济体制下,我国就存在劳动局和人事局的传统分割状态,因此,就业与人才服务也分化为劳动力市场和人才市场,出现了组织招聘"蓝领"去劳动力市场、招聘"白领"去人才市场的分离现象。与发达国家不同,我国的公共人才服务机构在招聘中扮演着主体角色。全国各经济区域、各省市都有各自的劳动力市场和人才市场,形成了覆盖全面但又各自为阵的市场体系。

B. 私营人才服务机构。私营尤其是外资的人才服务中介机构开始发展,与公共人才服务机构一起,构成我国人才与就业服务的专业机构格局。在各种人才中介机构中,针对高级人才的专业招聘机构就是人们常说的"猎头"公司。这种招聘机构特色鲜明,工作效率高,服务费用高。由于我国经济的快速发展,对人才尤其是高端人才的需求量大大超过了人才市场的供给量,因此,国内猎头机构业务量也很快提升。

(5) 网络招聘

网络招聘也称在线招聘或者电子招聘(E-Recruiting),是指利用互联网技术进行的招聘活动,包括招聘信息的发布、简历的在线搜集整理、电子面试以及在线测评等。随着企业信息化程度的极大提高和互联网家庭用户的迅猛增长,网络招聘已经成为越来越多的组织、人才进行招聘和求职的最重要手段。网络招聘以其招聘范围广、信息量大、可挑选余地大、应聘人员素质高、招聘效果好、费用低等优势,获得了越来越多组织的认可。跨国公司将网络招聘与传统的招聘方式结合起来,由此构建一套完善、多元的人才交流体系,而网络招聘占据强势地位。

与传统招聘方式相比较,网络招聘被认为具有以下优势:提高了招聘信息的处理能力;企业利用搜索引擎、自动配比分类装置、自动反馈等技术,可以更快更好地识别、发掘优秀人才,增强招聘信息的时效性;电子招聘没有时间限制,供需双方可以随时通过传输材料进行交流,降低了招聘成本;电子招聘无地域、时空限制,供需双方足不出户即可直接交流,节约了人力资源部门的精力、时间和费用。网络招聘的不足则表现为:缺乏面对面的沟通交流,无法深入考查应聘者的综合能力、内在素质、语言表达等,还需要之后进一步的考查;目前招聘网站良莠不齐,由于缺乏规范管理和有序竞争,许多网站之间的竞争演化成信息的竞争,一些网站不经授权转载报纸杂志或其他网站的招聘信息,导致公布的信息失真失效、过时虚假,误导应聘者;网络招聘需要与网络硬件、信息技术关联,在一些发展不平衡地区可能缺乏足够的生存空间。

网络招聘包括委托人才网站招聘、刊登招聘广告、利用商务社交网站或微博等发布招聘信息、通过公司主页发布招聘信息等几种方式。

A. 委托人才网站招聘。这是用人单位采用最为广泛的一种招聘方式。组织通过这种形式,在人才网站上发布招聘信息,收集应聘者简历,查找适用的人才信息。由于人才网站上资料库大,日访问量高,人才网站收费也相对较低,所以很多组织往往会同时在几家网站注册。

B. 利用商务社交网站、微博等发布招聘信息。随着企业对社交媒体认可度及使用率的不断提升,以智联招聘、中华英才网为代表的新兴商务社交招聘网站在中国得到快速发展。与传统的社交网络服务相比,商务社交招聘平台不仅可以满足用户的社会交往需求,而且能够帮助用户提供职位信息平台,使求职者与企业雇主在互动过程中即可完成招聘。与传统网络招聘相比,商务社交招聘在时效性、精准度及成功率方面的优势更加明显。

C. 通过公司主页发布招聘信息。当公司建立了自己的网站后,就可以将招聘信息随时发布在公司的网站上,这样既可以吸引来访问的求职人员,又可以将组织文化、人力资源政策以及更多的公司信息传递给应聘人员,让其了解组织的实际状况,使之有针对性地选择应聘岗位。

总之,网络招聘并不仅仅是将传统的招聘业务搬到网上,它应该是互动的、无地域限制的、具备远程服务功能的一种全新的招聘渠道。

第二节 招聘中的工作预览

一、工作预览的内涵及作用

(一) 工作预览的定义与内容

1. 工作预览的定义

工作预览(Realistic Job Preview,简称工作预览)是指企业在招聘过程中,以诚实、公开的态度向求职者客观地展示招聘信息。这些信息既包括对公司的介绍,也包括对职位的描述,既包括积极方面的信息,也包含消极方面的信息。根据定义可以看出,工作预览的目的是向求职者尽可能提供一个真实且全面的工作信息,以便于应聘者全方位了解工作和组织的情况,让求职者能够准确地权衡自己的选择,同时能够帮助组织招聘到真正匹配的人才。

2. 工作预览的内容

工作预览包括三个方面的内容:① 工作信息。工作信息内容主要涉及与工作岗位相关的各种内容。它包括以下几个方面内容:工作责任和义务、岗位信息、岗位要求、工作时间、工作条件、工资待遇和职业发展等。② 组织信息。组织信息主要涉及组织结构和规模、发展历史、企业文化、发展前景、管理政策、地理位置等。其中,企业文化的传达最为关键。如果应聘者的价值观与组织文化存在冲突,那么最好将其排除在外。③ 选择信息的技巧。为了使工作预览获得有效实施,同时也使应聘者获取与职位相关的信息,企业要对信息进行选择。依据工作原则,应尽可能提供全面、详尽且重要的信息,尤其是应聘者缺乏的、但又会影响其满意度的负面信息,比如,经常加班或出差、工作内容经常变换、工作环境的危险性、工作负荷强、工作压力大、岗位晋升空间窄、地点偏僻、待遇一般等。除非新员工有理由留在组织中,否则了解新工作的不利方面只会增加其流失。而且,向有吸引力的应聘者提供不完整、不准确信息的目的,是要把他们留在应聘池中。不利的工作预览还会导致应聘者拒绝这份工作,负面信息将导致更低的工作接受率。当面试者发现应聘者有些个人特征不符合岗位或组织要求时,就要故意强调一些负面信息来使应聘者退缩。相反,如果应聘者与职位和组织的匹配度很高,那么就要着重强调正面信息以吸引应聘者。

3. 工作预览的模式

由于员工具有过高或过低的不正确预期,因此,工作预览相应具有以下三种形式:① 降低型,指突出工作中可能存在的问题和困难,降低员工过于乐观的预期。② 强化型,指提高员工过分悲观的预期,消除新角色中的消极印象。③ 综合型,指综合使用降低型和强化型工作预览,平衡员工预期,以达到更好的实施效果。总体而言,综合型工作预览(降低型和强化型)和强化型工作预览都可以降低离职率;综合型工作预览的效果优于单一工作预览效果;强化型工作预览效果优于降低型工作预览;接受综合型工作预览的员工更能感知组织的关心、可信和诚实,对组织的承诺更高,对工作更为满意。

值得注意的是,降低型工作预览员工的离职率最高,这与降低型工作预览过分强调职位的负面信息有关,表明降低型工作预览的积极作用会因为负面信息过多而减弱。过多的负面信息会使太多的应聘者在招聘过程退出;中等程度的负面信息可以诱发适度的自我选择,同时也可以提高应聘者处理工作压力的能力。

(二) 工作预览的作用

工作预览有许多作用,这些作用体现在员工态度和员工行为两方面。工作预览能够促进员工了解真实组织信息,减少双方信息不对称的情况,帮助企业招聘到个人需求与组织文化相匹配的员工,因而对企业和员工都十分重要。其具体的作用如下:

1. 增进员工自我选择

如果员工在接受工作之前了解组织正面和负面的信息,有些应聘者可能会因为其中的负面信息而从应聘过程中退出,那些仍然在求职总体中的潜在员工被认为与职位更为匹配,离职的可能性小。因此,只要应聘者自己做出选择,就等于企业筛选出了愿意留任的员工。事实上,已经接受工作消极信息的应聘者在入职后工作满意感及忠诚度较高。

2. 促进人员调整期望

在进入企业之前,应聘者对工作的心理期望常常不切实际,过于理想化。如果新员工入职后发现现实与期望存在很大差距,就会在心理上造成冲击,即现实冲击。当现实冲击大过新员工的心理承受度时,新员工就可能离职。所以,减小现实冲击的一个有效方法就是调整心理期望。工作预览使得员工的预期水平降低到与实际工作环境更为一致。由于初始预期更为现实,当员工在工作中遇到不如意时不会过于失望,离职的意向就会减少。

3. 增强员工选择承诺

一般而言,人们在做出选择时,掌握的信息越充分就对自己的选择越有责任感。工作预览真实地向应聘者传递有关工作积极与消极方面的信息,能使应聘者在信息比较充分的条件下做出职业选择,因此,在进入工作后也会更忠于自己当初的选择,在各方面严于要求自己,提高工作质量。

4. 有助于员工应对困难

通过工作预览,一方面,应聘者产生了焦虑感,意识到任何工作都存在不愉快的一面,从而对实际工作中遇到的困难有了一定的心理准备。另一方面,在工作预览过程中,通过介绍适当的应对困难的策略,或者由应聘者提出适当对策等方式来缓解这种焦虑,可以提高新员工的应对能力。

5. 提升员工角色清晰度

工作预览通过向新员工提供有关工作责任与要求的相关信息,帮助他们全面了解工作,减少角色模糊感,适应新环境,从而达到促进员工融入团队,提升满意度的效果。

6. 影响工作接受率

由于不同个体具有不同的思维方式和知识结构,个体对于工作预览中所包含信息的理解也有所不同。如果求职者将工作预览的信息视为负面信息,工作预览会降低工作对求职者的吸引力。相反,有些负面信息在求职者看来是正面的,如被视为一种挑战等,工作预览会增加工作对于求职者的吸引力。影响工作预览接受者如何解释信息的一个因素是:求职者是否事先对工作具有比较真实的了解。那些事先了解过真实工作的个体更能拥有一个准确的认知结构,从而能够更好地整合新信息。

7. 减少人员离职

工作预览通过促使求职者的态度发生改变,起到减低员工离职率的作用。另外,如果员工在最初的一段时间内能被组织束缚住,那么工作预览将更有可能减少员工的离职。同样,对于组织而言,那些经过深思熟虑而接受工作的求职者会更加符合组织的要求,他们离职的可能性也更低。

二、传统招聘与工作预览的对比分析

在传统的招聘方法中,存在的一个最大问题就是招聘信息的内容与实际情况不符,员工入职后离职率很高。与传统招聘理念完全不同,工作预览可以使招聘更有效率,它不仅有助于应聘者做出更加合理的决策,也能帮其在入职之后更快地融入组织和工作中去。传统招聘方式与工作预览的区别主要体现在内容、形式及流程三个方面。

(一)内容上的区别

从内容上看,传统招聘一般只强调正面信息,而忽视负面信息。为了招聘到优秀的人才,在员工招聘过程中,许多企业往往只一味宣传职位的正面信息。而工作预览的招聘信息是真实且全面的,组织向求职者提供的工作和组织相关信息既包括积极的内容也包含消极的内容,更为客观可靠,因而可以减少离职,增加符合要求的求职者数量。

另外,在引入工作预览的过程中,始终需要明确的是工作预览会促进人才吸引,并非与吸引人才相悖。工作预览能反映现实工作情境和内容,体现企业对外的公开透明度。相对于传统的"推"式招聘手段,工作预览则是一种"拉"式的招聘策略,它主张以诚实、公开的态度去吸引求职者。这种诚实、公开的价值主张会贯穿整个招聘过程的始终,包括从招聘广告的发布到应聘者的面试再到公司的现场访问,到最后合同的签订。当应聘者能够得到足够全面和充足的信息时,他们通常会根据自己的能力、个性来与应聘的职位进行比较,真正愿意干这些工作的人最后会留在组织当中,而对于那些认为自己不适合或者不愿意干这些工作的应聘者,他们会做出更加理智明确的决策。

（二）形式上的区别

从形式上看，传统招聘是以应聘者资质考察为导向的。通过该流程并顺利拿到录用通知的人往往是在某方面突出的、满怀期望的并令招聘企业满意的应聘者，但并不一定是企业实际需要的。同时，传统的招聘流程几乎完全由企业操控，而作为主体之一的应聘者却鲜有机会得到足够的信息来衡量其职业抉择是否正确。在此过程中，一旦出错，就会产生巨大的影响，比如，浪费双方的时间、金钱和精力，甚至有损企业形象。

招聘面试应该是双向的，应聘者也是面试的一方，它体现了双向考察形式。企业在招聘阶段为应聘者提供全面的，特别是有相关的负面消极信息的工作预览，可以帮助应聘者对公司和职位做出客观判断和自我选择，应聘者也对公司进行面试及考察，做出更为科学的决策。这将有利于提高新员工的工作满意度，进而降低离职率。因此，工作预览法被称为一种有价值的、平衡的、能经受时间考验的技术。

（三）流程上的区别

从流程上看，传统招聘方式和工作预览在招聘中和入职后两个阶段的对比结果，如表5-2所示，二者在招聘流程上的区别如下。

表5-2 传统招聘方式与工作预览的招聘流程对比

阶段	传统招聘方式	工作预览
招聘中	初始工作期望设置过高	初始工作期望设置符合实际
	工作被描述为富有吸引力的、刺激的、充满挑战的	工作是否有吸引力，主要取决于个人的特点与个人需要
	工作邀请的接受率高	接受一部分，拒绝一部分工作邀请
入职后	实际工作经历与个人期望不相符	实际工作经历与个人期望基本一致
	对工作不满意、忠诚度下降	对工作满意、忠诚度得到提升
	更多的辞职想法，流动率上升	较少的辞职想法，愿意留在组织

以上对比可看出，尽管有人担心将公司和职位方面的负面消息告诉应聘者，可能会导致许多优秀的应聘者放弃应聘，但从长期来看，相较于传统招聘方式，工作预览有助于提高员工的工作满意度、组织忠诚度和留任率，是值得推广和实施的。因此，与"直通车"式的传统招聘流程相比较，企业有必要在正式录用通知发出之前给予应聘者一些"停顿"，即更多的时间和机会来诱发求职者调节预期满足，并结合已掌握的现实工作信息和现实状况思考自己是否喜欢并胜任将来的工作和挑战。随着招聘的深入，这些"停顿"显得愈发有意义，更有效地提高应聘者的期望与现实工作的相互匹配性。

三、工作预览的实施流程

工作预览是一项复杂而又细致的工作，按照实施的先后顺序，工作预览可分为以下三个阶段，各阶段的实施要点如图所示（如图5-2）。

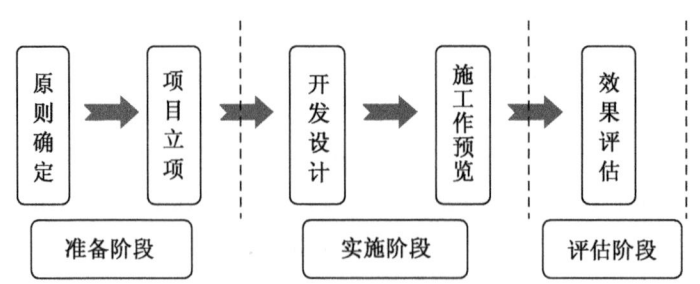

图 5-2 工作预览的开发与实施流程

（一）准备阶段

这一阶段的具体任务是确定原则、了解情况并对工作预览立项、安排实施人员。

1. 确立实施原则

确立实施的原则有以下三点：① 可信性。工作预览所描述的职位信息必须是与实际情况一致的、值得依赖的。这是工作预览与传统招聘方式最大的差别之一，也是开发与实施工作预览所应遵守的最重要的原则。② 准确性。工作预览中所包含的关于职位正负两方面的信息必须是客观、公正、准确无误的，不能带有任何夸张成分在内。③ 全面性。工作预览所提供的信息不仅要包括职位信息，还要包括与职位相关的信息，如上下级关系、同事合作、工作环境等。同时，还应包括对与组织有关的一些信息的介绍，如公司薪资政策、晋升渠道与方式、休假制度等。

2. 工作预览项目立项

对中小型公司来说，考虑到时间和经费，开发和实施工作预览的过程可以采用非结构化的方式进行；而对于大型公司来说，由于工作预览独特的应用价值，不管从经济效益上还是从管理效率上来说，成立一个专门的项目小组都是十分必要的。

工作预览的项目小组至少应该包括以下三种人员：首先是人力资源部门的专职人员，来负责工作预览所需信息的收集与整理、工作预览的实施与过程监控以及最后的效果评估。其次是从各部门抽调的相关职位上的现任或前任工作人员，来负责信息的提供，并在开发过程中接受必要的抽调，以配合工作预览的开发与实施。最后是高级主管，来负责对工作预览内容的审核与评估，并提供必要的支持和指导。

（二）实施阶段

这一阶段主要是工作预览的开发设计相关内容及其具体实施。

1. 开发设计

（1）确定信息内容。信息内容主要包含岗位信息和组织信息。岗位信息主要涉及与工作岗位信息相关的各种内容，它构成工作预览的主体部分，主要包括工作的职责与权限、工作绩效标准、工作报酬与保障、工作关系、工作环境与条件、任职资格要求等方面的内容。组织信息是对岗位信息的一种补充与完善，其功能主要是为了帮助求职者能更好地理解工作预览的内容。一般而言，组织信息不宜太多，也不宜太深，主要包括组织结构与规模、组织文化、组织的管理制度与政策、组织的发展历程等。

（2）明确信息量。即选择尽可能全面的信息还是集中反映核心信息。一般来说，一项简单工作的工作预览无须采用前者,复杂工作的工作预览也最好不使用前者。因为工作预览的作用机制取决于应聘者对工作预览信息的理解,而并非工作预览本身。第一种做法虽然提供的信息比较充分,但是由于应聘者在求职过程中需要处理大量的信息,因此,这种形式可能造成新员工抓不住重点。第二种做法虽然可能会漏掉一些信息点,但是它可以针对每个岗位量身制作,只需要突显几点最重要的信息,应聘者就可能在短短几分钟内抓住工作预览要反映的信息。此外,只包括核心信息的工作预览还能节约大量时间。

(3) 选择信息传递者。应聘者对信息的信任程度受信息传递者的影响较大。招聘者仅是一个知道岗位描述的人力资源专家,无法知道更多的岗位信息,部门主管虽然对岗位工作比较熟悉,但也不可能掌握所有信息,在人际沟通方面处于弱势,专业演员在信息展示方面存在优势,但过于技术化的表演有可能会影响应聘者,在真诚性方面形成负面评价。因此,信息传递者的选择要根据招聘岗位的重要程度、职位供需比例和企业的实际情况来确定,一般来说,工作当事人担当信息传达者效果是不错的。

(4) 确定信息来源渠道。一般而言,有以下几类渠道可供选择:

A. 职位说明书和任职资格说明书。这两个文件通常涵盖了与职位有关的基本信息。职位说明书说明了该职位是什么,而任职资格说明书则说明了该职位需要什么样的人。

B. 现任与前任任职人员。访问现任与前任任职人员,通常能够对职位说明书和任职资格说明书上没有列出的信息进行很好的补充。

C. 高级经理。与具体的任职人员不同的是,高级主管能从一个更加宏观与全面的角度来看待某个岗位或者组织特点,对其进行访问是确保信息效度和信度的一个重要手段。

(5) 确定信息收集方式,即选择结构化或非结构化的方式。通过结构化的方式所收集到的信息往往比非结构化的方式所收集来的信息更为准确客观。同时,还能对信息进行定量和定性分析。不过另一方面,结构化的方式通常需要投入较大的人力和物力,花费较大,历时也比较长。而非结构化的方式则相对来说花费较少,也更为灵活。一个典型的非结构化的方式通常是以群体的方式访谈小组中的一名或多名现任员工。受访者回答关于职位最好和最差的方面,然后项目小组成员对信息的内容加以归纳、整理和确定。

(6) 选择合适的展示媒介。企业可以根据求职者的特点,综合运用以下各种媒介以强化工作预览的实施效果。

A. 小册子/宣传单。其优点在于成本低廉,易于修改、编辑和保存,并能同时面向多个应聘者展示实际工作情况。不足在于它通常缺乏个性化,难以满足不同应聘者的需要。

B. 视频录像。优点在于它能帮助应聘者全面地了解工作情况,使应聘者真实地看到与工作相关的信息,无须对其阅读能力有特殊要求并且更加人性化。同时,它还能够提高工作预览的可信度。不足在于开发成本高,内容不易修改。

C. 面对面交谈。面谈是一种双向交流方式,不仅能帮助应聘者理解现实工作信息,而且能及时解答应聘者的疑问,具有极强的劝服力。高度个性化、富有人情味是它的优点,不足在于比较费时、投入较大,并且在回答应聘者的相同问题时,不同的面试官可能会给出内容不一致的答案。

2. 实施工作预览

(1) 规划实施时间。对于实施时间关键要确定两点,一是工作预览在遭遇员工严重流失前还是后实施,二是确定工作预览安排在招聘过程的早期还是后期。

首先,企业要考虑是否需要实施工作预览,企业实施工作预览的主要目的是减少新员工的离职,但这不等于企业只有在遭遇新员工严重流失时,才要考虑使用工作预览。工作预览可以用来弥补已经出现的新员工严重流失问题,也可以用来预防这种情况的发生。目前,多数企业是在遭遇新员工流失问题后才实施工作预览的,这种情况下工作预览的实施容易得到高层管理者支持,也容易取得更明显的效果。但这种方法也存在明显的不足。例如,工作预览的实施需要一段准备时间,这种时滞会造成工作预览不能立即解决员工流失问题。其实,在尚未出现人才严重流失的情况下,企业实施工作预览可以起到防患于未然的作用,只是此时企业往往缺乏尽早开展工作预览的动力与紧迫感。

另一个关键的问题是企业将工作预览安排在招聘过程中的早期还是后期。一类观点认为,越早对应聘者进行工作预览,其效果越佳。这种观点多建立在员工投入成本基础之上,即认为应聘者的投入成本会随着应聘过程的深入而增多,中途放弃的机会成本也在增大。因而在接受工作预览后,即便感到不适合,自己也可能选择接受。另一类观点认为,工作预览应该安排在招聘过程的后期。它主要建立在应聘者信息寻找路径的基础之上,即应聘者在最初只注重有关职位的一般性信息,随着应聘过程的深入才会逐渐考虑员工职位的细节性信息。因此,在招聘初期进行的工作预览不能引起应聘者应有的关注,工作预览信息的有效性会随着招聘程序的深入而增加,所以应该将工作预览安排在招聘过程的晚期。

此外,企业管理者也不愿意向较大范围的应聘者暴露关于组织与工作的消极信息,因为这有可能映射到他们的管理能力或影响到企业的形象。考虑到高层管理者对工作预览的可接受程度,安排在招聘后期的工作预览可能更具有可行性。

(2) 选取实施范围。即企业选择把工作预览应用于部分应聘者或应用于所有应聘者中。企业可以只选择对核心员工实施工作预览,以避免其流失。但另一方面,企业在道德上有必要向每位应聘者提供真实、具体、容易理解的有关组织与工作的信息,越是对年轻、且缺乏正规教育、岗位培训和工作经验的应聘者,企业就越有必要将工作责任、工作条件、同事关系等消极信息坦诚地告诉他们。对现代企业而言,工作预览被视为企业需要遵守的道德规则。

(三) 效果评估阶段

本阶段是工作预览最后的关键环节,它要对工作预览的结果进行深入的分析和全面总结,主要包含信息内容、实施方法及实施效果的评估。

1. 评估信息内容

通过访谈、问卷等方法检验哪些信息对应聘者来说是多余的、无效的,哪些信息还没有包括进来,哪些信息需要修改等。此外,还应该评估信息内容中描述性信息与判断性信息的比重是否合理,以便在下一次实施中进行调整。

2. 评估实施方法

进一步确认哪一种媒介方式对应聘者来说更容易接受,何种媒介的实施效果更好,成本更低。通常来说,书面形式的工作预览成本低,效果一般;而音频、视频形式的工作预览正好相反,成本高,但效果要比书面形式的实施效果好。

3. 评估实施效果

在评估工作预览的实施效果时,尽管企业可以采用多种方式,但有一种直接、有效且可行的途径:对比实验组成员与对照组成员在员工离职率上的差别。总体而言,企业要及时分析和检测工作预览的实施结果,以便发现实施中的问题和需要改进的地方。尤其是随着组织与工作等方面的不断变化,对工作预览的设计要及时跟进与更新。

第三节 招聘的成本—收益分析

在招聘评估中,一项非常重要的内容是对招聘进行成本和收益比较。招聘成本指在员工招聘过程中所需花费的各项成本的总和,包括在招募和录取过程中的招募、甄选、录用、安置、适应性培训成本、离职成本和重置成本等。招聘成本评估是对招聘中的费用进行调查、核实,并对照预算进行评价的过程,即对招聘成本进行预算和核算。它是鉴定招聘效率的一个重要指标。如果成本低,录用人员质量高,就意味着招聘效率高;反之,则意味着招聘效率低。同时,企业还要对招聘成本效用进行评估,即考察耗费一定招聘成本所产生的效果。其指标一般包括招聘总成本效用、招募成本效用、人员选拔成本效用、人员录用成本效用。

企业在招聘中投入了大量的人力、物力和财力,希望以此给企业带来一定的回报,即招聘投资收益。为了帮助企业掌握招聘收入与产出的比例,为以后的招聘决策提供依据,企业有必要结合招聘成本对招聘投资收益进行定量分析。具体的量化指标包括员工招聘投资总收益、投资净收益和投资收益率等。

一、招聘成本的分类及评估

招聘成本是指在员工招聘过程中所花费的各项成本的总和,包括招募和录用职工过程中所产生的招募成本、选拔成本、录用成本、安置成本、适应性培训成本、离职成本和重置成本等。

(一)招聘成本的构成

1. 招募成本

招募成本是企业为吸引和确定组织所需的内外应聘者而发生的费用。其中,直接劳务费包括内部招募人员的直接劳务费和外部专家的相关服务费。直接劳务费包括招聘差旅费、人才中介或猎头代理费、各类媒体的招聘广告费、宣传资料费、办公费和水电费等。间接管理费用包括行政管理费、临时场地及设备使用费等。预付费用包括吸引未来可能成为组织成员人选的费用,如为吸引高校研究生与本科生所预先支付的委托代培费或奖学金、举办的校园活动费用等。

招募成本＝直接劳务费＋直接业务费＋间接管理费＋各类预付费用

2. 选拔成本

选拔成本主要是对应聘者进行测评选拔所支付的费用。其费用产生的环节包括:初步面试,进行人员初选;汇总应聘者申请资料;进行各种书面知识测试与心理测验;进行诊断面试;内部选拔人员现有工作情况调查,提出评价意见;根据应聘者的资料、知识测试成绩与心理测验结果、面试中的表现、调查评价意见等,召集相关人员讨论录用人选;对录用人员进行背景调查,获取有关证明资料;通知背景调查合格者体检,通知体检合格者录用。

此外,甄选成本往往随着应聘者职位的增高以及对企业影响的增大而增加。管理人员的选拔成本要高于一般人员的成本,技术人员的选拔成本一般要高于操作人员的选拔成本,外部人员的选拔成本一般要高于内部人员的选拔成本。在招募成本和甄选成本之间通常也会有权衡,如果利用具有广泛影响的宣传工具来公开招聘员工的话,则审查成本较高;如果利用代理机构招募员工的话,会减少审查成本,但将导致更高的代理费支出。整个选拔过程中,由于方法和人数的不同导致费用也不同,其公式如下:

简历申请表分析费用＝每人简历申请表分析所需时间×选拔者工资率×应聘人数

面试费用＝(每人面谈前的准备时间＋每人面谈所需时间)×选拔者工资率×应聘人数

汇总申请资料费用＝(印发每份申请表资料费＋每人资料汇总费)×应聘者数

知识和心理测验费用＝(平均每人材料费＋平均每人评分成本)×参加人数×考试次数

评价中心测评费用＝(评价中心准备时间＋评价中心测评时间)×选拔者工资率

测试评审费用＝测试所需时间×(人事部门人员工资率＋各部门代表的工资率)×次数

体检费＝(检查所需时间×检查者工资率＋检查所需器材、药剂费)×检查人数

选拔成本的计算公式为:

选拔成本＝简历申请表分析费用＋面试费用＋汇总申请资料费用＋知识和心理测验费用＋评价中心测评费用＋测试评审费用＋体检费

3. 录用成本

录用成本是指经过测评考核后,将合适的人员录用到企业时所发生的费用。录用成本包括录用手续费、调动补偿费、搬迁费和旅途补助费等由录用引起的有关费用。这些费用一般都是直接费用,有时还可能会发生一项费用:被录用者在原工作单位劳动合同没有到期,如果要解除合同,原单位提出缴纳一定数额的补偿金;如果被录用者是企业的关键人才,双方协商该补偿金由企业来缴纳,该部分费用就应该纳入录用成本。

通常来讲,被录用者职位越高,录用成本也就越高。从组织内部录用员工仅仅是工作调动,一般不会再发生录用成本。录用成本的计算公式为:

录用成本＝录取手续费＋调动补偿费＋搬迁费＋旅途补助费＋离职补偿金＋违约补偿金

4. 安置成本

安置成本是为安置已录取到具体的工作岗位上人员时所发生的费用。安置成本包括为安排新职工的工作所必须发生的各种行政管理费用,为新职工提供工作所必需装备条件的费用,以及录用部门因安置人员时所损失的时间成本而发生的费用。被录用者职务的高低对安置成本的高低有一定的影响。其计算公式如下:

安置成本＝各类安置行政管理费用＋必要装备费＋安置人员时间损失成本＋欢迎费用

5. 适应性培训成本

适应性培训成本是组织对上岗前的新员工在组织文化、规章制度、基本知识、基本技能等方面进行培训所发生的费用。适应性培训成本由培训和受培训者的工资、培训和受培训者离岗的人工损失费用、培训管理费、资料费用和培训设备折旧费等组成。其计算公

式为：

适应性培训成本＝（负责指导工作者的平均工资率×培训引起的生产降低率＋新职工的工资率×职工人数）×受训天数＋教育管理费＋资料费用＋培训设备折旧费用

6．离职成本

虽然招聘成本是招聘过程中实际发生的各种费用，但招聘工作的质量直接影响着员工的质量及其稳定性。因此，招聘成本包括因招聘不慎使得员工离职而给组织带来的损失，即离职成本和重新再招聘时所花费的费用，即重置成本。

（1）离职直接成本，是指通过检查记录、准确估计时间和资源就可以被量化的成本。其计算公式如下：

离职直接成本＝由于处理离职带来的管理时间的额外支出＋解聘费＋离职面谈的成本支出＋临时性的加班补助费用＋策略性外包成本＋应付的工资和福利等

其中包括：

离职面谈者的费用＝（面谈前的准备时间＋面谈所需的时间）×面谈者的工资率×计划期间的离职人数

离职员工的费用＝面谈所需的时间×离职员工的加权平均率×计划期间的离职人数

与离职有关的管理活动费用＝人力资源部对每一离职时间的管理活动所需的时间×人力资源部员工的平均工资率×计划期间的离职人数

离职补充金＝每位离职者的离职补充金×离职人数

增加的失业税＝（实际失业税率－基本税率）×（起征工资×工资不低于起征工资的员工人数＋工资低于起征工资的员工的加权平均工资×工资低于起征工资的员工人数）＋实际失业税率×起征工资或工资低于起征工资的员工的加权平均工资×计划期间的离职人数

（2）离职间接成本是指员工离职所造成的成本。间接成本要比直接成本高得多，其计算公式如下：

离职间接成本＝员工离职保留下来的劳动生产率＋替补人员学习过程中的低效成本＋资产的潜在损失＋顾客或组织交易的损失＋员工士气降低造成的损失＋离职员工带走组织的客户或机密造成的机会损失＋离职员工离职前工作失误造成的组织形象损失＋离职员工离职前忙于找工作造成工作延误的损失等

7．重置成本

重置成本不仅包括重新招聘过程中发生的成本，还包括员工开发的成本和医疗保健费用。具体如下：

（1）新员工补充费用，具体如下：

职位空缺通告费用＝［离职后招聘广告费和就业代理费＋（通告职位空缺所需要的时间＋人力资源部门员工的工资率）］×计划期间的离职人数

录用前的管理活动费用＝人力资源部门从事就业前的管理活动所需的时间×人力资源部员工的平均工资率×计划期间的工作申请人数

录用面试费用＝一次面试所需要的时间×面试者的工资率×计划期间的面试次数

考试费用＝（平均每人的材料费＋平均每人的评分成本）×参加考试人数×考试次数

集体评审费用＝每次评审会议所需时间×（人事部门人员的工资率＋各部门代表的工

资率)×计划期间的开会次数

车旅费和迁移费＝每位申请人的平均车旅费×申请人数＋每位新员工的平均迁移费×新员工人数

雇用后的情况收集和报告费用＝每位新员工情况的收集和报告所需要的时间×人力资源部门员工的平均小时工资率×计划期间进行补充的离职人数

新员工的医疗检查费用＝(组织内部医疗机构检查一名员工所需要的时间×检查者的工资率＋检查一名员工所使用的器材药剂费)×计划期间的离职人数＋在公共医疗机构的人均检查费用×计划期间的离职人数

(2) 新员工培训费用,具体如下:

工作情况介绍文献费用＝文献单位成本×计划期间替补员工的人数

正式培训中的指导和培训费用＝每次培训的时间×培训者的平均工资率×培训次数×替补员工的培训成本与总培训成本之比＋每位受训者平均工资率＋计划期间培训的总替补人数×培训时间

指派员工进行指导或训练费用＝指导所需要的工时数×(有经验员工的平均工资率×培训引起的生产降低率＋新员工工资率×计划期间的指导人数)

(二) 招聘成本的评估

1. 制定招聘预算

在招聘工作开始之前,应制定招聘预算。每年的招聘预算应该是全年人力资源开发和管理总预算的一部分。招聘预算中主要包括招聘广告预算、招聘选拔预算、体格检查预算、其他测试预算等,其中,占较大比例的为招聘广告预算。企业可以根据自身的实际情况拟定招聘预算。

2. 核算招聘成本

招聘成本的核算是指对招聘经费的使用情况进行度量、计算、审计等的总称。通过核算可以了解招聘中经费的精确使用情况,是否符合预算以及差异主要出现在哪些环节上。核算过程实际上也是对预算执行情况进行监控的过程。

(三) 招聘成本效用评估

招聘成本效用评估是指对招聘成本所产生的效果进行分析的过程。它主要包括:招聘总成本效用分析、招聘成本效用分析、人员甄选成本效用、人员录用成本效用分析等。

1. 招聘总成本效用

该比例说明实际录用人数与招聘费用之间的关系。该比例越大,说明组织花费一定数量的费用后,所取得的效果越好,录用人员也越多;反之,则说明组织未能招聘到足够数量的员工,总成本效用低。

$$招聘总成本效用＝录用人数÷招聘总成本$$

2. 招聘成本效用

该比例说明招聘期间的费用支出对于吸引应聘者的效用。该比例越大,则说明招聘期间费用开支的效用越高,用于不同渠道的费用组合较合理,能够为组织吸引大量的应聘者,组织挑选的余地大,有利于提高录用人员的素质;反之,则说明无效的花费较多,资金应用不合理。其计算公式如下：
$$招聘成本效用 = 应聘人数 \div 招聘期间总费用$$

3. 人员甄选成本效用

该比例说明甄选过程中资金使用的效率。此比例越低，组织用于甄选的投入就越大，甄选面较广、余地较多，被选中的员工素质较高；反之，入选人员多，效果不明显，人员素质可能不高。其计算公式为：
$$甄选成本费用 = 被选中人数 \div 甄选期间的费用$$

4. 人员录用成本费用

该比例用来说明录用期间资金的使用效率。此比例越大，则说明录用期间开支的效用越高；反之，则说明资金的使用效率较低。其计算公式为：
$$人员录用成本效用 = 正式录用的人数 \div 录用期间的费用$$

二、招聘投资收益的预测方法

企业在招聘中投入了资金，但一定的投入必定会给企业带来相应的回报，即招聘投资收益。一般来说，新员工充实到组织后，招聘工作基本结束，但从长远来看，招聘是一项具有延续性的工作。通过有效招聘的新员工入职后，不仅能够完成基本要求的工作，为组织创造出预期的收益，同时随着新员工创造性潜力的发挥，还能够创造出更大的新价值。

招聘的收益价值可以通过新员工入职后，以其在某职位上所做出的业绩、获得的利润以及通过其他方式进行的绩效考评等方面的结果，与历史同期或同行业的标准做比较，来确定招聘该员工的利益。组织招聘投资收益包括录用的新员工为组织带来的直接经济利益、组织产品质量的改善、市场份额增长的幅度、市场竞争力的提高以及未来支出的减少等方面。

对招聘投资收益的分析往往是人力资源会计的工作，常用的方法也是会计收益法，即通过分析招聘带给企业的预期总收益与现实招聘总支出之间的差额，进而计算员工招聘投资净收益的方法。

1. 招聘投资总收益

员工招聘投资总收益 = 实际招聘人数 × 招聘过程有效指标（测评方法的效度）× 应聘后实际工作绩效的差别 × 被录用者在招聘过程中的平均测试成绩

招聘过程有效性指标是指招聘过程对最佳申请人预测的准确程度，也就是招聘方法的效度。有效性系数越高，则测试成绩越高的员工未来的工作业绩能让企业满意的可能性就越大，测试成绩越低的员工未来的工作业绩能让企业满意的可能性就越小。其取值范围为 0—1，当值为 0 时，说明预测结果与申请人实际工作行为完全不符，该招聘方法的有效性为 0；当该值为 1 时，说明预测结果与申请人实际工作行为完全相符，该招聘方法的有效性为 1。一般情况下，系数的取值介于 0 至 1 之间。

应聘后实际工作绩效的差别是指不同申请人每年工作绩效的变化程度。美国学者经过大量的研究得知，该值的取值约等于年工资的 40%。

被录用者在招聘过程中的平均测试成绩是某个申请人预测分数减所有申请人预测分数的平均值与其标准差之商。根据经验，其取值介于 −3 到 3 之间。

2. 招聘投资净收益

员工招聘投资净收益＝员工招聘总收益－员工招聘总成本

员工招聘总成本＝实际招聘人数×(全部申请人人均成本×申请人数÷实际招聘人数)
　　　　　　　＝实际招聘人数×(全部申请人人均成本×录用率)

例如,某电力公司今年招聘100人,在招聘过程中采用面试与知识测验两种方法相结合的方式。方法一为面试,其有效性指标为0.14;方法二为知识测验,其有效性指标为0.48。不同应聘者实际工作绩效的差别根据工作记录可知为5 500元/年;被录用者在招聘过程中的平均测试成绩为1.5。全部申请者人均成本,在采用面试方法为30元;在采用知识测验时为40元。录用率为20%。

根据以上材料分别计算方法一和方法二两种招聘方案的投资净收益,如下：

方法一的招聘投资净收益＝100×0.14×5 500×1.5－100×30÷20%＝100 500(元)
方法二的招聘投资净收益＝100×0.48×5 500×1.5－100×40÷20%＝376 000(元)

由上述计算可知方法二的招聘净收益较大。

3. 员工招聘投资收益率

员工招聘投资收益率＝(员工招聘投资总收益－员工招聘总成本)÷员工招聘
　　　　　　　　　总成本＝员工招聘净收益÷员工招聘总成本

三、招聘成本—收益的评估指标

(一) 招聘收益/成本比

对员工招聘工作进行整体的评估可以通过招聘收益/成本比来实现,这是一项经济评价指标,同时也是对招聘工作的有效性进行考核的一项指标。招聘收益/成本比例越高,则说明招聘工作越有效,即招聘收益越大,录用员工对组织的贡献越大,并且说明录用员工的素质较高,招聘效果好,实现了组织设定的招聘目标。反之,说明公司招入了不合格的员工,不能实现创造价值的目标。其计算公式如下：

招聘收益/成本比＝所有新员工为组织创造的总价值÷招聘总成本

(二) 业绩优良新员工的百分比

该比例说明所招聘的新员工的优秀率。该比例越大,说明新员工总体的素质、能力较强,可能为组织创造更多的收益,组织可以根据新员工的历史资料对其进行最优安置,且选择余地较大;反之,说明所录用的新员工的能力可能不强或者缺乏相关的经验,从而使得招聘收益下降。其公式如下：

业绩优良新员工的百分比＝业绩优良的新员工数÷新员工录用总数×100%

(三) 留职至少N年(N=1,2,3,4,……)以上新员工的数量或百分比

该比例说明了组织招聘录用人员的适合度以及稳定性。一般认为,在组织工作的时间越长,说明该组织接受的培训、通过的考核越多,为组织所做的贡献越大,招聘收益也越高;反之,则说明招聘收益较低,员工的稳定性较差,组织不仅要为他们支付离职成本,还要为填补空缺职位而花费更多的重置成本。其计算公式如下：

留职N年以上的新员工百分比＝留职N年以上的新员工÷新员工录用人数×100%

(四) 新员工晋升的百分比

此比例说明所招聘的新员工获得晋升的比率，该比例大，说明新员工的综合素质高，潜力发挥充分，对组织的贡献度大，也说明录用员工的质量较高。其公式如下：

新员工晋升百分比＝（晋升的新员工数÷新员工录用总数）×100％

(五) 推荐的候选人中被录用且业绩突出的员工的百分比

该比例反映了新员工被录用后实际的工作表现。该指标具有较强的说服力，新员工通过实际业绩说明其为组织创造的价值，反映出招聘工作的后期效果良好与否，并据此对招聘人员进行适当的奖赏。其计算公式如下：

推荐的候选人总数中录用且业绩突出的员工的百分比＝录用人员中业绩突出的人数÷应聘者总数×100％

(六) 招聘渠道的效益评估

我们还可以对招聘渠道的效益进行评估，为组织找到最经济、最高效的招聘渠道组合，主要从以下几点考虑：每种渠道所吸引的应聘者数目；各渠道应聘者的招聘成本；每种渠道中合格应聘者的数目；每个合格应聘者的成本；每种渠道来源的应聘者中优秀者的数目。

第四节　胜任力模型与员工甄选

员工甄选是公司招聘活动中人才招募之后的一个环节，指的是综合利用心理学、管理学和人才学等学科的理论、方法和技术，根据特定岗位的要求，对应聘者的综合素质进行系统的、客观的测量和评价，从而筛选出适合的应聘者的过程。随着时代的发展和社会的变革，传统的人力资源管理体制已经不能满足当今时代背景下人力资源管理的需求，于是企业开始将胜任力模型应用于人力资源管理员工甄选体系中，以提高企业人力资源管理的综合水平及人力资源管理质量和效率。

一、胜任力及胜任力模型的内涵

（一）胜任力的内涵

1973 年，哈佛大学 David C. McClelland 教授首次明确提出"胜任力"这一概念，他认为胜任力就是指能将某一工作中卓越成就者和普通者区分开来的个人深层次的特征。1993 年，美国学者 Lyle M. Spencer, Jr. 和 Signe M. Spencer 提出，胜任力是在工作中产生高效率或者高绩效时员工所需的潜在特征，只有当这种特征能够在现实中带来成果时，才可以被称作胜任力。Lyle M. Spencer, Jr. 的冰山模型（如图 5-3 所示）表明，胜任力是由"表面上"相对容易观察评价的知识和技能以及"表面下"价值观、态度等潜在的其他特征构成。尽管学者们对胜任力的定义各有不同，但都说明了胜任力是相对稳定的、具体的外显行为特征，通过对外显行为的分析，可以大大地提高工作效率。胜任力还具有可预测性，它是指依据员工的胜任力分析来推测员工是否能完成工作，从而大大地提高了员工甄选的正确性。

胜任力特征主要包括知识、技能、社会角色、自我形象、品质、动机六个层面。知识是指

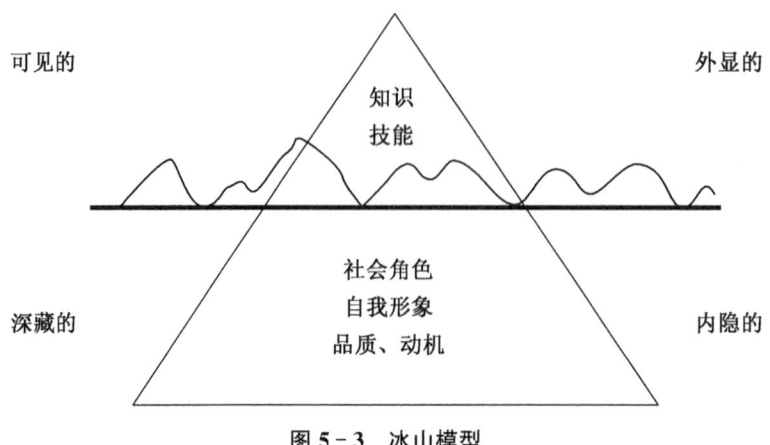

图 5-3 冰山模型

个人在某一特定领域拥有的事实型与经验型信息;技能是指结构化地运用知识完成某项具体工作的能力;社会角色是指一个人留给大家的印象;自我形象是一个人对自己的看法,即内在自我认同的本我;品质就是指个性、身体特征和各种信息所表现出来的持续稳定的行为特征,动机就是指在一个特定领域的自然而持续的想法和偏好。知识和技能属于表层的胜任特征,容易被察觉;社会角色、自我形象、品质和动机属于深层次的胜任特征,相较于知识和技能,比较难以发现,这些深层特征在更大程度上决定着人们的行为表现。

(二) 胜任力模型

胜任力模型也称能力素质模型,胜任力模型是指达到某一绩效,承担某一特定的职位、角色所应具备的胜任特征要素的组合与结构,是人力资源与开发理论研究和实践工作的重要基础。构建胜任力模型,必须要通过对各个岗位所需的核心胜任特征进行深入分析,对不同层次的能力进行描述,形成可测量指标的总和,从而可以帮助企业提高人员选拔培养等的工作效率来实现企业目标。企业通过该模型,可以找到某一岗位所需要的知识等要素。从企业招聘员工的角度来说,胜任力模型可以帮助企业更好地选择可以适应某一岗位的合适人选;对员工来说,胜任力模型可以在其选择工作时提供一个很好的参考,从而更好地实现"人岗匹配"。

总的来说,胜任力模型就是指完成某一特定任务角色所需要具备的胜任特征的总和,是决定特定职位绩效优异或合格的、必要的胜任特征结构。

目前,较为普遍的方法是将胜任力模型分为以下五种类型:

(1) 统一胜任力模型。此类模型是指在同一组织中所有员工和岗位所共用的一套胜任力模型,主要体现在组织文化和价值理念中。此类胜任力模型的构建有利于促使员工更好地融入组织文化中。

(2) 岗位素质模型。此类模型是指根据组织内具体岗位开发出来的胜任力模型,针对某一个具体岗位,精确度更高。这种模型更适用于很多员工从事同一类岗位的大型公司。

(3) 职级胜任力模型。此类模型的建立分为两步:第一步,建立一套基本的胜任力组合;第二步,在每一个渐进的职级上,对该职级上的任职者是否具备所需的胜任力提出更高的要求,并且胜任力条目也会更多。

(4) 通用胜任力模型。这是 Spencer 等人通过一系列研究所得到的模型,此类模型为不同群体间的胜任力建立了一个参照系,但是缺少对具体岗位的适用性。

(5) 职簇胜任力模型。此类模型是在某一职位种群内开发出来的一种胜任力模型,该模型在一定程度上可以改善统一模型的模糊问题,也可以避免岗位胜任力模型中费用高的问题。

二、胜任力模型在员工甄选中的应用

(一) 员工甄选的定义

员工甄选是招聘活动中人才招募之后的一个环节,指的是综合利用心理学、管理学和人才学等学科的理论、方法和技术,根据特定岗位的要求,对应聘者的综合素质进行系统的、客观的测量和评价,从而筛选出适合的应聘者的过程。其过程包含了两个核心:测量与评价。测量是评价的基础,是依据事先设计好的规则通过一些具体的方法对应聘者所具有的素质给出一个可比较的结果;评价是测量的延续,是对测量结果进行深入的分析、评价,并给出定性和定量的结论供录用时参考。

(二) 员工甄选的作用

对人员的正确评价是招聘中最为关键的一个步骤,如果在甄选中做出错误的判断,不仅会导致招聘活动的失败,而且也会对组织的正常运作造成负面影响。因此,有效甄选的作用具体表现在以下几方面。

1. 甄选的决策关系到组织绩效和战略目标的实现

组织环境中,相同的职位常常由能力不同的人来做。但研究表明在同一职位上,最好的员工的工作效率要成倍高于最差的员工的工作效率。因此,如果能在甄选中挑选出优秀的员工,无疑会为提高组织效益、节约成本打下基础。同时,具有巨大潜能的应聘者对组织来说也是一种储备,会在组织的未来发展中发挥重要作用。因此,员工甄选是招聘工作中的关键步骤,该项工作的完成效果将直接影响组织战略目标的实现,其重要性是显而易见的。

2. 降低人员录用的风险,提高招聘效果

员工甄选不是凭借甄选人员的主观判断,而是使用科学的方法对应聘者进行测评,了解其心理素质、个性特点、知识与技能、工作风格以及与工作相关的各方面的素质。通过诊断分析,判断出该应聘者是否能够胜任工作。同时,应聘者的工作态度、工作经验等也是需要评判和核实的重要内容。在一系列规范的测评之后,可以找到最适合岗位要求的人选,有效地避免将不符合任职资格的应聘者留用,或者将有胜任能力的人才拒之门外,从而降低招聘风险,提高招聘效率。

3. 有利于录用后的合理安置和管理

通过人员的甄选,可以大致了解到应聘者各方面素质的差异,了解其优势与劣势,在具体安置岗位时做到有的放矢,真正做到用其所长,使个人的特点与特定的岗位要求结合起来,实现人岗匹配。严格的甄选减少了雇佣不合格人员与工作团队不和谐的可能性,可以有效防止人员流失,甚至可以减少员工的培训投入,节省培训开支。同时,有助于主管人员在今后的管理过程中根据员工的不同特点实施管理。

4. 发现应聘者的潜力,有利于人员开发目的的实现

通过有效的甄选过程,组织可以了解应聘者的潜能,预测其未来发展的可能性,从而能够为其制定职业发展规划,或是为其提供适当的培训机会,为今后充分发挥员工的工作潜力、形成良好的工作关系打下基础,有利于组织对人才结构进行有效的调整,并在组织与个人的发展方面实现共赢。

5. 在招聘的整个过程中体现出公平

精心设计的甄选程序和测评工具可以较为客观地评判应聘者,为组织内外的应聘者提供一个公平竞争的机会。在一系列的笔试、面试以及其他相关的测试中,有定性和定量的比较,不仅使甄选变得容易,而且体现出甄选的公平性。

(三) 甄选流程

在过去,招聘者大多都是基于自己的工作经验来对应聘者进行甄选的,组织内并没有正式完整的甄选系统。而现在,随着信息技术的不断进步以及管理知识的完善,人才测评技术在招聘工作中广泛运用,大大提高了员工甄选的正确性和有效性。招聘甄选强调对岗位所需要的员工的工作经验、教育程度、专业知识和自身能力的界定,并且要确定各项岗位所需要的胜任力的等级。甄选需要收集应聘者的工作目的以及任职资格、岗位的工作职责以及职责的重要程度等信息,看其是否符合甄选的要求。对应聘者进行正确的评价是在招聘工作中最关键的步骤,如果在甄选中做出了错误判断,则会对组织的正常运行产生负面影响。合理的甄选过程主要有以下几个阶段。

1. 筹备阶段

筹备阶段需要先明确甄选目的,再组建考官团队。招聘的目的是为了甄选出合适的人选留在合适的岗位上,为组织做出贡献,实现企业目标。考官团队应当由组织的高层领导者、人力资源部人员以及用人部门的人员共同组成,既要对岗位工作内容熟悉,也要具有一定的识人、用人的能力。

2. 策划阶段

策划阶段分为确定甄选指标、选择测评方法、设计甄选方案、设计甄选试题以及培训考官团队。甄选指标包括应聘者的知识背景以及能力;不同的岗位有不同的测评方法,比如,对于技术岗位的招聘,对应聘者的技术知识的测试是不可避免的;甄选方案的设计必须要根据岗位的需要来确定整个甄选过程,达到"成本最低、时间最短、效果最好"的结果;设计试题是策划阶段的核心工作,不管是对专业知识的测评还是对应聘者能力的测试,都需要结合岗位需求以及应聘者的个人特征,保证测试题的有效性;培训考官团队可以让各位考官对岗位的专业知识更加了解,避免让个人因素对甄选过程产生影响。

3. 实施阶段

实施阶段便是对应聘者进行测试。首先要进行测试说明,由考官向应聘者宣读测试内容以及规则,有利于应聘者正常发挥。其次要开始实施测试内容,这个阶段包括甄选简历、专业知识测试、心理测试、面试、评价以及背景调查等,在获取大量的应聘者信息之后,有利于为甄选提供参考。

实施阶段所需要的甄选工具有心智能力测试(包括一般推理能力和一些特殊的思维能力测试)、体能测试(用于测试应聘者的生理能力,比如身体的协调性等)、性格与兴趣测试

（包括应聘者的性格、动机和人际关系能力）、兴趣量表（比较人们对于不同岗位的兴趣偏好）、成就测试（测试应聘者学会的并掌握的知识以及技能）、工作样本（在工作抽样技术里，选出一部分工作任务让应聘者去完成，观察者将应聘者的表现记录在清单上），另外，还有背景调查以及推荐信审核等。

4. 评估阶段

在充分获取应聘者的信息之后，通过定性和定量的分析方法形成甄选报告。甄选报告主要有以下内容：应聘者的个人信息以及应聘过程中的表现、应聘者测试得分并对应聘者表现进行分析、分析应聘者的长处和短处、根据应聘者和岗位的特点提出发展建议。

（四）基于胜任力模型的人员甄选流程

通过胜任力模型在公司人员甄选中的应用，公司可以在各个方面对应聘者进行评价，有效地避免招聘选拔错误。公司可以通过胜任力模型选择符合岗位需求的人才。根据不同层级岗位要求的胜任能力，针对性地设计面试问题和笔试试题。同时，所有招聘和选拔人员都需要有效地掌握行为面试评估方法，在面试过程中寻找考察应聘者是否具备岗位所要求的关键行为，这种方法不仅应该为人力资源工作者所掌握，也应该为负责招聘的业务经理所掌握，从而提高招聘的成功率。基于胜任力模型的人员甄选流程具体如下：

1. 构建胜任力模型

甄选人员应当以企业目标为出发点，用发展的眼光看待问题，结合应聘者的特征和岗位需求来构建胜任力模型并制定人员招聘计划。以组织战略目标、发展规划为出发点，根据企业运营的实际情况和内外部环境的变化来制定人力资源补充计划，促进企业人力数量、质量、结构方面的完善。在决定要对外进行招聘来获取人力资源时，要用发展的眼光看问题，考虑到员工在以后的安排、使用、晋升方面的渠道。根据人才规划来确定人员与职位的变化。

2. 界定岗位胜任力等级及任职要求

在构建胜任能力模型之后，还必须要界定岗位胜任力等级要求和任职要求。不同的岗位所需要的胜任力组合也不同，胜任力等级也不是越高越好，而是越合适越好。人员要与工作岗位相匹配，才能提高工作效率，更好地实现企业目标。组建专门的招聘团队，以提高招聘的效度和信度。团队中既要包括企业内部的员工，如高层领导、人力资源管理者、相关部门负责人等，也要包括外部的胜任力模型专家。首先进行岗位工作分析，明确关键的胜任力和通用胜任力要求，形成工作说明书和胜任力模型框架。通过工作分析明确企业各岗位所需的知识、技能、经验等方面的要求，确定用人标准，从而在一定程度上避免"人才高消费""人岗不匹配"等问题的出现。在形成相应的胜任力模型框架后，还要界定特定职位的胜任力等级。不同岗位的员工胜任力模型体现为不同级别的胜任力组合，为员工提供有效的职业发展牵引，也为企业的甄选活动提供参考依据。胜任力的级别不是越高越好，它只是员工努力的方向，"合适"的胜任力和"高"的胜任力是有差别的。胜任力级别与特定的工作岗位要相匹配，从而驱动任职者产生高绩效。

3. 测评

运用心理测评、评价中心等对候选人的胜任力等级进行测评，采用五级量表进行评价。在具体招聘甄选过程中还采用"行为面试法"，即通过结构化的问卷对候选人进行面试，问卷围绕应聘职位的关键胜任力而设立,问题以具体行为为主,从而保证面试的客观性及其与工作的相关性。

4. 计算分析该职位候选人的岗位匹配度,进行选拔

基于胜任力模型的人员甄选可以大大提高企业招聘效率和正确性,降低了成本,节省了时间,同时也有利于员工有计划地规划职业生涯,有利于企业实现目标。在进行面试时,面试官也会更加注重期望绩效和未来的成果。基于胜任力模型,应聘者也可以通过测试找到自己的长处和短处,从而更有目的地开发自己的优势,弥补自己的不足,扬长避短。

本章小结

从广义上来看,招聘流程包括招聘的准备阶段、实施阶段和评估阶段三个阶段;狭义上来看,招聘流程仅指招聘的实施阶段,即招聘、选择与录用。内部招聘方式包括:内部晋升或岗位轮换、内部竞聘、内部员工推荐、临时人员转正。外部招聘方式包括:广告招募、人才市场招募、校园招募、专业机构招募、网络招聘。

工作预览包含三种模式:降低型、强化型和综合性。综合型和强化型工作预览都可以降低离职率;综合型工作预览的效果优于单一工作预览效果;强化型工作预览效果优于降低型工作预览。相较于传统招聘方式,工作预览提供更为真实客观的正负面组织信息及双向考察的方式,可以在传统招聘中融入工作预览,促进招聘方式和效率的改进。确定工作预览的三项基本原则:可信性、准确性和全面性。工作预览的实施流程为:确立原则、立项、开发设计、实施、效果评估。

招聘成本主要由招募成本、选拔成本、录用成本、安置成本、适应性培训成本、离职成本和重置成本组成。招聘成本的评估包括招聘预算和招聘核算两个过程。招聘成本效用评估的指标包括招聘总成本效用、招募成本效用、人员选拔成本效用、人员录用成本效用。招聘投资收益的预测方法包括招聘投资总收益、招聘投资净收益和招聘投资收益率。招聘成本—收益的评估指标主要分为招聘收益/成本比、业绩优良新员工的百分比、留职至少 N 年($N=1,2,3\cdots$)以上新员工的数量或百分比、新员工晋升的百分比、推荐的候选人被录用,且业绩突出的员工的比例和招聘渠道的效益评估。

胜任力模型就是指完成某一特定任务角色所需要具备的胜任力特征的总和,是特定职位决定绩效优异或合格的必要的胜任特征结构。基于胜任力的甄选流程包括:构建胜任力模型;界定该岗位胜任力等级要求及任职要求;运用心理测评、评价中心等对候选人的胜任力等级进行测评,采用五级量表进行评价;计算分析该职位候选人的岗位匹配度,进行选拔。

关键术语

员工招聘　招聘方法　招聘评估　工作预览　胜任力模型

复习思考题

1. 请简述招聘的一般流程。
2. 比较内部招聘和外部招聘的优缺点。
3. 内部招聘和外部招聘的方法主要有哪些?
4. 工作预览包括哪些内容和模式?
5. 工作预览有哪些作用?
6. 请简述企业实施工作预览的流程。
7. 请列出招聘成本的主要评估指标。
8. 招聘成本—收益的评估指标主要是什么?
9. 人员甄选有哪些作用?其流程有哪些?
10. 请简述基于胜任力模型的员工甄选流程。

案例分析

AT 公司一次失败的招聘

位于武汉的某外资 AT 公司因发展需要在 3 月底从外部招聘新员工。期间先后招聘了两位行政助理(女性),结果都失败了。具体情况如下:

第一位 A 入职的第二天就没来上班,没有来电话,上午公司打电话联系不到本人。经她弟弟解释,她不打算来公司上班了,具体原因没有说明。下午,她本人终于接电话了,但不肯来公司说明辞职原因。三天后她又来公司,中间反复两次,最终决定不上班了。她的工作职责是负责前台接待。入职当天晚上,公司举行了聚餐,她和同事谈得也挺愉快。她自述的辞职原因:工作内容和自己预期不一样,琐碎繁杂,觉得自己无法胜任前台工作。HR 对她的印象:内向,有想法,不甘于做琐碎、接待人的工作,对批评(即使是善意的)非常敏感。

第二位 B 工作十天后辞职。B 的工作职责是负责前台接待、出纳、办公用品采购、公司证照办理与变更手续等。自述辞职原因:奶奶病故了,需要辞职在家照顾爷爷(但是当天身穿大红毛衣,化彩妆),透露家里很有钱,家里没有人打工。HR 的印象:形象极好、思路清晰、沟通能力强,行政工作经验丰富。总经理印象:商务礼仪不好,经常是小孩姿态,撒娇的样子,需要进行商务礼仪培训。

招聘流程:(1) 公司在网上发布招聘信息。(2) 总经理亲自筛选简历。筛选标准:本科应届毕业生或者年轻的,最好有照片,看起来漂亮的,学校最好是名校。(3) 面试:如果总经理有时间,总经理就直接面试。如果总经理没时间,HR 进行初步面试,总经理最终面试。新员工的工作岗位、职责、薪资、入职时间都由总经理定。(4) 面试合格后录用,没有入职前培训,直接进入工作。

公司背景:此公司是一国外 AT 公司在中国的独资子公司,主营业务是电信运营商提供技术支持,提供手机移动增值服务、手机广告。该公司所处行业为高科技行业,薪水待遇高于其他传统行业。公司的位置位于武汉繁华商业区的著名写字楼,对白领女性具有很强的吸引力。总经理为外国人,在中国留过学,自认为对中国很了解。

被招聘的员工背景:

A:23岁,武汉人,专科就读于武汉商学院,后专转本就读于湖北大学。期间,2018年1月到12月做过一年少儿剑桥英语的教师。

B:21岁,武汉人,大专学历,就读于武汉广播电视大学电子商务专业。上学期间在两个单位工作过,一个为拍卖公司,另一个为电信设备公司,职务分别为商务助理和行政助理。B曾参加过选美比赛,说明B的形象气质俱佳。

招聘行政助理连续两次失败,作为公司的总经理和HR觉得这不是偶然现象,在招聘行政助理方面肯定存在重大问题。

案例思考题

1. AT公司招聘失败的问题出在什么地方?
2. AT公司在招聘方面应如何改进?

第六章 培训与开发

学习目标

1. 掌握培训的内涵
2. 理解培训的特点
3. 掌握培训的阶段和类型
4. 理解企业大学发展的变化和企业大学采用的培训方法

开篇案例

2020年年初爆发和扩散的新冠疫情短期内对全球经济、企业生产和居民生活等都产生了极大影响。后疫情时代下,线上培训对于企业应对事态变化有重要作用。越来越多的新媒体、新技术不断运用到教学过程中。拓宽渠道资源、寻找技术稳定性强、运营团队服务全面的信息化供应商,不仅有利于传统线下培训模式的改善,而且从长期看,线下培训模式眼前受到的冲击或许能够转化为契机,将现在的线下培训模式逐步过渡到"线上+线下"综合培训模式,走出一条"线上+线下"综合培训模式的道路。腾讯利用自身技术优势,不仅将线上培训模式用于企业内部,更辐射应用到了更多企业。

"一切以用户价值为依归"是腾讯公司的经营理念,也深刻影响了腾讯学院在员工线上培训学习上的运营思路。腾讯倡导的学习文化是"学习不仅是福利,学习不仅是上课,学习不仅是学院的事,学习不仅是投入"。引进国际领先的Sumtotal培训管理系统,以产品经理的思维去做培训和在线学习,围绕轻量、有趣、社交、个性这四个关键词展开运营,着力打造AAA(any time、any where、any way)全方位、多形式、重实效的培训支撑平台。其主要特点体现在以下几个方面:

(1) 轻量。这指的是腾讯对员工在线明确学习APP的定位上,他们不打造大而全的、简单把E-learning搬到移动端的平台,而是明确移动端是辅助腾讯面授项目的一个新终端,仅围绕学习、考试、互动三个主要元素,为企业员工打造简单、好玩、易用的学习体验,去除多余的东西。

(2) 有趣。腾讯内部正在使用的员工在线学习APP中,"学案例"功能以腾讯内部实际案例为学习内容,员工学习之后即刻进行演练答题,即学即用。"练身手"功能本质上虽是传统考试,但学习之后即刻反馈正确答案与相关知识,让用户即刻有所收获。"学习地图"功能融学习、专题、游戏、通关等元素于一体,让员工真正做到在玩中学。

（3）社交。互动是腾讯移动学习平台的血液，渗透在在线学习APP的每一个角落。员工可以在贴吧里发帖交流学习心得，可以在某一门课的评论区吐槽课程太难懂，或是在学习案例时直接向相关专家请教提问。

（4）个性。腾讯会根据在线学习APP提供的数据输出运营报告，除分析用户的登录、点击、学习等基础数据以外，尤其注重分析用户的喜好，不同类型的课程在不同时间段点击量的变化等。这些分析可以帮助运营者决策什么时间点、什么渠道推送哪些类型的课程，对课程内容进行最有效的传递。

在人才培养上，腾讯学院从腾讯的人力资源管理战略出发，强调个性化设计、"轻"量课程和行业跨界对人才培养的重要作用。腾讯在启动培训计划前，都会在乐享上调研培训需求。培训课程发布后，无论是面向新人、管理者或是专业人员的培训，所有员工都能在乐享在线学习，对课程质量投票反馈，还能与大牛分享讨论学习经验。很多人称在腾讯还有在校园的感觉，就是因为乐享上浓厚的学习氛围。腾讯乐享现在已成为员工培训的"在线校园"，凝聚了腾讯10余年经验的企业社区化知识管理平台，提供一站式企业社区。具有知识库、问答、课堂、考试、活动、投票和论坛等核心应用，为企业知识管理、学习培训、文化建设及企业沟通提供解决方案。目前，腾讯乐享除了满足企业内部培训需求外，已经服务了超过三万家企业，涵盖了零售、制造、教育、金融、餐饮等行业。未来，腾讯乐享将持续开放能力，从员工需求出发，助力企业打造紧密连接员工、组织与知识的交流平台，帮助每一家企业打造独特的在线培训基石。

资料来源于：《腾讯传》和网络资料（有删改）

案例思考题

1. 腾讯推动企业内部培训的核心是什么？
2. 腾讯乐享进行培训开发的特点体现在哪里？

随着经济全球化和一体化趋势的快速发展，以知识创新为特征的知识经济蓬勃兴起，世界正步入以知识为主宰，以信息化、网络化为特征的全新经济时代。在这场深刻的社会变革中，人才作为知识和技术的载体，在社会经济和企业发展中的作用日益突出。企业逐渐从产品经营转向资本经营，从技术经营转向智力经营，企业竞争的重点也从物质资本和市场转向人力资本。尤其是西方经济学界人力资本理论、新增长理论的传入，使全社会更加广泛地认识到人才的重要性，以人为本的理念已深入人心。

作为提高人才素质能力的最直接方式，培训与开发近年来在人力资源管理乃至企业经营管理中的地位大幅度提升，成为企业可持续发展的动力之源。现代人力资源管理中，人是实现公司战略目标的重要因素。企业作为一种动态系统，必须不断培训员工，才能让员工跟上时代，适应技术、管理等发展的需要。对企业来说，培训不但是实现组织发展、保持竞争优势的需要，也是吸引员工、保证员工个人生涯得到发展的重要手段。所以，企业人力资源培训是实施人才强企战略的关键。培训对于企业适应外部环境的发展变化、满足员工自我成长的需要、提高绩效和提高员工素质有着至关重要的作用，一套健全、优化的培训体系对寻求发展的企业来说是必不可缺的。

对于企业而言，培训与开发实质上是一种系统化的智力投资，有利于增强企业竞争力、对外部环境的适应力和自身创新力。在激烈的竞争环境下,培训是组织面临的一项重大问题,它应被视为一种必要的投资,而不是可消耗的成本。为了保持在市场上的竞争力,个人和组织都应该增加培训投资。通过有效率的培训,员工成为企业重要的战略性资产,除提升组织绩效外,更形成一套他人无法复制和移植的能力,进而强化组织的竞争力。对个人而言,培训与开发是提高自身知识与技能的最主要手段,有利于提高工作质量、增强就业能力和职业稳定性、增加获得较高收入的机会。培训能强化员工的组织承诺,降低流动率,提高组织生产力,领导人在培训方面的投资承诺,是企业经营成功的关键。

本章首先介绍国外学者对培训的理论研究,进而讨论谁需要培训以及培训的方法等。

第一节　培训与开发的相关理论基础

知识的后天性、进化性决定了人才要保持竞争优势,就需要持续不断地学习知识和技能。一般来讲,短期内以提高受训者工作绩效为目的的活动称之为培训,扩展个人技能水平使之在未来能胜任某项工作的活动是开发。

从狭义的培训概念来看,培训是一种人力资本的投入。员工培训是组织根据自身发展和业务需要,通过学习、训练等手段进行的一种有计划、有组织的培养训练活动。它旨在改变员工的价值观、工作态度和工作行为,提高员工知识水平、业务技能和工作能力,并最终实现组织整体绩效提高。培训注重提高员工完成任务的技能,包括理论知识培训、技能培训和综合素养培训。理论知识培训,指的是通过培训使学员具备完成工作所需的基本理论知识,以及进一步改进或发展所需的最新理论知识。技能培训,指的是通过培训使参训人员明确其岗位职责、规范操作流程,能够灵活地使用合适的技术手段完成任务。综合素养培训,指的是通过向参训人员实施管理学、经济学、心理学等与其岗位不是非常相关的综合知识培训,营造企业内部学习型组织的良好氛围,帮助参训员工满足自我实现的需求。

随着人力资本理论和人本管理理论的盛行,现代企业对于人力资本的重要性日益重视,人力资源管理对人才的态度不再是单纯地使用和管理,而是尊重、服务和发展。培训与开发的界限越来越模糊,已趋向统一,泛指一切增加、扩展人才知识、技能、能力的努力,这也是本章节中"培训与开发"的含义所在。所以,现代企业培训越来越倾向于广义的含义,即不但通过培训和练习提升员工的知识、技能,还要通过公司价值观的不断内化,转变员工的工作态度,激发员工的工作热情,引导员工发挥自身潜力,实现企业和个人的双重发展。

科学的培训工作应该是由专门的组织机构策划的、系统的、动态的学习过程,目的是为了转变员工的理念、提高员工的技能和实现企业的效益。培训与发展是企业人力资源管理的核心组成部分。对企业人力资源的开发和利用程度决定了企业的生存能力和发展潜力。企业为了提升竞争力,必然需要与之匹配的高素质员工。企业培训与学校教育虽然都是学习和认知的过程,但成人学习有鲜明的特点,比如,有一定工作经验,在工作实践中学,善于通过与原有知识的联系、比较来学,目的性和实用性较强,但是成年人的记忆随着年龄的增长不断下降,并且容易被外界环境干扰,无法完全脱离工作和生活全身心地投入培训,缺乏足够的专注力。因此,企业培训应充分考虑成人学习的特点,遵循教学规律,科学设计,方能达到比较好的培训效果。企业培训主要具备以下几个特点：

（1）培训组织的广泛性。主要体现在：各个层次的员工全员都应参加培训，不同的岗位，不同的学历和职业发展趋势体现出多样性；员工应接受入职培训、企业文化培训、技术技能提升培训、人文素养培训、安全生产培训等多样的培训内容；企业可采用在岗培训、脱岗培训、员工自学等多种员工培训形式。

（2）培训目标的确定性。成人学习的目的明确，旨在解决当下的问题，须在相对较短的学习周期内显示出绩效。企业应在培训中明确短期内和长阶段要取得的效果，并联系工作场景强调学习内容将会在什么方面对员工有所帮助，企业对学习目标规定得越明确，员工的学习效率就越高。

（3）教学形式灵活多样。成人具有成熟独立的个性，对于学习内容和呈现方式有自己的喜好，会根据自己的学习习惯自行安排学习。因此，企业在培训方法上，必须摆脱学校那种填鸭式的教学模式，除讲授外，要注重引导、启发和调动学员学习的自主性、积极性，应更多采用互动式让学员自身参与、亲身体验，促进知识转化。

（4）培训和生产相结合。成人员工在学习时，以往的知识和实践经验会构成其内在的学习资源，并显示出明显的差异性，培训的内容应具体、真实、循序渐进，能够帮助员工在回到岗位后可以解决具体的问题。

培训是一种有组织的知识转移行动，通过知识的信息化传输，实现技术规范化和工作标准化，包括知识和信息的转移、技能的培训、培训效果评估以及评估结果的交流等，以达到理想水平，提高个人能级水平和工作技能。综观企业员工培训理论的发展过程，可以将其分为以下三个阶段。

一、传统理论时期

传统理论时期是在20世纪30年代前，这是人类管理从经验管理过渡到科学管理的阶段，典型的代表人物是美国的弗雷德里克·泰勒。他在1911年出版的《科学管理原理》一书中提出了科学管理的四大原则，其中的第二条是"科学地挑选工人，并对他们进行培训、教育和使之成长"。在泰勒的观点中，培训是进行科学管理应遵守的普遍原则。泰勒在美国伯利恒钢铁公司进行了动作和时间的研究，通过对各种操作程序、方法和劳动工具进行组合，找出了一套科学的提高劳动效率的方法，并按工作要求挑选合适的工人，通过对其进行正确的操作流程与方法的培训，配之以经济刺激手段，将劳动生产率提高了四倍，从理论上首次证明了培训对企业绩效的支撑作用。科学管理时期的管理理论将员工培训看作是管理的原则之一，强调培训对企业发展的意义在于能够提高企业的劳动生产率，从而引导人们关注员工培训，但并没有对员工培训做出明确的界定，也没有提出企业进行员工培训的系统模式。所以，培训实践表现出许多不成熟、不规范、片面性的特征。

二、行为科学管理时期

在20世纪30年代至六七十年代期间，管理学家和心理学家试图通过对人的行为规律进行研究，找出对待员工的新方法和提高工作效率的新途径。他们认为培训环境是决定培训效果的关键因素，由此提出了许多学习理论。这充分体现了这一时期的理论界对培训效果的关注,比前一阶段只强调培训的意义前进了一大步。

(一) 强化理论

美国心理学家斯金纳于1956年在《科学与人类行为》一书中提出了强化理论,他强调人们行为是依据这些行为过去导致的结果来决定的。人们行为的结果有两种:正成果和负成果,正成果会鼓励其行为再次发生,负成果会避免其行为的再次发生。从培训角度看,强化理论说明了企业要增强培训效果,让学习者获得知识,改变行为方式或调整技能,培训者需要明确在受训者的态度中哪些属于正向成果,哪些属于负向成果。然后,将好的学习行为与正向成果联系,以鼓励该行为的再次发生;将差的学习行为与负向成果联系,以避免该行为的再次发生。根据强化理论,培训的有效性取决于向受训者所提供好处的方式和进度。

(二) 社会学习理论

美国心理学家艾伯特·班杜拉在20世纪50年代提出了社会学习理论。他指出人们通过观察周围环境中那些值得信赖且知识渊博的人的行为而进行学习。当人们看到他人的学习及酬偿,往往会产生"有为者亦若是"的想法,这种观察作用,是会产生学习效果的。社会学习理论给企业的培训工作提供了两方面的指导:一是培训应与企业的薪酬制度相匹配。掌握了新的技能或知识,就可直接获得某种报酬。这种制度既可鼓励培训效果好的员工,那些未接受培训或培训效果不好的员工又可通过观察、仿效、学习而产生培训动机、提高自己的培训效果。二是根据社会学习理论,学习还受个人自我效能的影响。自我效能是一个人对自己能否学会知识和技能的判断。培训者和管理者应该设法提高员工的自我效能,使雇员增强信心,将员工安置到他们可能获得成功的岗位上并提供适当培训,那么员工就知道他们应该做些什么,怎么去做,进而确保培训的效果。

(三) 目标设定理论

目标设定理论认为行为方式由一个人潜意识的目标和目的决定。目标设定理论被用于培训项目的设计中,说明给受训者提供特定的、富有挑战性的目标和目的会有助于培训效果的增强。所以课程计划应以特定的目标开始,这些目标向学习者提供了应采取的行动、学习发生的条件、可被接受的绩效水平等信息。

(四) 学习过程理论

雷蒙德·A.诺依教授在《雇员培训与开发》一书中揭示了学习过程。这一过程包括预期、知觉、加工存储、语义编码、长期储存、恢复、推广和满足。学习过程理论说明要做好企业员工培训工作,员工应知道他们为什么要学习,能将自己的经验作为学习基础,应有实践的机会,并且给员工进行培训效果的反馈,指导员工通过对别人的观摩与交往来学习,倡导在工作中进行学习的观念,合理安排并协调培训项目。

从以上几种理论可以看出,该段时期的理论研究注重如何营造培训环境以增强培训效果,认为要调动员工参与培训的积极性,设法提高员工的自我效能,提供特定的富有挑战性的目标以及良好的学习环境,才能实现好的培训效果。

三、系统管理理论时期

该阶段从20世纪60年代中期至今。系统管理理论是把企业看成是一个开放式系统,员工培训只是企业系统中的子系统之一,它必须和组织内其他系统以及周围环境、企业发展战略保持和谐,才能充分产生效率。在系统管理理论的指导下,管理界开始对培训理论进行更深入的研究。特别是20世纪80年代以来,企业面临着前所未有的多变的环境,传统的组织模式和管理理念已越来越难以适应这一环境。因此,研究企业组织如何适应新的知识经济环境,增强自身的竞争能力,延长组织寿命,成为企业界关注的焦点。

彼得·圣吉提出的"学习型组织"理论是当今最前沿的两大管理理论之一。他在1990年出版的《第五项修炼——学习型组织的艺术与实务》一书中提出:未来真正出色的企业将是能够设法使各阶层人员全身心投入,并有能力不断学习的组织——学习型组织。这种组织具有持续学习的能力,具有高于个人绩效总和的综合绩效。企业培训的目标是创建"学习型组织",培训的内容以提高员工的学习力,即学习的动力、毅力和能力为主,将员工个体培训扩展为团体培训,将局部培训拓展为全员培训,实现由"阶段培训"向"终身培训"的转变,实现由"知识、技能的传授"向"学习力的提高"的转变,才能使组织适应不断变化的环境,实现可持续发展的战略。

根据系统管理的思想,这一时期的研究还取得了另一个显著的成果,即创建了企业培训的系统模式,认为现代企业的培训与开发体系包括两大核心、三个层面、四大环节。两大核心即设计培训系统要以企业战略和员工职业生涯发展的需求为出发点。三个层面指整个系统应该包括运营层、资源层、制度层。运营层主要从实践的角度来介绍企业培训与开发机构的工作内容与流程;资源层描述了构成企业培训与开发系统的各种关键要素;制度层涉及企业培训开发过程中的各种制度。四大环节描述了一次完整培训开发活动所必须经过的一系列程序步骤,即培训需求分析、培训计划的制定、培训活动的组织实施以及培训效果的评估。这一成果的意义在于为企业培训工作的开展提供了具体的操作指南,从而使企业的培训更加科学、规范,比前一阶段关于通过培训环境的营造来增强培训效果的理论,更能为企业的培训提供更直接的指导。

总之,随着管理理论和实践的不断发展,企业员工培训的理论和实践也取得了长足的发展。从上述培训理论的演变过程,可以清晰地认清目前培训发展的新趋势。我国企业应该在现代培训理论的指导下,按照科学的培训程序,采用高效的培训方法,合理配置培训资源,以实现企业的培训目标。

第二节 培训与开发的对象与内容

一、培训对象

虽然人人都可以被培训,所有员工都需要培训,而且大部分人都可以从培训中心获益,但由于组织的资源有限,不可能提供足够的资金、人力、时间做漫无边际的培训。因此,不一定把所有职工都培训到同一个层次或同等水平,或安排在同一时间培训,组织必须有指导性地确定人才培训计划,根据组织目标的需求挑选被培训人员。

一般而言,组织内有三种人员需要培训:第一种是可以改进目前工作的人,目的是使他们能更加熟悉自己的工作和技术。第二种是那些有能力而且组织要求他们掌握另一门技术的人,并考虑在培训后,安排他们到更重要、更负责的岗位上。第三种是有潜力的人,组织期望他们掌握各种不同的管理知识和技能,或更复杂的技术,目的是让他们进入更高层次的岗位。

总之,培训对象是根据个人情况、当时的技术、组织需要而确定的。西方国家一般将职工的技能分成三种,即技术、人际关系和问题解决的技能。许多培训计划都是针对职工技能中的一种或多种而进行的。

技术技能的培训是指通过培训提高员工的技术能力。不论是管理人员,还是普通工人,都要进行技术技能的培训。如随着计算机进入办公室、家庭,员工与管理人员都必须接受计算机的操作培训,以适应办公自动化、信息国际化的要求。人际交往能力,是指通过培训提供人与人之间的合作交往能力,每个人的工作绩效多多少少都依赖同事们的通力合作。这就需要学会理解,学会人与人之间的沟通,减少彼此间的冲突。解决问题的能力是指通过培训,提高发现和解决工作中出现的实际问题的能力,这种培训计划可包括加强逻辑推理能力,发现问题,探讨因果关系,以及挑选最佳解决方案等技能。企业强调通过培训,使公司每一位职员都提高解决问题以及创新的能力。不同类型的员工培训有着不同的目标,一般把员工培训的目标归纳为:

(1) 诱导和指引。即通过各种方法使员工更好地进入角色,更快地融入组织。

(2) 绩效的改进。它通过传播新方法、新制度,引进新的技术和管理方法,使员工具备能够更有效地完成工作的手段。

(3) 提高员工的自我价值。通过培训,员工能提高自身的素质和能力,为以后实现更大的自我价值做好准备。

(4) 提高领导层的管理水平。培训能够使企业高层和中层的管理者更好地发现企业中存在的问题,及时调整自己的管理思路,并在与员工的双向交流中获得新的启发。

二、培训内容

各个单位、组织必须建立长、中、短期培训计划,确定今后需要哪一方面的人才。人力资源管理部门将各单位、组织的计划汇总,然后进行分析、考证,评估招聘所需人才的可能性和可行性,并根据组织的现有能力计划培训项目,以弥补招聘的不足。因此,培训计划应与整个组织的总计划、总目标相一致。如图6-1所示,根据组织分析,决定组织培训的需要,确定所需培训的人员,建立培训计划。决定组织内哪些人需要进行培训,可以通过以下几种方法进行:

(1) 个别面谈。

(2) 问卷调查。

(3) 分析个人的一贯工作表现和绩效情况。

(4) 管理的需求。

(5) 观察员工工作时的行为表现。

(6) 工作分析与岗位职责分析。

(7) 考评结果。

(8) 外部咨询。
(9) 组织发展协作会议。
(10) 评估中心。

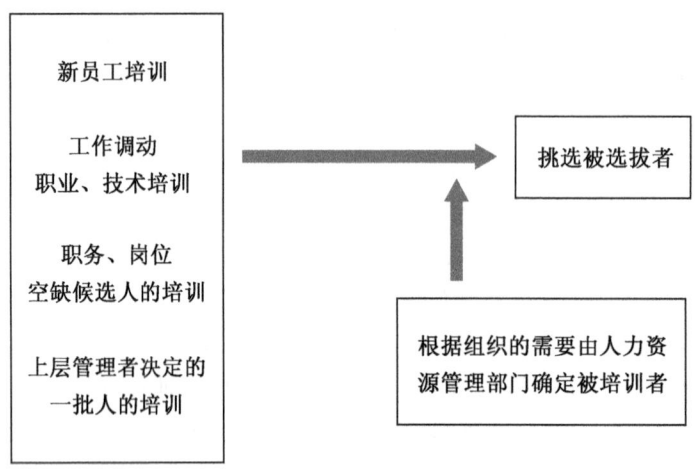

图6-1 确定被培训人员计划

组织要根据需要、现有资源、被培训人员的具体情况考虑培训项目计划,选择被培训人员时必须考虑两个问题:

(1) 这样的培训是否能提高组织收益?

(2) 这样的培训是否能提高员工素质,发展员工技能,使其成为组织难能可贵的有用人才?

组织建立培训系统,可根据如图6-2所示的模式进行。

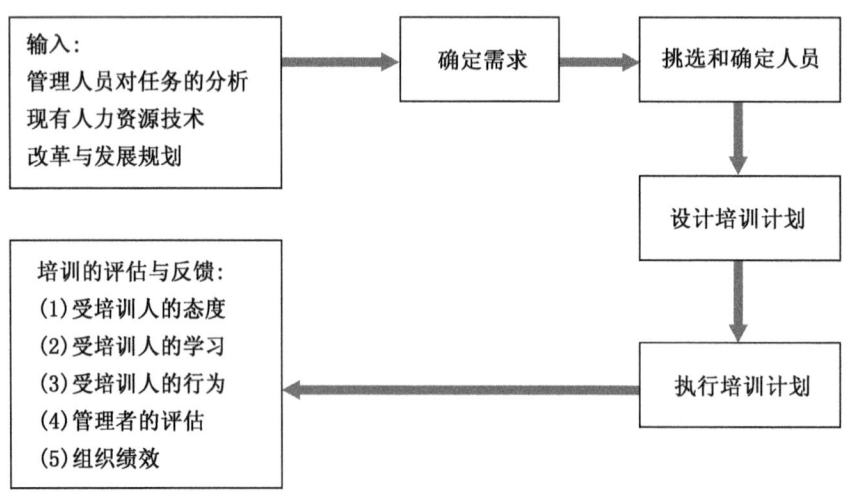

图6-2 培训系统模式

第三节　培训与开发的类型

培训的效果在很大程度上取决于选择的培训方法,当前企业培训的方法有很多种,不同的培训方法具有不同的特点。培训的方法要根据培训的人数、培训的内容及组织现有的师资、设备、资源等方面的情况而定。培训计划可以采取业余的时间学习,也可以采取在职培训或离职培训,甚至可以安排员工系统地学习,获得更高的学位。培训项目也应因各类人员的不同情况和专业要求而定,如管理人员、技术人员、办公室行政人员、工厂或其他生产线上的人员等,应该采取不同的培训方法和内容。培训项目有许多,下面列举一些主要的培训类型。

一、新员工入职培训

新员工的入职培训,是一个自然人融为企业人的开始。新员工入职培训是指公司为了促使新员工更快融入工作而专门设计、组织、实施的培训,包括入职培训、新员工考察期间培训以及培训考核等。对一个企业而言,无论新员工拥有怎样的学历、资历,都需要通过企业预设的培训体系,帮助其完成从局外人向企业人的角色转变。通过培训,新员工可以了解到公司的基本情况以及所从事工作的内容和职责,使他们更快地适应角色的转变,更好地融入新的集体中,因此,新员工培训也被称为"工作环境适应性训练"。

新员工培训能帮助员工提高个人素质,培养其职业道德、敬业精神和团队意识,从而能够使新员工有计划、有秩序地为新企业而努力,快速地实现"人岗匹配",实现自我价值和企业价值。具体而言,新员工的培训主要有以下几个目的:

1. 明确责、权、利

员工只有对自己岗位的责任、权利有着清晰的认知,才能有效地与其他同事进行协同合作,进而实现"人岗匹配",避免不必要的冲突。此外,责任和权利的明确能够帮助员工迅速明确工作的方向,掌握工作的界限,快速地投入到工作角色中去,并有效降低企业员工的流动性。

2. 实现理念认同

能够为企业带来持续绩效产出的员工往往是使命驱动型的员工,对公司的使命和愿景等经营理念有着清晰的认知和认同,从而能够在战略执行的业务层面,不遗余力地驱动基层业务战略的实施。

3. 适应环境和自我提升

新员工入职培训可以帮助其快速地了解和熟悉公司,从而减轻新入职时对陌生环境的压力感,由此可以改善新员工对于组织环境的态度。通过接受企业预设的系统化培训,能够让其学习到新企业生产相关的技术和技能,从而快速地实现自我提升,提高自身的岗位胜任力。此外,在培训过程中,如果新员工能够对企业的人力资本投资观念产生共鸣,会进一步激发员工渴望发展自我的动因。

综上,对新员工培训的价值体现在凝聚核心竞争力;将各种外力形成合力,充实企业的力量，实现企业的成长；客观描述企业的现状，建立信任的初始平台；完成双向的有效沟通，促进企业员工之间的了解；实现激励和考核，降低人才流失率。

二、在职培训

在职培训又称"工作现场培训"，是人力资本投资的重要形式，对已具有一定教育背景并已在工作岗位上从事有酬劳动的各类人员进行的再教育活动。它也称职工教育，是对企业内部具有劳动关系的劳动者所进行的提高教育。最常见的在职培训有两种，即工作轮换和见习。工作轮换是指将某员工安排到同一层级另一个新的工作岗位，横向调整工作，目的在于让员工学习各种工作技术，使他们对工作之间的依存性和整个单位的活动有更深刻的了解。见习是指新员工向年长资深的、有经验的老员工学习的一种培训方法。它通过老员工的指导和示范，及新员工的观摩、实际操作来学习新的技术和技能。

现在还有一种在职培训是带职到学校或公司学习，管理人才的在职培训一般采取这类方法。在职培训的优势主要体现在：

1. 不耽误工作时间

脱产培训需要员工暂时离开工作岗位，会对工作的连续性造成一定影响。而在职培训则不同，在职培训将培训和工作紧密结合起来，融培训于工作之中，使培训和工作之间产生互动，使员工从工作中获得培训，从培训中获得更多的工作机会，从而获得更有价值的提升。

2. 节约培训费用

尽管培训不被看作成本而是投资，但它本身还是会产生费用。与脱产培训相比，在职培训可以节约大量的培训费用，同样两千元的费用，参加短训班也许只够一个人用，如果用两千元钱买一套光盘，则可以培训更多的人，让更多的人从中受益。

3. 建立负责人与员工之间的沟通渠道

通过在职培训增加负责人和员工接触的机会，方便彼此的沟通，互相学习，建立彼此的信任基础和沟通渠道，让培训成为经理和员工沟通的方式。

4. 更有针对性

培训既是提高员工能力的必需，更是解决问题的必需。在工作当中，负责人和员工更容易发现问题并做出思考，在在职培训的观念指导下，负责人指导员工思考问题，提出改进建议，加深员工的印象，使改进更有针对性和时效性。

三、脱产培训

脱产培训是指在工作时间进行全职进修或培训，这种脱离直接工作场所的培训可能会给现时工作的安排带来不利的影响，需要妥善安排、协调处理。员工也可选择半脱产培训，部分时间参加部门的工作、部分时间进行学习培训，包括参加部门内的研讨会、敏感性训练、短训班（高校、管理协会及其他特殊短训班）、参与评价中心活动以及外出参观考察等。

脱产培训分为三大类：

1. 阶层培训

分阶层脱产培训就是对不同阶层的职工进行脱产教育培训，包括对各类管理阶层人员的培训，还包括对新职工的岗前培训、骨干职工的脱产轮训等。

2. 专业培训

分专业脱产培训是指按不同专业对各类职工进行脱产教育培训。它包括对不同职工进行全面质量教育培训、安全生产教育培训、专业教育培训和技术教育培训等。

3. 等级培训

分等级脱产培训类似"职工终身教育制",即在进入公司前进行前期教育;进入公司后进行新员工入职教育;随着职务职位等级上升,进行定期或不定期的教育。从另一个角度说,对每一位处在不同职务或职位等级上的员工来说,都必须经历相应的"脱产教育培训",以便更快地适应所承担的新职务或新职位。

四、学徒式培训

"师徒制"培养模式是指师傅按照一定的培养方法带领徒弟学习某种技能,徒弟在师傅的指导下学习专业技能的一种教学模式。早期师徒制研究基本聚焦于师徒之间一对一的二元关系,因此,被称为传统师徒制。其中,较为经典的定义由 Kram 于 1985 年提出,即组织中年长或资历较深者(师傅)与年轻或资历较浅者(徒弟)之间建立的一种深刻的二元关系,并提供职业生涯帮助和社会心理支持,如图 6-3 所示。职业生涯旨在为个人职业晋升提供帮助,主要体现在对选拔任用徒弟的提名推荐、职业生涯辅导、庇护、挑战性任务或工作的分配、社会资本等方面。社会心理旨在提高个人自我效能感、职业身份认同感、职业效益,主要体现在师傅对徒弟的认同与接受、劝诫与咨询以及友谊。

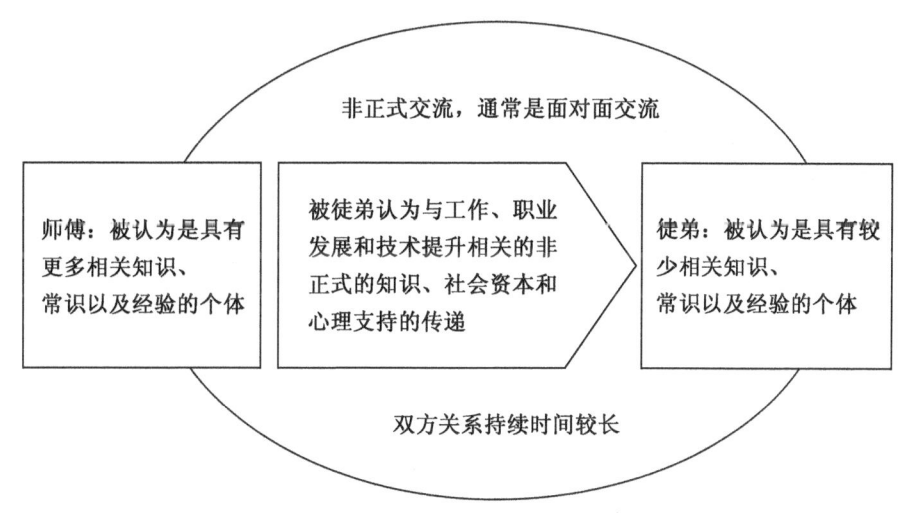

图 6-3 师徒制定义示意图

很多企业人力资源管理人员在探索新型培训模式中,都不断总结师徒制在人才培养中的优势,老方新用,不断赋予这种模式新的内涵。发挥师傅的激励和约束作用,通过传帮带,延续优良的工作作风,继承和发扬优秀的传统,为企业培养更多优秀的人才,有效弥补了以往培训存在的不足,满足了当前企业迅速发展的要求。

1."师徒制培训"技能传播速度比较快

从师徒制培训现状来看,师傅的担任者都是高级技工、高级技师等,他们工作能力强,技能水平高,具有丰富的工作经验,掌握了大量的工作技巧,这是普通员工无法比拟的。在长期工作和学习中,他们通过大量的探索、学习、实践,拥有娴熟的工作技能,能够独当一面。在现代企业师徒培训模式中,师傅与徒弟会签订合同,然后制定一系列规范措施,明确培训的期限、目标以及任务等,制定对应的奖惩机制,这样不仅会激发徒弟学习的动机,而且能提升师傅的责任感,实现良性互动,从而有效提升学徒的技术能力。师傅在具体指导徒弟技能学习过程中,会把自己掌握的技巧和绝活教给徒弟,大大节省了徒弟自己探索的时间,有利于提升实际的培训效果,有利于企业技能资源得到延续。

2. 有利于加强企业文化的建设

在长期的工作中,优秀的师傅会养成良好的职业道德和爱岗敬业的精神,针对工作中存在的问题,自觉钻研技术,默默奉献,乐于帮助他人,通过自身行为,发挥表率作用,影响徒弟。在实际传帮带过程中,师傅会把企业文化融入实际工作中,以身作则,言传身教,推动企业文化的建设。与此同时,师傅是企业文化的践行者,对普及和推广企业文化发挥着十分重要的作用。

3. 有利于提升培训的效果

通过师徒制培养的徒弟,有利于提升他们对工作的满意度,增强对企业的认同感和归属感。在具体师徒制推行过程中,师傅扮演着多重角色,比如顾问、支持者等,这样可以提升师傅的责任感,努力提升自身的专业技能水平。师傅在为徒弟提供专业指导的同时,不仅可以丰富自己的工作经验和带徒经验,还可以帮助新员工提升基本技能,更快融入组织,提升自身的综合素质。

4. 有利于减少实际投入成本

利用师徒制培训,不仅节省培训时间,而且可以降低实际投入的成本。并且,师徒制培训模式更加符合企业实际发展,培训内容针对性强,有利于优化人力资源的配置,这对于技能人才匮乏的企业比较实用。

综上所述,企业师带徒模式对人才技能培养发挥着十分重要的作用。企业要针对岗位设置情况,制定完善的培训管理制度,明确师徒培训的目标,做好师徒匹配工作,做好师徒培训考核验收工作,建立更加完善的激励机制,激发师傅和徒弟实际参与的积极性。

五、校企合作培训

校企合作是指学校与企业建立的一种合作模式。当前社会竞争激烈,亦包括教育行业,大中专院校等职业教育院校为谋求自身发展,采取与企业合作的方式,有针对性地为企业培养人才,注重人才的实用性与实效性。校企合作是一种注重培养质量,注重在校学习与企业实践,注重学校与企业资源、信息共享的"双赢"模式。校企合作做到了应社会所需,与市场接轨,与企业合作,实践与理论相结合的全新理念,为教育行业发展带来了"春天"。它通常表现为以下三种类型。

1. 用人合作型

用人合作型即通常讲的"订单培养"。根据企业需要进行短期的技能培训,培训完成后,经公司组织考核合格,即可按合同上岗就业。这种合作针对性强,突出了职业技能培训的灵活性和开放性,培养出来学生适应性强,就业率高,就业稳定性好。这种合作模式的不足之处在于,学校处于被动地位,培养多少人,什么时候培养,完全根据企业需要,学校没有主动权。这是一种初级的合作模式,一般在中专院校运用较多。

2. 资助合作型

资助合作型以企业向学校提供资金、培训设备等为主要表现形式。这种合作模式对处于发展时期资金缺乏的职业院校有着显著的支持效果,通常需要学校有良好的运行状态及与企业有长期良好的合作关系。由企业提供实习基地、设备、原料,企业参与学校的教学计划制定,并指派专业人员参与学校的专业教学,如企业优秀管理者或技术人员到学校授课。通过校企合作使企业得到人才,学生得到技能,学校得到发展,从而实现学校与企业"优势互补、资源共享、互惠互利、共同发展"的双赢结果。

3. 合作育人型

合作育人型是订单培养模式基础上的深层次合作。这种合作模式的特点是企业与学校在人才培养方面融为一体,企业从用人订单、资金支持到专业建设和课程建设、企业文化传播、学生实训、教师培训等方面,全过程参与学校的人才培养。这种合作形式是校企合作的理想状态,学校完全按企业用人需求培养人才,企业获取的人才也是完全符合需求的。合作育人型的终极形式是合作办学,企业与学校从法人到办学内容完全融合。企业与学校形成育人共同体格局,共同投资,共同办学,共同育人。将企业引进学校后,即将企业的一部分生产线建在校园内,便可以在校内实行"理论学习"和"在岗实训"相结合的办学模式。这种模式既可以解决企业场地不足的问题,同时也解决了学校实习实训设备不足的问题,真正做到企业与学校资源共享,获得"产学研"相结合的多赢途径。

第四节 企业大学与员工培训

一、企业大学发展历程

自 1927 年,通用汽车设计和管理学院作为世界上第一所企业大学诞生至今,企业大学的发展已有近百年历史。企业大学是指由企业出资,企业的高级管理人员联合商学院教授、专业培训师等共同作为教育者,以实现企业人员的知识和技能的终身发展目标,满足人们终身学习需要的一种新型教育、培训体系。企业大学的教育区别于传统高校,主要以企业经营实战、案例等实践途径构成一种新型教育培训体系。随着国际经济一体化的发展趋势,企业在全球化经济浪潮中更加需要以企业大学的综合文化教育理念来积极引导企业的可持续发展。企业大学体现了最完美的人力资源培训体系,是最有效的学习型组织实现手段,更是公司规模与实力的有力证明。在不久的将来,企业大学的数量甚至将会超越传统的大学,成为未来成人职场教育及终身学习的主流。

(一) 企业大学的发展历程

企业大学作为一种教育实体最早诞生于美国,之后不断向其他区域开始扩展。纵观历史变迁,企业大学经历了以下发展历程。

1. 20世纪20—60年代的初级萌芽阶段

20世纪20—60年代,随着工业革命引起的技术更新速度加快以及对劳动力专业能力的要求提升,企业参与教育培训的热情开始高涨,企业大学开始盛行。1927年,通用汽车设计和管理学院成立,后更名为克顿维尔学院,标志着全球公认的第一所企业大学诞生。自此之后其他企业纷纷效仿,企业大学作为一种新的企业教育模式开始萌芽,但其仍旧以内部培训机构的身份出现,课程设置相对单一,师资力量以内部为主,几乎不与外部发生任何联系。

2. 20世纪60—80年代的初步发展阶段

随着科技不断发展,企业对高素质企业员工需求量日益扩大,进而导致企业对人力资源的投资力度不断加大。在这一时期,企业培训的重要作用愈加明显,"企业大学"这一术语开始为企业界所广泛接受,各知名企业开始建构自己的企业大学,企业大学在数量上开始有所增加。这一时期有代表性的企业大学为1978年由摩托罗拉公司建构的摩托罗拉大学。随着不断发展成熟,该企业大学成为以后各企业大学建构的样板,影响了自此之后其他企业大学的创建。这一时期,科技发展要求企业对人力资源的投资力度增大,企业开始尝试与传统高等教育机构合作,共同教育企业员工,以减轻自身教育投资的压力。同时,企业大学的培训和教育对象扩充到价值链上的利益伙伴,且具体运作已相对成熟。

3. 20世纪90年代至今的飞速发展时期

知识经济的发展使企业开始认识到,唯有把自身建构成一个学习型组织,才能不断提升核心竞争力,企业大学在企业战略发展中发挥的重要作用愈加明显,使得企业创建企业大学的实践风靡全球。在这个时期,企业大学的发展开始突破欧美区域的限制,渗透到亚洲区域。跨国企业根据发展需要开始考虑合作伙伴的教育需求,力图把企业大学建构成一种国际性教育组织,其教育对象开始包括整个价值链成员,各层面的教育运作已经相对成熟。企业大学作为一种教育实体,随着时代的发展而不断成熟。但是必须指出的是,世界知名企业大学应企业发展需求及社会进步进行不断变革,基本上经历了上述三个阶段,但某些企业大学发展水平仍旧处于初级萌芽阶段或者初步发展阶段。所以,企业大学发展所处的三个阶段,可视为企业大学并存的三个类型。

(二)中国企业办学发展历程

企业大学作为最新企业教育模式在中国经历十余年的飞速发展,为我国经济转轨、社会转型、教育转制提供了强大的智力支持。到目前为止,企业大学经历了社会主义建设时期雏形发展的半工半读高校、改革开放时期进位发展的职工业余大学以及当今知识经济时代跨越发展的企业大学三个阶段,由最初简单建构模式发展到企业大学最新模式。

中国企业大学的发展历程,总体而言经历了跨国公司在中国建构企业大学及本土企业建构企业大学两个阶段。迄今为止,中国企业大学经历近十年的发展,其数量已达百余所并呈现增长趋势,成为我国企业教育和成人教育领域的新景象。企业大学在中国的建构,实现了中国传统企业教育培训机构的跨越发展。由此,中国企业大学模式经由半工半读高校、职工业余大学的发展后,在知识经济时代实现了其自身的跨越式发展,我国企业大学不同发展阶段特点,如表6-1所示。

表6-1 我国企业大学行业发展阶段特点

时间	发展阶段	发展特点
1993—2001年	"企业大学"概念引入阶段	外资企业大学引领,如摩托罗拉中国区大学、西门子管理学院、爱立信中国学院、惠普商学院等
2002—2006年	初步探索阶段	"企业大学"概念被熟知,国内企业开始对其产生热情,如中国移动学院、阿里学院、中国平安金融培训学院等
2007—2015年	"互联网+"初期阶段	企业大学创办热潮,如华为大学、百度技术学院、招银大学等
2016年后	战略转型阶段	迎合转型大背景,大中型企业开始对其自身企业大学经营模式进行创新;如圣象管理学院、海尔大学等

企业大学的建设与企业的发展密切相关。从下图可知,2012—2017年,我国企业大学数量增长速度与我国企业500强入榜数量增速一致,处于增速加快阶段。2017—2019年,我国企业数量与我国企业500强入榜数量同样处于增速趋缓状态。我国企业大学的数量增长趋势与我国企业500强入榜数量增长趋势有紧密正相关关系。

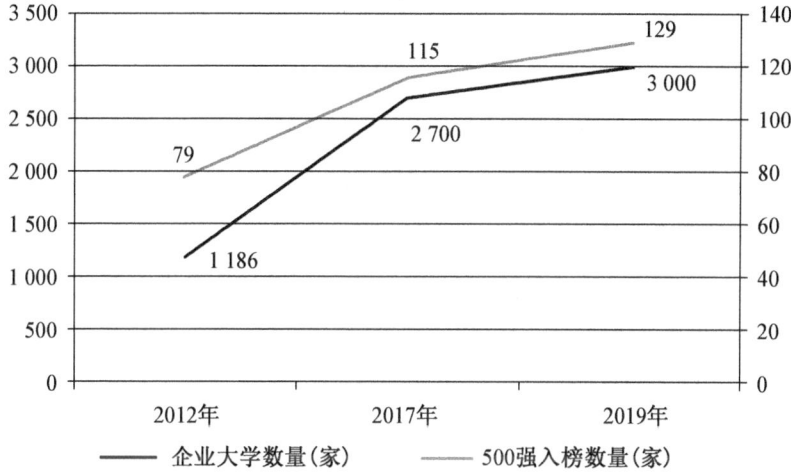

图6-4 2012—2019年中国企业大学数量变化情况(单位:家)

纵观我国企业大学的发展历程,可知企业大学是企业经营发展到一定高度后的产物。企业处于不同的发展阶段,创建企业大学的要求是不同的,如表6-2所示。

表6-2 企业发展阶段与创建企业大学的关系

发展阶段	是否有必要创建企业大学	原因
以产品创新为目标的初创期	一般认为没有建立企业大学的必要	初期以产品开发、市场推广为首要任务
以成长为目标的青年期	可以考虑建立企业大学,建议围绕营销、生产等规范教育培训以及中、高级经理人的教育培养展开培训	企业产品已初步开发,有一定市场,培养员工认知产品,利于营销,提高市场占有率
以盈利为目标的中年期	是建立企业大学的最佳时机,应当系统开展企业文化教育培训、系统化管理教育培训以及中高级管理者教育培训	企业处于上升期,建立企业大学,系统开展企业教育培训有利于企业规模进一步扩大,形成品牌效应

(续表)

发展阶段	是否有必要创建企业大学	原因
盈利和成长持衡的成熟期	迫切需要建立企业大学,并集中开展领导力教育培训、发展战略教育培训、多元发展教育培训	企业处于成熟期,企业品牌和商誉推广需求迫切,对人才要求更高

我国企业大学的建设可以借鉴表6-3,领先企业大学的建设经验包括以内容为王、融合企业文化、加强内容交付管理、提供晋升领导职位的机会、打造学习型社群等。

表6-3 成功的企业大学经验总结

经验借鉴	具体内容
内容为王	利用企业内外部资源,掌握和累积属于企业自己的内容
融合企业文化	使人才培育充分融入企业文化,成为组织未来发展的骨干团队,从而影响企业未来的融合多元文化、引领创新文化
内容交付管理	选择最适合学习者的方法,并非全盘相同的固定培训,使员工体验内容的方式多样化
为领导力发展定下基调	提供晋升领导职位的机会,从内部进行培养和提升
学习型社群	不只是单向的授课活动,而是通过完整的交流与分享机制,将整个企业组织建构成一个完整的学习型社群

(三) 企业大学功能的演进

无论企业创立企业大学的动因是什么,伴随外部环境和企业内部发展需求的不断变化,企业大学的功能都在不断演进,从整体趋势上可以概括为以下几点:

1. 从单一功能向多元功能扩展

企业大学作为一种新型教育组织形式,往往脱胎于企业内部的培训部门,为员工提供培训服务是其最基本的功能。企业大学的发展过程可以归结为培训中心——学习中心——团队学习中心——团队企业学院——企业大学五个阶段。

2. 从战术职能向战略功能跃升

伴随着人力资源成为企业的战略性资源,传统的人力资源管理也逐步迈向战略性人力资源管理,企业大学的功能层次也实现了从战术职能向战略功能的跃升。第一代企业大学是培训中心的"升级版";第二代企业大学是教育与人力资源开发的结合,通过与传统大学开展合作,培训对象向企业外扩展;第三代企业大学则发展成为组织的战略中心,主导着企业成为学习型组织的过程。企业大学不是传统培训部门的简单升级,而是一种战略层次上的全新组织形态;企业大学注重的不只是员工的培训和发展,更注重组织整体绩效的提升;企业大学不只是满足员工在技能训练上的需求,更要满足企业在整体经营策略上的需求。

3. 从封闭系统向开放系统转变

现实中,一些企业大学只是作为一个职能部门服务于企业内部发展,但也有不少企业大学的服务对象已不再局限于本组织的员工,而是将其业务扩展至上下游产业链企业,甚至有的企业大学已具备了传统大学的社会服务功能,即面向社会传播优秀企业文化、提供培训产品和服务、开展管理咨询等。在20世纪80年代以前,外部竞争环境相对稳定,企业战略可以在一段时间内维持不变,获取竞争优势的关键在于选择合适的竞争产业并给以合适的定位。20世纪80年代后期,经营环境变化加快,产业发展呈现产业链全球布局,企业在竞争中的生存和发展取决于管理水平的高低,获取竞争优势的关键开始转向对"战略性资源"的获取,企业已经变成一个开放的系统,企业大学的功能开始转向以振动战略变革和培养领导人才为主。20世纪90年代末,产业发展进入全球化快速推进阶段,企业获取竞争优势的关键在于组织、整合全球资源的能力,各类人才资源已不限于内部培养,而是更大范围内的获取和整合,企业大学的功能进一步升级到知识管理与资源整合。

4. 从知识传递向知识管理和知识创造延伸

尽管企业大学的功能在不断演进,但人才培养始终是基本功能。企业大学的开放性趋势为与职业院校开展合作提供了更多可能。企业大学向战略性功能的跃升,使得这种合作有可能超越传统校企合作的层次和范围,从而成为未来职业教育深化产教融合和校企合作的理想对象。

无论企业大学的功能如何演变,知识都是其不变的标签,但围绕着知识的功能发挥却在不断变化,呈现出从知识传递到知识管理再到知识创造的演变趋势。企业大学作为企业知识管理中心的地位在强化,企业大学的重要功能不仅包括知识转移或传播,还包括知识开发和创造。从发展趋势看,企业大学不仅能在内外部沟通平台的构建上发挥作用,而且将在整合、孕育新知识、新理念,甚至在通过产学研合作来推动整个企业的创新活动方面扮演重要角色。

二、企业大学常采用的培训方法

(一) 案例教学

案例教学法始创于美国哈佛商学院,后被企业界广泛采用,是管理培训中常用且非常有效的一种教学方法。它注重导师与学员之间的互动,并结合学员的实际工作需要,提供现实生活中的案例,由学员根据自己的学识和经验,通过讨论来解决案例中提出的问题,培养学员实际工作和解决问题的能力。这种教学方法对于培养学员理论联系实际、提高分析问题和解决问题的能力、锻炼思维能力、发挥学员的主观能动性、提高学习效率都有非常积极的作用。案例教学法是以学员为中心和主体的教学方法,过程中可以播放一些国外案例教学课的录像资料,以增加感性认识。

(二) 行动学习模式

目前在企业培训中,如何解决培训与企业实践脱节的问题成为培训业内普遍关心的问题。近年来,一种新的培训学习模式——"行动学习模式"开始在中国出现,并且陆续在一些企业内进行了有益的尝试。行动学习源自20世纪50年代的欧洲,由英国物理学家瑞文斯教授提出,开始时多在管理理论界及少数先进企业内研究与尝试。直到20世纪90年代以后,行动学习开始在国外诸多企业内流行,并成为迄今为止企业变革与领导力开发最有效的工具。

1. "行动学习"模式

行动学习建立在这样一种学习循环圈(见图6-5)的基础上:在实际行动中,会产生实际的体验。人会通过对这些体验进行系统的反思,可以形成抽象的概念和原理,形成高于具体体验的理论上的认识,学习因此发生了,人在这样一个理论高度上再行动,检验了理论的正确性,也提升了行动的能力。学习是一个从"体验"到"反思"到"概括性判断",到"行动",再到下一个"体验"的无限循环过程。每一次循环,参与者的能力都会有更多提高,相应的工作都有进一步的改善。这也被称为"库博经验学习圈"(见图6-6)。企业培训中,行动学习是一个以完成预定的工作为目的、在同事的支持下持续不断地反思与学习的过程,即在学习中,参加者反思自己,学员们相互学习。

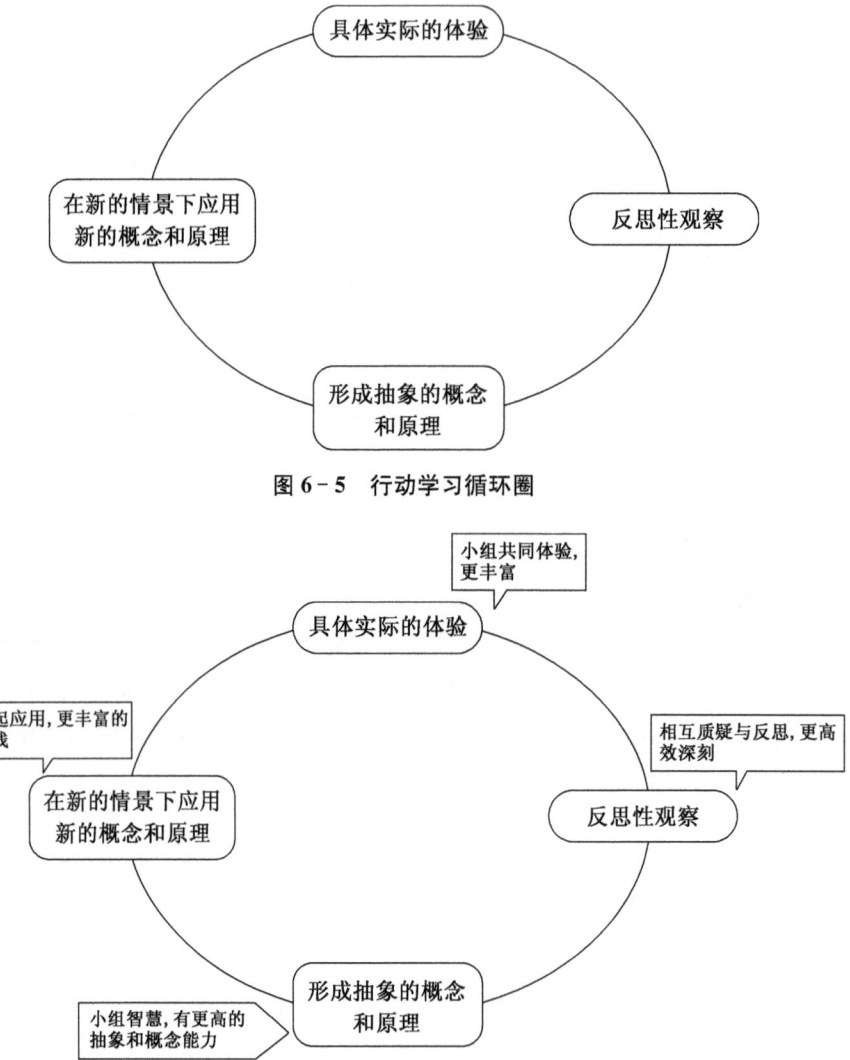

图6-5 行动学习循环圈

图6-6 库博经验学习圈

(三) E-Learning 模式

在以全球化、信息化、知识化和网络化为基础的知识经济时代,企业应如何通过创造知识、扩散知识与利用知识来获得竞争优势,已成为人们关注的焦点。知识管理使传统企业管理理念受到冲击,要求企业拥有大批能及时更新知识的员工。知识更新的加快也使终身学习成为必要,学习成为贯穿人一生的重要活动。员工必须不断地接受继续教育或在职培训,以适应知识经济发展的需要,而要使员工的知识和技能持续更新,企业必须实施有效的员工培训。一方面,传统的、面对面的培训方式,因其耗费资源、需受训对象集中或脱产、培训内容更新慢、难以及时跟踪等问题,已远不能满足当下员工培训与适应变化迅速的竞争环境的需求;另一方面,现代通信技术和网络技术的发展使新型的员工培训方式成为可能,由此线上培训 E-Learning 应运而生。

E-Learning 教学系统的原则是:创设真实情境,强调自主学习、协作学习和发现学习。与传统教学模式相比,它呈现出许多新的特点,主要表现在:主体的个性化、交往的平等化、内容的整合化、空间的网络化及时间的终身化等。随着 E-Learning 在教育与培训中的推广,E-Learning 也被赋予新的内涵,教学的基本要素发生了变化:教师由知识内容的传授者、课程体系的呈现者、教育教学的管理者逐渐转变为 E-Learning 环境的创建者、E-Leaning 内容体系的研究者、E-Leaning 主体关系的表演者;学生由知识内容的被灌输者逐渐转变为 E-learning 环境下的主动学习者。学习不仅仅是个体对知识的获取,更是社会参与的过程,是一个共同构成的过程。E-Learning 的目标就是要通过现代信息技术所提供的理想学习环境,实现一种全新的学习方式,彻底改变传统的教学结构与教育的本质,从而培养出大批创新人才。员工培训的目的即通过知识的传播共享来实现知识的应用与创新,E-Learning 在员工培训中的应用便加快了这一目的的实现。E-Learning 不仅是企业员工培训系统的变革,也是企业实施知识管理的重要途径。

本章小结

对于企业而言,人力资源开发战略的实施与管理,离不开培训体系的建立。从理论的变迁、内涵的完善、到企业大学的逐渐发展,本章节从知到行的视角,介绍了在这一过程中,企业如何开始培训需求评估,培训体系建立、培训设置理论指导、内外部培训资源利用、培训实践安排等方面的内容,使员工在技能培训、管理培训中受益,最终获得职业发展的提升。

关键术语

培训开发　培训类型　培训方法　企业大学

复习思考题

1. 企业进行培训开发的最终目的是什么?
2. 企业大学的发展趋势是什么?
3. 线上学习的优势是什么?

应用案例

海尔大学

海尔大学始建于1999年,是海尔人的学习平台和创客的加速平台。在海尔大学创立初期,海尔大学的创始者张瑞敏将海尔大学的战略定为:"不在于有多少好的设施和硬件条件,关键在于其内涵和软件,要成为海尔员工思想锻造的熔炉和能力培训基地,要以GE管理培训中心为榜样,成为中国企业界的'哈佛大学'"。海尔大学主要承接海尔集团"企业平台化、员工创客化、用户个性化"的战略发展,搭建开放的并联交互平台,加速创客孵化、助力小微引爆,并通过交互推广海尔的"创业、创新"文化及"人单合一"双赢模式,助力每位员工成为自己的CEO,持续为用户创造价值。海尔大学搭建并联的培训平台,持续为员工提供开放的学习资源。员工可以根据自己的能力差距和实际需要,自主学习、自主发展。通过搭建小微创客的学习平台和创客孵化加速平台,与用户实时互动交互,为小微提供个性化培训解决方案,助力组织转型及创客加速。

随着海尔大学的不断发展,海尔大学的办学战略也在不断改变,海尔大学在创立之初根据产品的生产流程,来改进员工的工作行为和理念,并在培训期间努力发掘员工的潜力,激发员工的潜能,寻找企业未来的接班人。随着企业的不断发展,特别是海尔集团成功走出国门成为世界品牌,单纯的企业大学定位已无法适应高速发展的海尔集团。在海尔大学发展过程中,保留了海尔大学经典的管理课程,新加入了海尔实战案例及符合现代教育体系的一些知识。企业大学的培训对象也从企业员工延伸到产业链上的各个环节。

创客学院:创客学院是海尔大学专门为加速培养创客而设立的,依托海尔平台,吸引内外资源,通过公开课、训练营、导师辅导、互动社区等多种形式提升创客能力,搭建创业项目与投资人对接的平台。已形成集创客公开课、创业训练营、导师辅导、互动社区等多样化的创客加速培养体系。

创客公开课:基于创业前、中、后所需的知识与技能,帮助初创创客及潜在创客,系统了解创客所需的基本技能和专业技能,搭建形成了包含创业机会、商业企划、用户交互、产品创新、电商营销、公司运营、投后管理等12个节点、30余门课程的公开课体系。先后吸引了硅谷专家、互联网公司高管、投资人、海尔内部成功创业小微主等,围绕多个主题开展公开课,吸引内外部创客参与培训交互。

创业训练营:通过原型日、私董会、项目路演等为创客提供实战辅导,加速创业项目。海尔大学与北京大学联合创办"海尔创业训练营",与清华大学共同发起"清华全国创客教育基地联盟",与山东大学进行战略合作推进创新创业联盟活动等,打造海尔创业训练营品牌,持续为创客们提供更大的平台,对接更多的资源。

创客联盟:搭建与高校对接的、开放的创业加速平台,通过高校创客联盟,吸引政府、企业和创客机构参与,联盟成员共享创新创业资源,共建创业扶持平台,共同完善高校创客孵化加速生态圈。高校创客联盟主要聚焦创客培养、众创空间共建、创客生态完善三个方面,通过系列校园创客活动,吸引高校导师、学生、技术资源,实现项目创意和学生创客抢入的全流程闭环。

创客大赛:海尔生态圈面向社会共同举办创客大赛,吸引全球成熟创客进入海尔创客生态圈,通过在线申请、筛选面试、创客训练营修炼、演示日路演、孵化五个阶段,筛选创客团队和项目,并加速项目孵化,共享创新创业资源。

创客模式输出:海尔大学面向社会输出海尔创客模式,将海尔的创客模式探索开发出海尔的创客加速模式、HR按单聚散等课程,通过将海尔的创新孵化模式及成功创业案例等总结沉淀并对外输出,扩大海尔创业平台影响力的同时吸引外部优秀创客、优质项目到海尔平台上创业,通过创客文化交互及沉淀等营造创客文化氛围,驱动创客转型。

海尔大学通过整合行业资源建成了"海尔文化展"并对外开放,整个展馆通过空间语言和体验式培训,让员工不断复制海尔文化的基因,并在工作中持续创业、创新。海尔文化展在对内部员工进行培训的同时,也成为向社会展示海尔文化的培训基地,每年接待国内外各界参观者40万人次,受到了高度评价。同时,企业文化大讲堂每月定期为新入创客提供线上+线下学习,持续推广海尔的"创业、创新"文化及"人单合一"双赢模式。

海尔大学通过搭建V-study平台实现知识大规模定制和全流程线上学习体验的学习社群共创平台,持续推进集团的战略转型,提升接口人和小微创业者的转型、创业、创新能力。

V-study平台:V-study平台是由海尔大学搭建的知识定制平台。应用物联网平台技术,为用户提供学习资源共享及线上交互学习,并进行学习形式和服务创新的平台,创造在线学习价值。V-study平台将资源面向社会开放,一方面开放学习资源和系统平台,服务企业/政府用户,减少企业管理的试错成本、中介成本;另一方面开放用户资源,吸引社会大众在平台进行课程共创和讲师资源共享,实现与资源方共赢,服务更多用户。该模式颠覆了传统的培训老师与用户须通过中介对接的方式,让讲师直面用户,同时讲师的价值由用户评价体现。在大数据及人工智能应用方面:通过用户海量培训数据,以及人工智能交互数据,对用户需求及学习习惯数据进行分析,为培训产品定制开发提供数据支持,成为资源延伸平台,不断迭代升级,最终形成物联网时代知识的大规模定制平台。

创客测评:基于非线性管理理论,结合员工的岗位及个人数据信息,搭建一个集培训资源、学员及平台一体化的良性循环内容迭代系统——火焰动能体系。焰心是不停被激发而游动的能量分子,它们寻找"伙伴"进行反应释放出光和能量。在外界环境变化下,自驱力不断转化为认知力和实践力,应对、掌控、预测变化。该测评平台为创业小微全生命周期的发展过程提供人才评估解决方案,提升创客自我认知,助力小微团队的优化配置与发展。

资源吸引:与百家大型培训机构合作,整合培训行业资源市场,共同打造顶级企业培训平台,打造与用户开放交互、无障碍的全流程在线资源吸引平台——资源共享云,充分交互、公开透明,根据用户评价持续迭代企业的培训平台。

课程资源:在现有海尔大学课程讲交互平台上,拥有人力资源管理、市场营销管理、领导力、项目管理、精益管理、财务金融、职业素养提升等课程资源。与丹娜·左哈等海内外知名专家、学者和教授及行业大咖导师长期合作教学,为创业小微全生命周期的发展过程提供人才支持。

讲师资源:通过搭建内外圈培训师生态圈交互机制,建立体系化、专业性的培训师交互平台,对外输出"海尔模式",对内进行组织文化、创客素质、小微经营等方面的培训。海尔大学是海尔集团讲师和导师认证的唯一机构,同时也是海尔集团对外培训的唯一机构。

社群学习:打造全球创客学习社群,通过自主研发的学习社群助手,创客可以实现碎片化、移动化自主自发学习。

独家课程:萃取企业最佳实践和"人单合一"管理课程,帮助中国企业管理者拓展管理思维。

海尔大学与传统大学的主要区别在于:海尔大学的课程设计和教学实施更具有针对性,更适合企业内外部员工的学习。这也是以理论教学为主要内容的传统大学所欠缺的。同时,由于企业各个阶层的学习目的和学习内容不尽相同,这就要求企业大学设计出更为具体、更具有针对性和企业特色的课程,这进一步增加了海尔大学课程的特色。相信在未来,海尔大学在课程设计上会更具体、详尽地对这些培训诉求进行分析,从而开发出更具企业特色和针对性的核心课程,更好地为提升企业竞争力服务。

资料来源:https://baik.baidu.comlitem1%E6%B5%B7%E5%BO%94%E5%A4%A7%E5%AD%A618444586? fr=aladdin 根据百度百科词条"海尔大学"整理

讨论:
1. 对于企业而言,员工培训的目的和作用是什么?
2. 影响员工培训有效性的因素有哪些?
3. 海尔的企业大学项目对其他企业的培训和员工发展有什么借鉴作用?

第七章　职业生涯规划与发展

学习目标

1. 掌握职业生涯规划与发展的相关概念和含义
2. 熟悉职业生涯发展理论和职业选择理论
3. 了解企业和员工如何进行职业生涯规划
4. 了解职业生涯规划与发展领域的几大议题

开篇案例

"能不能再给我多一点的时间？我保证，一定抓好团队建设，完成公司下达的任务和目标，我……"A公司安徽分公司的总经理王强急切地说道。然而，电话那头公司总部的孙总还未等到王强再次立下军令状，开口打断他："下一任分公司的总经理已经任命了，马上就到位了。"尽管孙总不忍告诉王强这个消息，但他不得不承认，王强作为一个销售人才实在不可多得，也正是因为出色的销售业务，当初才将他提拔为分公司总经理，但分公司总经理的重点工作是管理好整个分公司，而不是一味注重自己的个人业绩。从最近一段时间安徽分公司的经营情况来看，王强真的不适合做管理，也不适合担任总经理职务。公司决定让他去担任区域经理，但相比于总经理的职位，孙总很担心王强会因为面子上过不去而选择离职，这对公司来说则损失了一个销售人才。他一直在想，如果当初给王强的是一条营销专家的路线，那么王强的职业生涯是不是又是另外一番景象了？

为了进一步分析王强事件，也避免此类事件再次发生，孙总暗暗对自己说："未来一年，一定要从系统上解决这个问题，建立一个多样的实用的销售人员职业通道。"孙总后来通过调研和与其他公司的高管交流后发现，绝大多数的营销领导都是从销售精英中产生的，但管理与销售是完全不同的，销售精英如果不具备管理才能而成为销售管理者，发挥管理者的作用，还会使公司损失了一个销售人才。反之，如果不给销售精英以晋升的机会也同样会失去一个销售人才。几乎每一家企业的高管都认为，好的销售人才难找，如何有效识别销售精英是否具有管理能力？让有管理能力者成为管理者，让没有管理能力的销售精英继续在销售的岗位上深入发挥自身能量，从而成为一个销售的专业人才。

孙总在后来的工作中，采取了专业线和管理线分开进行设计的职业生涯发展通道。当业务经理中A和B业绩突出，给两个人三个月的时间给予代经理的职务，并将他们原有的市场范围扩大化，同时给予2—4位业务代表让其管理。在三个月的时间根据两个人展现的管理能力,决定两个人的发展方向,真正做到人尽其才。

资料来源:百度网站,http://www.hrsee.com/? id=237(此案例有删改)

案例思考题

1. 企业在制定员工职业生涯规划时应遵从哪些原则?
2. 企业内部员工职业生涯规划发展的途径有哪些?

第一节 职业和职业生涯规划的概述

随着经济社会的不断发展,企业不再简单满足于对员工当前工作状态的管理,开始注重员工的职业生涯管理。与此同时,员工自身也开始意识到职业生涯管理的重要性,他们也许在进入企业之前,就已对自己的职业生涯进行过合理的规划,有自己独特的理解。这可能得益于在大学校园里的职业生涯规划课,也可能是因为企业人力资源部门给予的职业生涯规划与发展。总之,职业生涯管理问题的提出和重视,让员工和企业双方彼此受益。职业生涯(Career)最早由国外学者于20世纪50年代提出,后来逐渐应用到组织行为领域和企业实践中。事实证明,企业和员工重视职业生涯规划,对于企业发展、个体成长,甚至社会的不断进步均有重要的意义。因此,本章将重点介绍与职业生涯规划相关的概念和理论,企业和员工如何进行职业生涯规划与管理,以及职业生涯规划与管理的四大议题。

一、职业和职业生涯的含义

在谈及职业生涯之前,需要区分与职业生涯相关的两个概念:工作(Job)和职业(Occupation)。工作通常是个体为了达到目的的一种手段,是个体建立事业的一个步骤。在具体的工作中,个体会获得薪水以及工作经验,这些将有利于个体找到下一份工作,即使这两份工作并不相同。当然,一系列的工作将组成个体的职业。也就是说,相对于工作,职业通常是一个更为宽泛的术语,它包括个体的就业部门或者是适合的工作类别,抑或是个体感兴趣的工作领域。它不局限于特定的职位,没有等级之分,如记者、教师、公务员等。

职业生涯是建立在个体所拥有的特定技能、知识和已获经验基础之上的终生经历。对个体而言,如果职业生涯选择得当,那么他所从事的职业更有可能是自己感兴趣的工作。对于职业生涯所起的重要作用,以及它作为一个发展性的概念,这些是大多数职业心理学家所认可和接受的。但对于职业生涯的具体含义,不同的心理学家则有不同的见解。他们之间的分歧主要分为两类:一类是从职业生涯对象的角度进行的争论,职业生涯是个体所经历的一系列工作、岗位和经验的整体,还是一系列职位所构成的整体,前者是从个体的角度出发的,后者是从工作本身或组织出发的;另一类则是关于职业生涯内容的争论,以萨柏(Super)为代表的职业心理学家认为,职业生涯是指人的一生所经历的职业活动和非职业活动的总和,也就是说,个体的出生即是其职业生涯的起点,而以霍尔(Hall)为代表的职业心理学家则认为职业生涯是与职业相关的活动,从个体自身经历和经验来说,任职前的职业学习和培训是其职业生涯的起点。

二、职业生涯规划的含义

我国学者孙海法认为职业大致可以分为两类:内职业和外职业。内职业是指个体所经历的职业的过程,是个体主观上追求的职业道路;而外职业则是组织为员工制定的有所依循、可感知、可行的职业发展道路。与之相对应的职业生涯规划也将分为两类:一类是于个体而言,职业生涯规划侧重内职业,是其在综合考量自身的知识、技能等,以及评估外界的信息、资源等后进行的职业选择和计划。在这一过程中,个体需要根据自己的天资、能力、动机、需要等逐渐形成一个明晰的与职业相关的概念,进行职业探索、职业目标设置和职业策略的制定。另一类是于组织而言,职业生涯规划是指组织把员工发展与组织发展结合起来,综合分析决定员工职业生涯规划的个人因素、组织因素和社会因素等方面后制定的有关员工在职业发展上的战略设想和计划安排。

在本章节中,职业生涯规划作为企业人力资源体系的一部分,是组织为了更好地实现员工的职业理想和职业追求,寻求组织利益和个人职业成功最大限度一致化。对员工的职业生涯历程和职业发展所进行的计划、组织、领导、控制等一系列手段,具体包括在考虑了员工的价值观、兴趣、动机等主观因素和企业实际的客观因素后,为员工设定职业发展路径,提供职业发展机会和平台,提供培训与开发机会帮助员工实现职业目标和职业理想,最终实现组织利益。

三、职业生涯规划的意义

随着社会经济的飞速发展,现代企业面临着激烈的竞争,如何在竞争中站稳脚跟则取决于企业的人才。那么,能否赢得企业员工的忠诚和奉献,关键因素之一是让员工感受到自身的职业发展目标与企业、部门的发展目标相一致,以及在工作中获得成就感,进而提高员工工作的积极性,为企业的发展不断贡献自身的力量。因此,对企业来说,在日常管理中应重视员工的职业生涯规划和发展。同时,作为人力资源管理系统的一个子系统,企业的职业生涯规划与管理也应尽快实施,为企业提供引人、育人、留人的良好环境。

(一) 对个人的意义

合理的职业生涯规划对于个人来说,意味着拥有一份自我实现感的职业,这份职业是其获得幸福感和个人充分发展的重要方式。人们通过职业生涯规划,可以了解自己的职业定位、职业兴趣、职业目标等,在进入工作岗位后,企业的职业生涯规划工作通过细化员工的职业目标和帮助员工完成每一个子目标以最终达到员工的自我实现。此外,如何在一定的工作时间内发挥最大的效用,需要个体有效地对自身的时间、经历、资源等进行合理配置,那么职业生涯规划将帮助个体规划自身的职业历程,从而使得工作效能最大化。

(二) 对企业的意义

根据社会交换理论和互惠原则,当员工感受到企业组织对自己的激励,以及其满足了自身的要求和期望,那么出于回报的原则,员工对企业做出贡献,表现为积极投入工作,为企业的发展建言献策,同时不断提高自身的工作绩效,进而为提高组织绩效努力。而组织进行有效的职业生涯规划与管理,了解员工的职业兴趣和职业发展意愿,帮助员工实现职业进步和职业成功,有利于员工职业管理与组织职业管理的相互协调,且帮助组织选择适合企业发展的员工,不断稳定和扩大员工队伍,为自身的长期可持续发展添砖加瓦。

第二节 职业生涯规划与发展的理论基础

了解有关职业生涯规划与发展的基本理论,是员工个人职业生涯规划和组织职业生涯管理的基础。本节将重点介绍职业生涯规划与发展的几种基本理论,具体包括职业选择理论和职业发展理论。

一、职业选择理论

职业选择是个体综合了自己的兴趣爱好、价值观、能力等诸多因素后,对现有职业进行选择的过程。了解职业选择理论,有利于帮助个体更好地择业。

(一) 择业动机理论

美国心理学家弗隆(Victor. H. Vroom)研究了个体的择业行为后提出,个体行为动机的强度取决于效价的大小和期望值的高低,即动机强度与效价及期望值成正比。这正是著名的解释员工行为激发程度的期望理论。期望理论之所以受到学术界和实践界的认可,大概是因为人们意识到了期望心理作为行为表现的内在驱动力之一,具有至关重要的作用。当个体期望成功的概率越高,成功后获得的期望价值越大时,驱动行为表现的动力就越大。期望理论假定个体在分析某件事是否满足内心的期望时总会基于完成事件的可能性和完成事件所获得的价值来考虑,该理论的公式为 $F=V*E$。其中,F 为动机强度,是指积极性的激发程度,表明个体为达到一定目标而努力的程度;V 为效价,是指个体对某一目标的重视程度或评价高低;E 为期望值,是指个体主观估计能达到目标获得奖惩的可能性。效价和期望值的不同高低组合会产生不同的动机强度,因此,只有当效价和期望值都较高时,个体完成任务的动机强度才会最大。

如果用期望理论来解释个体的职业选择行为,那么择业动机=职业效价*职业获得概率。其中,择业动机是指个体对职业目标的追求程度,或对目标职业的意向程度;职业效价是指个体对某一职业价值评价的高低程度,它通常与个体的价值观、兴趣和该职业的工资、声誉等相关;职业获得概率通常取决于某项职业的市场需求量、求职者的数量和能力等因素。根据择业动机公式不难发现,如果某项职业对个体而言效价较低或获取此项职业的可能性较小,那么个体选择该项职业的动机就越低。

(二) 特质-因素理论

1909 年,职业辅导之父帕森斯(Parsons)在《职业选择》一书中正式提出了特质因素理论,该理论也被称为人职匹配理论。帕森斯指出,每个人都有自己独特的性格特点和人格特质,而每一种特质都有适合它的职业类型。特质因素理论阐明了影响职业选择的三大因素:① 个体可通过心理测量工具客观而有效地了解个人特征,包括人格、兴趣、价值观等。② 个体需要清楚地了解工作所需的条件,即了解职业成功所需的知识、技能、发展机会等。

③ 个体需要将上述两个条件均衡地进行匹配。总之,根据帕森斯的特质-因素理论,个体的职业生涯规划具备三大原则:了解自我、了解工作要求和人职匹配,即做出选择,找到符合自身特性且能适应工作要求的职业。

(三) 人格-职业匹配理论

人格-职业匹配理论又叫人业互择理论,是由美国著名职业指导专家约翰·霍兰德(Holland)于20世纪60年代提出的,他的核心观点是,职业选择是个体人格的一种延伸,所以,人们应该根据自身的个性特征选择适合自己的职业类型和职业环境。霍兰德基于自己对职业性向测试(Vocational Preference Test,VPT)的研究结果,将人格划分为六大类别,即实际型(Realistic)、研究型(Investigative)、艺术型(Artistic)、社会型(Social)、企业型(Enterprising)和传统型(Conventional),那么,人们从事的职业也可以对应地归纳为上述六种类别。人们总是需要某种类别的工作环境,使自身的技术和能力得以发挥,使个人的态度和价值观得以展现,使自己胜任解决问题的工作,并扮演相应的社会角色。人格-职业匹配理论强调个体的人格类型与职业类型的统一。

霍兰德提出了六角模型(见图7-1),将六种人格及其对应的职业类型按顺序排列成一个六角形(RIASEC),用于呈现各种类型之间的相互关系。该模型很好地解释了不同人格及职业类型之间的相关性,六种类型之间呈现出邻近关系、次邻近关系和对角关系。简单来说,各种人格类型和职业类型之间存在一定的相关关系,二者之间的连线距离越短,则代表了相关系数越大,也就意味着个体找到了适宜的职业岗位,其就业后的适应程度越高。相反,若从事与自身类型特征相差甚远的职业,那么工作效果将大打折扣。在实际生活中,受到各种客观因素的影响,人们未必能够像六角模型那样实现人格特征和职业类型的理想搭配,但是人格-职业匹配理论的出现对于学校的人才培养、个人的职业选择以及单位用人机制的改革等方面有着广泛而深远的影响。

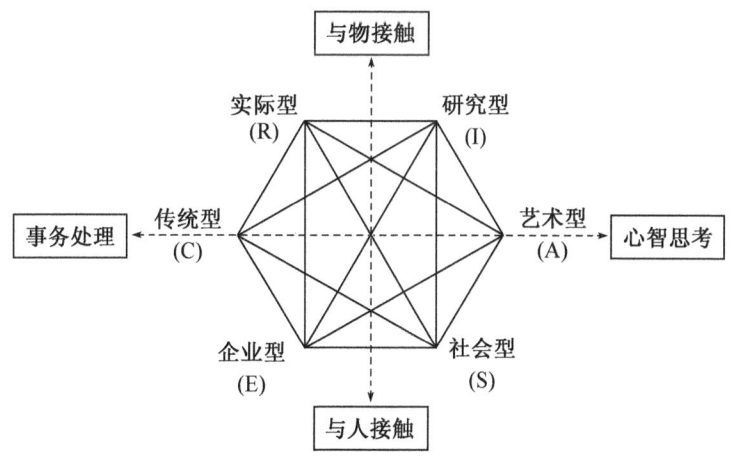

图7-1 职业类型六角模型图

(四) 职业锚理论

美国人力资源专家施恩(Schein)从个人角度出发,提出了职业锚理论(Career

Anchor)。他认为当一个人不得不做出职业选择的时候,无论如何都不会放弃的职业中至关重要的东西或价值观,即人们选择和发展自己的职业时所围绕的中心。他把职业锚主要分为技术或功能型、管理型、创造型、自主与独立型、安全型、服务型、挑战型、生活型等八种类型。

施恩认为,即便个体内心的渴望和需求是多种多样的,但总有一个优先级的排序,而职业锚正是这种组合排序中最优先的位置。值得注意的是,人们的工作、职位、职业等也许会经历多次的变化转换,但职业锚是稳定不变的。也就是说,每个人都有适合自己的职业锚,只有正确找到属于自己的职业锚,才能充分发挥自身的才能,达到自我实现,获得职业生涯的成功。

二、职业发展理论

不同的学者提出的职业发展阶段虽有所不同,但有共同的规律所循,以下介绍的三个职业发展理论均以年龄为划分标准,将职业发展划分为不同的阶段,对应每个阶段需要解决的任务和问题,提出了解决方法和对策。

(一)职业发展理论(萨柏)

美国学者萨柏(Super)认为,人们的职业生涯可以看作是自我概念(Self-concept)逐渐发展成熟并在职业选择过程中实施自我概念的过程,而自我概念的发展与个体生命阶段密切相关,因此,在前人研究的基础之上,萨柏提出了职业发展理论,即将个体的职业生涯发展分为五个不同的阶段(如图 7-2):成长期(Growth)、探索期(Exploration)、创立期(Establishment)、维持期(Maintenance)、衰退期(Decline,后作 Disengagement)。

其中,成长期(出生至 14 岁)是个体职业准备期,在该阶段个体经历的是从对职业好奇、幻想、产生兴趣到有意识培养职业能力的逐步成长过程,但个体还没有与组织进行实质性接触,对于组织而言,暂时处于非职业生涯管理阶段。萨帕把成长阶段又进一步细分为三个时期:幻想期(Fantasy,4—10 岁),此时需要占统治地位,在幻想中扮演自己喜爱的角色;兴趣期(Interest,11—12 岁),该时期喜好成为职业期望和活动的主要决定因素;能力期(Capacity,13—14 岁),开始更多地考虑自己的能力以及工作要求。

探索期(15—24 岁)是个体学习打基础的阶段,个体通过探索各种可能的职业选择,对自己的能力和天资等进行客观评价,同时根据未来的职业选择进行相应的教育决策,完成择业和最初就业。该阶段包括三个时期:尝试期(Tentative,15—17 岁),个人对需要、兴趣能力、价值观以及就业机会等因素都有所考虑,并通过幻想、讨论、课外工作等方式进行尝试性选择,鉴定出可能合适的工作领域和工作层次。过渡期(Transition,18—21 岁),青年进入劳动力市场或专门培训机构,更多地考虑现实并试图补充对自我认识,这个时期的发展任务是明确一种职业倾向。初步试验承诺期(Trial-Little Commitment,22—24 岁),已经发现一个大体上合适的职业,开始从事第一份工作并试图把它作为可能的终身职业。

创立期(25—44 岁)对个体而言属于选择和安置的阶段。在早期的探索和尝试之后,个体最终确立稳定的职业意向,谋求发展。此阶段个体会依次经历稳定化、巩固和进步三个子阶段,其核心任务和目标是在确定的职业领域中获得发展和进步。

维持期(45—64 岁)是个体职业生涯中升迁和专精的阶段。一般而言,由于个体已在某一职业长时间工作,可能已取得一席之地,也就是所谓的"功成名就",因此,多数人不会选择重新变换职业，而是尽可能维持和发展在目前领域的地位，并不断地接受教育或培训以获得胜任工作的新技能。该阶段又可分为两个时期：一是承诺和稳定期（Trial-commitment and stabilization，25—30岁）。个人在所选择的职业中安顿下来，并确保一个永久的位置。由于对以前选定的职业不满意，因而在找到终身职业前可能会变换几次工作；二是提升期（Advancement，31—44岁）。对大多数人来说，这是一个富有创造性的时期，个人有了资历，在工作中做出了最好的成绩。

衰退期（65岁以上）属于退休阶段，是指员工退休后退出组织，对组织而言，员工通常已完成职业生涯任务。这一阶段，如何接受权力和责任，如何接受一种新的角色，如何适应退休后的生活，其实更为重要。

此外，萨柏还注重社会情境在个体职业发展规划中所发挥的作用。他认为，除了承担工作角色之外，个体还承担着学生、孩子、父母、配偶、持家者、休闲者、公民等多种社会角色。无论在职业生涯的哪个阶段，个体都要承担两个甚至更多的角色，这些不同角色对个体职业生涯决策有直接影响，很多职业发展困扰产生的原因是个体无法处理多重角色之间的冲突。如果个体能成功地同时承担更多角色，解决多重角色带来的问题，那么在让个体安心工作、获得成就感和满足感的同时，也有利于个体实现工作与家庭之间的平衡。

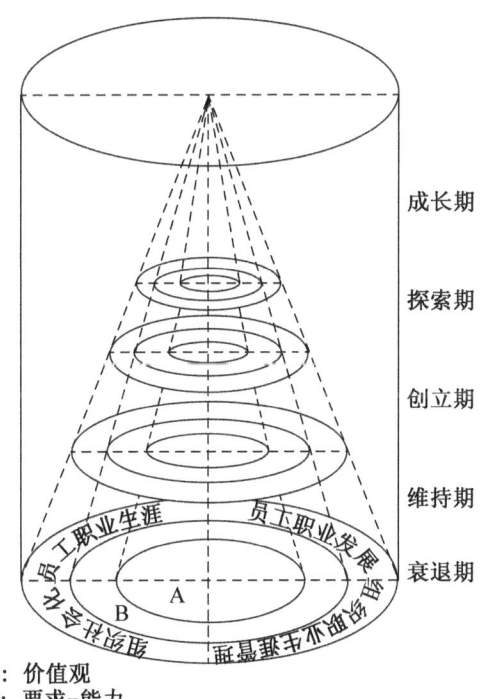

A：价值观
B：要求-能力

图7-2 职业生涯发展阶段

（二）职业发展理论（格林豪斯）

美国心理学博士格林豪斯（Greenhaus）的研究侧重于不同年龄段职业生涯所面临的主要任务，并以此为依据将职业生涯划分为五个阶段：职业准备阶段、进入组织阶段、职业生涯初期、职业生涯中期和职业生涯后期。

职业准备(0—18岁):在该阶段,个体主要是发展职业想象力,对职业进行评估和选择,接受必需的职业教育。

进入组织(18—25岁):个体通常在一个理想的组织中获得一份工作,在获取足量信息的基础上,尽量选择一种合适的、较为满意的职业。

职业生涯初期(25—40岁):个体需要学习职业技术,提高工作能力。此外,通过了解和学习组织纪律和规范,逐步适应职业工作,适应和融入组织,为未来的职业成功做好准备。

职业生涯中期(40—55岁):个体选定职业,努力工作,力争有所成就。同时,个体还会对早期职业生涯重新评估,如果合适且喜欢,则强化自己的职业理想,否则将改变自己的职业道路。

职业生涯后期(56岁至退休):个体通常选择继续保持已有职业成就,成为一名工作指导者,维护尊严,准备引退。

(三) 职业发展理论(施恩)

美国著名的职业生涯管理学家施恩(Schein)根据人生命周期的特点及其在不同年龄段面临的问题和职业工作的主要任务,将职业生涯分为九个阶段。

1. 成长、幻想、探索阶段(0—21岁)

此时,个体扮演的角色是学生、职业工作的候选人、申请者。在该阶段,个体发展和发现自己的需要和兴趣,发展和发现自己的能力和才干,为进行实际的职业选择打好基础。同时,学习职业方面的知识,寻找现实的角色模式,获取丰富信息,发现和发展自己的价值观、动机和抱负,做出合理的受教育决策,将幼年的职业幻想变为可操作的现实。此外,通过接受教育和培训,开发工作世界中所需要的基本技能,并培养成习惯。

2. 进入工作世界(16—25岁)

此时,个体充当的角色是应聘者或新学员。对个体而言,在该阶段,他们开始进入劳动力市场,谋取可能成为一种职业基础的第一项工作;接着,他们将和雇主之间达成正式可行的契约,并成为一个组织或一种职业的成员。

3. 基础培训(16—25岁)

个体担当实习生和新手的角色。也就是说,在该阶段,已经迈进职业或组织的大门。此时的主要任务是了解、熟悉组织,接受组织文化,克服不安全感;学会与人相处,融入工作群体;尽快取得组织成员资格,独立适应工作,成为一名有效的成员。

4. 早期职业的正式成员资格(17—30岁)

此时,个体已取得组织正式成员的资格,因此需要承担责任,成功地履行与第一次工作分配有关的任务;发展和展示自己的技能和专长,为提升或进入其他领域的横向职业成长打基础。同时,根据自身才干和价值观,根据组织中的机会和约束,重估当初追求的职业,决定是否留在这个组织或职业中,或者在自己的需要、组织约束和机会之间寻找一种更好的配合。

5. 职业中期(25岁以上)

此时,个体是正式成员、任职者、终生成员、主管、经理等。对他们而言,这个阶段需要完成的任务如下:选定一项专业或进入管理部门;保持技术竞争力,在自己选择的专业或管理领域内继续学习,力争成为一名专家或职业能手;承担较大责任,确定自己的地位;开发个人的长期职业计划;寻求家庭、自我和工作事务之间的平衡。

6. 职业中期危险阶段(35—45岁)

与上一个阶段的角色相同,他们需要现实地估价自己的进步、职业抱负及个人前途;对接受现状或者争取看得见的前途做出具体选择;建立与他人的良师关系。

7. 职业后期(40岁到退休)

此时,个体已是骨干成员、管理者、有效贡献者等。该阶段的职业状况或任务是成为一名良师,学会发挥影响,指导、指挥别人,对他人承担责任。同时,通过扩大、发展、深化技能,或者提高才干,担负更大范围、更重大的责任。如果个体追求安稳,就此停滞,则要接受和正视自己影响力和挑战能力的下降。

8. 衰退和离职阶段(40岁到退休)

不同的人在不同的年龄会衰退或离职。此时,对个体最重要的是学会接受权力、责任、地位的下降;其次是基于竞争力和进取心下降,要学会接受和发展新的角色;最后,合理地评估自己的职业生涯,着手退休。

9. 离开组织或职业——退休

在失去工作或组织角色之后,个体通常面临两大难题:一是保持一种认同感,适应角色、生活方式和生活标准的急剧变化;二是保持一种自我价值观,运用自己积累的经验和智慧,以各种资源角色,对他人进行传帮带。

施恩教授依据职业状态和职业行为发展过程的重要性对职业发展阶段进行了划分,对于人们了解职业生涯发展的各个阶段所承担的角色以及主要任务具有极其重要的影响。但由于每个人所经历的职业类型差异和年龄有别,个体在职业阶段上可能会出现年龄的交叉,不一定完全遵循施恩教授划分的每个阶段的具体年龄。

第三节 职业生涯规划与管理

进入21世纪后,经济全球化使得中国企业面临着不确定的竞争环境、不稳定的组织生存环境和不安全的雇佣环境。在这样的背景下,无论是刚刚迈入职业大门的新员工,还是已经工作多年的老员工,都可能面对职业和工作的变革。因此,职业生涯规划与管理显得至关重要。对员工个体而言,做好合理的职业生涯发展规划,将更好地认识自己,寻找到适合自己的岗位,获得工作中的成就感和生活上的幸福感;对企业来说,人力资源管理部门越发重视员工的职业生涯指导,通过把员工个人的目标与组织目标有机结合,在促进员工个人更好发展的同时,也能为企业提供长久的竞争力,提高企业的绩效。

一、员工的职业生涯规划与管理

职业生涯规划是指个体在对自身情况和外部环境进行客观分析后,确立职业目标,为实现该目标而制定的行动计划和方案。对员工来说,制定职业生涯规划不是盲目操作的,应遵循一定的原则。

(1) 指导性。无论是长期规划,还是短期目标,都应对个体的职业发展产生一定指导性,否则职业生涯规划将毫无意义。

(2) 清晰性。在职业生涯规划的指导下,员工应清晰了解自己未来的行动计划和方案是什么,以及每一项行动如何检查效果,是否偏离了整体的职业目标。

(3) 挑战性。如果员工制定的职业生涯规划是易于实现的,那对个体将很难起到激励作用,相应地,如果职业目标过于宏大,行动方案难于操作,将让个体产生挫败感,也不利于个体职业的发展。

(4) 可行性。规划是有实现的可能性,不能是不切实际的幻想。

(5) 一致性和连贯性。一致性是指个体的职业理想、职业兴趣、职业目标和具体每个阶段的子目标、行动方案等均保持一致;连贯性是指在个体的每个生命阶段,职业生涯规划所产生的作用将是连续的,具有连贯性。

(6) 弹性。外部环境的多变性,以及个体对自己认识更深刻,共同决定了职业生涯规划会产生一定的变化,这就意味着职业生涯规划需要具备弹性,及时依据未来情况的变化而做出调整。

具体而言,为了有效地对职业生涯进行规划,发挥职业生涯规划真正的指导作用,员工在制定职业生涯规划时通常会遵循以下步骤。首先是进行自我评价与职业定位。自我评价是为了帮助个体更好地了解自身,从而为职业规划的选择和制定奠定坚实的基础。通常,员工需要综合考虑自己的兴趣、价值观、内在动机、需求和自己的优劣势等,在此基础上,帮助自己选定适合自己发展的职业生涯路线。员工个体可以通过学习职业选择和职业发展的相关理论,对自己做一个全面、深入的分析,同时,也可以通过一些心理测验,如 16PF、艾森克 EPQ 量表、自我指导研究等,帮助员工了解自身的人格特质、性格特点、价值观、工作偏好等,顺利完成自我评价过程,进而选择自己感兴趣的行业以及职业发展的要求目标,即在全面了解自己后,通过准确的职业定位指引未来的职业发展方向。然而,除了与自身因素相关,员工的职业生涯规划还受到外界环境因素的影响,包括社会发展、市场竞争、企业地位、行业前景、家庭因素等。因此,员工可以通过 SWOT 分析将外界机会和威胁进行合理评估,进而做出判断和选择。在进行以上两步的分析之后,员工对自我的特点和外界环境均有了较为客观的认识,此时,员工可以初步确定职业生涯的目标。可实现性和挑战性并存的职业目标可以为员工提供努力的方向,激发员工更高水平的努力。通常,这些目标应该是具体明确的、可测量的、可实现的,同时是与职业定位和职业兴趣相一致的。换句话说,个体可以确立一个远大的、长期的总体目标,再将这个目标分解成不同的阶段性目标,而无论是长期的目标,还是中、短期的目标,均应包括以下一种或多种:理想的职位、技能应用水平、工作领域设定、技能获取等。最后,员工需要就如何达成自己的短期和长期职业目标来制定职业生涯策略。职业生涯策略是员工为了实现职业生涯目标所要采取的各种行为和措施,与此同时,组织应当提供给员工达到目标所需要的各种资源,如培训课程、工作经验等。随着个体所处外部环境的不断变化,以及对自己的认识不断深化,员工的职业生涯规划可能会发生变化,这就要求员工能及时随着环境和具体情况的变化做出调整。

二、组织的职业生涯规划与管理

职业生涯规划的主体是员工和组织,他们分别承担着各自在职业生涯规划中的功能与作用。这两个主体之间彼此互动、协调和整合,共同推进员工的职业生涯规划。上文已重点探讨了员工如何通过自我评估,利用组织提供的职业发展机会制定适合自己的职业生涯规划,不断成长。这部分将重点探讨组织如何引导和协调,将员工个人的职业发展与组织需要结合一起,帮助员工进行职业生涯规划,以及为员工提供技术指导和政策支持,在员工职业发展的同时促进企业的发展。

与员工制定个人的职业生涯规划相似,组织也应在综合个体发展与组织发展的基础上,对决定员工职业生涯发展的个人因素、组织因素和外部环境因素等进行分析,再由人力资源管理职能部门制定有关员工长期职业发展的战略设想和规划。首先,组织应对组织的发展战略、经营目标等组织需求进行深层次分析,指导和帮助员工进行准确的自我评价。其次,帮助员工确定职业生涯目标,制定职业生涯规划。组织应根据组织的发展战略,提供工作分析的资料,向员工宣传企业的经营理念和人力资源的策略等,帮助员工预测未来可能存在的职位,设计职业生涯通道,并制定相关人力资源管理制度以支持员工的职业生涯规划。再次,在职业生涯规划纲领的指导下,组织要为员工提供合适的职位和工作,通过给予一定的辅导和培训、绩效评估和反馈,帮助员工认识自己的不足,不断提升员工的绩效和能力。最后,职业生涯规划评估必须经过反馈,以修正员工目标和组织目标之间的偏离,同时根据外部环境等因素不断调整职业生涯规划的设计。

在此,企业需要让员工真正了解职业生涯通道是什么,以及会对员工产生什么样的影响。职业生涯通道,又称职业生涯路径,它是组织为员工设计的自我认知、成长和晋升的管理方案,通过为员工指引未来可能的发展空间和发展机会,帮助员工胜任工作,确立组织内晋升的不同条件和程序,使员工的职业目标和计划有利于满足组织需要。它具体是指当一个人选定职业后,职业生涯过程所经历的一系列岗位和层次形成的链条,包括员工在企业内晋升所需从事的相似工作和拥有的相关技能。员工职业发展目标的实现还有赖于具有顺畅的职业生涯发展通道,所以员工一定要对构建自身的职业生涯发展通道给予重视,确保自身职业生涯管理目标的实现。

当前,学术界和实践界普遍接受的员工职业发展通道主要分为四类(如图7—3):一是技术-技术型,又可分为专业技术型和操作技能型。这种职业通道要求员工精力集中,专心钻研,促进自己专业技术的不断进步和提高,最终达到非常精湛的程度。所以,这种发展通道对于培养某个领域的技术专家效果非常明显。但在市场经济条件下,这种模式过度强调对某项技术的钻研,而缺乏对生产过程和市场的了解,易导致所开发的产品不符合市场的走向和消费者真正的需求。因此,在这种职业生涯通道设计中,如能加入营销岗位、生产岗位等,会更有利于技术人员的全面发展和成长。二是管理-管理型,这一职业发展通道有利于促进管理人员的快速成长,培养适合企业发展的管理人才,因此,对于学习各类管理专业的大学毕业生和愿意走向管理岗位的学习能力较强的非管理人才均比较适合。它要求员工始终把精力和时间集中于管理领域,不要有所分散,但可能存在的问题是管理人员缺乏技术素质。因此,在其职业发展的过程中,可以增加到技术岗等其他岗位的轮岗学习和锻炼。三是技术-管理型,这是职业生涯通道的一种主要的模式。从管理实践来看,目前中国企业大多数管理人员也都是从企业基层的技术人员中产生的。因此,该种模式最大的优点是,由于管理人员有比较深厚的技术基础,不仅可使其在自己的管理实践中能够有效地处理大量与专业技术相关的各类问题,而且还可以全面提高其专业决策的科学性和准确性。当然,从技术到管理的转变,期间一定要经过一系列的技术岗位和管理岗位的锻炼。四是管理-技术型。这种职业通道在知识型员工的发展选择中相对较为少见。从管理岗位转向技术岗位的壁垒较为明显,这种情况常常出现在员工在管理岗位较为深入地了解了本领域的专业技能,紧密贴近实际,转向技术岗位有利于价值的创造和自己最终职业目标的实现。

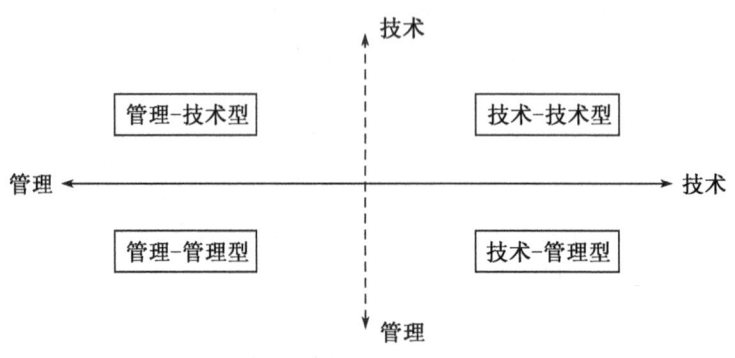

图7-3 职业生涯通道图

全面了解职业生涯路径,为员工制定良好的职业生涯路径。一方面,有利于激发员工的工作兴趣,挖掘员工的工作潜能;另一方面,对组织有效选拔人才、合理使用人才、公正评价、适当激励等方面更具有重大影响。基于此,该部分还将重点介绍几类不同的职业生涯路径。

1. 传统职业生涯路径(Traditional Career Path)

该路径是纵向的单阶梯,即员工的职业发展主要由低层级的职位逐渐向较高的管理层升迁。其最大优点是清晰明确、直线向前,员工从入职时基本已了解自己发展的特定工作职位序列。这种模式将员工的发展限制于一个职能部门或一个组织单位内,通常情况是根据员工的工作年限来决定员工的职业地位。当然,这种职业生涯路径也有很明显的缺陷:金字塔型的组织结构导致专业技术人员与管理人员竞争,必然造成专业技术人员因组织职业通道设计过窄、缺乏发展机会而过早进入职业生涯高原(Career Plateau)的现象,这种状况会随着组织结构的扁平化进一步恶化和显现。因此,组织管理者需要不断思考如何拓宽员工的职业生涯路径,不再是基于企业过去来设计职业生涯路径,而是以一种灵活的、不断改进的模式来重新设计组织内的职业生涯路径。由此,传统的职业生涯路径还可拓展设计为双重职业生涯路径、横向职业阶梯和网状职业阶梯三种模式。

2. 双重职业生涯路径(Dual Career Path)

该路径是为了给专业技术人员提供与管理职位平等的地位、报酬和更多发展机会而设计的。它形成两条平行的职业生涯路径,可以让员工自行选择其职业发展方向,他们可以继续沿着技术职业生涯路径(Technical Ladder),也可以转入管理职业生涯路径(Managerial Ladder)。技术职业生涯路径的提升意味着员工拥有更强的独立性和更多从事专业活动的资源;管理职业生涯路径的提升意味着员工享有更多的决策权力,同时承担更多的责任。由于这两种路径提供的薪资水平相似,发展机会也相似,对于员工来说,他们会选择自己更感兴趣的那条职业生涯路径。

3. 横向职业生涯路径(Transverse Career Path)

组织考虑到没有足够多的高层职位提供给每一位想要晋升的员工,且长期从事一项重复的工作容易使员工感到倦怠,因此,通过横向调动的方法来使得员工的工作富有多样性,从而增加员工职业工作的趣味。也就是说,横向职业生涯路径是指组织通过采用跨职能、跨部门的横向调动和工作轮换的方式,增加工作的多样性,为员工提供新的机遇和挑战,从而完善自我的内在性需求。横向职业生涯路径进一步打破了传统职业阶梯对员工行为和技能要求的限制和约束,实现了员工在组织内更加自由的流动,虽然没有直接加薪或晋升,但也能提高员工新的活力,增加跨职能领域经验和技能,让员工感受到自己为组织多做一份贡献。

4. 网状职业生涯路径(Network Career Path)

它是纵向发展的工作序列和横向发展机会的综合交叉,它是在各个岗位行为需求分析的基础之上,要求组织首先进行工作分析来确定各个岗位的职业行为需要,然后将具有相同职业行为需要的岗位划为一族,以族为单位进行职业生涯路径设计。因此,它更现实地描绘了员工在组织中的发展机会,减少了职业通道堵塞的可能性。对员工来说,这种灵活的职业生涯路径设计,给其带来了更多的职业发展机会,尤其是当自己所在部门的职业发展机会较少时,可以选择去其他相关的部门或工作领域寻找新的机会,甚至可以找寻到更符合自己的职业兴趣的部门和岗位,进而实现自己的职业目标。

总体来说,双重职业生涯路径可以保证在工程、技术、财务、市场等领域工作的专业技术人员在适合自己的岗位上发展。横向职业生涯路径虽然不伴随职位的升迁,但员工在同一级别的职位上水平移动,可以增加员工职业生活的多样性和跨职能领域的经验和技能,为长期职业发展打下基础。网状职业阶梯是在更大的职业领域内考量员工的职业阶梯,实际操作中可以参考双职业阶梯的思想,设置多个晋升轨道,为员工提供更大的职业发展空间。不同的职业发展路径均有其优劣势,组织只有在对各个岗位需求进行合理分析后,结合企业的实际情况,制定适合企业发展和员工发展的职业生涯规划,才能让职业生涯规划发挥最大的效用,使其真正成为现代组织双赢的价值观和方法论。

第四节 职业生涯规划中常见的议题

员工在职业生涯发展过程中难免会遇到一些问题,这些问题不仅与员工自身的工作状态相关,也与组织有着密切的联系。因此,本节将重点探讨四个与职业生涯规划相关的问题,试图让员工和组织共同关注这些特定的问题,通过协调与合作来共同解决这些问题。

一、职业生涯与家庭角色

随着社会经济的高度发展以及社会性别意识的逐步提升,女性已经成为我国劳动力市场上的重要组成部分。她们逐渐摆脱传统的依附和从属地位,直接参与到各类经济活动中,成为现代职业女性。传统观点认为,女性的家庭和事业是一种零和博弈,即必须以一方的牺牲来换取另一方的成功。在以男权主义为主流价值观的社会中,女性若想获得与男性同等的职业成就,就必须付出更多努力,面临难以逾越的"玻璃天花板"。因此,对在家庭中本就承担较多责任的女性,如何在不影响家庭的情况下,发展自己的职业生涯成为现在组织行为学的重要命题。

自2016年我国"二孩生育"政策全面放开,"二孩生育"成为社会和家庭关注的话题。目前,我国在配套政策和措施还十分不完善的情况下放开"二孩生育",意味着家庭和女性个体要更多地承担来自"二孩生育"的压力。尤其是职业女性,对她们而言,生育二孩所需的时间、精力以及经济压力都会让她们面临工作、家庭冲突。因为她们扮演着多重社会角色,当来自社会、家庭和个人的期望相互碰撞,而自身又无法调适时,她们就会面临各种形式的角色冲突。从角色冲突理论来看,职业女性所面临的家庭与事业之间的角色冲突主要表现为以下几个方面。

1. 自我发展所引起的职业发展与婚姻之间的角色冲突

格林斯基(Galinsky)指出,从1981年到1982年,女性比男性获得了更多的学士和硕士学位;到2016年,女性估计将占据60%的学士学位,63%的硕士学位和54%的博士及专业学位,这说明女性具有更高的受教育水平。与此同时,她们的自我发展意识也日益强烈,更渴望在职场中实现自身的价值。当她们在工作中与男性一同竞争,又要面临人生的转折点——婚姻,并非所有的女性员工都能很好地处理职业发展与婚恋之间的关系,因此,在职场中经常可以见到为了事业的发展,而错过婚龄的女性。此外,高学历、高收入、强大事业心的女性往往对婚姻的期望值更高,导致婚姻变得更加难以实现。

2. 空间局限性引起的职业发展与孝道之间的角色冲突

当前,迫于生活的压力和自己职业的发展,很多年轻人选择在更发达的城市就业,这也是导致"空巢老人"现象出现的根本原因。中国传统的孝道观念强调"养儿防老",很多空巢老人希望能够享受天伦之乐,将子女赡养作为养老的首选方式,这对于职业女性来讲无疑是巨大的难题:一方面,她们无法放弃来之不易的工作,想要在职业上有所发展;另一方面,又想同时兼顾照顾父母的责任,因此,职业角色和"孝女"角色之间的冲突是职业女性必须面对的第二大困境。

3. 时间局限性引起时间支配者和被支配者的角色冲突

对职业女性来说,即使是下班时间,她们的时间也并非是完全自由的且充分的,她们的上班、下班、家务的时间安排受工作单位制约,她们由时间的支配者变为时间的被支配者,这也是职业女性所面临的一大角色冲突。

4. 生理和心理特征引起的保护者与被保护者的角色冲突

传统观念里,女性一直扮演着被保护者的角色,而初入职场,她们首要面临的问题是转换自己被保护者的角色,她们需要与男性一同竞争,一起接受挑战。如果是公司的管理者,她们还要承担着更多的责任和义务以及更多的工作压力,这些迫使她们不仅要面临公司内部的竞争,可能还要与其他竞争企业抗衡,充当保护者的角色。于是,她们出现了心理上的保护者和被保护者之间的角色冲突。

5. 社会传统文化与现代意识冲击引起的管理者与被管理者的角色冲突

较之从前,职业女性在职场中的总体地位得到了提升,甚至部分女性的学历和经济收入等开始超越男性。经济基础决定上层建筑,家庭关系也开始发生微妙的变化,女性逐渐掌握着家庭重大事件的决策权,女性的角色由被管理者向管理者转变,这与社会传统文化提倡的男性主导是相违背的。因此,社会传统文化与现代意识的冲击,使得职业女性的又一角色冲突随即出现(郑逸芳,林珊,程海霞)。

随着时代的发展,知识女性的职业生涯发展问题变得复杂多样。新时代的职业女性不仅要遭遇传统的"职业发展"与"生育子女"之间的冲突,可能还要面临"继续教育"与"职业发展"之间的选择。此时,对职业女性来说,如何做好职业生涯规划,减缓职业生涯中的角色冲突尤其重要。一方面,在接受高等教育或参加职业技能培训时要选择合适的专业,为今后的择业奠定基础。另一方面,在制定自己的职业生涯规划时,做好职业目标与结婚生育之间的合理安排,从而减少结婚生育对职业生涯的影响。当然,更多地照顾陪伴家人、教育子女,获得家人的支持也是必不可少的。除此之外,国家也可完善法律法规,保护职业女性的权益,大力发展家政服务业等措施,帮助女性解决后顾之忧。

二、职业生涯与新型工作方式

20世纪90年代之前,社会和经济的发展相对较为缓慢,人们所处的环境也相对较为稳定,在选择职业方面,人们也更愿意选择长期稳定的工作,如在国内公务员、教师等"铁饭碗"的工作受到大家的追捧。在企业中,员工与组织是一种长期的雇佣关系模式,即组织通过向员工提供薪酬、福利等换取员工对企业的忠诚和更高效的工作,而员工愿意通过努力工作回报组织,为组织做出自己的贡献,员工的离职率也较低。此时,在职业生涯发展中,员工更多的是根据组织的架构以及提供的职业生涯阶梯进行规划,通常领导层空缺的岗位将会由下属员工晋升来填补,那么,员工的职业生涯发展则是稳定的,以及可以被预测的。

然而,随着信息技术、大数据、人工智能等的发展,传统的组织形式也在悄然发生着变化,传统的科层制逐渐转变为更具灵活性、扁平性的组织架构,这意味着稳定和可预测的环境将不复存在。对企业而言,为了节约成本,企业会选择降低员工的加薪幅度,同时,对员工的要求反而越来越高,企业更需要符合组织发展的复合型人才。对员工而言,劳动力市场竞争日益剧烈,企业内部的晋升也愈发减少,技能培训和知识更新显得尤为重要,为了不失业,或是寻找更好的出路,他们开始重新思考自己的职业生涯规划。

当然,在新形势下,一直致力于研究职业生涯规划的职业心理学家们也在不断探索,他们试图深入研究职业发展出现的一些新的概念和趋势:无边界职业生涯(Boundaryless Career)和易变性职业生涯(Protean Career)。

(一)无边界职业生涯

无边界职业生涯的概念最早于20世纪90年代被学者提出。德菲利皮(DeFillippi)和亚瑟(Arthur)1994年提出,无边界职业生涯是指一种不限于单一雇佣范围的一系列就业机会的职业路径。这种雇佣范围不仅仅指当前的组织,还包含不同的岗位、专业、职能、角色,甚至国别、文化等。随后,又有其他的学者,如贝克(Bake)和奥尔德里奇(Aldrich)对无边界职业生涯的内涵进行了丰富和补充。该概念的提出,是对传统雇佣假定的一系列可能的职业生涯形式的否定,展示了一个更为柔性化的框架,同时满足了企业和员工长期以来对更加宽广、更具包容性的职业生涯概念的需求。

对于无边界职业生涯的类型划分,不同的学者有不同的见解。亚瑟(Arthur)和卢梭(Rousseau)1996年提出了六种不同类型的无边界职业生涯:① 跨越不同雇主边界,雇员为追求自己的利益最大化而选择改变组织;② 得到现任雇主和市场的认可,即员工有能力在当前组织之外的组织中工作;③ 受到外部网络和信息持续支持的职业,即一般通过广泛的人际关系网络来发展自己的职业生涯;④ 打破关于层级和职业晋升的传统组织设想的职业,雇员更追求心理上的职业成功,即使是平级调动也是一种职业成功的方式;⑤ 出于非职业本身或组织内部原因,而是个人或家庭原因令其放弃的现有职业机会的职业,如员工期望花更多的时间陪伴家人,那么他会选择更适合自己的工作岗位;⑥ 基于从业者自身的理解,认为是无边界而不受结构限制的职业。

(二) 易变性职业生涯

当代职业生涯发展的新趋势,除了无边界职业生涯,不得不提到的另外一种则是易变性职业生涯。职业心理学家霍尔(Hall)首次明确了易变性职业生涯的概念,他认为,21世纪的职业生涯是变化莫测的,这也正与人们的主观能动性保持一致,也就是说,职业生涯的发展是个体内部驱动的,而非来自组织等的外部动力。在知识经济时代,人们需要时刻随着自身和环境的变化不断调整自己的职业生涯,从而形成了易变性职业生涯。在这种职业生涯模式中,个体更多依靠自己管理职业生涯,根据其核心价值、自我知识技能储备来做出职业决策。与之一致的是,判断职业成功的便是心理成功感,即主观成功。因此,较之传统的职业生涯观的个体,持易变性职业生涯观的个体具有更强的职业流动性和学习取向,同时对自身的职业生涯发展承担了更多的责任。相反,不具备易变性职业生涯观的个体通常会利用薪酬、升职等外部客观标准来引导自己的职业生涯发展,而非依靠主观成功,主动地、独立地进行职业生涯管理。

不难发现,无边界职业生涯和易变性职业生涯作为同一时代下产生的相近概念,二者同属于当代职业生涯观的大类,虽与传统的职业生涯观形成了鲜明的对比,如表7-1,但二者之间又存在一定的区别。持无边界职业生涯观的个体,可能会依赖组织发展自己的职业,这与易变性职业生涯的理念相违背;相应地,持易变性职业生涯观的个体,通过自我引导独立做出职业决策,但决策的结果可能是选择在同一种类型的组织中工作,他们不一定喜欢跨越组织边界的工作,这又有别于无边界职业生涯观。总之,无边界职业生涯和易变性职业生涯在理论上具有不同的结构。

表7-1 传统职业生涯观与当代职业生涯观比较

维度		传统职业生涯观	当代职业生涯观
背景	时代特征	工业经济时代:稳定、可预测	知识经济时代:竞争、快速应变
	组织特征	刚性组织结构:科层制、层级式、金字塔形 组织发展:相对稳定、竞争不太激烈	柔性组织结构:扁平化、网络化、无边界化 组织发展:相对不稳定、竞争激烈
	员工特征	流动性低、"组织人"、工作安全感高	流动性高、个体意识强、工作安全感低
模式	理论模型	传统职业生涯理论	无边界职业生涯、易变性职业生涯理论
	组织承诺	承诺水平总体较高、承诺较单一	承诺水平总体较低、承诺多元化
	生涯特征	高结构化、稳定有序、直线式	动荡多变、混沌无序、多元化
	心理契约	长期发展型:组织向全体员工提供稳定的工作和雇佣环境,以换取员工的忠诚	短期交易型:组织以可雇佣性换取绩效和灵活性,仅向少数核心员工提供发展机会
	职业成功	强调客观的职业生涯成功和单一标准 外部评价:薪酬、晋升、地位等	强调主观的职业生涯成功和多元标准 内在感受:心理成功、职业满意度等

(续表)

维度		传统职业生涯观	当代职业生涯观
应对	管理主体	以组织为中心的组织职业生涯管理	以个体为中心的自我职业生涯管理
	应对方式	组织主导：个体遵从组织的规划与管理，被动适应	自我主导：保持主动性与弹性，提高适应力与可雇佣性

资料来源：王忠军，龙立荣.知识经济时代的职业生涯发展：模式转变与管理平衡[J].外国经济与管理，2008，30(10)：39-44.

伴随着全球经济扁平化，全球竞争的平台被平整化，世界也在变得扁平化，加之"互联网+"的技术革命极大地改变了工业化的传统模式。法伯(Farber)指出，长期的雇佣关系正在减少，而一年以内的临时关系正在增多。但在世界范围内，一些"危险工作"正在逐渐增加，"危险工作"是指那些不确定的、不可预测的、有一定风险的工作，即被定义为非全职工作。这是在除了全职工作，以外，其他可供选择的工作方式中最广泛使用的一种，与其他兼职工作者相比，采用这种工作方式的员工数量正在不断增加。非全职工作是组织对劳动力进行调整以适应消费者需求变化的一种简便方式。对于在本职工作之外兼有其他个人责任的员工来说，这种工作方式也是令人喜欢的。在发达国家，人们逐渐放弃了传统的就业模式，即依赖与雇主稳定的雇佣关系赚取工资的全职工作模式，人们可能同时拥有几份非全职工作。当然，得益于互联网经济的出现和发展，在我国也出现了灵活多样的就业模式，出现了一大批微商、淘宝等商业模式和平台企业，同时也出现了网约车司机、房产中介、外卖骑手等新的就业形式，这些就业形式有别于传统的双方主体的劳动关系。随着企业市场竞争范围的扩大和竞争程度的日益激烈，企业开始寻求通过不同的渠道和方式来改变传统的单一用工模式。值得一提的是，互联网经济催生出来的多重职业者，即我们常说的"斜杠青年"出现在了大众的视野。"斜杠青年"与以前的多重职业似有所不同，青年人这种多重职业与多重身份并非所在单位的"组织安排"，而是他们的"自选动作"；并非个别青年人的身兼数职，而是许多青年人的从业时尚。社会大众对于"斜杠青年"的评价有褒有贬，肯定的评价是，"斜杠青年"是漫步在理想与职业舞台上的新群体(黄英)，是个人与社会的共同选择(刘鹏)，是一种全新的工作生活模式(江天晓)，是"多向分化潜能者"的本质与特性的体现(吴玲，林滨)，它将人的优势组合发挥到极致(汪水)。略显负面的看法有："斜杠青年"是一群去专业化的人(Jhony Choon Yeong Ng)，"斜杠身份"存在某些"泛娱乐主义的政治隐患"(陈昌凤)。当然，无论评价如何，现在最主要的问题是，面对已然出现的这一新兴社会群体，政府、企业和社会如何依据社会发展的规律，加强对这一群体准确的了解和认识，同时从制度上、政策上有效地引导和支持(谢俊贵，吕玉文)。

两种新型职业生涯(无边界职业生涯和易变性职业生涯)正是与新型的工作方式相应而生的，它们的出现对人力资源管理提出了挑战。首先，雇佣关系由长期雇佣制改变为短期雇佣制，心理契约由关系型契约转变为交易型契约，那么为了确保人力资源供求平衡、降低离职率，人力资源管理实践应采用柔性管理的模式。其次，员工的职业成功的标准发生了变化，由注重客观标准向重视主观标准发生转变，因此，人力资源管理实践应重视与实施人力资源价值链管理、个性化管理，为员工提供与其职业发展、个性要求等相适应的环境和政策，适应新型职业生涯的挑战和变革要求。最后,为了解决个人职业生涯设计与组织职业生涯管理不相适应的问题,人力资源管理实践应与时俱进,实施工作—家庭平衡计划,培育个人—组织职业生涯管理相契合的组织文化,通过个人—组织职业生涯管理的有效契合,实现员工个体职业成功与组织绩效提高的双赢目标(郭文臣,付佳,段艳楠)。

三、职业生涯与工作压力

处在职场中的员工需要同时应对组织规范、顾客需求和个人发展等多重目标,处理工作和非工作领域内的冲突,这些因素都会使员工产生工作压力。卡瓦诺(Cavanaugh)等认为员工依据是否对自己有利可以将压力源分为挑战性压力源和阻碍性压力源,当然,不同的压力源对个体的心理和行为的作用方向和强度存在差异。挑战性压力源所带来的压力个体认为能够克服,对自己的工作绩效与成长具有积极意义,如工作复杂性、时间紧迫性等。阻碍性压力源所带来的压力个体认为难以克服,对自己工作目标的实现与职业生涯的发展具有阻碍作用,如工作不安全感、角色模糊与冲突等。那么,在现代组织背景下,工作环境复杂多变,职业选择愈发不确定,员工的工作压力等其他职场中的负面情绪也愈发增多,这不仅会影响员工的身心健康,而且会直接影响员工的工作态度和行为,最终对企业的绩效产生影响。因此,对组织来说,如何对员工进行有效管理,帮助员工解决职场中出现的心理困扰问题极为重要。

作为企业的人力资源部门,可以在职业生涯规划与设计中保障员工在工作中的最佳心理状态。具体而言,人力资源管理部门应针对不同员工的心理需求设计和实施职业生涯规划与发展方案,其中包括技能培训、职业生涯路径分析、信息等资源的支持等方面。通过尊重个体之间的差异,让员工感受到组织的关怀和重视,增强员工对组织的认同感和归属感。此外,组织在实施职业生涯规划与管理时,需要注意对员工的职业发展指导、心理辅导和职业支持。职业发展指导有利于帮助员工厘清自身的优劣势,保持员工自身的职业目标与组织发展目标的一致性,促进共同成长。心理辅导和职业支持则有助于协助员工解决工作中的心理困扰,克服职业生涯中的具体障碍,提高员工的工作效率(于伟,张鹏)。

四、职业生涯与晋升、离职、退休

对组织而言,员工的晋升一方面意味着为企业的发展挑选了合适的管理人才,可以有效激励晋升人员,有利于组织目标的实现;另一方面,如果是恰当的晋升,对其他员工也有一定的激励作用,但如果是不恰当的晋升,则会影响企业内其他员工的工作积极性,最终影响组织的平稳运行发展。对员工个体而言,晋升不仅仅与待遇提升挂钩,同时也代表了组织对自身能力的认可,是自我价值在组织中的具体体现。当员工获得晋升时,他们不仅赢得了组织中其他员工和公众的尊重,也因自我价值的实现而充满自信,使得他们更有动力迎接工作中的挑战,可以极大激发自己的工作热情。此外,晋升也让员工对组织产生更多的依赖感和归属感,更愿意以主人翁的心态积极主动地投入到工作中。既然晋升对员工、对组织均有至关重要的影响,而其又与企业的职业发展路径相关,那么,为了更好地发挥晋升的积极作用,企业的人力资源管理部门有义务为员工提供必需的工具和职业生涯辅导。这让员工明确了解职业生涯发展的路径,以及自己职业发展的可能性,并在制定职业生涯规划时自觉地将自己的理想与组织目标结合起来,主动平衡家庭、事业、个人爱好等各方面的需求,使得员工对个人发展充满信心。

离职是指员工离开工作岗位和组织。离职往往会给组织带来严重的后果,对企业来说,员工的离职往往代表了需要重新招聘、培训新的员工,或使用临时雇员,这将带来一系列的组织成本的增加;对于公司其他员工来说,员工的离职可能造成离职传染,导致在职员工的工作效率低下等问题(吴昊,杨东涛)。因此,在人才竞争日益激烈的情境下,如何留住企业优秀员工、培养可持续发展的员工、激发员工的发展潜力等,是企业获取人力资源竞争优势所面临的重要问题。而组织职业生涯管理作为人力资源管理的重要组成部分,是企业吸引、激励、保留优秀人才的重要手段,对企业和个人都有重要而深远的意义。为了有效解决离职率高的问题,组织在进行职业生涯规划设计和指导时,要为员工提供公平又透明的晋升渠道,开展一些活动帮助员工正确认识自我,参与其职业生涯规划与设计,并帮助员工找到适合自身职业发展的路径。

目前,全球已进入人口老龄化社会,这给企业知识资产的管理和应用带来了重大挑战。在人口老龄化趋势下,越来越多的员工将步入退休阶段,企业的关键知识可能会随着资深员工的成批退休而流失,这将会造成企业核心竞争力的削弱。除了人力资本流失、岗位接替困难等严重的人力短缺问题,如果临退休员工在长期工作中掌握了企业关键知识,且后继人员很难在短时间内获取这些知识,那么,这类员工的退休亦会给企业带来知识管理的问题。为此,"渐进式延迟退休年龄"已被写入了中国共产党的十八届三中全会报告。那么对于企业的人力资源管理部门来说,要准确了解处在职业生涯后期的员工(即临近退休的员工)普遍存在心理失衡的问题。重点关注这部分员工的思想动态,让临近退休的员工有充分的思想准备,帮助他们度过临退休的过渡阶段,避免产生惆怅的情绪。同时,为员工安心离开企业做好准备,可以帮助他们制定退休计划。此外,如果企业决定返聘这类临退休员工,也为他们做好接下来工作的规划,只有让这类员工感觉到即便临近退休,企业依然关心他们,需要他们,这样留在企业的最后时间他们才能安心工作。

本章小结

在设计职业生涯规划之前,需重点了解与职业生涯规划相关的概念,如职业、职业生涯、职业生涯规划等。同时,意识到职业生涯规划对员工个体和组织的意义,并清楚未来职业生涯规划的两大趋势,即无边界职业生涯和易变性职业生涯。

职业生涯规划的基本理论有职业选择理论和职业发展理论,职业选择理论帮助员工如何选择职业,代表性的职业选择理论有择业动机理论、特质-因素理论、人格-职业匹配理论和职业锚理论。职业发展理论关注的是个体的职业发展周期,代表性的职业发展理论有萨柏的职业发展理论、格林豪斯的职业发展理论和施恩的职业发展理论。

员工和组织在制定职业生涯规划时有一定的相似性,均需要先综合考量员工自身的兴趣、价值观、内在动机、需求、优劣势等,再结合外部环境、岗位需求等进行分析,最终设计和制定职业生涯规划,并将职业生涯规划付诸实践。值得注意的是,职业生涯规划应具备六大特性:指导性、清晰性、挑战性、可行性、一致性和连贯性。

职业发展通道主要分为四类：技术-技术型、管理-管理型、技术-管理型、管理-技术型。职业生涯路径除了人们熟知的传统职业生涯路径，还可拓展为双重职业生涯路径、横向职业生涯路径和网状职业生涯路径三种模式。

员工面临的角色冲突、新型的工作方式、职场压力、晋升、离职和退休等问题，均可在职业生涯规划的设计中有所呈现。即无论是对于员工个体，还是组织人力资源管理部门，在进行职业生涯规划的设计时，均应考虑以上几大问题，以恰当的形式处理和解决以上问题，将有利于发挥职业生涯规划最大的效用。

关键术语

职业生涯规划　无边界职业生涯　易变性职业生涯　择业动机理论　特质-因素理论　人格-职业匹配理论　职业锚理论　职业发展理论　职业生涯路径

复习思考题

1. 什么是职业生涯？
2. 职业生涯管理有哪些相关的理论？
3. 员工自我职业生涯管理包括哪些基本内容，如何进行自我生涯管理？
4. 组织如何制定职业生涯规划？职业生涯发展路径有哪些？
5. 哪些因素会导致职业女性产生角色冲突？组织的职业生涯规划与发展如何帮助职业女性解决角色冲突？
6. 新型的工作方式如何对职业生涯发展产生影响？
7. 员工面临的工作压力有哪些？如何通过职业生涯规划与设计帮助员工克服工作中的压力？
8. 晋升、离职和退休分别会对个体、组织产生什么样的影响？面对这三种状况，企业的人力资源管理部门应该如何做？

应用案例

中兴：创造发展空间

中兴通讯公司作为一个以知识型员工为主体的企业，它是如何获得快速且持续的发展的？重点在于激发员工的创意、判断和努力的能力。对于知识型员工来说，不仅仅是靠金钱激励，而是侧重于其发展成就和成长。因此，在结合公司的实际情况后，公司针对员工的岗位特点设计了三条职业发展方向：管理、技术和业务两条线的职务体系，三条线并行运作。

1. 管理是企业的灵魂。公司的管理体制实行正职负责制，管理层次分为五个层次，每个层次的管理干部的提拔和晋升有些许不同。
2. 技术的开发与创新是企业的活力之源。技术系列职务的设计主要是为系统设计、开发、测试工艺、技术支持等专业人员设计的技术发展线,从助理工程师、工程师一直到主任高工共分为9级。

3. 业务部分是企业的纽带。在职业生涯规划中,业务系列的职务主要是为业务的分析、策划和实施人员设计的,包括营销、财会、人事、行政、计划等,与技术发展阶段相类似,设计从业务员到业务主任等9级业务发展线。

公司为员工设计的职业生涯规划的每一个发展方向,并不是彼此孤立存在的,既相互独立,又是统一协调发展的协调整体。员工可根据其岗位的变化在三条线之间进行流动,可以被选为管理干部,转到管理系列,也可以根据新的岗位确定技术或业务系列的职务。该职业生涯规划的设计既有利于人尽其才,避免人力资源的浪费,又有利于员工明确在企业中的职业发展前景,实现其职业目标。这有利于激发员工的工作热情和动力,促进员工发挥潜能,将实现个人利益与组织利益相结合。

资料来源:百度网站,http://qikan.cqvip.com/Qikan/Article/ReadIndex? Id=5761899&info=gsRjRm2ASmmThZZ3lsVhdWpTCV7yd+dLTzx0ZGrXbBo=(有删改)

第八章　绩效考核

 学习目标

1. 明确绩效与绩效考核的含义
2. 分析绩效考核的目的、作用和影响因素
3. 了解并学习使用常用的绩效考核方法
4. 掌握绩效考核的基础和过程
5. 明确绩效考核结果应用的原则和方向

 开篇案例

绩效主义成就了三星，毁了索尼

　　索尼前常务理事、机器人研发负责人土井利忠曾写过一篇著名的文章《绩效主义毁了索尼》。他的主要观点是：20世纪90年代中期之后，索尼引入美国式的绩效主义，扼杀了索尼的创新精神，最终导致索尼在数字时代的失败。土井利忠对"绩效主义"做了个定义，指的是"业务成果和金钱报酬直接挂钩，员工为了拿到更多报酬而努力工作"，也就是我们中国企业再熟悉不过的"绩效薪酬制度"。然而，真的是这个东西"毁了索尼"吗？

　　一、绩效主义助推三星转型

　　一个不争的事实是，三星在数字时代打败了索尼，但三星却比索尼更早引入美国式的绩效薪酬制度。

　　1988年，李健熙接班，提出二次创业，一项重要的举措就是在三星推行"自律经营"。所谓自律经营，就是将企业经营权和责任全部分配给具有专业资质的各分子公司社长，由他们全权负责，让他们像企业的主人一样，自主思考、自主决策、自主做事；企业赚到钱之后，拿出一部分奖励他们。也就是说，三星集团对各分子公司经营层实行的是"明确经营的完全责任、赋予履职的足够权限、按照绩效奖励团队"的管理模式。

　　李健熙认为"奖励工资"是人类最伟大的发明，也是资本主义的一大优势。李健熙上任后，大胆打破三星传统，推行"信赏必赏"的奖励工资制度，给管理层发放年薪。三星集团各子公司CEO的年薪中，基本工资只占25%，其余的75%由绩效决定。员工的基本工资比重占60%，另外40%由能力而定。能力评价决定员工实际年薪，评为一级能得130%的酬金，若评为五级，甚至连基本工资都领不到。同一职级的员工，实际年收入最高与最低可以相差5倍。这在李秉哲时代以及当时韩国的其他公司是不可想象的，引起了极大的轰动。

三星干部和员工与公司绩效绑定的收入有两种：一种是半年一次评定发放的"PI"（生产率奖金），另一种是一年一度评定的"PS"（利润分享）。PI的数额由半年度业务目标达成情况来决定。每个部门、BU和公司按照"EVA、现金流和每股收益"等指标的半年达成情况被分为A、B、C三级。假如一个员工所在的部门、BU和公司都被评为A，这个员工能拿到基本工资300%的奖金；如果不幸全是C，一分钱也拿不到。比如2005年、2006年，存储半导体、移动电话和TV部门的PI就拿得"盆满钵满"，而非存储半导体和家电部门的人就惨了，全部是C，真的一分钱都没拿到。PS其实是"超额利润分享"。每年三星总部都会给下面分子公司下达一个利润目标，经营年度结束后，如果实际利润超过目标利润，超出部分的20%作为奖金分配。2006年，三星电子超额利润达到2.52亿美元，当年提取用于员工分配的奖金就高达5 040万美元。

李秉喆时代，三星实行高度集权的管理模式，即源自日本明治时代的"上头指示、下面做事"的集权体制。权力都在总部，下面的分子公司负责人只负责执行总部命令，缺乏主人翁精神，缺少经营主动性。这种体制在短缺经济时代，也就是产量和规模决定胜败的时代固然没有问题，效率也很高。但是，进入20世纪90年代的"丰裕时代"后，质量、创新和速度决定成败，这种高度集权、僵化、分子公司没有经营主动性的管理体制不再适应新的环境。

李健熙在三星推行"自律经营"，目的是要"将集团经营重心下沉"，让分子公司总经理承担起完全的经营责任来，这种"分权"的管理模式，改变了他父亲李秉喆时代高度中央集权的管理模式。绩效薪酬作为"自律经营体制"的一部分，有力地促进了"经营重心下沉"管理模式的推进。

一句话总结当时的"自律经营体制"，就是"责权放下去，收入拉开来"。来自美国的"绩效主义"确实起到了扭转三星既有的僵化体制、激活分子公司经营团队、培养他们的主人翁意识和经营自主性、助推三星新经营转型的目的。

二、绩效主义给索尼带来了什么

如果仔细回顾一下索尼20世纪90年代的历史，你将会发现：同一时期，上面发生在三星的管理模式转型的故事，在索尼也演了一遍。

索尼导入绩效主义的起点是1994年，其标志则是"公司制度"。索尼将原来的事业部制改革为公司制，即把业务单元改造成独立公司，其负责人要对资产负债表和损益表负责，并拥有权力投资新业务。这时的索尼，总部像一家控股公司，负责新业务投资和整体协调；在公司体制下，索尼把计划和产品开发人员从总公司分散到每个公司。与"责任、权力、资源下沉"相配套，索尼同时导入"绩效薪酬"制度。

改革前，索尼考核业务单元负责人的是两个指标："收入"和"利润"。改革后，除了这两个指标外，还有"ROE、ROA、Cash Flow"等类上市公司考核指标，并将这些指标完成情况与经营者收入挂钩。索尼总部给每一个公司规定10%的资金成本，任何一项投资要求ROI必须超过10%这个底线。1998年，索尼更进一步，考核重点变成了"股东价值"，以及EVA指标，将EVA与管理者的薪酬挂钩：业务单元管理者奖金50%由公司业绩决定，25%取决于索尼整体业绩，剩下25%由个人目标管理来决定。在公司内部的员工层面，与三星类似，导入绩效考核机制，并将考核结果与个人奖金和晋级相结合。索尼当时采取"公司制度"的目的，与三星实行"自律经营体制"差不多，就是为了激发业务单元的主动性、积极性，鼓励其承担完全的经营责任,抓住"从模拟到数码"技术大变轨的机会,继续领先消费电子行业。

索尼公司制度和绩效薪酬的改革初始阶段(1995—1998年),确实达到了董事会所期望的"刺激收入、增加利润"的目标,1997年、1998年连续两年收入、利润大幅增长,是历史上绩效最好的两年。但是,这些收入和利润仍然是"模拟技术产品"带来的。好景不长,1998年之后,随着数字技术快速取代模拟技术,索尼开始陷入衰退和亏损。究其原因,与当年的管理模式改革导致的负面作用有直接关系。

负面作用之一:短期导向

索尼分子公司总经理要"对投资承担责任",而且投资的ROI不得低于10%,这就使得他们不愿意投资风险大但是对未来很重要的技术和产品,而更愿意做那些能够立竿见影又没有多大风险的事情。比如,VAIO电脑,出井伸之的意图是通过把音响与视频功能整合,引发个人电脑革命把它打造成划时代的、能够像当年Walkman一样有轰动效应的"娱乐电脑"(之前,电脑都是工作用的)。

但是电脑业务部门有短期利润压力,更多的资源就用在开发下一个季度挣钱的产品上,而不是更具创意也更不确定的VAIO身上,结果VAIO变成了一款反应平平的"Me Too"产品。

负面作用之二:本位主义

每个业务单元都变成独立核算经营公司,当需要为其他业务单元提供协助而对自己短期又没有好处的时候,这种体制下人们没有积极性提供协作。三星推出数码融合产品"康宝DVD"之后,2001年,索尼希望推出一款超过三星"康宝"的融合产品"Cocoon",它可以把电视节目录制到它所带的DVD的硬盘上。

这个全新产品的开发涉及电脑部门、电视部门、DVD部门还有Cocoon产品部门自己。结果DVD部门不支持,Cocoon只好在不带DVD功能的情况下上市,根本卖不出去。DVD部门之所以不支持,因为担心Cocoon上市会挤占它的传统DVD产品销售。

由此看来,土井利忠的那篇文章,还算是实事求是的,并没有夸大其词,或者像有人说的出于"泄私愤"。确实,索尼引进美国式绩效主义让索尼赚了小钱、误了大事。不过,仔细一想,不对啊——同一个时期,三星采取的也是同样的管理体制,同样考核业务单元的EVA,同样根据短期业绩表现支付奖金,同样有PS利润分享,为什么三星能够避免"短期导向"和"本位主义"?绩效主义怎么就没把三星给毁了呢?

三、问题不在考核,在权威缺位

如果仔细观察20世纪90年代中期三星与索尼组织结构上的差异,你会发现大体相似,横向都是按照产品品类划分业务单元,纵向都是按照总部——分子公司进行分工。但有一点小小的不同,三星的总部除了老板和一般职能部门之外,还有一个"秘书室"。

这个秘书室是三星管控体系区别于索尼的关键之处,也正是两个公司在管控模式上的差别,造成了"绩效主义"的两种截然不同的结果。三星秘书室的存在价值类似于市场当中的政府,它干的事情就是分子公司和事业部不愿意干的那些"有风险、短期看不到收益、付出没回报,但对企业整体和长远有利"的事情。

首先,在战略决策阶段,三星秘书室是一个研究和提案部门,其职能包括"情报收集与分析、研究,组织研究,制订战略方案,向李健熙提建议"。所有重大的投资决策都是由秘书室研究提出方案,最后由老板拍板决定的,哪怕是三星电子总裁尹钟龙都没有这个权力。例如,半导体/液晶屏的投资、金融危机时的产业结构调整、数码融合等战略动议,主推力量并不是分子公司CEO,而是秘书室。

其次,在战略执行阶段,秘书室承担的是双重任务:一是亲自操盘一些重要的战略相关事项,比如,金融与资本运作、产业结构调整、战略资源配置、重要人事决策与执行;二是重点战略任务的监督执行,尤其是涉及跨部门协调的战略任务。由于秘书室的介入,三星电子和三星集团其他分子公司一直都能够"分享资源"和"创造协同效果"。

一旦几个业务部门出现分歧,需要一起协作时,秘书处会立刻介入进行协调,业务单元不得不接受秘书处的决议。比如,2000年左右三星推出大量数码融合产品,大多是跨业务部门协作的结果。2007年,苹果推出智能手机后半年,三星随即推出智能手机,正是秘书室调动全集团资源集中攻关的成果。

有人会问,分子公司和事业部怎么会听秘书室的呢?这是三星管控模式厉害的地方。当年实行分权管理的时候,李健熙始终警惕的一点是:业务单元变成"个体户集中营",只关心自己的"一亩三分地",集团丧失掉"集中力量办大事"的能力。因此,李健熙并不指望下面的业务单元负责人既要对短期绩效负责,又要对企业整体和长远利益负责,而是把二者在分子公司和秘书室之间做了"切割"。与此对应,李健熙并没有将权力全部放下去,而是"有限授权",相当一部分权力依然保留在总部——也就是秘书室。秘书室拥有所有分子公司高管的任免权、调配权、考核权、分配权、处分权,以及重大投资权和分子公司项目投资审批权。此外,秘书室还有强大的监察功能,对分子公司一举一动盯得很紧。一句话,秘书室实际上就代表老板,拥有足够的"权威"。

索尼呢?索尼的公司体制的问题在于"分权过度"。索尼的子公司有自己的董事会,有独立的投资权、财务权和人事权。其负责人要对资产负债表和损益表负责,并拥有权力投资新业务。在过度分权刺激下,业务单元会热衷于对短期业绩有利、不确定性较低的业务进行投资,而对未来不确定性高、风险大的突破性创新没有积极性,以至于面对行业大变局的关键时刻,企业内部未能形成"有组织的努力",未能在战略成败的关键点上形成合力。这种彻底的"分权"体制,使得总部的战略职能"悬空",监管和协调功能"失调",导致索尼在行业变轨时期(也就是创新成功更加依赖"协作"而不是"分工"的时期),丧失了创新的能力。

等到出井伸之四年之后(1998年)明白这一点并试图废除"公司制"的时候,由于组织习性已经养成,最好的变革时机已经错过,已经无力回天了。

(根据李序蒙,白刚:"绩效主义成就了三星、毁了索尼"改编,网易财经:《亦观察》第37期,http://money.163.com/14/0613/09/9UKON31H00253VNE.html。)

案例思考题

1. 为什么绩效主义在三星和索尼发挥了不同的作用?
2. 结合本案例,你认为绩效考核的优缺点是什么?
3. 对于索尼而言,如果为了保证绩效考核的有效性,应该如何改变和调整?

绩效考核是人力资源管理工作中必不可少的重要环节。对组织和员工个体而言,只有对绩效作出公正客观的鉴定和评估,才能进行合理的薪酬分配和组织、员工发展决策,保证组织公平,充分调动员工的积极性,共同实现组织目标。本章从绩效考核的过程着手,首先解释绩效考核的含义,讨论绩效考核的目的与基础,然后梳理绩效考核常用的方法,最后探讨绩效考核结果应用和反馈。

第一节 绩效考核概述

一、绩效

绩效(Performance)是员工在一定时期、一定环境下的工作行为和工作结果的综合。绩效是结果与过程的统一。既强调结果导向,关注工作的效果、产生的效益或利润等工作结果,也强调过程导向,关注影响工作结果产生的关键行为、技能、能力和素质等因素。

绩效是一个多维构念,从绩效的层次来看,绩效可以分为个体绩效、团队绩效和组织绩效。个体绩效是指员工完成岗位任务的程度,团队绩效反映了团队完成团队目标、任务的程度,组织绩效反映了组织完成组织目标要求的程度。绩效是个体绩效、团队绩效和组织绩效的统一。绩效具有多因性、多维性和动态性的特点。多因性体现在员工的工作绩效不是由单一因素决定的,而是受到激励、能力、环境、技能和机会等多种主、客观因素的影响。多维性表现在,绩效是员工工作结果的总称,包括工作任务执行和完成情况的多个方面。由于绩效的多因性,随着这些主、客观因素的不断变化,员工绩效也会相应发生变化,是一个动态变化发生的过程。从绩效的行为角度出发,绩效可以分为任务绩效和周边绩效。任务绩效是指直接作用于组织技术核心的行为,周边绩效是指侧重于支持组织的、社交的心理环境而间接作用于组织技术核心。任务绩效和周边绩效包含不同的行为模式,主要区别在于是关注完成任务本身还是人际互动。任务绩效行为是硬性行为,不受情境等因素限制,直接作用于组织效率,而周边绩效是软性行为,会受到情境、组织环境、人际技巧等多种因素的影响。通过营造良好的社交环境来支持任务绩效行为,间接作用于组织效率。

二、绩效考核及其影响因素

绩效考核(Performance Assessment 或 Performance Appraisal)是对工作行为的测量过程,即用事先制定的标准来比较工作绩效的记录以及将绩效考核结果反馈给员工的过程,以起到检查及控制的作用。

在实际工作中,受多种因素影响,绩效考核很难真正做到准确有效。影响绩效考核有效性的因素主要有:

(1) 绩效考核目的不明确。绩效考核必须满足许多不同的目的,从评估成效到评定领导者的效能,评估训练的努力,以及做出奖励决定。在现实应用中,许多企业考核定位不清,缺乏明确的目的或对考核目的定位过于狭窄,或者为了考核而考核,使考核流于形式。员工的注意力集中于应付考核规定,避免犯"规"受罚,而不是如何努力提高工作绩效。再加上考核方法不完善、考核结果不准确,势必影响绩效考核的有效性,造成员工对考核的抵触。

(2) 绩效考核指标和方法缺乏科学性。受环境、组织和员工个体因素影响,绩效本身就难以准确量化测量;选择和确定什么样的绩效指标和方法是考核中一个重要的,也是比较难于解决的问题。在实践中,很多企业追求"大而全"的指标体系,所采用的绩效指标既包含经营指标,又包含工作态度、思想素质等个体指标,面面俱到,而忽视了企业特点和绩效考核的具体需要。绩效考核方法在选择上喜欢"追赶潮流",忽视了方法的适用性和企业实际需求,缺少比较甄别。

(3) 绩效考核的主观性。健全的绩效考核是通过对员工过去一段时间内工作的评价,判断其潜在发展能力,并作为对工奖惩的依据。但在实践中,评估的正确性往往受人为因素影响而产生偏差,常见的如晕轮效应,即以偏概全,"部分印象影响整体";类己效应,对那些和自己的某一方面(种族、籍贯、性别、学历、专业、母校、志趣、业余爱好等)相类似的人有偏爱而给予较有利的评估,等等。这些绩效考核工作中的主观性与片面性,势必影响考绩的可信度与有效度。

(4) 绩效考核过程和结果的公平透明。绩效考核通常在组织内被当作"机密",这种不公开性加重了员工对绩效考核的不安心理和对人力资源管理部门的不信任感,降低了绩效考核对员工的指导教育作用。许多企业仅仅给出绩效考核的结果,而忽视了对绩效考核相关制度规范、绩效考核过程、绩效结果反馈、绩效沟通等诸多环节的兼顾,导致员工对绩效考核公平性和透明性的质疑,影响绩效考核的有效实施。

三、绩效考核的目的

英国学者格雷厄姆(H. T. Graham)在著作《人力资源管理——工业心理学与人事管理》中提出,绩效考核的目的在于:

一是协助管理者根据员工的绩效表现来确定薪酬;

二是决定员工将来的任用,例如,是否留任现职、调职、晋升、降职或解雇;

三是有针对性地进行培训,例如,根据员工绩效变现判断是否需要培训或者提供哪些类型的培训;

四是及时给予员工反馈,告知成果,承认功劳,给予员工与主管沟通的机会,以激励员工把工作做得更好。

因此,绩效考核与员工的任用、培训、激励密切相关。

绩效考核是目标设定、记录、评估的过程。最高管理层拟定整个组织的目标,组织中所有单位则需制定可促进整个组织目标达成的政策措施。每一个单位都必须将组织和各单位目标作为员工绩效的明确标准。标准一旦确定,实际绩效必须加以记录,并按时与所定标准进行比较。

最后,对于实际绩效必须采取行动使之与既定标准相吻合。如图8-1所示,通过四个步骤的循环综合产生一种控制作用。绩效考核可用于检查、促进和控制。

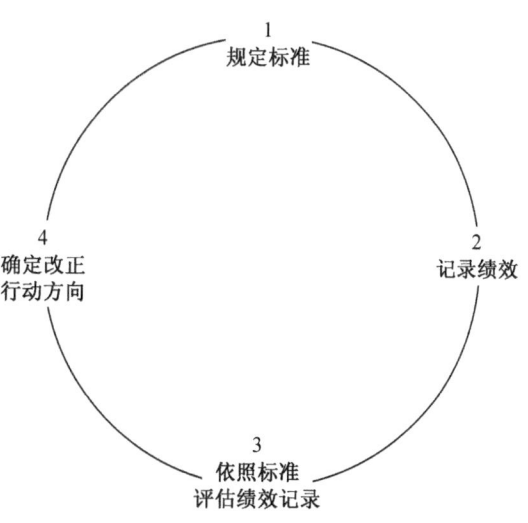

图8-1 绩效考核的循环过程

因此，绩效考核是可以产生控制及指导一个组织的过程所需信息的一种检查程序。这种评估程序通常由生产第一线的基层开始，每一个员工的绩效由各部门的主管加以评估。整个单位的绩效则由其较高层主管评估。最后，最高层领导评估整个组织的全面绩效。

四、绩效考核的作用

绩效考核是管理的基本任务。首先，没有绩效考核就难以做出公平合理的管理决策。绩效考核可以使管理者及其下属制定计划以纠正任何可识别的工作失误。其次，绩效考核提供的资料可以作为工资晋级、岗位晋升以及培训提高的依据。这是绩效考核最常见的作用。第三，绩效考核使管理者及其下属有机会坐下来，考察该下属的工作行为。大多数员工都需要并且希望了解其他人对自己工作情况的评价，当这种评价对自己有益时更是如此，而绩效考核恰好提供了这种反馈。

绩效考核的信息可作为人事计划、组织计划的依据。依据不同目的，绩效考核可分为两大类，即判断型绩效考核和发展型绩效考核。判断型绩效考核主要强调过去的绩效，强调绩效考核的测量比较。判断型绩效考核经常用来作为控制员工行为的途径。如受欢迎的行为会获得加薪、晋升、进入高层职务等培养发展项目的奖励；令人失望的行为会导致减少工资、降职、调动甚至开除的结果。判断型绩效考核同时为组织选拔程序和培训项目提供了很有价值的反馈信息。发展型绩效考核主要目的在于利用评估信息为未来改进工作服务，强调改进今后的工作绩效。发展型绩效考核的信息用来决定培训和发展机会，找出排除工作障碍的办法，提出改进未来工作和绩效的方法以及使管理者与员工双方达成一致期望的绩效协议。

第二节　绩效考核的基础

绩效考核系统指绩效考核中的组织过程与活动。绩效考核是管理者与员工之间的活动。而绩效考核系统则包括组织的政策、程序，支持这一活动的资源，还有评估的时间、次数，评估者与评估对象，测量的程序和评估的记录方法等。组织的绩效考核系统各式各样，有三个因素影响绩效考核系统的有效性，即绩效目标、绩效分析和绩效测量。

一、绩效目标

绩效目标即绩效考核目标，是指给评估者和被评估者提供所需要的评价标准，以便客观地讨论、衡量、监督绩效。绩效目标是有效开展绩效考核的基础。绩效目标是对员工在绩效考核期间的工作任务和工作要求所做的界定，是对员工进行绩效考核时的参照系。有效的绩效考核系统需要有明确清晰的绩效目标。组织必须明确通过绩效考核系统要达到什么目标，并与负责发展和管理这些系统的员工交流组织目标。明确清晰的目标能够让管理者和员工了解各自工作的方向，引导他们为实现组织目标而不懈努力。绩效考核系统也能控制监督计划的实施，帮助进行分期评估与适当调整。

绩效目标对于绩效考核的重要性主要体现在：一是统一管理者和员工对于绩效目标的认知，减少绩效考核过程中对于期望取得的绩效结果的误解；二是帮助员工明确在完成工作任务和绩效目标过程中所应承担的角色,明确工作要求和职责边界;三是通过提供明确的绩效目标,来帮助员工对工作的进展进行自我监控和调整;四是为回顾和分析讨论绩效结果提供客观的、一致的、相互接受的基础。

二、绩效分析

绩效分析,又称为绩效差距分析,是指对员工当前绩效与组织绩效目标之间的差距进行分析,提出造成差距的原因和问题。绩效分析的目的在于确定和测量期望绩效与当前绩效之间的差距,找到产生绩效差距的各种影响因素,并就此制定改善措施。

绩效分析是整个绩效考核系统中重要一环。组织和环境因素对于员工绩效具有重大影响。组织的方向在很大程度上影响着决定期望绩效的绩效标准,环境的驱动因素会影响当前绩效。因此,对组织、环境和绩效形成原因的分析至关重要。绩效分析通常分为三个方面:组织目标、绩效环境和员工个人情况。

1. 组织目标分析

组织目标分析是指对组织战略规划的内容进行深入分析,包括对组织愿景、使命、目标的深入考察。组织目标分析的目的在于明确目标导向,即"组织及其领导者试图实现的绩效和远景"。组织目标分析将为期望的或最佳的绩效设定标准。组织目标分析除分析战略规划外,通常还包括组织结构、企业文化等。

2. 绩效环境分析

绩效环境分析是指对企业内外部环境因素的分析,确定影响绩效的现实因素并找出其中主要因素的过程。其目的在于对组织内、外部真实状况进行评价,这些环境状况可以解释员工为什么做现在的工作。内部环境分析通常是对企业的组织机构设置、工作流程、激励制度等内部因素进行分析,以明确影响绩效的内部因素;外部环境分析是指对企业的市场竞争情况、供应链情况和客户等外部市场因素进行分析,以明确哪些外部环境因素对绩效产生了影响。通过对内外部绩效环境因素的分析,可以发现影响员工绩效的主要环境因素,从而有针对性地采取措施,促进员工提高绩效。

3. 员工个人情况分析

员工个体情况分析是指对员工的知识、素质、能力、工作态度、动机和期望等因素进行评估,明确员工的能力水平、绩效现状以及与岗位目标绩效的差距。通过员工个人情况的分析,找出影响员工绩效的个体因素,从而采取相应的培训,提高和激励方式促进员工绩效提升。

三、绩效测量

一个有效的绩效考核系统需要科学有效的绩效测量方法。因为测量结果用作决定薪酬、任用和培训的信息来源,所以,为了给决策者提供有效的信息,用于绩效考核的测量系统必须是有效度、信度和无偏见的。

1. 效度

效度是指绩效考核测量的准确程度。绩效考核测量的效度越高,表示所测量的结果越能正确反映工作绩效。为了使一种评估方法有效,必须考虑多方面的因素。设计一种评估方式,最重要的问题是要充分考虑影响工作绩效的多种因素。行为科学家的研究表明,为了使绩效考核的测量有效度,必须考虑绩效标准的三个因素,即拟评估的绩效因素、抽象概念的层次以及时间。①

(1) 绩效因素。绩效因素的效度是指恰当地确定影响拟评估的工作行为和绩效的许多不同因素。例如,一个医生的工作至少必须包括临床诊断的准确性,直接治疗病人的态度和质量,助理医生以及护士的管理,还有病人的配合,等等。对一个单位组织的绩效考核研究,首要步骤是要确定有效评估一个员工的工作绩效必须考虑哪些绩效因素。

(2) 抽象概念的层次。除了绩效因素外,绩效测量的效度还依靠适当的组织分析层次划分,因为组织、群体或个体层次的绩效概念不同。一种评估方式必须考虑以上这三种层次的分析。图8-2说明了绩效考核方面三个可能的分析或抽象概念层次。

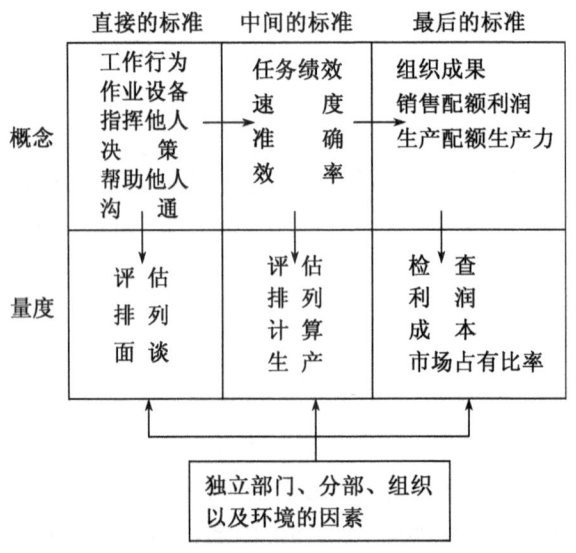

图8-2 绩效考核标准的概念层次

如图8-2所示,工作行为可视为绩效的直接标准,群体任务的成就作为中间标准。绩效的最后标准大体可包括利润、市场占有率以及生产力这类组织层面的结果量度。群体绩效的成功视成员个体的工作行为而定,而整个组织目标的实现就必然依靠群体任务的绩效而确定。②

(3) 时间。时间是影响绩效考核效度的第三个重要因素。直接、中间和最后的标准都可由短期与长期的时间范围来决定。特定的直接标准,如工作行为,都是短期的,即在工作完成时加以测量评估。较不直接的结果,如群体任务绩效,和有些组织的成果,如利润、市场占有率以及效率等,可能需要几个月或几年才能测量评估。过早或过晚地评估各种标准均会限制绩效考核的效度。例如,一家公司用一个部门的效能指标,如利润,作为评估聘用一位高级主管的成效标准。如果评估过早,而该主管负责的部门在市场还未打好基础,最高层领导就可能错误地断定,他们的甄选决定就会出现较大偏差。时间也可以在循环方面发生

---

① Davis, B. L., & Mount, M. K. Effectiveness of performance appraisal training using computer assisted instruction and behavior modeling. *Personnel Psychology*, 2010, 37(3), 439-452.
② 付亚和,许玉林. 绩效考核与绩效管理(第2版)[M]. 北京:电子工业出版社,2011.

作用。工作、群体以及组织的绩效可以在一年的某一时期有效测量。例如,评估一位经理设计及编制预算的行为最适当的时间,可能是在下一财政年度预算编送截止时间之前。

2. 信度

信度是指所得评估分数的稳定性或可靠性。它主要表现为一个测量过程中各项目的得分是否基本相符和两次测量评估的分数是否前后基本一致。信度与绩效资料收集方法的两个特点有关,即一致性和稳定性。一致性要求收集同一资料的两种可交替方法,在结果方面应当一致。稳定性要求同一测量设计在连续几次运用中产生相似的结果。实际上,员工被评估时,许多情境和个人因素可能造成两种形式之一的不可信(不一致或不稳定)。① 其最普遍的误差根源如图 8-3 所示。如果评估方法完善,就能测量出准确的绩效,并产生图中 A 所示的资料信息,但是往往出现各种误差影响绩效考核的准确性,这时的结果便出现图中 B 所示的资料信息。在情境因素中,评估的时间安排影响结果;对照效应是涉及那些干扰评估者判断以及出现偏差而进行的比较;当然,评估者的心情好坏程度也会影响评估。

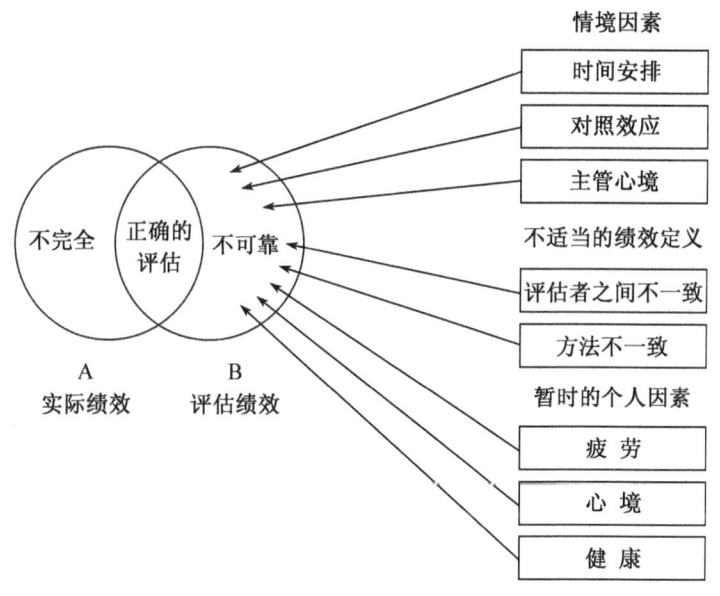

图 8-3 绩效考核产生误差的原因

对工作绩效不适当的定义也可造成不可信的评估。在对一个员工的工作实施评估时,忽略绩效的某种主要因素会影响评估,其他因素也可能影响评估,如上级主管对员工的绩效考核意见不一致,或评估方法不同。

暂时的个人因素,如员工的疲劳、疾病以及心情等也会影响评估。例如,绩效考核正好发生在员工极为疲劳、生病或情绪不好的情况下,其主管所测量的绩效可能会与这位员工平时的实际绩效不相符。总之,提高测量信度的方法是进行标准化测量,确定明确的评估项目。

3. 无偏见

偏见是指对社会某一特定的群体和被认为属于这一群体的个人持有的一种成见,表现

---

① 唐宁玉.组织行为与管理[M].北京:北京师范大学出版社,2012.

为过早的判断和消极态度,常常发生在对种族、年龄、性别、其他社会群体及成员的认识和态度问题上。在绩效考核中,应尽量避免上述这样那样的偏见,这样绩效考核的效度和信度才能得到保证。

第三节　绩效考核的方法

绩效考核的方法很多,但各有其优缺点。绩效考核的问题在于明确某种绩效考核方法可以达到的最终目的,选择能够达成所追求目的且符合组织特点的合适方法。因此,绩效考核需要设计一种方法,既适合评估目的,又符合每一组织的特点。组织所采取的绩效考核方法中,大部分是传统的评估方法,如个人小结、小组评议,还有依表评估法、排列评估法、对比评估法和目标管理(Management by Objectives)。绩效考核的主要方法如下:

一、比较法

比较法也称为相对评估法,是指在对员工进行相互比较的基础上,对员工进行排序,提供一个员工工作的相对优劣的评价结果。常用的比较法有排序法、强制分布法和配对比较法,其中最常用的是强制分布法。

(一) 排序法

排序法是按照某一项指标,把评估对象按最好到最差加以排列。通常,把表现最好的员工与最差的员工加以区别,比简单地把员工按次序排列起来容易得多。因此,首先列出评估对象名单,然后从名单中删去不十分了解、不便加以区别和排列的人,然后再用一张表(如表8-1所示),把认为在这项指标方面表现最好的人和最差的人选出来,在剩下的人员中再选出一名最好的和一名最差的。这样依次选择最好和最差的人员,直到把评估对象排列完毕为止。

表8-1　排序法示例表

第一栏:最好的	第二栏:最差的
1.	11.
2.	12.
3.	13.
4.	14.
5.	15.
6.	16.
7.	17.
8.	18.
9.	19.
10.	20.

注:根据评估对象排列名单,删去这项特性中因不了解而不能评估的人;然后,选出一位在这方面表现最好的人,把名字写在第一栏的第1号上;再选出在这方面最差的,写在第二栏最下面的第20号上。以此类推,直到把名单上所有要评价的人员都排列完为止。

(二) 强制分布法

强制分布法(Forced Distribution Method)意味着考核结果的运用并不完全依据绩效考核得分,而是按照正态分布的规律,先确定好各等级在被评价员工总数所占的比例,然后按照每个员工绩效的优劣程度,强制列入其中的一定等级,再根据员工所在的不同等级进行赏罚。现在越来越多的公司采取这种方法进行绩效评价。GE公司前首席执行官杰克·韦尔奇绘制的著名"活力曲线",就是强制分布法在实践中的最佳应用。"活力曲线"按照业绩及潜力,将员工分成A、B、C三类,三类的比例为:A类20%;B类70%;C类10%。对A类这20%的员工采用"奖励奖励再奖励"的方法,提高工资、股票期权以及职务晋升。对于B类员工,也根据情况确认其贡献,并提高工资。对于C类员工,不仅没有奖励,还要从企业中淘汰出去。[①] 如表8-2所示,运用强制分布法的考核结果由如下部分组成:优秀10%,良好20%,中等40%,较差20%,最差10%。

表8-2 运用强制分布法的绩效考核结果

绩效类别	绩效等级	比重
A	优秀	10%
B	良好	20%
	中等	40%
	较差	20%
C	最差	10%

(三) 配对比较法

配对比较法是将每个评估对象在各项特性指标方面,如工作量、工作质量等,与其他评估对象一一进行比较。

以表8-3为例,表中有5名评估对象,用配对比较法对每名评估对象与其他评估对象一一比较(如A对B,A对C,A对D,B对D,等等)。在每一特性的比较中,都确定出这两人相比谁表现更好。然后,把每人被评估为好的次数加起来。在所有的结对比较完成后,将每位员工得到的"优者"数累计起来,就可以排列出一个总的顺序。这种方法确保每一位员工都与其他的所有人作对比。但当要评估的员工人数相对多时,这种方法就不适用了。

表8-3中,B被评估为工作质量最高,A被评估为创造性最强。

---

① 赵曙明,张正堂,程德俊.人力资源管理与开发[M].北京:高等教育出版社,2008,第251-253页.

表 8-3 配对比较法实例

工作质量						创造性					
评估人						评估人					
作为对比评估的另一方	A	B	C	D	E	作为对比评估的另一方	A	B	C	D	E
A		+	+	−	−	A		−	−	−	−
B	−		−	−	−	B	+		−	+	+
C	−	+		+	−	C	+	+		−	+
D	+	+	−		+	D	+	−	+		−
E	+	+	+	−		E	+	−	−	+	

↑ B 为最高 ↑ A 为最高

注:"+"表示"好于";"−"表示"不如"。把每一个特性指标空格内"+"的数量累计起来,就可以得到排序结果。

二、特征法

特征法是针对构成绩效的要素特征进行考评,每种特征都以某种标准为尺度,比较常见的有图尺度评价法(Graphic Rating Scale)①。图尺度评价法是最简单和运用最普遍的工作绩效评价技术之一。它以表格的形式列举出一些绩效构成要素,如工作质量、生产效率、勤勉性、独立性等。此外,还需列举出跨越范围很宽的工作绩效等级,如杰出(在所有各方面的绩效都十分突出)、很好(工作绩效的大多数方面明显超出职位的要求)、好(绩效水平达到了工作标准)、需要改进(在绩效的某一方面有缺陷)、不满意(工作绩效水平无法让人接受)。

在进行工作绩效评价时,首先针对每一位下属员工从各项评价要素中找出最能符合其绩效状况的分数;然后将每一位员工所得到的所有分值相加,得到其最终的工作绩效评价结果。

许多企业在实际应用中,并不是停留在一般性绩效要素的评价上,而是依照工作职责进行进一步分解。如将秘书的工作分解为打字、接待、工作安排、文件管理、办公室一般事务等内容,而每一项内容又是十分具体的,如打字的速度是每分钟多少。然后,对每一项职责的工作情况进行分级或打分。

这一测评方法有很多种变形,比如,通过对指标项的细化,可以用来测评具体某一职位人员的表现。指标的维度来源于被测对象所在职位的职位说明书(Job Description),从中选取与该职位最为密切相关的关键职能领域(Key Functional Area, KFA),再进行总结分析出关键绩效指标(Key Performance Indicator, KPI),然后为各指标项标明重要程度,即权重。现列举比较常见的一种示例,如表 8-4 所示。

---

① 来源:www.hudong.com/wiki/图尺度评价法。

表 8-4　图尺度评价法示例

一、工作量

（　）	（　）	（　）	（　）	（　）
不符合最低标准	勉强	满意	很勤奋	优异

二、可算程序

（　）	（　）	（　）	（　）	（　）
须严加监督	有时须催促	合理监督下能完成工作	不太需要监督	自动自发

三、工作知识

（　）	（　）	（　）	（　）	（　）
知识缺乏	某些方面知识仍缺乏	能回答大部分问题	了解各方面工作问题	对工作各方面都熟悉

四、出勤状况

三、行为法

绩效考核也可从行为视角出发，针对员工的行为（事件）进行考评，这类考评方式统称为行为法。比较常用的行为法有：关键事件法、行为锚定等级评价法、评语法和目标管理法。

（一）关键事件法

关键事件法（Critical Incident Method）是工作分析时使用的一种方法。这种方法也同样在绩效考核中使用。① 在使用这种方法时，主管人员将一位下属在工作活动中所表现出来的非常好的行为或非常不好的行为（关键事件）记录下来，然后在每六个月左右的时间里，主管人员和其下属面对面地以所记录的事件为例，来共同讨论后者的工作绩效。

（二）行为锚定等级评价法

行为锚定等级评价法（Behaviorally Anchored Rating Scale，BARS），通过用一些特定的关于优良绩效和不良绩效的描述性事例来对一个量化的尺度加以解释或锚定，将描述性的关键事件法和量化的等级评价法的优点结合在一起。行为锚定等级评价法程序如图 8-4 所示。

建立行为锚定等级评价法通常要求按照以下五个步骤来进行：

（1）获取关键事件。首先要求对某一

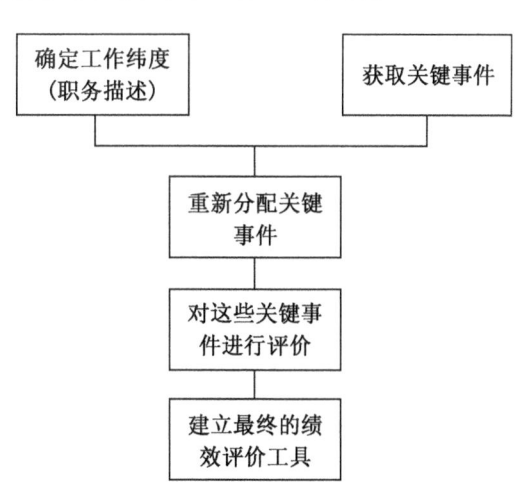

图 8-4　行为锚定登记评价法程序

---

①　雷蒙德·A.诺伊等著. 人力资源管理：赢得竞争优势[M]. 刘昕译. 北京：中国人民大学出版社，2013.

职位比较了解的人(通常是职位承担者及其上级主管人员)对一些代表该职位上的优良绩效和不良绩效的关键事件进行描述。

(2) 开发绩效纬度。然后将这些关键事件合并成为数不多的几个绩效纬度(如5个或10个),并对其中的每一个纬度(例如"责任感")加以界定。

(3) 重新分配关键事件。由另外一组同样对职位比较了解的人来对原始的关键事件进行重新分类。他们会得到已经界定好的工作绩效纬度以及所有的关键事件,在此基础上要做的是将所有这些关键事件分别放入他们自己认为最合适的绩效纬度中去。如果就同一关键事件而言,第二组中有一定比例(通常是60%—80%)以上的人将其放入的绩效纬度与第一组人将其放入的绩效纬度是相同的,那么,这一关键事件的最后位置就可以确定在这一绩效纬度之中。

(4) 对这些关键事件进行评价。在用关键事件来描述行为之后,第二组人还要再对这些行为在每一绩效纬度方面所代表的有效和无效程度来加以评定(一般采用7点尺度或9点尺度)。

(5) 建立最终的绩效评价工具。对于每一个工作绩效纬度来说,选择6至7个关键事件作为其行为锚定。[1]

行为锚定等级评价法存在一些问题,首先,开发和维护行为锚定等级尺度需要花费大量的时间和精力。此外,需要针对组织中存在的不同类型的工作开发与之相应的BARS评估形式。

(三) 评语法

评语法是最常见的以一篇简短的书面鉴定来进行考评的方法,是绩效考核方法中比较传统而古老的一种,可以作为其他考核方法的辅助。评语的内容包括被考核者的工作业绩、工作表现、优缺点和需努力的方向等。

评语法的内容、格式、篇幅、重点等均不受拘束,完全由考核者自由掌握,不存在标准规范。在实施上一般是被考核者按企业的要求交一份自我鉴定表,包括个人信息、目标承担的工作、工作目标、目标实现情况、原因分析、贡献和未来工作构想等内容,需要被考核者对照岗位要求回顾一定时期内的工作状况。主考人以此为基础材料,自由选择适当的方式对被考评者进行绩效考评。

(四) 目标管理

许多公司实行目标管理,使管理者和员工联合起来,努力实现组织目标;并且定期地针对目标的完成情况,对员工的绩效进行评估。在西方国家,目标管理已作为许多公司的一种制度,其目的在于结合员工个人目标与公司组织目标,以改进公司绩效考核,激励和培训员工等。

1. 目标管理的原理

目标管理既是一种管理的原则,又是一种管理的方式,也可称为"成果管理"。目标管理的方法是由美国加州克莱蒙特研究生院著名的管理专家彼得·德鲁克博士于1954年在《管

---

[1] Schwab D P, Heneman H G, Decotiis T A. Behaviorally Anchored Rating Scales: A Review of the Literature[J]. *Personnel Psychology*, 2006, 28(4).

理的实践》一书中提出来的。① 自那以后,目标管理成为美国和欧洲企业所熟悉和广为采用的管理方式。根据德鲁克的意见,管理组织所应遵循的一个原则是"每一项工作都必须为达到总目标而展开",因此,衡量一个管理者是否称职,就要看他对总目标的贡献如何。反过来说,称职的管理者应该明确地知道他期待达到的目标是什么,否则就会指错方向,浪费资源,遭受损失。德鲁克认为,错误的指导不易被克服,因为它是由强有力的因素引起的。这些因素包括:① 专门化的趋势;② 森严的等级制;③ 由于孤立地从某些角度来透视管理的效果而得出的大相径庭的看法。要克服错误的指导,有赖于管理者自觉地提高管理水平并对自己的成绩加以测量。同时,对自己所履行的职责只能提出更高的要求,决不能降低标准。然后,他要继续承担和分担新的任务,这些新的任务是根据下一个更高水平的发展目标提出的。"分担管理"和"自我调节",可以通过自身的工作成果鉴定而产生更强有力的创造动力和更宽广的视野,并促成发展方向的一致,从而达到德鲁克所说的"目标管理和有效控制"。"通过目标进行管理的一个主要贡献是:它使我们能够以通过自我控制进行管理来替代通过统治进行管理。"②

1961年,爱德华·施莱(Edward C. Schleh)在《成果管理》一书中提出自上而下制定管理目标的方式。③ 与此相反,道格拉斯·麦格雷戈(Douglas McGregor)在《企业中的人的因素》一书中,提出自下而上制定管理目标的方式。④ 施莱指出,确定目标是上层领导的职责。在这个过程中,还应与下层各方面作适当的磋商。这些目标是以专门的方法加以确定的。上层管理者首先对所期望取得的工作成果进行权衡,然后同下层各方面进行磋商,弄清他们对于工作成果的要求和预测,最后根据以上资料正式确立管理目标。施莱把这种有关管理目标的研讨方式称为"成果管理"。

另一方面,麦格雷戈发现,管理者是在创造性的智力活动中被推动而从事管理的。他认为,决定目标是下层管理者的职责,是下层管理者听取上层领导人员的意见后加以确定的。下层管理者进行自我调节而达到他们的目标。麦格雷戈相信,单个目标为整个管理组织的目标服务,只会使个人目标更容易得到实现。所以,调节的实施,有赖于整个管理组织的总目标与个人目标的有机结合。麦格雷戈把这种方法定为"综合与自我调节管理"。

根据彼德·德鲁克的"目标管理"理论,乔治·奥迪奥恩(George S. Odiorne)对上面两种方式以及其他几种决定目标的理论方法作了综合论述,并在他的《管理目标的决定》一书中加以深入阐述。⑤ 不管目标的确定是由上而下还是自下而上,奥迪奥恩写道:"管理体系的目标可以描绘成这样一种过程,它是依靠管理组织的上层人员和下层人员一起辨明他们的共同目标,根据每个管理人员对自己成果的预想来规定每个人的主要工作职责范围,并用这些价值标准来指导推进这个单位的工作,来评价它的每一个成员的贡献。"他进而又指出,

---

① Peter F. Drucker. *The Practice of Management*[M]. New York: Harper and Row, 1954.
② Peter F. Drucker. *The Practice of Management*[M]. New York: Harper and Row, 1954.
③ Eward C. Schleh. Management by Results: The Dynamics of Profitable Management[M]. New York: McGraw Hill, 1961.
④ Douglas McGregor. *The Human Side of Enterprise*[M]. New York: McGraw Hill, 1960.
⑤ George S. Odiorne. *Management Decisions by Objectives*. Englewood Cliffs[M]. NJ: Prentice Hall, 1969.

为了便于管理目标的确立,一般来说,目标可以归纳为四个部分:① 日常正规的或临时安排的职责;② 需要解决问题的目标;③ 创造性的目标;④ 个人目标。

据此,目标管理的设置通常要经过四个阶段:

① 最高决策者对目标管理组织及其工作任务进行了解。

② 由最高决策者确定目标管理工作过程。

③ 规定管理组织及其附属系统的目标。其关键在于,把组织中每个管理者的目标和他们的领导所建立的管理者的一般目标加以概括,形成一个系列。至于管理者的具体活动则不加规定,但是他的目标一旦被确定下来,就得用这个规范来对他的成果加以检验、评估和鉴定。

④ 改革管理体系的价值观、报酬制度和增加工资的程序与方式,并促进体系的机能构建。

目标管理的好处可简要归纳为:有利于指导工作行为集中于实现整个管理组织的目标;推动和加强计划的实施;为控制提供明确的标准;在管理者之间进行协调;更好地开发人力资源;减少工作中的冲突和紊乱;提供更好的目标评价准则;更精确地判明什么是需要解决的问题;促进人才的发展和提高;使工作任务和人员安排一致。[1]

目标管理或成果管理是绩效考核一种很有效的方法。绩效考核可以根据目标管理制定的标准、任务进行评估。目标管理清楚地表明每个员工的行为来自他的内部环境和外部环境的相互作用。而行动又可以刺激或抑制需要和动机。了解高层次需要的实际状况,目标管理就能确定职责和任务,以衡量管理者的工作。通过为管理者提供承担职责和进行创新的机会,目标管理试图依赖自我调节来驾驭动机以满足更高的需要,从而完成管理组织的目标。现在目标管理正在把一些人类行为和动机理论加以综合,其指导思想就是管理的成功有赖于自我调节。

通过分担管理,管理者知道需要完成什么任务和怎样去做;能及时获得帮助,进行指导和作出反馈;正确鉴定自己的工作项目;自觉地改进自己的行为。目标管理能够提高整个组织的分担管理水平,协调现行的管理原则、价值观、实践、准则和行动,使其一一逐渐在整个管理水平上发展到更大程度的分担管理。当目标管理趋于成功的时候,实际上的而且有意义的分担管理已经存在了,它促使非分担管理系统向分担管理系统过渡,当然这需要有意识地努力去设计和完成组织管理工作的改革。

2. 目标管理的程序

目标管理的原理或方式可以通过正规或非正规的方法运用,如果使之规范化,就可以形成一种程序。作为一种程序,目标管理包括以下几个方面的要素:目标确定、行动执行计划、发展过程检查、自我调节等(见图8-5)。

(1) 目标确定。目标管理首先要确立组织总目标和具体的评估鉴定系统。目标的确定必须是明确的、可行的、有挑战性的、具体的和可以验证的。一旦上层管理者的最高目标被确定后,上层领导就必须将总目标的信息与每一个员工交流。每一个成功的管理层次都会把它的上层管理者的目标转化为自己的具体目标,直至形成一个目标体系。

(2) 执行计划。目标确定以后,管理者和下属都应执行这个计划;大家应讨论如何实现

---

[1] 阿吉斯.绩效管理(第3版)[M].刘昕译.北京:中国人民大学出版社,2013.

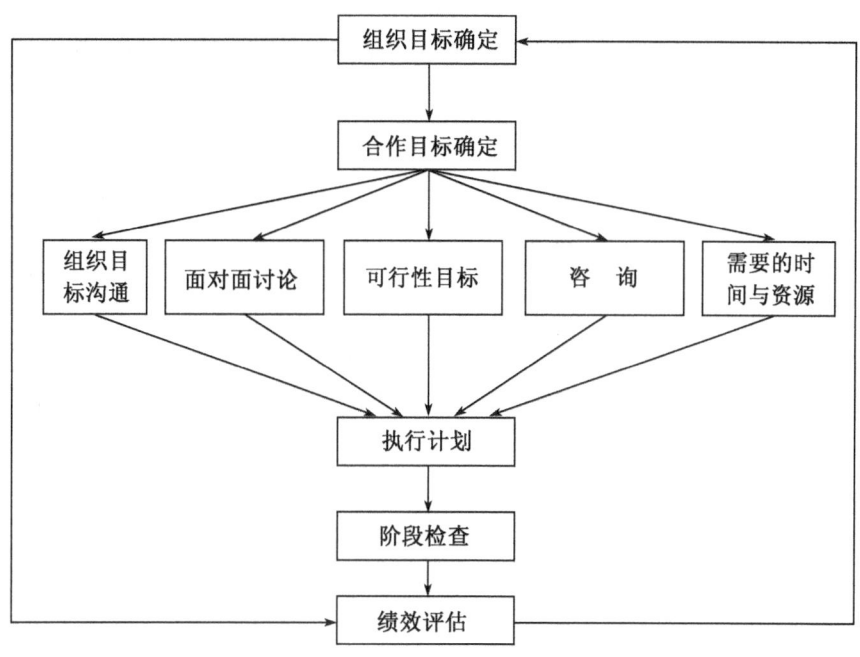

图 8-5 目标管理程序

这个计划目标,应确定完成任务的必要步骤、评估方式和对每一步骤的责任鉴定。

(3) 发展过程检查。对工作项目发展情况监控的目的在于判明困难的出现是否偶然,行动的矫正是否确有必要。目标管理的检查评估不是评估行为,而是评估绩效。如果目标确立是具体的、可验证的,那么评估过程就简单。管理者与员工讨论他们是否完成了目标,并研究为什么能完成或不能完成。组织将这些检查评估工作情况记录下来并成为正式的绩效考核的依据。

(4) 自我调节。如果有需要,每一个管理者都应该协调他本身的工作项目并对自己和下属的工作行为加以必要的辅导和矫正。

成功地开展目标管理有两个关键的部分:分担目标的确立和对其加以检验。上层管理者和下层管理者应在目标上统一他们的思想,否则就会浪费他们的时间和精力,从而使管理工作难以进展。

目标管理的方式在西方国家不仅运用于企业、公司,而且已推广到政府和其他事业单位。凡是成功的项目,都强调努力合作和集体的建树。目标管理在企业中的实施需要注意以下几点:

① 确立目标的程序必须准确、严格,以求目标管理项目的成功推行和完成。
② 找出目标和难点并清晰地加以剖析是成功地确定目标的关键。
③ 管理组织应该为成功地选用一个目标管理计划而付出大量的时间和精力做好准备。
④ 一个成功的目标管理计划要求得到应有的支持、充分的分担和在组织结构中进行系统的综合。
⑤ 目标管理应该与预算、绩效考核、工资、人力资源计划和发展系统结合起来。
⑥ 要弄清绩效和报酬的关系,找出这种关系之间的动力因素。

⑦ 要把明确的管理方式、管理程序与频繁的反馈相联系。每年至少要进行一次绩效考核。

⑧ 绩效考核的效果取决于上层管理者在这方面所做的努力程度,以及他对下层管理者在人际关系和沟通方面的技巧水平。

⑨ 下一步的目标管理计划准备工作是在当前目标管理实施的末期之前完成,年度的绩效考核作为一个最后参数输入到预算之中。

目标管理是一种有效的管理方式。管理者与被管理者都清楚自己的目标和组织的总目标,并将每个人的具体活动统一到组织目标上来。目标管理也是一种有效的绩效考核方式。由于每个人都知道自己的目标,因而对自己完成目标的情况也很清楚。实行目标管理的目的在于通过各级目标的制定、评估、鉴定、实现,激发全体成员的愿望和热情,使其发现自己为组织实现目标而工作的价值和责任,并在工作中实行自我控制,从中得到满足感,更好地为实现组织的总目标做出自己的贡献。

四、质量法

基于业绩改进和提高的绩效评价法,统称质量法。常用方法主要有360度反馈法、平衡计分卡、关键绩效指标法。

(一) 360度反馈法

360度反馈评价(360-Degree Feedback)是一种从不同层面的人员中收集考评信息,从多个视角对员工进行综合绩效考评并提供反馈的方法。它也称全方位反馈评价或多源反馈评价。

360度反馈评价不同于自上而下,由上级主管评定下属的传统方式。在360度评价中,评价者不仅仅是被评价者的上级主管,还包括其他与之密切接触的人员,如同事、下属、客户等,同时包括自评;或者说是一种基于上级、同事、下级和客户等信息资源来收集信息、评估绩效并提供反馈的方法。如图8-6所示。

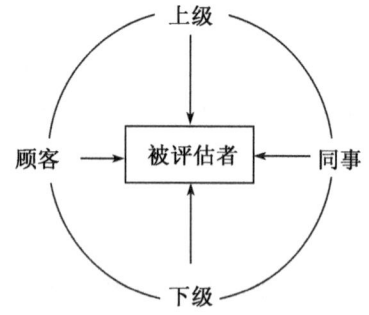

图8-6 360度反馈评价示意图

作为一种新的业绩改进方法,360度反馈评价得到了广泛的应用。世界500强企业都已经采用了这种评价方法。但是国内企业在使用中出现了"水土不服"的现象,360度反馈法也受到质疑,主要表现在360度反馈需要综合各方面信息,大大增加了系统的复杂性。此外,360度考核过程中,员工可能会为了串通而做出不正确的考核等情况,因此,需要在实施360反馈法时加强培训和引导。

(二) 平衡计分卡

平衡计分卡(Balanced Score Card,BSC)是由哈佛商学院教授罗伯特·卡普兰(Robert Kaplan)和复兴方案公司总裁戴维·诺顿(David Norton)在对美国12家优秀企业进行为期1年的研究后创建的一套企业业绩评价体系,后来在实践中扩展为一种战略管理工具。[①]

[①] 罗伯特·卡普兰,大卫·诺顿,卡普兰,诺顿著. 平衡计分卡:化战略为行动[M]. 刘俊勇,孙薇译. 广州:广东经济出版社,2013.

1. 平衡计分卡的含义

平衡计分卡以公司战略为导向,寻找能够驱动战略成功的关键成功因素(CCSF),并建立与关键成功因素具有密切联系的关键绩效指标体系(KPI),通过关键绩效指标的跟踪监测,衡量战略实施过程的状态并采取必要的修正,以实现战略的成功实施及绩效的持续增长。

2. 平衡计分卡的作用

(1) 平衡计分卡为战略绩效管理和企业战略管理提供强有力的支持。平衡计分卡分别设立财务、内部流程、学习与发展和顾客四方面关键成功因素,通过建立各级业务单元乃至各岗位的关键绩效指标,并与企业战略目标紧密相连,形成有机统一的企业战略保障体系和绩效评价体系,可以促进各岗位工作的有序开展和效率,明显节约企业管理者的时间,提高企业管理的整体效率和业绩。

(2) 改进了传统绩效评价存在片面性的不足,能提高企业的激励作用。传统的绩效评价方法要么简单通过财务指标进行评价,其覆盖面和适用部门、岗位过窄;要么是以定性的方式进行工作任务设立和评价,难以保障公平性、系统性以及战略目标的实现。平衡计分卡通过四方面指标的系统分解和评价,更加体现出管理的系统性和评价的公平性,明显改进了传统绩效评价的不足。

(3) 平衡计分卡有利于促进企业凝聚力,提高员工参与管理的热情。平衡计分卡通过指标分解让员工参与管理指标的设立,让员工了解企业战略,认识到自身工作对企业战略及整体业绩的作用,有利于促进团队合作和企业凝聚力,增强员工参与管理的热情,有利于战略的更好执行。

3. 平衡计分卡的基本框架①

平衡计分卡在传统的财务考核指标的基础上,还兼顾了其他三个重要方面的绩效反映,即客户角度、内部流程角度、学习与发展角度(见图8-7)。它使企业中的各层经理们能从

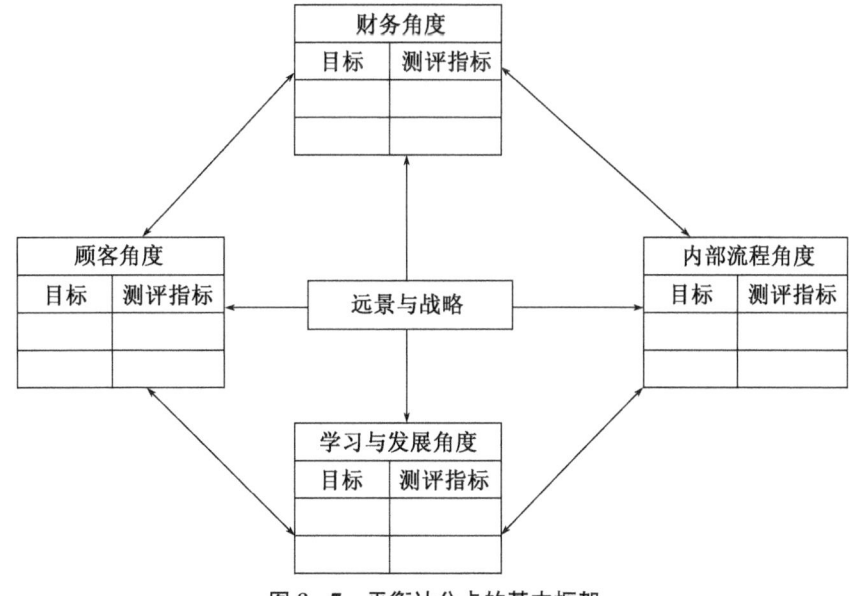

图8-7 平衡计分卡的基本框架

---

① 付亚和,许玉林.绩效管理[M].上海:复旦大学出版社,2003,第285-286页.

四个重要方面来考量企业整体绩效,并为四个基本问题提供了答案。

(1) 顾客角度——顾客如何看我们?企业为了获得长远的财务业绩,就必须创造出让客户满意的产品和服务。

(2) 内部流程角度——我们必须擅长什么?这是平衡计分卡突破传统绩效考核的显著特征之一。传统绩效考核虽然加入了生产提前期、产品质量回报率等考核指标,但是往往停留在单一部门绩效上,仅靠改造这些指标,只能有助于组织生存,而不能形成组织独特的竞争优势。平衡计分卡从满足投资者和客户需要的角度出发,从价值链上针对内部的业务流程进行分析,提出了四种绩效属性:质量导向的考核、基于时间的考核、柔性导向的考核和成本指标考核。

(3) 学习与发展角度——我们能否继续提高并创造价值?这个方面的观点为其他领域的绩效突破提供手段。平衡计分卡实施的目的和特点之一就是避免短期行为,强调未来投资的重要性,同时并不局限于传统的设备改造升级,更注重员工系统和业务流程的投资;注重分析满足需求的能力和现有能力的差距,将注意力集中在内部技能和能力上,这些差距将通过员工培训、技术改造、产品服务加以弥补。

(4) 财务角度——我们怎样满足企业的所有者?作为市场主体,企业必须以赢利作为生存和发展的基础。企业各个方面的改善只是实现目标的手段,而不是目标本身。企业所有的改善都应该最终归于财务目标的达成。平衡计分卡将财务方面作为所有目标考核的焦点。如果说每项考核方法是综合绩效考核制度这条纽带的一部分,那么因果链上的结果还是归于"提高财务绩效"(如图8-8所示)。

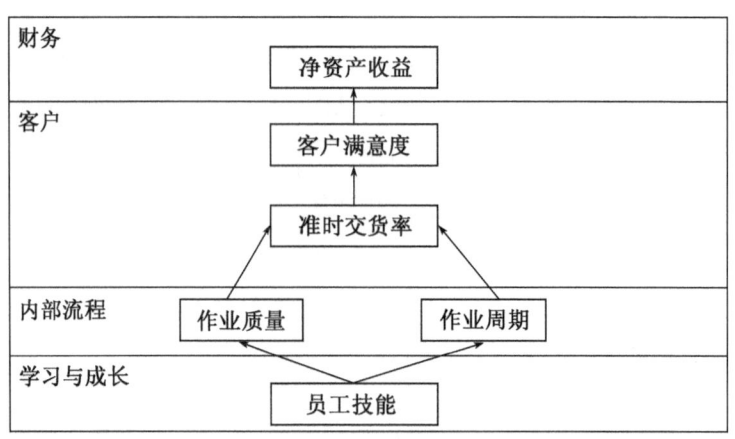

图8-8 平衡计分卡与各考核指标间的因果关系

4. 平衡计分卡的实施流程①

如图8-9所示,建立平衡计分卡是一个系统过程。首先,需要明确公司战略,包括方向战略、经营战略、职能战略和政策;然后,根据公司战略来制定公司的平衡计分卡,绘制战略地图,找出战略的关键成功因素,确定指标值;再根据战略平衡计分卡来制定战略的实施计

---

① 赵曙明,张正堂,程德俊.人力资源管理与开发[M].北京:高等教育出版社,2008,第243-244页。

划,而不是相反。否则,平衡计分卡就变成了对战略实施计划的监测工具,这就变成了一种绩效工具,而非战略的管理工具。

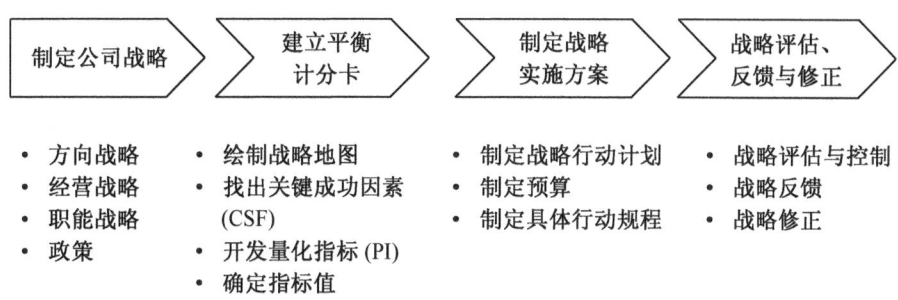

图 8-9　建立基于 BSC 的战略管理系统通用流程

(三) 关键绩效指标法

1. 关键绩效指标的含义

关键绩效指标(KPI)是基于企业经营管理绩效的系统考核体系。关键绩效指标是指企业宏观战略目标决策经过层层分解产生的可操作性的战术目标,是宏观战略决策执行效果的监测指标,对组织战略目标有增值作用。通过在关键绩效指标上达成的承诺,员工与管理人员就可以进行工作期望、工作表现和未来发展等方面的沟通。

2. 建立关键绩效指标体系的意义

(1) 使 KPI 指标体系不仅成为企业员工行为的约束机制,同时发挥战略导向的牵引作用。

(2) 通过员工的个人行为、目标与企业的战略相契合,使 KPI 体系有效地阐述与传播企业的战略,成为企业的战略实施工具。

(3) 它是对传统绩效考核理念(以控制为核心)的创新,战略导向的 KPI 指标体系在评价、监督员工行为的同时,强调战略在绩效考核中的核心作用。

3. 关键绩效指标体系建立方法

建立 KPI 指标体系一般有两条主线:按组织结构分解,"目标-手段"法;按主要流程分解,连带责任法。[①] 如图 8-10 所示。

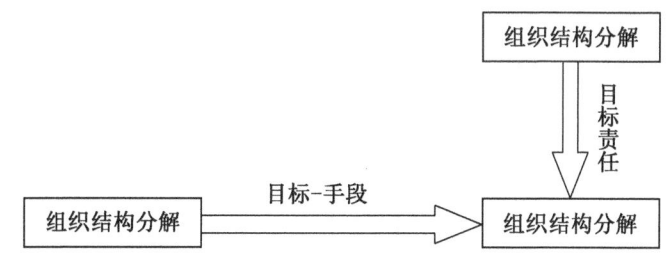

图 8-10　建立 KPI 体系的主线

[①] 方振邦.战略性绩效管理(第四版)[M].北京:中国人民大学出版社,2014.

基于建立 KPI 的两条主线,一般有三种方法来建立企业的 KPI 指标体系:依据部门承担责任的不同建立 KPI 指标体系;依据职类职种工作性质的不同建立 KPI 指标体系;依据平衡计分卡建立企业的 KPI 指标体系。

(1) 依据部门承担责任的不同建立 KPI 指标体系。建立 KPI 指标的要点在于流程性、计划性和系统性,如图 8-11 所示。首先明确企业的战略目标,并在企业会议上利用头脑风暴法和鱼骨分析法找出企业的业务重点,也就是企业价值评估的重点。然后,再用头脑风暴法找出这些关键业务领域的关键绩效指标(KPI),即企业级 KPI。

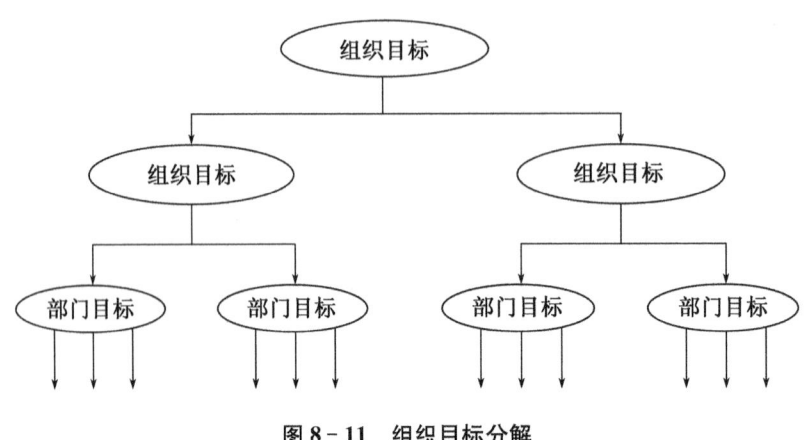

图 8-11 组织目标分解

各部门的主管需要依据企业级 KPI 建立部门级 KPI,并对相应部门的 KPI 进行分解,确定相关的要素目标,分析绩效驱动因素(技术、组织、人),确定实现目标的工作流程,分解出各部门级的 KPI,以便确定评价指标体系。

各部门的主管和部门的 KPI 人员一起再将 KPI 进一步细分,分解为更细的 KPI 及各职位的业绩衡量指标。这些业绩衡量指标就是员工考核的要素和依据。这种对 KPI 体系的建立和测评过程本身,就是统一全体员工朝着企业战略目标努力的过程,也必将对各部门管理者的绩效管理工作起到很大的促进作用。

(2) 依据职类职种工作性质的不同建立 KPI 指标体系,如图 8-12 所示。基于职类职种划分建立的 KPI 指标体系,突出了对组织具体策略目标的响应,各专业职种按照组织制定的每一项目标提出专业的响应措施。但是这种设置指标的方式增加了部门的管理难度,有可能出现忽视部门责任的现象,而且依据职种工作性质确定的 KPI 指标体系更多的是结果性指标,缺乏驱动性指标对过程的描述。

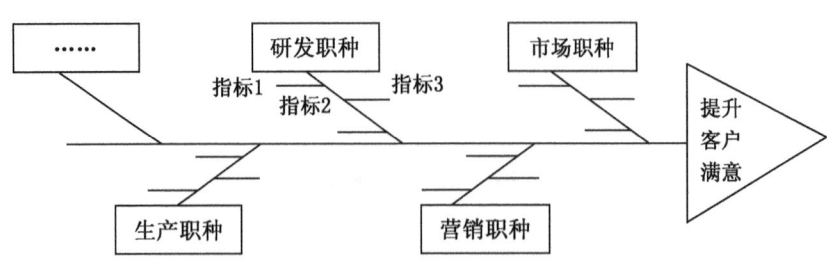

图 8-12 依据职种分解策略目标

（3）依据平衡计分卡建立KPI指标体系。依据平衡计分卡建立的企业KPI指标体系兼顾了对于结果和过程的关注，但是基于战略分解产生的全面KPI指标体系还要同本年度指标的精细筛选相结合。

评价标准的确定。指标体系确立之后，还需要设定评价标准。绩效考核必须有标准，作为分析和考察员工的尺度。一般可分为绝对标准和相对标准。绝对标准是如出勤率、废品率、文化程度等以客观现实为依据，而不以考核者或被考核者的个人意志为转移的标准。所谓相对标准，如在评选先进时，规定10%的员工可选为各级先进，于是采取相互比较的方法，此时每个人既是被比较的对象，又是比较的尺度，因而标准在不同群体中往往就有差别，而且不能对每一个员工单独做出"行"与"不行"的评价。

绩效指标的审核。最后，必须对关键绩效指标进行审核。比如，审核这样一些问题：多个评价者对同一个绩效指标进行评价，结果是否能取得一致？这些指标的总和是否可以解释被评估者80%以上的工作目标？跟踪和监控这些关键绩效指标是否可以操作？等等。审核主要是为了确保这些关键绩效指标能够全面、客观地反映被评价对象的绩效，而且易于操作。关键绩效指标如表8-5所示。

表8-5 广告公司美术设计师的关键绩效指标

完成的工作结果	关键绩效指标
所提供的 设计服务	100%达到时间限制的要求 出资人的成本相对于预算的变化在正负5%范围内 主管人员对以下方面感到满意： • 使用了比较现代的设计风格，而不是已经过时的风格 • 使用了正确的类型 • 照片和图画的质量很高 • 总体的质量比竞争对手的好 • 向读者提供了清晰的信息，并且使用了有创造性的方法 • 公司的CI出现在广告中，并且字体符合公司CI标准手册 客户以下方面感到满意： • 向公众传递的公司形象恰恰是公司高层想要传递的形象 • 向客户提供的创新信息清晰 • 对一些重点的概念加以强调 • 设计独特，优于竞争对手

资料来源：王光伟.绩效考核管理实务手册[M].北京：清华大学出版社，2013.

在实际应用中，比较法、特征法、行为法和质量法各有优劣，也有不同的适用条件。一个组织采用的绩效考核方法也不局限于以上分析的某一种，可能包括了同一类型中不同方法的组合，也可能是几种不同类型方法的组合。因此，企业的管理者应根据企业、行业的特点，规模的大小等具体情况来确定选择合适的绩效考核方法。[①]

[①] 约翰·M.伊万切维奇.人力资源管理[M].赵曙明译.北京：机械工业出版社，2005，第154-176页.

第四节 绩效反馈

绩效考核完成之后,管理者需要将考核结果与员工沟通,使员工了解其在组织和管理者眼中所处的位置,让员工对自己的工作行为和结果有一个清晰的认识。组织通常需要管理者与员工讨论评估,在讨论会谈中,管理者需要注重对员工的教育和发展,而不是仅仅告诉员工评估的程序和结果,应该结合员工个人情况和考核结果给予员工相应的指导和建议,怎样更好地提高绩效。

一、绩效沟通与反馈

(一) 绩效面谈

绩效面谈既是机会,也是挑战。对于管理者及员工来说,这是一种情感体验,因为管理者需要通过表扬及建设性批评来沟通。管理者主要应关心怎样强调员工绩效的积极方面及改进的方法。如果面谈并不成功,员工可能会感到气愤,这将在以后的工作关系中产生矛盾。因此,管理人员应当认识到员工对组织做出的贡献并进行表扬。当对绩效差的进行面谈时,管理人员可以采用"自我审查"的方法,以鼓励员工发现自己的绩效不足。

员工对参与评估面谈通常会投入关注。他们可能认为对于绩效的讨论是私人的,而且对他们后续工作的成功很重要,同时他们希望知道他们的管理者怎样看待其工作。

(二) 反馈系统

反馈系统的三个组成部分包括:数据、对数据的评价、在评价基础上的行为。数据是观察到的行为和结果的真实信息。数据通常反映发生了什么,如"甲解决了机器问题"或"乙对一个工程师说话很刺耳"。数据并不能单独描述整个事件。例如,乙说话刺耳可能只是沟通能力差,或者敏感性不强,或者它可能是一个特有或必需的行为。因此,必须评价这些数据的含义及价值。

评价是反馈系统对事实做出的反应,它需要绩效标准。同一事实信息,管理者可能与顾客或同事的评价不同(例如,关于商品交换和贷款决定)。评价可以由提供数据者做出,也可以通过管理者,或由团队来做出。

反馈导致了变化,一些决定需要根据接下去的行为来确定。在传统的评估系统中,管理者根据员工将来可能做出的行为提出特殊的建议,同时鼓励员工的投入。在360度反馈中,那些信息保存者同样建议个人考虑到可能的行为。如果员工未来的行为与信息提供者高度相关,并且要与信息提供者进行合作,那么,反馈系统中加入信息提供者也是必要的。无论经由什么过程,反馈这个因素(数据、评价、产生的效果或行为)是一个成功的绩效考核反馈系统必要的组成部分。

二、绩效考核结果的运用

绩效考核结果的应用对于绩效考核的成功与否至关重要。绩效考核结果如果不能得到合理的利用,那么绩效考核对员工业绩和能力提升的激励作用就会大大削弱。

(一) 绩效考核结果应用的原则

(1) 坚持以人为本,帮助员工改进和提升绩效,促进员工职业发展。对员工进行绩效考核的目的在于调动员工的积极性和主动性,进而促进组织整体目标的实现。为此,绩效反馈要以员工发展为立足点,以员工乐于接受的方式,让员工了解自己的成绩和不足,明确努力方向并改进做法,从而促进员工成长和发展。

(2) 将员工的个人利益与组织群体的利益紧密联系起来,使得员工和组织共荣辱,共成长。企业的发展离不开员工个体的成长,企业要参与到员工职业生涯规划的指导和管理中,将员工发展纳入组织发展过程中,实现组织与员工共同成长。

(3) 绩效考核作为人力资源管理中的重要一环,考核结果应有利于人力资源的管理和决策。员工绩效考核的结果可为企业对员工的薪酬、培训、岗位晋升和奖励惩罚提供客观依据,需要统筹兼顾,综合运用,为管理决策提供支撑和参考。

(二) 绩效考核结果应用中易出现的问题

(1) 绩效考核结果没有及时反馈给被评估者。在绩效考核实践中,管理者往往不愿意与员工讨论其绩效的不足,担心指出员工缺点会引起冲突,存在破坏工作氛围和人际关系等顾虑。员工也无从了解自己的工作表现和目标达成情况,难以及时调整工作态度和行为。

(2) 绩效考核结果没有应用到与员工利益紧密结合的地方。绩效考核结果常被用于员工奖惩,许多企业的绩效考核只是例行公事,考核结果未能与岗位晋升、薪酬、培训等员工的切身利益结合起来,使绩效考核工作失去了应有的意义和价值。

(3) 绩效考核结果的应用没有针对员工需要培训和改进的地方。企业应根据绩效考核结果,以满足员工需要为出发点,对员工进行有针对性的培训,为企业的长远发展培养更多高素质的人才。

(4) 绩效考核结果应用方式单一,应用形式化严重。绩效考核实践中,大多是以领导者的主观评价而非客观事实为基础,流于形式,也没有采取措施将考核结果应用于工作中,严重影响了考核结果的客观性和有效性。

(三) 绩效考核结果应用的范围

绩效考核结果主要应用到绩效改进和人力资源管理中。在绩效改进中的应用,主要体现为通过对评估绩效的反馈,指出员工需要改进和提升的领域。在人力资源管理中的应用,主要表现为六个方面,具体如表 8-6 所示。

表 8-6 绩效考核结果在人力资源管理中的应用

用途	具体内容
薪酬分配	员工的薪酬与绩效挂钩,体现对员工的长期奖励。主要表现在两个方面:一是用于年度薪酬总额的调整,二是用于薪酬的定期调整
奖金分配	绩效考核结果用于奖金分配,为奖金发放提供依据,体现企业对员工的短期激励
职务晋升调配	绩效考核结果为职务晋升和干部选拔提供依据

(续表)

用途	具体内容
衡量招聘和培训的效果	招聘员工的绩效考核表现、培训后员工的业绩提高水平可用来衡量招聘选拔和培训的有效性,为招聘和培训工作的开展提供参考
减分搜集法	按照员工岗位要求制订违反规定的扣分方法,定期进行考察和登记
制订个人发展计划	绩效考核结果反馈给个人,使得员工改进工作有了依据和目标,并可以据此制订个人发展计划

不管使用什么方式,必须了解绩效管理可能产生的结果。当绩效管理作为员工发展的来源时,它通常是很有用的。当绩效管理的一个关键部分——绩效考核被用来处罚员工时,绩效考核将不会有效。在绩效考核简单作为绩效管理表格使用时,它是管理者的观察:"这是你的优势及劣势,这是你未来的发展方向。"

如果做得好,绩效管理可以使得员工提高自己的动机及满意度。一个有效的绩效管理系统包括绩效考核过程,应该满足以下要求:① 与组织的战略目标相统一;② 作为发展工具是有益的;③ 作为管理工作是有用的;④ 合法且与工作相关;⑤ 员工认为是公平的;⑥ 在记录员工绩效时是有效的。①

本章小结

绩效考核是人力资源管理工作中非常重要的部分。绩效考核的结果将作为提升职务、工资晋级和进一步培训的依据。绩效考核为管理者提供了一个机会,各级管理者可以和员工一起回顾工作绩效,肯定成绩,找出差距。不同绩效考核的方法有各自的优点和缺点,应根据实际情况加以选用,还必须考虑最好由谁来对员工做出评估。可以让员工的直接上级、同事或一个评估委员会对他们进行评估,也可以允许他们本人对自己做出评估。绩效考核的目的在于检验管理者对员工的激励是否有效。绩效考核完成后,管理者应把考核结果反馈给员工,有必要的话,还可以与员工沟通思想认识,使他们正确对待问题和差距,更好地为组织服务。

关键术语

绩效　绩效考核　绩效目标　绩效分析　绩效测量　绩效反馈

复习思考题

1. 绩效与绩效考核的含义是什么?

---

① 赵曙明,周路路,罗伯特·马希斯,约翰·杰克逊.人力资源管理[M].北京:电子工业出版社,2013,第234-236页。

2. 影响员工绩效考核的因素有哪些？
3. 绩效考核的作用是什么？
4. 绩效分析通常从哪些方面展开？
5. 绩效考核的方法有哪些？
6. 绩效考核结果应用的原则是什么？

第九章　薪酬与福利管理

 学习目标

1. 掌握薪酬的概念和构成
2. 掌握薪酬的影响因素
3. 掌握基于职位的薪酬设计和基于技能的薪酬设计
4. 掌握宽带薪酬和薪酬调查
5. 掌握福利的概念和构成

 开篇案例

肯德基的薪酬管理制度

　　肯德基是世界著名的炸鸡快餐连锁企业,通常称之为 KFC,是来自美国的著名的连锁快餐厅,主要出售炸鸡、汉堡、薯条、汽水等西式快餐。肯德基于1987年进入中国,目前连锁店总数发展到4 600多家,遍及中国大陆各个地区,是中国目前规模最大、发展最快的快餐连锁企业。未来,肯德基将向四、五线城市和乡镇地区进发,肯德基已经连续多年以餐厅数量最多、营业额最高而居中国餐饮业百强之首。

　　肯德基非常重视人才,其薪酬政策就是积极为培育和开发优秀人员而服务。在薪酬管理中注重公平竞争,将工作表现与薪资调整相互联系,同时工作表现也关系到公司是否与员工续约,因此,在肯德基,工资多少是与工作表现密不可分的。职务在组长及以上的岗位实施的月薪+销售业绩提成,其他岗位(服务员、出纳、接待员、训练员等)无论是兼职还是全职,都是按小时计算工资的。因为每个市场需求不同,每个地方的肯德基工时薪资也是不同的,例如,上海肯德基服务员的平均工时工资就比南京的高出13元。此外,肯德基薪酬管理制度中规定,可以根据物价的变化对员工工资进行适当调整,另外,新员工在培训期间和老员工实行一样的工资,不区别对待。

案例思考题

1. 什么是计时工资,与计件工资有什么区别?
2. 肯德基为什么对基层员工采用计时工资制度?

　　薪酬作为实现人力资源合理配置的基本手段,在人力资源开发与管理中起着十分重要的作用。充分发挥薪酬的作用与功能,能够全面强化薪酬的激励作用,提升员工的向心力与凝聚力。薪酬管理就是对薪酬的构成、设计、发放等建立一套管理体系，追求公平、公正、科学、合理的管理过程，确保用合理的薪酬体系达到最佳的岗位配置效果。

第一节　薪酬管理的目标

一、薪酬概述

（一）薪酬的内涵

薪酬（Compensation）是组织根据员工完成的工作任务、所做的贡献或者业绩大小，回报给员工的货币、实物和福利、服务等的总和。有效的薪酬是能够为员工和组织创造公平的薪酬。理想的结果是员工被吸引到组织，并有动机在组织中从事良好的工作。有以下七个标准可以确保薪酬的有效性：① 适当性。应当符合政府、工会等规定的标准。② 公平性。应按照每个人的努力、能力和付出公平付酬。③ 平衡性。薪酬、福利和其他奖励应该提供合理的总酬劳一揽子计划。④ 节约性。报酬不应该过多，要考虑组织的支付能力。⑤ 安全性。薪酬应该足够使员工感觉安全，并帮助员工满足生活需求。⑥ 动机性。薪酬应该能刺激员工高效率地工作。⑦ 接受性。员工应该能理解薪酬体系并感觉到这是对于组织和自身都合理的体系。

（二）薪酬的构成

薪酬一般包括基本薪酬、可变薪酬和间接薪酬。基本薪酬主要是组织根据员工所承担的岗位责任或者所具备的技能而支付给员工的较为稳定的薪酬，也叫基本工资。可变薪酬主要是组织根据员工、团队、组织的绩效表现而支付给员工的具有变动性质的薪酬，一般分为个人可变薪酬和群体可变薪酬，组织中常见的为绩效工资、激励工资等。间接薪酬主要是提供给员工的各种福利，一般包括国家法定福利与组织自主福利。

1. 基本工资

组织为员工已完成的工作支付的正常工资，它往往受社会生活水平的影响较大，与已完成的工作结果没有直接关系，且忽视了员工个体之间的差异，因此，基本工资具有一定的稳定性。

2. 绩效工资

它是作为基本工资之外，与工作绩效紧密联系的一部分固定形式薪酬，绩效工资与员工已完成的工作结果和过程行为有着直接关系，往往根据员工绩效确定。

3. 激励工资

它与员工工作业绩相关，也与组织业绩密切相关，一般可采用长期激励（如股票、期权、红利等）和短期激励（如奖金、提成、团队奖励、利润分成等）来实现。这里需要注意的是，激励工资与绩效工资虽然同属于可变工资，但二者的激励时间不同，激励工资侧重于影响员工将来的行为，而绩效工资侧重于对员工已完成工作的认可。此外，绩效工资通常与基本工资一同核算发放，而激励工资往往一次性支付。

4. 福利

它是为了吸引员工到组织工作而根据需要设计的作为直接薪酬补充的一系列措施(如社会保险、休假、旅游、培训)、实物(如生日蛋糕),以及所提供的额外补贴、费用支出、特殊补贴等的总和。

(三) 与薪酬相近的概念

为进一步理解薪酬的内涵,有必要区分与薪酬相近的有关概念,本节将对报酬、工资、薪水、收入和奖励进行详细的介绍。

1. 报酬

报酬(Reward)本质上是一种交换关系,它指员工为组织提供劳动或服务,并期望获得相应的回报,它是员工获得的所有他认为有价值的东西。不难看出,报酬并不等同于金钱或者那些能够直接或间接地折合成为金钱的实物,它还包括一些心理上的收益和内在的满足。因此,报酬可分为内在报酬和外在报酬。

外在报酬是从经济角度来说的,是指员工通过对组织提供劳动而获得的各种形式的货币收入和实物,包括工资、奖金、福利、津贴、股票期权、社会保障、员工服务、带薪休假及其他福利或服务。外在报酬就是我们通常所说的薪酬,即薪酬是报酬的一部分,本章的主体内容主要针对外在薪酬。

内在报酬是相对于外在报酬的直接收益而言的,它是指企业给员工提供的难以用货币形式量化的各种心理回报,包括个人职业发展、挑战性工作、学习与进步的机会、参与决策、领导和同事的认可与尊重等。内在报酬通常难以明确定性,也不易进行量化处理,其操作难度大,对管理者的挑战较大。

2. 工资

工资(Wage)是指根据劳动者所提供的劳动数量和质量,按事先规定的标准付给劳动者的劳动报酬,它是劳动者按件、小时、日、周或月领取的工资。可以看出,工资是劳动报酬的一部分,是基本的劳动报酬。

工资较之于其他劳动报酬或劳动收入,它有以下特点:是基于劳动关系所获得的劳动报酬,是用人单位对职工履行劳动义务的物质补偿,是用人单位必须履行的基本义务。同时,工资的支付额以相应的劳动法律法规和政策为依据,其支付方式也必须按法定支付方式进行。

3. 薪水

薪水又叫薪金、薪资、薪俸、薪给。在英文里,薪水对应的单词是"Salary",是指从事管理工作和负责经营的人员按年或月领取的固定薪金,限指白领阶层的收入。在我国薪水就是工资,但在我国的台湾省,薪资是薪水(Salary)和工资(Wage)的统称。

4. 收入

从个人角度而言,收入(Income)是指个体在销售商品、提供劳务及转让资产使用权等日常活动中所形成的经济利益的总流入,通常包括工资、租金收入、股利股息、社会福利等所取得的收入。它反映了个人的实际购买水平,预示着未来对商品、服务等需求的变化,这是评估个人经济情况好坏的一个重要指标。

5. 奖励

奖励(Incentives)，又称奖金或激励工资，它是指员工超额完成任务或取得优秀工作成绩而获得的超额薪酬。奖励会随着劳动者的工作努力程度和劳动成果的变化而变化，所以通常将它看作可变工资。奖励的范围包括工资、奖金、表扬和鼓励等，其目的是为了激励员工更好地工作，为企业创造更多的效益。

二、薪酬管理的概述

(一) 薪酬管理的内涵

薪酬管理是人力资源管理的重要功能之一，是组织针对员工所提供的劳动和服务，确定他们应当得到的报酬总额、报酬结构和报酬形式的过程。具体而言，薪酬管理是组织在发展战略的指导下，对薪酬策略、薪酬结构、薪酬水平、薪酬体系等进行确定、分配和调整的系统化动态化管理过程。在这一过程中，组织必须就薪酬策略、薪酬结构、薪酬水平、薪酬体系等方面作出决策，同时还需要持续不断地就薪酬有效性进行评估，并不断完善改进。

薪酬管理不能仅仅从管理员工重要手段这一视角出发，必须在组织战略的指导下进行，要服从和服务于组织的发展目标，并提供有力的支撑。薪酬管理不能狭隘地理解为仅是物质激励，它也是一种精神激励，要注重通过工作授权、地位尊重等激发员工的工作行为、工作热情，提高员工幸福感。薪酬管理是一项系统工程，在实施过程中要遵循科学的方式、方法，并遵守各项法律法规。

(二) 薪酬管理的原则

薪酬管理既要与组织发展战略保持一致，也要能够吸引、留住和激励员工。因此，薪酬管理一般应遵循以下原则。

1. 合法性原则

合法性是薪酬管理的最基本前提，要求组织实施的薪酬制度符合国家以及组织所在地区的法律法规、政策条例要求。例如，不能违反最低工资制度、工资指导线制度、法定社会保险等要求。当上述相关法律法规发生变化时，组织的薪酬管理也必须进行相应调整，保证合法性。

2. 公平性原则

亚当斯的公平理论告诉我们，公平的薪酬体系能够激励员工。薪酬管理的公平性是指员工对于组织薪酬管理系统以及管理过程中的公平性、公正性的看法或感知，实现薪酬管理的公平性目标就是要保证外部公平、内部公平和个人公平的实现。其中，外部公平主要体现为要尽量保证员工在与外部组织进行薪酬对比时获得相对的满意度。内部公平强调的是组织内部不同工作之间的薪酬水平应该相互协调，体现的是工作本身对薪酬决定的作用。个人公平强调员工个人特征对薪酬决定的影响，体现在充分考虑员工个人特征情况下，使薪酬分配尽量公平、公正。

3. 竞争性原则

竞争性原则类似于但又不同于薪酬的外部公平性原则，更多的是强调组织薪酬水平相比于竞争对手的薪酬水平的情况。在竞争性原则下，组织的薪酬水平并非要绝对地高于市场平均水平才能说明薪酬具有竞争优势,组织可以根据自身的发展战略、经营情况、支付能力、人才需求情况等因素决定薪酬水平。此外,薪酬的竞争性还体现在组织的薪酬结构,具体包括组织内部不同岗位的薪酬水平应与岗位的贡献和价值大小有关,不同岗位的薪酬水平也应该有适当的薪酬差距,以保证组织内部具有良好的合作与竞争氛围。

4. 激励性原则

激励性原则与薪酬的内部公平也有相似之处,但激励性原则更多的是强调各岗位员工的薪酬应与员工的绩效直接相关,且具有一定的差距。不同等级的员工之间薪酬水平也应该适当拉开差距,以激发员工努力工作的积极性。薪酬的激励性原则不仅体现在薪酬水平的高低,还表现在薪酬与员工所在职位、能力、技能、绩效等密切相关。值得注意的是,员工对薪酬公平性的感知情况也会影响薪酬的激励效果。一般而言,感知的不公平性越强,薪酬的激励效果就越差。

5. 效率性原则

效率性原则是薪酬管理的终极目标,强调的是薪酬管理在多大程度上能够帮助组织实现预定的目标。站在产出角度来看,薪酬能给组织绩效带来最大价值,其表现为销售额、利润率、股票价格、客户服务水平、产品或服务质量等指标的提升;站在投入角度来看,可以实现薪酬成本控制。薪酬管理效率性目标的核心思想就是用适当的薪酬成本给组织带来最大的价值。

(三) 薪酬管理的功能

薪酬管理是人力资源管理功能的重要组成部分,是激励员工努力工作的关键因素,在组织管理中发挥着以下功能:

1. 能够维持和保障员工生活

员工通过脑力或体力劳动为组织创造价值,组织就需要给予员工相应的报酬作为回报。对员工而言,这些报酬能够购买必要的生活资料,能够满足不断提高自己技能的支出,满足娱乐社交等方面的支出。员工通过劳动所取得的报酬是收入的主要来源。

2. 能够提高员工工作绩效和工作积极性

合理地设计薪酬体系可以使员工获得满意,促使员工更加认真地工作,提高工作效率。同时,合理的薪酬体系也能让员工感知到"工作绩效越好、获得的报酬越多",员工将会更愿意投入到工作中,并通过努力工作以期获得更多的回报,实现薪酬的激励作用。

3. 能够构建和谐的组织气氛,创造良好的工作环境

合理的薪酬管理能避免员工之间的恶性竞争,帮助组织构建良好的组织氛围,特别是越来越流行的团队薪酬管理,将促进团队合作与经验分享。同时,合理的薪酬体系,能够有效促进员工队伍稳定性,提高组织对优秀人才的吸引力。

4. 控制组织人工成本

薪酬管理的一项重要内容就是人工成本核算。人工成本核算是组织对各个岗位的薪酬水平的整体测算,进而对薪酬进行适当的调整,使得薪酬更符合组织成本管理,帮助组织实现对人工成本的有效控制。

5. 促进员工个人目标与组织目标的有机结合

合理的薪酬管理会立足于组织发展战略,使得薪酬管理体系的实施促进组织发展。同

时,合理的薪酬管理体系会在不同程度上满足员工的不同需求,因此,员工将会表现出更多工作热情、工作积极性和组织忠诚度,这一定程度上能促进员工个人目标的加速实现。

第二节　薪酬的影响因素

在市场经济条件下,组织的薪酬管理活动会受到内外部诸多因素的影响。为了保障薪酬管理的有效实施,必须对这些影响因素有所认知和了解。

一、影响薪酬的外部因素

影响薪酬的外部因素主要有经济发展水平、劳动力供求关系、政策法规、行业工会等方面。

(一) 经济发展水平

一般来说,区域经济发展水平较好,薪酬会升高,否则会降低。国家统计局数据显示,2018年全国城镇非私营单位就业人员年平均工资为82 461元,私营单位就业人员年平均工资为49 575元。在非私营单位方面,超过全国平均水平82 461元的有北京、上海、天津、浙江、广东、青海、江苏七省份;在私营单位方面,超过全国平均水平49 575元的有北京、上海、浙江、广东、江苏、重庆、福建七省份。从上述数据可以看出,东部沿海地区整体平均水平高于西部地区、东北地区。另外,薪酬水平和通货膨胀水平之间有很强的关联性,在薪酬与物价水平挂钩的条件下,通货膨胀水平的提高会促使薪酬水平的增长。

(二) 劳动力供求关系

在劳动力市场中,薪酬水平是劳动力供求均衡的结果,但薪酬与劳动力供求之间存在着互动关系。一方面,劳动需求量随实际工资率下降而增加。实际工资率越高,劳动需求量越低。另一方面,劳动供给量随实际工资率的上升而增加。实际工资率越高,劳动供给量越高。总体来看,在城镇非私营单位中,2019年有六个行业的年平均工资水平超过了10万元大关,包括信息传输、软件和信息技术服务业,金融业,科学研究和技术服务业,卫生和社会工作,文化、体育和娱乐业。上述行业近年来发展快速,劳动力需求量逐年增加。此外,劳动力市场差异性对于薪酬系统产生影响的一个重要方面是正在增长的正规教育水平。

(三) 政策法规

政府的许多法律法规政策会影响薪酬,例如,《中华人民共和国劳动合同法实施条例》《职工带薪年休假条例》《残疾人就业条例》《中华人民共和国劳动争议调解仲裁法》《中华人民共和国未成年人保护法》《最低工资规定》《关于进一步推进工资集体协商工作的通知》《工伤保险条例》《失业保险条例》等。薪酬体现了劳动力的价值,因此,要与相关的宏观经济变量保持协调。例如,有关个人所得税的税收政策与薪酬也有着紧密联系国家与收入分配相关的政策对薪酬的设计起着直接作用。

(四) 行业工会

影响员工薪酬的另一个重要外部因素是工会。在集体谈判的薪酬决定机制下,行业工会的谈判力决定着行业薪酬的结构和水平,行业工会的谈判力受工资索求水平、工会密度的影响。

(五)行业竞争

在竞争激烈的市场中,薪酬制度的差异会引起人才流动。组织需要收集行业竞争对手的薪酬资料并做出分析,及时调整薪酬,才能吸引并留住更多组织所需的各类优秀人才。

二、影响薪酬的内部因素

影响薪酬的内部因素包括组织因素和个人因素。组织因素中的组织文化与价值观、组织的支付能力等对薪酬有着直接影响,而个人因素中员工的劳动付出、员工对薪酬的期望等也影响着薪酬变化。

(一)组织文化

组织文化是组织在长期的经营活动中逐步形成的行为方式、经营理念和价值观,这种理念会在组织管理的各个方面有所体现。因此,组织通常制定一些正式或非正式的薪酬政策,以表明它在劳动力市场中的文化内涵。

(二)组织的发展状况

薪酬设定的范围与组织的发展状况有着直接的联系。例如,在发展期,组织实力雄厚,一般采用高工资、高奖励、高福利的薪酬系统;在初创期,组织则采用低工资、高奖励、低福利的薪酬系统。

(三)组织的财务情况

薪酬作为人工成本是组织的一项重要成本开支,因此,组织的财务情况会对薪酬管理产生重要的影响,良好的财务情况是建立竞争性薪酬的重要前提保障。

(四)员工的职务高低

员工在组织中职务的高低会对应不同的薪酬,高职务员工的薪酬要高于低职务员工薪酬。因为职务反映了权力,同时也反映相应的工作职责。

(五)员工的技能水平

一般来说,技能水平越高,所受训练层次越深,则应给予更高的薪酬水平。较高的薪酬不仅是其报酬的反映,还是对其高技能的认可和激励,促使更多员工愿意不断地学习新技术、新技能,提高劳动技能水平,从而服务于技术技能要求更复杂和更高的工作。

(六)员工的工作时间

工作时间的长短代表员工付出的劳动时间长短,其薪酬也会有所不同。此外,对绝大多数员工来说,从事工作通常是长期的,也有一些从事季节性或临时性工作的员工工资更多是以小时、周来计算的,一般会比长期正常受雇佣的员工工资高。

第三节　薪酬设计的方法

薪酬设计必须遵循一定的方法，目前常用的方法包括基于职位的薪酬设计、基于技能/能力的薪酬设计、基于绩效的薪酬设计和宽带薪酬设计。

一、基于职位的薪酬设计

基于职位的薪酬设计是指薪酬设计应该根据职位的相对价值来确定。这种方式是对某一职位所履行的义务、承担的责任进行评价，而与这个职位上的任职人无关。这种方法的优点是职位价值的衡量相对简单，具有较强的客观性。基于职位的薪酬设计的关键是做好职位评价。

（一）职位评价的内涵

职位评价又称工作评价、岗位评价，是在职位分析的基础上采用一定的方法对组织中各种工作职位的性质、责任、权力、劳动强度、任职资格条件等特征进行全面系统的评估，以确定岗位相对价值的过程。简而言之，就是系统地确定各个职位之间的相对价值，从而为组织建立一个等级序列结构。职位评价要遵循三个基本要求：① 根据职位对组织的重要性和相对价值来支付薪酬是符合逻辑并且大多数人都能接受的；② 根据职位的相对价值来确定员工的薪酬，员工会感觉比较公平；③ 组织可以基于职位相对价值的等级序列结构来构建合理的薪酬结构，以支持企业目标的实现。

职位评价建立在工作分析的基础之上。职位评价的前提是对企业内部各个职位有较为全面的了解和认识。组织只有通过工作分析获得尽可能多的职位信息，才能够对各个职位进行客观的、合理的、实际的评价。需要注意的是，职位评价是"对事不对人"。职位评价强调的是客观性，其评价的对象是职位，而非职位上的人。因此，在进行职位评价时，不需要对目前职位上的任职者进行能力、技能和专业知识等个人特征进行考虑。此外，职位评价反映的是职位的相对价值，而非绝对价值。职位的绝对价值往往是无法衡量的，职位评价只是将组织内部各个职位进行比较分析得出相对等级的排序，其评价结果不具有绝对意义。例如，在一个企业中职位 A 的相对价值高于职位 B，但在另一企业中职位 A 的相对价值低于职位 B。

通过职位评价，组织可以得到每个岗位的相对价值（一般会是量化了的价值），组织可以根据各岗位所得的量化价值，建立一套有序的岗位分类体系，从而创建薪酬等级结构，也可以针对不同职位建立不同职业晋升发展通道。可以说，客观合理的职位评价是合理薪酬管理体系构建的重要前提。同时，进行职位评价不仅可以让员工清楚地了解岗位之间薪酬产生差距的原因，清楚地明白组织中薪酬差额如何制定；还可以让员工更好地了解组织各个岗位之间的差别，了解自己应该努力的方向，促使员工向更合适、更高的岗位努力。

（二）职位评价的主要方法

组织应选择科学、合理的方法进行职位评价，职位评价结果关系到职位薪酬水平的高低,影响着薪酬的外部竞争性和内部公平性,进而影响着组织人员的稳定性。因此,职位评价对于组织来说非常重要。

要对职位进行科学的评价,首先需要采用合理的职位评价方法。职位评价方法一般分为定性评价法和定量评价法两类,定性职位评价方法包括分类法、排序法、职位参照法等;定量评价方法有因素比较法、因素计分法等。另外,国际上还有比较流行的职位评价方法,例如,海氏三要素评估法和美世国际职位评估法。

1. 分类法

职位分类法指对企业所有职位做出评估,然后从总体上将职位价值区分为不同的等级,并为每个等级设立不同的标准,明确各个等级职位的工作难易程度和责任大小程度。然后将各个职位与这些标准进行对照分析,依据对照分析结果将各个职位纳入相应的职位等级之中。分类法具有较强的主观性,其评价结果的精确程度不高且不稳定。一般只适用于生产单一、岗位较少的中小微型企业。例如,一些行业给出了行业内标准岗位的职位体系以及工资体系,假设企业隶属于这个行业,可以对照标准分类进行职位评定。

2. 排序法

它又叫排列法或序列法,包括直接排序、交替排序和配对比较排序,是将工作视为一个整体,根据对组织贡献大小,将职位从高到低进行排序。排序法通常适用于职位比较简单的企业,对于规模较大的企业来说,则需要首先以部门为单位对职位进行排序,然后再进行部门之间的排序并确定相应的系数,确定每个职位的价值大小。

① 直接排序法。简单地根据职位的价值大小,从高到低或从低到高对职位进行总体上的排队。例如,从低到高是:接待员、技师、高级技师、设计师、首席建筑师和总裁。(2) 交替排序法。首先从待评价职位中找出价值最高的一个职位,再找出价值最低的一个职位,然后再接着从剩余职位中找出价值最高的职位和价值最低的职位,如此反复循环,直到所有的职位都被排列起来为止。(3) 配对比较排序法。首先将每一个被评价的职位都与其他职位分别加以比较,然后根据职位在所有比较中的最终得分来划分职位的等级顺序。评分的标准是,价值较高者得一分,价值较低者失去一分,价值相同者双方得零分(见表9-1)。

表9-1 配对比较法举例

	A	B	C	D	E	合计
A	/	−	＋	＋	＋	2
B	＋	/	＋	＋	＋	4
C	−	−	/	＋	−	−2
D	−	−	−	/	0	−3
E	−	−	＋	0	/	−4

进行比较时,首先将职位进行横向和纵向依次排列,然后以横向为准进行一对一比较,当所选职位比其他职位价值大时,就在对应格内填"＋",反之填"−",相当填"0",最后统计出净"＋"的个数,以此作为职位价值大小排序的依据。在本案例中,职位价值最高的是B,最低的是E。

3. 因素计分法

该方法是将所有职位的工作特性抽象成若干薪酬要素,再将职位的具体内容与这些要素标准相比较,从而得到每个职位的价值分数,然后通过分数排序就得到了职位价值序列。因素计分法首先选取合适的计酬要素;对每一种薪酬要素的各种程度和水平加以确定;确定不同薪酬在职位评价体系中所占的权重和相对价值;确定每一种薪酬要素的不同等级或水平的点值;运用这些薪酬要素来评价每一个职位;将所有被评价职位根据点数高低排序,建立职位等级结构(见表9-2)。

表9-2 某职位的评价过程及其结果举例

付酬要素	权重	薪酬要素等级	点值
知识	20%	2	40
技能	5%	3	15
监督责任	25%	4	100
决策	25%	5	125
预算影响	10%	4	40
沟通	10%	2	20
工作条件	5%	5	25
合计	100%	—	365

因素计分法是一种定量分析方法,其结果容易被人理解和接受,评定准确性高。但该方法工作量大、操作较为繁琐,费时费力,在选定评价项目及确定权数时带有一定的主观色彩。该方法一般适用于生产过程复杂,岗位类别、数目较多的大中型企业。

4. 因素比较法

因素比较法最初是计分法的一个分支。因素比较法将所有职位的内容抽象为若干个要素,比较普遍的做法是将职位内容抽象成下述五种因素:智力、技能、体力、责任及工作条件。根据每个职位对这些要素的要求不同,得出职位价值。例如,非关键职位"浇钢工"月薪确定过程(表9-3和表9-4)。本案中,首先选择的关键职位是冲压工、焊工和打磨工等三个,然后按照技能、智力、责任这三个薪酬要素,对三个要素在各自的职位价值中的重要程度进行排序,根据排序结果对薪酬总额进行分解。其中,冲压工技能、智力、责任都排第一位,所以分配的薪酬大小也应该在三个岗位中排第一,即在技能上,冲压工为1 480元,焊工排第二位,为1 360元,打磨工排最后,为1 120元。当薪酬确定基准表列出后,对浇钢工的三个薪酬要素与已知三个工种岗位进行比较排序,根据排序结果确定浇钢工的薪酬要素对应的薪酬额。本例中浇钢工的技能排序在第三位,因此技能薪酬额为1 280元,以此类推智力薪酬额为840元,责任薪酬额为640元,最后加总计算浇钢工的薪酬为2 760元。

表9-3　非关键职位"浇钢工"月薪确定基准表

付酬要素		技能			智力			责任		
关键职位	现有月薪	要素月薪	按薪额排序	按要素排序	要素月薪	按薪额排序	按要素排序	要素月薪	按薪额排序	按要素排序
冲压工	3 040	1 480	1	1	960	1	1	600	1	1
焊工	2 800	1 360	2	2	920	2	2	520	3	3
打磨工	2 360	1 120	3	3	680	3	3	560	2	2

表9-4　根据基准表确定"浇钢工"要素薪额计算表

要素薪额	技能	要素薪额	智力	要素薪额	责任
1 480	冲压工	960	冲压工	960	
1 440		920	焊工	920	
1 360	焊工	880		880	
1 320		840	浇钢工	840	
1 280	浇钢工	800		800	
1 240		760		760	
1 200		720		720	
1 160		680	打磨工	680	
1 120	打磨工	640		640	浇钢工
1 080		600		600	冲压工
1 040		560		560	打磨工
1 000		520		520	焊工

因素比较法将各种不同工作中的相同因素进行了相互比较,然后再将各种因素的工资累计,减少了主观性,使得评价结果较为公正。同时,因所选定的影响因素较少,简化了评价工作的内容,缩短了评价时间。此外,因素比较法本身的特点使得企业评价过程和内容减少,大大减少了工作量。但是,各影响因素的相对价值在总价值中的所占百分比来自考评人员的直接判断,对评定结果的精确性有一定影响。同时,该方法操作较为困难,也难以对员工进行操作说明。

(三)职位评价的流程

组织在进行职位评价时,总体上来说应分为三个阶段,即准备阶段、实施阶段、结束阶段。每个阶段有不同的工作内容和操作方法,但各个阶段又是相互联系、相互影响的。

1. 准备阶段

本阶段的主要内容如下:

(1)确定职位评价的目的。在不同的管理目标下,对职位评价的内容和重点也是有差异的,因此,进行职位评价首先要明确职位评价的目的。本章所述职位评价结果主要用于为实现企业的战略目标,确定薪酬决策。

(2) 企业现状分析。主要分析企业所处的各种内部环境等内容,如企业的战略目标、行业环境、企业规模、组织结构、生产流程、目前经营状况以及人员状况等。

(3) 职位说明书确定。职位说明书中的职位职责、权限、任职资格、工作环境等重要的职位信息是职位分析的重要成果,也是职位评价信息来源的主要途径。

(4) 成立职位评价委员会。职位评价委员会是职位评价的组织与执行机构,在职位评价过程中担负重要职责。其主要职责是组织职位评价的各项工作,例如根据职位分析的结果进行职位评价体系设计,选择合理的职位评价方法,组织实施对职位做出评价,形成职位等级结构等。职位评价委员会一般包括人力资源部从事该职务的人员、部门经理或团队领导、职位核心员工或骨干员工、外部咨询专家等。

(5) 选择标杆职位。一般来说,企业很难对所有职位进行全面评价,因此常常选择一些具有代表性的标杆职位进行评价,然后以标杆职位为基础,将其他职位与标杆职位进行对比分析,进而确定所有职位的评价结果。一般来说,标杆职位的选择不宜太多,也不宜太少,标杆职位数目一般占企业中全部职位的10%—15%。

(6) 建立职位评价体系。根据前期职位分析结果,将企业内部所有的职位划分为不同的职位类别,然后针对不同职位类别选择适当的职位评价方法,确定职位评价指标、各指标的分级定义以及指标权重。

2. 实施阶段

该阶段的主要内容如下:

(1) 对参与评价者进行培训。要做好对职位的评估工作,首先需要对评价者进行各种培训:职位评价的目的、意义、评价方法、评价流程、评价技术等。需要注意的是,不同的职位评价方法与操作流程可能存在差异,因此,在培训过程中要加强评价方法与流程的针对性培训。

(2) 职位评价。对职位进行初评,了解职位评价体系并对职位评价体系的科学性和实用性进行检验。在此基础上展开职位正式评价,形成职位等级结构。

(3) 建立申诉机制和程序。评价过程中,评价者需要不断与员工交流,使评价的目的、方法、标准等透明化,建立申诉机制和程序,给员工发表见解的机会与途径。

3. 结束阶段

将职位评价结果形成书面报告。职位评价结束后,应及时对职位评价的工作过程、评价方法、评价流程等进行整理,编制成书面报告,并在实施过程中及时验证与完善整个评价体系。

(四) 基于职位的薪酬设计基本流程

基于职位的薪酬设计一般需要经过以下步骤:职位分析、职位评价、薪酬调查、薪酬定位、薪酬结构设计和建立薪酬反馈与调整机制。

1. 职位分析

职位分析是确定职位基本薪酬的基础。企业需要在业务和人员分析的基础上,结合公司战略、薪酬战略等,明确部门职责和职位关系,编写好工作和职位说明书。

2. 职位评价

企业需要首先建立一定的职位价值评价标准体系,然后运用这些评价标准对企业内部众多职位的相对价值进行评估,形成一定的职位等级序列。通过良好的职位评价能够有效实现企业内部职位基本薪酬之间的公平性。

3. 薪酬调查

企业通过自身力量或者委托外部中介机构,对本地区、本行业内企业中相同或者相似职位的薪酬情况进行调查,收集准确的外部数据,为企业内部的薪酬定位提供客观的外部依据。

4. 薪酬定位

运用在职位评价阶段建立的价值评价标准体系,在对外部薪酬情况进行评估的基础上,结合本组织的战略和薪酬策略,确定组织不同职位的薪酬水平,如薪酬领先或市场追随等,从而构建合理的薪酬体系。

5. 薪酬结构设计

对于任何一个职位来说,薪酬都不应该是一个薪酬点,而应该是适当考虑知识、能力与市场竞争等因素。

6. 建立薪酬反馈与调整机制

以职位为基础的薪酬设计虽然具有很多优点,但是企业薪酬的确定并不是静态的,而是需要收集执行过程中存在的问题,再结合变化的内外部环境对薪酬进行持续动态调整,最后达到薪酬的相对稳定。

(五)基于职位的薪酬设计的优缺点

基于职位的薪酬设计的优点是:

(1) 保证了薪酬的相对公平性。以职位为基础的薪酬建立在价值判断的基础之上,薪酬的差异反映的是不同职位之间的价值差异,体现了薪酬在组织内部的公平性,客观上能够对所有员工起到激励作用。

(2) 实现了薪酬和组织目标的紧密结合。一般来说,对职位价值的判断是以企业的经营目标为导向的,而不同职位的价值评估结果体现了其在实现企业目标中的地位和作用,从而可以实现员工的薪酬与企业经营目标之间的一致性。

(3) 有利于提高企业人力资源管理的统一性。薪酬管理仅仅是人力资源管理的一部分,薪酬与职位体系的结合有利于实现企业内部人力资源管理的统一性。

(4) 实现了薪酬的稳定性与灵活性的结合。在企业实践中,以职位为依据的薪酬标准常常表现为一定的薪酬区间,这一方面保证了薪酬的稳定性,另一方面也能够根据员工个人的实际情况对薪酬进行有限调整,适当体现员工的收入差距。这种稳定性与灵活性的结合不仅有利于企业员工队伍的稳定,也能够对员工产生一定的激励作用。

(5) 有利于降低企业薪酬管理的成本。与职位相联系的薪酬设计简单、直观,对薪酬的设计和在企业内推行都比较方便、容易,客观上能够降低企业薪酬管理的成本。

当然,组织运用该方法时也要注意以下事项:在职位薪酬之下,员工要获得较高的薪酬只能依赖于职位的升迁,当职位升迁的机会有限时,就可能打击员工的积极性。另外,这种薪酬稳定性强、弹性弱,员工薪酬受到环境、工作绩效的影响不大,基于职位的薪酬设计也可能造成对员工的激励效果不足等问题。在企业实践中,不同职位类型的基本导向存在差异,如管理类职位以过程为导向,销售类职位以结果为导向,研发类职位以能力为导向等。而以职位为基础的薪酬设计更加适合管理类职位,因此,企业在采用职位薪酬制进行薪酬设计时,也应适当考虑职位类型之间的差异进行灵活设计。

二、基于技能的薪酬设计

基于职位的薪酬设计是以对组织工作、任务的描述为中心展开的,而员工在某个职位上的实际工作情况并不影响其薪酬水平。而基于技能的薪酬设计(也称为基于能力的薪酬设计)在确定员工薪酬方面是以人为中心展开,员工薪酬的影响因素不再是其所在的职位,而是员工个人所具备的技能/能力因素。与职位薪酬制相比较,技能薪酬制在制定员工薪酬方面更加强调的是员工对组织贡献,这实质上是一种以组织绩效为导向的基本薪酬设计方式。

(一) 技能薪酬的内涵

技能薪酬是指企业根据员工所具有的技能知识水平、技能种类等情况来确定薪酬,技能薪酬主要以员工本人的技能要素作为薪酬的设计依据。

与基于职位设计薪酬不同,技能薪酬制对薪酬的设计是在规避职位薪酬制缺陷的基础上逐步发展起来的。相对于职位的固化和以此为依据的薪酬的超稳态,员工的技能知识是处于不断变动中的,因此,以技能要素设计薪酬能够促使员工不断努力提高自身的技能知识水平,也破解了职位薪酬制下一旦占据了某个职位就可以"终身"享有与该职位对应的薪酬而造成的员工惰性问题。另一方面,职位的有限性,尤其是高阶职位的稀缺可能造成员工之间的过度、非理性竞争,而破坏组织内部和谐与团结,而人的技能提高是不受组织层级和职位限制的,员工可以通过不断学习使个人技能增强、增多,这有助于鼓励企业员工学习和提高技能知识水平和种类,为员工提供更多的流动性和发展机会。

能力薪酬是以员工胜任其工作所需要的知识、技术及相应的心理、行为特征等能力要素为依据进行薪酬设计的。能力薪酬设计改善了职位薪酬设计中对职不对人的缺陷,也改善了技能薪酬设计中对人不对职的缺陷,将工作任务与完成工作任务的能力要素进行结合。这种将人与事的有机结合更加符合组织的运行实际,能够有效激发员工之间的竞争行为,刺激员工提高工作效率。当然,以能力为依据设计薪酬的有效性是以对能力的科学测量、合理量化、能力与工作的有效匹配为基本前提的。

(二) 基于技能/能力的薪酬设计基本流程

以技能/能力为依据进行薪酬设计一般需要经过以下步骤:技能/能力提炼、技能/能力分级、技能/能力评价、技能/能力定价。

1. 技能/能力提炼

技能/能力提炼是指企业以发展战略为转移,分析何种技能/能力对实现企业的战略目标是有价值的和重要的。虽然技能/能力是以员工为基本分析对象,但是技能/能力的指向是企业的绩效,因此,只有能够服务于企业绩效,有助于企业战略目标实现的技能/能力,才适宜作为薪酬确定的真正依据。

2. 技能/能力分析分级

在确定了基本的技能/能力指标之后,需要对技能/能力的内部构成进行详细分析分级,即作为薪酬确定依据的这些技能/能力在哪些细分维度上应该达到什么样的水平或状态。

如,可以通过对企业内部技能/能力存在着差异的群体进行调查,从差异人群中提炼出技能/能力构成要素的优秀、良好、合格、不合格等等级。对企业员工技能/能力分析分级是对员工的技能/能力进行评价和分析的基础。

3. 技能/能力评价

以技能/能力分析分级的结果作为标准,对企业员工进行诸如专业知识评价、专业经验评价、专业技能评价和工作行为评价等,对企业内员工的技能/能力形成评价结果,以此作为员工技能/能力定价的基本素材。

4. 技能/能力定价

在掌握了员工技能/能力水平的基础上,可以采用市场定价法或绩效关联定价法对不同技能/能力水平确定相应的薪酬水平。前者主要通过市场薪酬调查手段,在获得相关市场信息的基础上,确定企业内部员工的基本薪酬,即以相同技能/能力的市场定价为基准确定企业内部员工的薪酬,后者主要通过员工技能/能力状况与历史绩效状况的关联程度确定薪酬,即某种技能/能力与绩效关联度高就会获得较高的薪酬定价,反之则会得到较低的薪酬定价。

(三) 基于技能/能力的薪酬设计优缺点

以技能/能力为基本依据确定员工薪酬方式的优点是:

1. 有利于促进企业员工个人的发展

职位薪酬制下,为了能够增加自身的薪酬水平,员工将会有极大的职位晋升冲动,因为职位的升迁是薪酬提高的唯一途径。但是以技能/能力为薪酬决定因素的制度,却能够促使企业员工更加注重个人技能/能力的提升和提高,而不是单纯的职位晋升,为企业员工自身职业生涯发展提供更多的选择。

2. 有利于提高员工的工作主动性

以技能/能力作为依据确定薪酬,其潜在的含义是将员工的技能/能力作为一种绩效行为能力。也就是说,某员工在技能/能力方面表现优秀,就意味着该员工的绩效行为能力较强。但是,从根本上看,技能/能力并不是现实的绩效,而是绩效的预期,如果员工的技能/能力没有真正转化为现实绩效,则其技能/能力就不会得到长期认同。在此背景下,为了获得稳定的、与自身技能/能力匹配的薪酬,员工将会有足够动力认真工作,将技能/能力优势转化为真实的绩效优势。

3. 有利于企业内部的合作与团结

职位薪酬制在确定员工基本薪酬时对企业员工的职业发展导向是单一而明确的,那就是,为了实现薪酬的提升,员工就必须努力获得职位晋升。这就将必然造成部分员工在职位晋升中失败,从而丧失提高薪酬的机会。但是技能/能力薪酬制却打破了职位有限的禁锢,不同的员工为了达到同样的目标可以选择互不干扰、互不影响的途径,缓解了职位晋升中过度竞争的问题,有利于企业的团队合作与团结,有利于提升企业的凝聚力和稳定性。

与职位薪酬设计相比,技能/能力薪酬设计也存在着一定的缺点:

(1) 员工的技能/能力提升是一个持续发生和发展的过程,但是企业对技能/能力的评估具有明显的周期性,因此,在一个评估周期内,部分已经在技能/能力方面获得长足进步的员工可能会觉得自身的薪酬较低,从而造成一定的不公平性。

(2) 员工的技能/能力的评估或测定有较多变量,其中部分变量是内隐变量,不容易发现,也不容易准确测量。这不仅将造成企业对员工的评估难度加大,薪酬管理成本升高,也可能在一定程度造成因为不公平感影响员工积极性。

(3) 技能/能力作为依据的假设前提是,认为技能/能力与工作任务的完成以及绩效之间有必然的联系。但是技能/能力本质上的绩效预期性与绩效现实性之间总是存在一定差别,极端情况下,部分员工甚至可能为了个人利益人为地割裂技能/能力与绩效之间的关系,那么技能/能力的绩效设计将无法实现。

此外,技能/能力作为薪酬的依据也具有一定的适用范围,主要适用于那些技能/能力与员工个人绩效或者组织绩效关系明显的工作。而对于一些工作绩效难以评估,或者工作绩效还要受到其他一些因素影响的工作任务来说,就需要重新考虑以技能/能力作为基本薪酬的决定性因素是否合适。

三、基于绩效的薪酬设计

基于绩效的薪酬设计是以员工的工作成果以及团队、部门、组织的绩效结果为依据来支付薪酬。影响薪酬发放的因素不是职位、能力、努力状况,而是最终的绩效结果。例如,传统的计件工资制就是典型的基于绩效的薪酬方案,除此之外,常见的基于绩效的薪酬设计还包括计件工资制、工时奖励制、绩效工资、团队激励计划、利润分享计划、收益分享计划等。基于绩效的薪酬设计具有更强的公平性、灵活性、激励性。通常来说,销售人员等一线人员比较适合这种方式。

(一) 计件工资制

计件工资制主要针对生产人员,根据企业生产条件、劳动强度、生产组织和劳动组织方式、生产标准,确定员工完成的合格产品数量或工作量,进而发放工资。计件工资制能将劳动者的实际成果与其所得紧密相连,是按劳分配的直接体现。由于计件工资计件单价的透明性,计件工资有很强的物质激励作用。

从发放对象来看,计件工资可以分为个人计件工资和集体计件工资。个人计件工资适用于个人能单独操作而且能够制定个人劳动定额的工种;集体计件工资适用于工艺过程要求集体完成,不能直接计算个人完成合格产品数量的工种。

计件工资制一般分为全额计件工资、超额计件工资、差额单价计件工资。其中,全额计件工资是根据生产人员单位时间内所生产的合格品数量和统一的计件单价计算劳动报酬,全部工资收入项目一并采用计件工资形式。超额计件工资是将生产人员工作量划分为定额内和定额外两部分,定额内的工作量按计时工资,定额外的超额工作量按计件工资形成。差额单价计件工资是将生产人员完成产量或工作量划分为不同等级,按一定的差额比例规定累进或累退的计件单价,分别计算计件工资额。

(二) 工时奖励制

工时制是依据员工完成工作的时间来支付相应的薪酬。常见的基本工时制是标准工时制,通过确定完成某项工作的标准时间,并将其作为衡量依据,当员工在标准时间内完成工作任务时,依然按标准工作时间来支付薪酬。当然,当员工的工作时间缩短了,这就相当于工资率提高了。员工因节约工作时间而形成的收益要在员工和企业之间进行分配,不可能全部给予员工。一般有两种分配形式,其一是哈尔西50—50奖金制,是指通过节约工作时间而形成的收益在企业和员工之间平均分享。哈尔西50—50奖金制的特点是工人和公司分享成本节约额,通常进行五五分账,若工人在低于标准时间内完成工作,可以获得的奖金是其节约工时的工资的一半。其二是罗恩奖金制,类似于哈尔西50—50奖金制,也是提倡企业与员工之间分享因工作时间缩减而带来的成本节约,一般指员工分享的收益根据其节约时间的比率来确定。罗恩奖金制在分享成本节余时,在分享比例上有一定的差别安排,而不是简单地对半开。例如,完成一项任务的标准时间是8小时,某员工7小时就完成了工作,则该员工得到20%的成本节约奖励;如果他能在6小时内完成,则可得到30%的成本节约奖励。

(三) 绩效工资

在实践中,有些职位的工作结果很难用数量和时间进行量化,不太适用于上述方法,因此就要借助于绩效考核的结果来支付薪酬。绩效工资就是根据员工的绩效结果来支付相应的薪酬,相当于奖励,当然对绩效结果不佳的员工,其绩效工资就会减少。绩效工资根据支付的周期可以分为月度、季度、半年度与年度绩效工资。在实际执行中,组织往往会同时考虑部门或团队的绩效,以及组织的绩效。也就是说,员工的绩效工资以员工个人的绩效情况为依据,再根据部门或者团队、组织绩效所决定的系数来共同确定。

(四) 团队激励计划

计件工资制等个人激励计划也可以用于由个人组成的团队。当个人产出难以测量,或者合作来完成一项任务或项目时,或者管理层想激励团队合作时可以选择该方法。团队激励计划还减少了管理成本。目前,随着组织扁平化以及企业由竞争到竞合再向融合合作发展,公司对新的团队薪酬战略越来越感兴趣,特别是小团队激励制度。小团队激励计划是最新和发展最快的薪酬战略之一。日本企业曾经使用团队激励计划来帮助培养集体凝聚力,减少妒忌。他们认为仅仅给一个人或少数人回报将损害团队协作精神。另外,为了使团队激励计划有效发挥作用,管理者必须谨慎地确定目标,然后分析情况以选择最合适的团队激励计划。

(五) 利润分享计划

利润分享计划一般是对代表组织绩效的利润指标进行衡量,并以衡量的结果为依据对员工支付薪酬。利润分享计划能够将员工的薪酬和组织绩效紧密联系在一起,可以促使员工从组织角度思考问题,增强员工归属感。目前,利润分享计划一般有现金现付制、递延滚存制和混合制三种形式。现金现付制是以现金的形式即时兑现员工应得到的分享利润。递延滚存制是将应发给员工的部分利润不立即发放,而是转入员工的账户,留待将来支付,往往会和企业养老金计划结合在一起。有些企业为了减少员工流动,会规定如果员工的服务期限没有达到规定年限,将无权得到这部分薪酬。混合制就是前两种形式的综合。

(六) 收益分享计划

收益分享计划是组织提供的一种与员工分享因生产效率提高、成本节约和质量提高等而带来的收益的绩效奖励模式。通常情况下,员工按照一个事先设计好的收益分享公式,根据本人所属部门的总体绩效改善状况获得奖金。有两种普遍使用的组织范围收益分享计划:林肯电气计划和斯坎伦计划,它们具体依照员工的参与程度和财务激励的形式而不同。

1. 林肯电气计划

林肯电气计划是在单个公司里实施的最为成功的收益共享计划和生产率共享计划。林肯公司是一家以克里夫兰为基地的无焊缝机器和发动机生产商。1907年,公司的创始人约翰·林肯的兄弟詹姆斯·林肯提出了收益共享计划。在林肯电气计划下,员工只会因为个人从事的生产得到薪酬。假期和病假都不付酬,并且没有工会。提升依据绩效加以决定,员工必须接受工作的重新安排,并且加班是强制性的。林肯公司基本的薪酬系统依赖于以下准则:① 所有的薪酬都是计件制的;② 经理人没有额外补贴;③ 雇用两年后,不能解聘员工;④ 没有强制性的退休。

2. 斯坎伦计划

斯坎伦计划是一个联合建议计划、集体激励计划和员工参与计划,被很多小型和中型制造企业采用。20世纪30年代晚期,约翰·斯坎伦,一个失业的钢铁工人,创造了这套劳资关系系统,现在有很多制造行业企业仍采用这个计划。为了使所有员工都参与问题解决程序,并提高整体生产效率,斯坎伦将员工组织成生产率团队,负责寻找可能提高质量和产出、消灭浪费和节约时间的任何方法。斯坎伦意识到白领和蓝领员工必须合作以提高生产率。因此,斯坎伦计划的下一步便是组织一个指导委员会来评估建议、批准预算、建立所有权和向员工小组反馈汇报。由于使用了收益分享,所有员工都可以从生产率提高所带来的经济益处中分享收益,实际的收益分享形式应该依据个别企业的需要来设计。

最近,新的收益分享计划已经开始被提出,如商业分享计划、成功分享计划等。

1. 商业计划分享

该计划是依照可变薪酬模型,以使用范围更广泛的商业目标为计划筹资和决定薪酬的基础。未来导向的目标决定了绩效标准。例如,一个需要改进成本管理的化工制造企业为了不被淘汰,实行了商业计划分享,使得员工能以低于每磅产出成本预算的标准,分享绩效所带来的节约费用的一半。新设定的绩效标准事实上是传达公司在财务、安全、环境和战略目标上的要求。薪酬的50%与实现财务目标相联系,25%与安全改进相联系,25%与减少对环境有害的排放相关联。

2. 成功分享计划

该计划是指所带来的回报由工作团队的利润贡献积累提供。一旦达到生产率、利润、质量和顾客服务目标,这个团队所有的员工便可以平均地"赢得"或分享利润。这个计划与利润分享计划的不同在于除了利润外,成功分享计划拥有对筹资进行决策的集体测度方法。为了给予回报,公司必须从团队的工作中获得实际利润。比如,一家主要的电子企业想改进利润绩效并成为一家国际型的生产型组织。这家公司为了不断增加的组织利润在一个合适的水平上设定了成功分享计划,一半经济回报由员工分享,另一半归组织所有。组织的所有员工在整体最低标准的基础上都从该计划中获得了回报,这个整体最低标准根据质量的改进和成本节约情况进行调整。

(七)员工持股计划

员工持股计划是当前对员工的激励衍生出的新形式,目的是通过让员工部分地拥有公司的股票或者股权,使员工个人发展和公司的整体绩效紧密联系在一起。员工持股计划是长期激励计划的一种主要形式,长期激励计划关注的是超过一年的绩效。目前,常见的员工持股计划主要有三类:现股计划、期股计划和期权计划。现股计划是指公司通过奖励的方式,向员工直接赠予公司的股票或者参照股票当前的市场价格向员工出售公司的股票,使员工立即获得现实的股权,这种计划一般规定员工在一定时间内不能出售所持有的股票。期股计划则是指公司和员工约定在未来某一时期,员工要以一定的价格购买一定数量的公司股票,购买价格一般参照股票的当前价格确定。如果未来股票的价格上涨,员工按照约定的价格买入股票,就可以获得收益;如果未来股票的价格下跌,员工就会有损失。期权计划与期股计划类似,不同之处在于公司给予员工在未来某一时期以一定价格购买一定数量公司股票的权利,但是员工到期可以行使这项权利,也可以放弃这项权利。购股价格一般也要参照股票当前的价格确定。企业通过员工持股计划,可以促使员工更加关心企业的整体绩效和长远发展。

四、宽带薪酬设计

为响应快速变化的市场,越来越多的企业提出组织扁平化、流程再造等战略,这对传统的薪酬制度提出了挑战。宽带薪酬设计作为一种新型的薪酬结构设计方式,是对传统带有大量等级层次的垂直型薪酬结构的一种改进或替代。它对企业的这些新战略实现具有非常重要的作用。

(一)宽带薪酬的内涵

宽带薪酬是指组织中用少数跨度较大的工资范围,替代原有的跨度较小、级别较多的一种新型薪酬体系结构。宽带薪酬体系中,薪酬等级压缩成相对较少的薪酬等级,同时将每个薪酬等级所对应的薪酬浮动范围拉大,从而形成一种新的薪酬管理系统及操作流程。宽带薪酬起源于20世纪90年代,是一种与组织扁平化、流程再造理念匹配的薪酬结构。

一般来说,在宽带薪酬体系中,每个薪酬等级的最高值与最低值之间的区间变动比率达到100%或以上。一个典型的宽带薪酬可能不会超过四个等级,每个薪酬等级的最高值和最低值之间的变动比率可达到200%—300%。而在传统薪酬结构中,这种薪酬区间的变化通常只有40%—50%。同时,在宽带薪酬体系中,员工不是沿着公司中唯一的薪酬等级层次垂直往上走;相反,他们可能在其职业生涯的大部分时间里都处于同一薪酬等级内。员工只要在其职位上业绩优秀就能够获得更高的薪酬,这打破传统的"低职位、低薪,高职位、高薪"现象。同时,企业可根据员工的需要和能力,对其进行横向流动的晋升(即不同岗位之间的流动)。

根据宽带薪酬的设计原理,它与传统的窄带薪酬在薪酬等级和薪酬变动范围等方面存在差异。窄带薪酬由于每个等级变动范围小,因此,薪酬等级就会比较多,而且薪酬变动更多体现在职位驱动导致。而宽带薪酬正好与其相反,等级变动范围大,薪酬等级自然相对比较少,而且由于同一等级的薪酬范围跨度较大,薪酬变动会体现不同员工的绩效差异性。具体如表9-5所示。

表9-5 宽带薪酬与窄带薪酬的差异

内容	窄带薪酬	宽带薪酬
薪酬等级	多	少
薪酬变动范围	小	大
薪酬驱动力	职位驱动	绩效驱动
适应企业组织类型	层级制组织结构	扁平式组织结构
直接管理者参与	几乎没有	更多参与
员工职业发展模式	单一的	多元的
薪酬调整方向	纵向	横向及纵向

（二）宽带薪酬的设计流程

组织应根据人力资源战略要求进行宽带薪酬设计，并遵循以下流程：

1. 选择适合于运用宽带技术的职务或层级系列

在传统的金字塔型组织结构、强调个人贡献的企业文化氛围中，宽带薪酬模式并不适用。但是，随着组织的等级逐渐趋于平坦，强调团队协作而不是个人贡献，某些职务、层级结构具有这些特点，企业可以考虑采用较少的工资级别，跨度较大的工资范围来代替以前较多的工资级别和跨度较小的工资范围。

2. 运用宽带技术建立并完善企业的薪酬体系

一是确定宽带的数量。宽带工资一般只采用4—8个职位等级，而且职位的划分通常与组织内部的管理层级相联系。二是确定宽带内的薪酬浮动范围。根据薪酬调查的数据及岗位评价结果，来确定每一个宽带的浮动范围和级差。

3. 宽带内横向职位轮换

同一工资带中薪酬的增加与不同等级薪酬增加相似。在同一工资带中，企业应该鼓励员工跨部门流动以增强组织的适应性，提高员工多角度思考问题的能力。因此，员工职位的变化更可能的是跨职能部门，而从低宽带向高宽带的流动则难度较大，机会较少。

4. 做好任职资格及工资评级工作

宽带虽然有很多的优点，但由于经理在决定员工工资时有更大的自由，很容易导致企业人力成本大幅度上升。因此，为了有效地控制人力成本，抑制宽带薪酬模式的缺点，在建立基于宽带薪酬体系的同时，还必须构建相应的任职资格体系，明确工资评级标准及办法，营造一个以绩效和能力为导向的企业文化氛围。

5. 员工工资在宽带中的准确定位

在设计好宽带薪酬体系后，需要对员工工资进行定位，即将员工放入宽带薪酬中的特定位置。一般根据组织发展需求和员工的知识、能力、技能和绩效的综合情况对其工资进行定位。

（三）宽带薪酬的优缺点

与传统的薪酬相比，宽带薪酬有其独特的优势，具体包括以下几点：

1. 有利于打破等级观念

打破等级观念,即减少了工作之间的等级差别,有助于企业组织结构向扁平化发展。同时,它还有利于企业提高效率,创造学习型的企业文化,从而提升企业的核心竞争优势和整体绩效。

2. 有利于职位轮换与员工职业生涯的发展

在宽带薪酬体系下,薪酬高低的决定性因素不再是层级职位,而是能力与贡献。员工的薪酬水平摆脱职位的束缚,只要员工愿意通过相关职能领域与工作轮换来提升自己的能力,就可以简单、快速执行来获得更大的回报,这也有利于推动员工职业生涯的发展。

3. 有助于创造更和谐的工作氛围

宽带薪酬拓宽了员工的职业发展道路,员工在工作晋升、工作选择等方面自主性提高,这使得员工更关注自身的能力发展,不将事业上的成败(尤其是失败)归咎于他人,有助于创造更和谐的工作氛围。同时,能有效地避免低素质员工"驱逐"高素质员工,避免"格雷欣"效应的出现,帮助企业留住优秀人才。

4. 有利于管理人员以及人力资源专业人员的角色转变

宽带薪酬结构中,由于每一个薪酬带的薪酬区间最高值和最低值之间的变动比率较大,部门经理在薪酬决策方面拥有较多的权力和责任,可以对下属的薪酬定位提出更多的意见和建议。在组织中,这既充分体现了人力资源管理的思想,又有利于促使直线部门的经理人员切实承担起自己的人力资源管理职责,同时也有利于人力资源专业人员从繁琐的事务性工作中脱身,转向关注对企业更有价值的高级管理工作中去,充分扮演好战略伙伴和咨询顾问角色。

当然,宽带薪酬也有其自身的局限性,具体表现为:

1. 让晋升变得困难

传统薪酬制度下的职位级别多,员工职位晋升相对容易,但是宽带薪酬制度下的职位级别少,员工很可能只有薪酬的变化而没有职位的晋升。在国内企业中,晋升是一种非常重要的激励手段,员工通常也非常看重这一点,因此,晋升难度增大可能会影响员工的工作积极性。

2. 成本上升

宽带薪酬模式下,经理在决定员工工资时有更大的自由,并且宽带薪酬结构在同一职级支持涨薪的导向性,使传统薪酬结构中的自动遏制机制失效,人力成本有可能大幅度上升。相比传统薪酬,在宽带薪酬下,人力成本上升的速度更快,这对于企业的经营来说是一个不小的挑战。

3. 适用性不广

不是任何类型的企业都适合宽带薪酬模式,采用宽带薪酬模式的企业一般对技术、创新、研发等智力因素要求较高,员工的创新能力对于企业绩效有着至关重要的作用。一般国内实行宽带薪酬管理模式的企业多为外资企业和IT企业,有的仅限于企业的技术部门和研发部门。那些提倡"无边界组织"、强调跨职能、跨部门的团队型组织为了保持较高的生产率,需要建立一种综合性的方法将薪酬与新技能的掌握、能力的成长、宽泛的角色以及最终的绩效联系在一起,同时还要有利于员工的成长和多种职业生涯轨道的开发。而宽带薪酬的设计思路恰恰与这种组织相契合。

4. 门槛较高

宽带薪酬的实施有较高的门槛条件。要做好宽带薪酬,企业必须有明确的企业发展战略、匹配的组织结构、完善的公司治理结构以及良好的技术条件。

第四节 薪酬调查

一、薪酬调查

(一) 概念

薪酬调查是组织在进行薪酬体系编制前,借助专业统计调查方法,有针对地了解相关市场薪酬信息,掌握薪酬数据资料,为薪酬管理体系设计和薪酬战略规划提供依据。具体而言,它是指对组织外部相关行业、相关岗位的薪酬实施情况,采用科学的方法进行调查研究的过程,主要包括对竞争对手的工资和薪酬条款的收集、整理和分析,还包括对劳动力市场上同类组织或相似岗位薪酬水平和福利措施的统计分析,最终形成薪酬现状的调查报告。组织在进行薪酬调查时,可采用问卷调查法、面谈法、电话访谈和小组座谈会等方法。

(二) 实施过程

(1) 选择需要调查的典型职位。典型职位一般选择同地区或者是同行业中普遍存在的代表性职位。

(2) 确定调查的薪酬内容。薪酬并不只是基本工资,因此,在调查时也要对可变薪酬、福利等内容进行调查,同时要考虑调查数据的时效性。

(3) 明确调查范围。为了保障调查数据的公平性,一般对本地区或者范围再大一些的区域、同行业或者类似行业、主要竞争对手以及行业标杆企业等薪酬数据进行调查。

(4) 通过问卷调查、行业访谈、专业咨询报告或统计报告等方式方法收集数据,并对数据结果进行分析,确定市场薪酬的平均水平。

二、薪酬水平

(一) 概念

薪酬水平是指在一定时期内,从某个角度、按照某种标志考察的某一领域内员工薪酬的高低程度。薪酬水平是相对的,它可以是组织内部各岗位的薪酬水平,也可以是企业在劳动力市场上的薪酬水平,还可以特指某一领域范围内劳动者的薪酬水平。薪酬水平在组织内部发挥着重要作用,主要体现在控制人工成本,吸引、留住并激励人才,塑造企业良好形象等方面。组织薪酬水平不仅能影响组织的对外竞争力,还能影响企业在产品市场上的竞争力。但是,由于薪酬会增加人力资源成本,薪酬水平的合理设计对组织来说至关重要。组织在进行薪酬水平设计时,不仅要考虑薪酬的外部竞争力、内部公平性,还必须结合组织当前所处的生命周期、经营状况、发展战略、财务实力等客观因素综合考虑,确定薪酬水平。

(二) 薪酬水平确定的几种策略

组织需要在发展战略指引下,根据组织自身条件和劳动力市场状况制定薪酬水平策略。薪酬水平策略主要包括薪酬领先策略、市场追随策略、滞后型策略和混合型策略。

1. 领先型策略

它又称为"薪酬领袖策略",该策略采取高于同行业竞争对手或市场的薪酬水平。这种薪酬策略通常需要组织要具备高的支付能力,以高水平薪酬为代价,以吸引大量优秀求职者,有利于组织挑选优秀人才,降低职位空缺时间。选择薪酬领先型策略,对外极具竞争力,员工不会轻易选择跳槽,公司人员流失率低,有利于维护组织形象;降低员工对薪酬的不满,减少因为薪酬问题发生员工与雇主之间的劳动纠纷,有利于提高组织知名度。

2. 市场追随策略

它又称为"市场匹配策略",该策略采取接近同行业竞争对手或与市场水平持平的薪酬水平,使本组织吸纳员工的能力基本与竞争对手接近。组织如果选择薪酬水平低于同行业竞争对手,不仅不利于保留人才,同时也不利于吸引人才,尤其是优秀的人才。组织选择市场追随策略,不会因为支付过高的薪酬水平导致相关方面的成本太高或者增长太快,因此,市场追随策略是很多组织最常用的策略。

3. 滞后型策略

它又称为"成本导向型策略""落后型薪酬水平策略"或"拖后型薪酬策略",该策略采取的是低于同行业竞争对手或市场水平的薪酬水平。选择滞后型策略一般受较低的利润率限制,几乎没有能力提供与市场薪酬水平保持一致的内部薪酬。该策略不仅不利于吸引人才加入,还会导致内部团队极不稳定,人员流失率高。因此,滞后型策略是一种短期过渡办法,长期选择必将弊大于利。

4. 混合型策略

该策略采取的是非跨区域经营的组织并不将同一地区所有员工的薪酬水平全部选择同一类型的薪酬,或者是指跨区域经营的组织并不将不同地区的相同岗位的薪酬水平全部选择同一类型的薪酬策略,而是结合地区发展阶段、战略目标、经营状况、成本承受能力以及职位评估等指标,对内部不同地区、不同职位族等,分别选择不同的薪酬水平或者在不同的薪酬构成部分之间实行不同的薪酬策略。

三、建立薪酬曲线

对薪酬调查的典型职位进行职位评价,结合职位的薪酬调查数据,画出市场薪酬曲线(见图9-1)。由于薪酬调查时选择的岗位是分等列级的,不同级别的岗位所对应的市场薪酬数据也是不同级别,因此,可以形成一个趋势外推曲线。在画出市场薪酬曲线后,可以设定组织的薪酬水平,考虑组织薪酬策略和外部薪酬水平,以保证薪酬的外部竞争性、内部公平性以及吸引力。例如,组织实施领先型策略时,市场薪酬曲线平行上移,成为设定的组织薪酬水平。需要注意的是,在企业实践中,基于岗位的薪酬并不是一个绝对的薪酬点,而是适当考虑了其他因素的一个薪酬区间。也就是职位评价点数转化为区间式的等级,其对应的薪酬也转化为阶梯式的薪酬区间。例如,某公司人力资源主管的基本薪酬确定为月标准薪酬5 000元,那么该职位的月标准薪酬区间可能为4 000—6 000元。

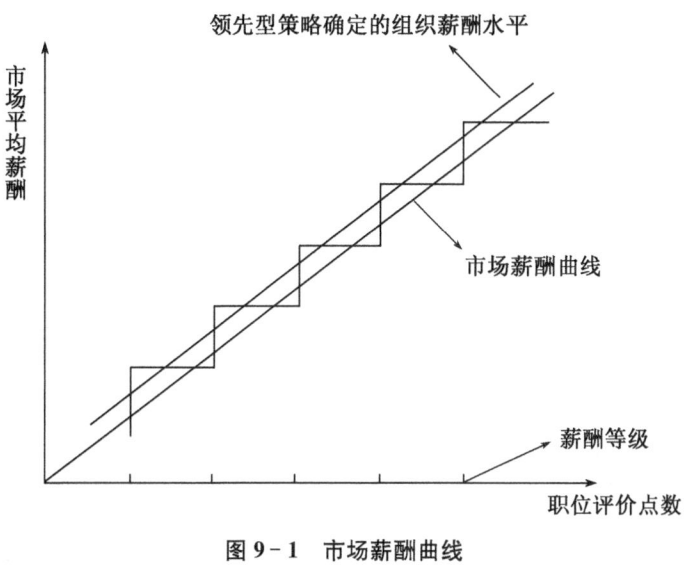

图 9-1 市场薪酬曲线

第五节 薪酬支付的方式

薪酬支付包括直接以现金形式支付的工资(如基本工资、绩效工资、激励工资等)、通过福利和服务(如养老保险、医疗保险、人寿保险等)支付的薪酬,以及特殊情况下支付的薪酬。同时,组织的薪酬支付行为必须符合国家和地方的有关法律法规、政策和组织薪酬制度的有关规定。一般来说,组织在支付薪酬时要考虑支付的时间、频率、要求和流程。

一、薪酬支付的时间与频率

薪酬支付的时间和频率要根据组织所采取的薪酬制度来决定,一般包括以下四种情况:

1. 固定月薪工资制

工资的组成仅有固定部分没有浮动部分,且工资的多少仅与员工日常考勤密切相关,此种情况通常在每月固定日期支付一次。这一类型的薪酬制度通常适用于工作内容与劳动时间缺乏变动的情况,发放时间因此也较为固定。

2. 绩效工资制

在工资组成中,浮动部分占据较大比例,该部分工资的发放要结合员工的业绩考核结果进行支付,绩效工资的支付周期视考核周期而定,一般有月度考核、季度考核、半年度考核和年度考核几种类型。绩效工资在考核结果出来后支付,原则上也有固定的时间。

3. 组合工资制

工资组成中有固定部分也有浮动部分,分别结合员工考勤和业绩考核结果进行支付,因此,支付也可以分两次或多次进行。

4. 其他项目支付时间

例如,福利、津贴、分红等与其他非经济性报酬的支付时间视组织与员工约定的具体时间来确定。

基于心理学的视角,在支付薪酬总数一定的情况下,频率更高的小额奖励往往能够带来更高、更持续的满足感,因为人们在"收获"的时候是边际效用递减的。

二、薪酬支付的基本要求

薪酬支付要根据不同的支付方式进行调整,支付时间与频率也应当视组织所采取的薪酬制度而有所差异。无论采取怎样的薪酬支付方式与频率,都应当遵循以下基本要求:

1. 薪酬支付要及时

及时支付薪酬既是国家法律法规和管理规定的强制性要求,也是维护组织信誉与形象的重要保障。《中华人民共和国劳动法》第五十条规定:"工资应当以货币形式按月支付给劳动者本人。不得克扣或者无故拖欠劳动者的工资"。

2. 薪酬支付要足额

薪酬支付必须按照约定足额支付。当然,在现实中,有些企业在经营发生困难时,会按一定比例发给员工薪,剩余一部分承诺在未来的某一天兑现。出现这种情况,企业要向员工给予解释和说明,并在未来兑现自己的承诺,否则会使员工产生另谋高就的想法。

3. 薪酬支付要现金与非现金相结合

在薪酬支付时,基本工资、奖金等应采用现金的形式发放,不能选用企业股金或者企业产品的形式。同时,企业可以通过股权激励等非现金形式来支付薪酬,提高员工对薪酬整体水平的满意度。例如,保险、工作餐、免费住宿、旅游、体检、过节费、免费班车、文娱活动、抽奖活动、脱产培训等非现金福利,往往能够在现金薪酬之外满足员工的生活需求。

4. 薪酬扣除要事先约定

当员工发生旷工、迟到和缺勤等行为时,要对其进行惩戒性罚款,扣除一定数额的薪酬。但是,这种扣除事先必须有明确的约定,并让每个员工都熟知这一事先约定,不能事后任意追加。例如,个人所得税的代扣代缴,必须事先与员工约定。企业在执行法律法规时必须做耐心的解释工作,不能先斩后奏,待员工提出疑问之后再做解释。

三、薪酬支付的管理流程

对于组织整体而言,薪酬支付的实施通常是整个薪酬管理循环的最后一步,也是薪酬管理评估与反馈的起点。它不仅是薪酬管理方案的具体落地,也是进行薪酬调整与预算方案制定的重要历史数据来源之一。薪酬支付由财务部或人力资源部执行。薪酬支付的管理流程包含以下环节:

1. 薪酬测算

薪酬测算是指根据组织薪酬管理的历史资料,考虑组织当前的经营管理现状,对未来的薪酬管理作出具体的预计和测算。例如,根据企业历史销售情况及各销售点的人员配置,按照既定的薪酬方案,对本月、季、年的销售人员整体薪酬进行测算。薪酬测算可以预测各项薪酬管理方案的经济成本,为组织薪酬管理方案提供可靠依据;可以测算组织薪酬波动的变化情况,对比分析经营目标与薪酬成本的协同性;可以测算各项固定或变动的薪酬成本,为调整与转换指标任务提供依据。

2. 薪酬控制

薪酬控制是指利用有关信息和特定手段,对组织薪酬支付环节施加影响或调节,以便增强支付环节所必需的安全性,满足员工对薪酬发放的心理预期。在管理实践中,薪酬支付人员在薪酬测算通过后,将批复后的薪酬文档交由财务出纳部门或薪酬专员执行发放,并留存相关电子版或纸质版文件。此外,薪酬控制还要对薪酬支付安全性进行控制,例如,采取双人经办支付,避免暗箱操作;选择信誉良好的银行签订薪酬代发协议;采用安全级别相对较高的密码器进行支付;设置严格的薪酬发放相关文件时效及负责人制度等。

3. 薪酬分析

薪酬分析是指根据组织薪酬结构及薪酬水平等相关资料,结合实践中有关薪酬支付的具体数据信息,采用统计分析的方法,系统分析和评价组织薪酬管理状况、薪酬水平与组织战略的匹配以及薪酬管理的未来趋势等。事实上,基础的薪酬数据分析也是薪酬评估和反馈的数据来源与核心基础。完整的薪酬支付流程都应当进行一次基础的薪酬数据分析,以便及时发现薪酬异常,解决相关问题。此外,全面薪酬分析能反映组织薪酬结构的配置是否合理、薪酬水平是否达到组织战略目标、薪酬方案的实施是否为组织带来预期效益,以及薪酬支付过程是否存在缺陷或引发新的不平衡。

第六节 福利管理

一、福利概述

薪酬体系中,员工福利项目越来越受到组织的重视。福利不仅能提高员工收入,还能激励员工更加努力工作,增强对组织的归属感,增加组织在社会上的美誉度。

(一) 福利的内涵

福利是组织向所有员工提供的,用来创造良好工作环境,方便员工生活,对员工的食、宿、医疗等方面进行照顾的间接性薪酬。它是一种补偿性、调和性的报酬,一般情况下不以货币形式直接支付给员工,较多以服务或实物的形式支付给员工。主要的福利形式包括现金、实物、带薪休假、旅游、培训、保险等。福利是组织为了保留和激励员工而采用的一种形式,它作为一种间接的激励方式,已经成为整体薪酬设计的必要组成部分。

员工福利与工资最大的区别在于,福利不以员工对组织的相对价值和员工的当前贡献为基础,与员工所在岗位、任职能力无关,因此,员工之间的福利差别不大。同时,福利可以免税,一定程度上节省了组织人力成本,体现出组织对员工的关怀,能够对员工产生激励作用。

(二) 福利的作用

福利为员工提供多种保障,使员工能够安心工作。福利主要有以下几个方面作用:

(1) 传递组织文化和价值观。员工对组织文化和价值观的认同,关系到员工对最佳工作环境和组织环境的认同。福利恰恰体现了最佳的管理文化,传递组织对员工的关怀。

(2) 减轻员工税收的负担。相比工资和奖金,福利的一项重要功能在于减免税收。员工可能因为加薪导致年度所得税的增加,而增加福利可以避免这一情况。

(3) 吸引和留住人才。福利反映了组织对员工的长期承诺,良好的福利待遇也是吸引和保留人才的关键。也正是福利的这一特点,使众多追求长期发展的员工更认同福利而非仅仅是高薪。

(4) 激励员工,提升组织凝聚力。完善的员工福利保障计划能有效实现员工不同层次的需求,为员工提供风险保障,以解除员工后顾之忧。更多的自主福利可以满足员工在情感上的需要,让员工感觉到组织和自己不仅仅是一种单纯的经济契约关系,而是带有某种程度的类似家庭关系的感情成分。这无疑可以改善员工的工作待遇,提高员工的工作积极性,使员工全身心地投入到工作中。

(三) 福利的实施

福利的实施可以从福利策略的选择和福利预算两个方面进行。

1. 福利策略选择

组织可以设计的福利项目有很多种。总体来讲,福利策略可分为固定项目福利、可选择的变动福利(或者叫自助项目福利)和固定加自助项目福利策略,各种福利策略的优缺点如表9-6所示。

表9-6 福利策略的优缺点

福利策略	定义	优点	缺点
固定项目福利策略	一种固定的福利项目组合策略,是根据员工福利需求,在福利成本预算的基础上设计的	福利项目固定,方案简单,易于操作,便于成本预算,能够满足绝大多数员工的福利需要	不能满足员工的个性化福利需求,针对性不强,导致激励作用失效,甚至会导致组织投入的福利资源的浪费
自助项目福利策略	员工根据自己的喜好,自由挑选福利项目的策略。这种方法同样要基于福利成本预算和了解员工福利项目的需求	灵活自主的选择福利项目,满足不同员工的不同福利需求,增强福利项目的有效性和针对性,体现组织管理的人性化,使员工感到受尊重,从而提高员工工作的积极性	福利成本预算的难度加大,不利于制定精确的福利成本预算,运作成本加大,增加了人力资源部门的工作量
固定加自助项目福利策略	在进行福利成本预算的基础上,根据员工福利需求,设计出福利项目,将所有福利项目划分成固定部分和自助部分。固定部分为基础福利,所有员工均可享受的项目;自助部分可由员工根据自己的需求自主选择	灵活地结合了福利需求的普遍性和自主性,有利于调动员工的工作积极性。通过调整固定福利项目和自助福利项目,有利于控制福利支出总额	难以准确计算所有福利项目的成本,增加了人力资源部福利管理的难度,在一定程度上增加了运作成本

2. 福利预算

随着市场经济的不断发展,组织需要提供多样化的福利项目。组织在设置福利项目时,应对每项福利的费用进行预算,以方便组织在实际执行过程中对各项福利费用进行控制、调整,确保福利计划项目的有效实施。组织进行福利预算的具体方法如下:① 参照往年福利项目及福利费用标准。包括福利项目总费用和各分项费用。结合本年度组织预计在福利费用方面的总投入额度,适当地调整各分项福利费用标准,或者增减福利项目数量。此方法的优点是操作简单,便于福利费用总额控制。② 根据组织计划要给员工的单项福利费用标准和福利项目数量,加总得到组织总的福利项目预算额度。此方法能直接反映员工福利水平,但在总成本上不好控制,容易超出组织支付能力。

二、福利结构设计

福利主要分为法定福利和企业福利两大类。

(一) 法定福利

法定福利又叫基本福利,是指由国家相关法律法规规定的必须由组织为员工提供的福利项目,包括社会保险(如养老保险、医疗保险、失业保险、工伤保险、生育保险)、住房公积金、带薪年休假、带薪婚丧产假、法定节假日、探亲假等。

1. 社会保险

社会保险是指为了保障职工的合法权益,由政府统一管理、强制执行的社会性福利措施。社会保险包括社会养老保险、失业保险、工伤保险、医疗保险和生育保险等五项基本内容。社会保险的计算由两个主要因素组成,即社会保险的缴费基数和社会保险的缴费比例。

(1) 养老保险。养老保险是社会保险最重要的组成部分之一,根据国家相关法律法规制定,养老保险是为解决劳动者达到法定退休年龄,而退出劳动岗位后生活的维持问题的一种福利。

(2) 医疗保险。医疗保险是指员工生病或受到意外伤害时,由国家和社会给予的物资帮助,提供医疗服务或经济补偿的一种社会保障。医疗保险包括基本医疗保险和大病医疗保险两部分。

(3) 失业保险。失业保险是国家强制执行的对因失业而暂时中断生活来源的员工提供物资帮助,并促进其再就业的一种社会保障形式。失业保险的享受与缴费受员工个人户籍性质的影响。

(4) 工伤保险。工伤保险是指员工在生产经营过程中因遭受意外伤害或职业病丧失劳动能力时,企业给予救助、治疗或生活保障的一种社会保障形式。其缴费比例依据企业所属行业的危险程度而定。工伤保险仅由企业负责缴纳,员工本人不需要缴纳。

(5) 生育保险。生育保险是指员工在因个人生育原因暂时中断劳动时,由国家和社会给予生活保障和物资帮助的一项社会保障形式。员工生育保险的缴纳不受性别影响。

社会保险由各企业人力资源部统一负责办理,由企业代扣代缴。凡与企业建立正式劳动合同关系的员工均需要缴纳社会保险,员工或企业均不能因为个人原因不缴、漏缴或少缴社会保险。

2. 住房公积金

住房公积金作为法定福利的重要组成部分之一,是指企事业单位及其在职员工缴存的长期住房储蓄金,是住房分配货币化、社会化和法制化的主要形式。要求每月从基本工资中按一定比率扣除个人缴存部分,然后由单位按同等金额补贴。工作单位发生变化时,住房公积金可在原账户中继续缴存。住房公积金制度是国家法律规定的重要的住房社会保障制度,具有强制性、互助性、保障性特点。企业和员工个人必须依法履行缴存住房公积金的义务。

3. 带薪休假

带薪休假是指员工在企业工作满一定年限(通常满一年)后,可以享受的带薪休假。带薪婚、丧、产假,探亲假等是指根据国家相关法律规定企业应该给予员工的带薪假期,相关假期天数由企业参照国家规定标准制定,原则上不能低于国家规定的标准天数。

4. 法定节假日

根据《全国年节及纪念日放假办法》规定,元旦、春节、清明节、劳动节、端午节、中秋节、国庆节等节日须给员工放假,原则上不能低于国家规定天数。

(二) 企业福利

企业福利又称补充福利,是指由企业自定的福利项目,补充福利项目的多少和标准的高低在很大程度上取决于企业的经营状况和财务状况,通常包括保险、工作餐、免费住宿、旅游、体检、过节费或实物、免费班车、文娱活动、抽奖活动、脱产培训、托儿所、辞退金等。

企业福利不同于法定福利,企业福利具有自定性,企业可以根据自身的经营状况结合员工需要进行福利项目设置及额度确定。企业福利有自定性、补给性、激励性特点。常见的企业福利种类如下:

1. 企业补充养老保险

企业补充养老保险是指企业根据自身经济实力,在国家规定的实施政策和实施条件下为本企业职工所建立的一种辅助性的养老保险。

2. 补助或补贴

日常发放的有工作餐补助、差旅补助、话费补助等;生日补助,即正式员工生日时,企业为员工发放生日贺礼,并赠送由总经理亲笔签名的生日贺卡;结婚补助,即企业正式聘用员工结婚,企业给付结婚贺礼;另外,还有每逢节假日发放的各类补助。

3. 教育培训

企业可以为员工定期或不定期地提供相关的培训,其基本目的是提升员工的工作技能和员工自身发展。教育培训可以采取在职培训、短脱产培训、公费进修、出国考察等多种形式。

4. 设施福利

为丰富员工的业余生活,培养员工积极向上的道德情操而设立的福利项目,如组织旅游,开展文体活动等。

5. 劳动保护

工作需要劳动保护的岗位,企业必须发放在岗人员劳动保护用品。员工在岗时,必须穿戴劳动用品,不得私自挪作他用。员工辞职或退休离开公司时,须到人力资源部交还劳保用品。

三、弹性福利设计

(一) 概念内涵

"弹性福利计划"与"传统福利计划"最大的区别在于,是否给予员工选择权和决定权。

弹性福利计划最大限度满足员工个性化需要，从而提高员工对福利的感知度与体验值。弹性福利计划也可称为自助餐式福利、菜单式福利或自选福利。

弹性福利计划一般包括四种：① 核心外加计划，每个员工都可以享受的福利加上可以自主选择的福利项目；② 标准组建计划，企业推出多种固定的"福利组合"，员工只能挑选其一；③ 工资/薪水下调计划，员工可以选择降低其薪水来获得福利；④ 薪酬转换计划，员工可以通过放弃或降低其税前奖金的方式来获得福利。在实践中，通常是由组织提供一份列有各种福利项目的"菜单"，由员工依照自己的需求从中选择需要的项目，组合成属于自己的一套福利"套餐"。这种制度非常强调"员工参与"的过程。当然，员工的选择不是完全自由的，有一些项目，例如法定福利就是每位员工的必选项。

（二）实施要求

实施弹性福利计划要符合以下几个要求：

1. 合理性

企业的福利水平对外要有竞争力，不落后于同行业或同类型的其他企业，同时也要符合本企业的战略、规模和经济实力，不要使福利成为企业的财务负担。

2. 可操作性

企业设计的福利项目是切合实际，可以实施的，并具有一套完善的运行机制用以实施和监督。

3. 简单性

这里说的简单性并不是福利内容简单，而是要求各个福利项目的设计和表述能够很容易地为每个员工理解，在选择和享受福利项目时不会产生歧义。

4. 可衡量

企业为员工提供的每项福利项目都是可以衡量价值的，这样才能使每个员工在自己的限额内选择福利项目。

5. 参与性

弹性福利的一项重要目的是让员工参与企业管理，因此，弹性福利设计要包含企业和员工互动的渠道和规则。

四、福利管理

福利管理是为了保证员工福利能够按照预定的轨道发展、实现预期的效果，采用各种管理措施和手段，对员工福利的发展过程和路径进行控制或调整的活动。广义上的福利管理是对员工福利从产生到发展的整个过程进行全方位的管理；狭义的福利管理是为了完成一个既定的福利目标而采取的各种措施和手段。

（一）福利管理的主体内容

福利管理的主体内容包括：

（1）方案制定。制定一套完善的福利管理方案，有助于协调员工福利与薪酬其他组成部分之间的关系，保证福利的预期效果。

（2）财务预算。考虑未来市场的变化、经营环境的变化、劳动成本占总成本的比率等。

（3）管理机构。确定一个专门的管理机构或者管理岗位。

（4）人员配备。员工福利管理需要配置专业的福利管理人员,既要求熟悉企业的薪酬体系,同时要对员工"隐形的需求"具备一定的洞察力。

（5）成本控制。成本控制是控制职能的主要内容之一,要有效控制成本,需要全程的配合和努力,即需要计划的准确性、预算的可行性、制度的强制性和规范性、实施的严格性和相关管理人员恪守职责等。

（6）调整变动。调整变动是调节职能的一个重要方面。企业应该根据福利与福利产生的实际效果之间的关系,不断调整和完善福利管理的内容、方式等。

（7）效果评估。效果评估是调节职能的重要内容之一。评估内容应该是员工对企业福利管理的反应,其目的是改善员工福利的实施效果。效果评估的方法包括问卷调查法、访谈法、合理建议法、意见反馈法等。

（二）福利发放管理

福利发放包括发放时间、发放形式、发放对象等内容。

（1）发放时间。福利发放时间应该与福利项目的计划实施时间一致。例如,逢年过节可以给员工发放一定的福利;在高温或者寒冷时,可以给员工发放相关福利;根据员工个人实际需要及时发放福利;按照企业规章制度约定的一些特殊事项,例如过生日、生孩子、突出贡献等,可以给员工发放特殊福利。

（2）发放方式。福利发放可以采用实物方式。例如,过年过节时发物品,集体生日会上派送生日礼物;恰当的时候以货币形式发放福利也很常见。福利发放也可以采用以旅游、度假、免费培训等形式发放。

（3）发放对象。福利发放对象主要根据福利设置的目的而定。一般普及型福利的发放对象是全体员工,特殊型福利的发放对象是出现相应的福利规定条件的员工才可以享受。例如,结婚时的红包、业绩优秀员工的外出旅游等。

（三）福利成本控制

福利管理的出发点是激励员工,提高生产效率,从而使组织获得相应的收益。由谁来享受福利、如何分担福利成本、在多大程度内实行福利计划以及如何控制福利成本,对福利管理能否取得成效是非常重要的。因此,福利管理必须注意成本控制。

（1）享受对象的确定。组织实施员工福利计划的目的是吸引人才、留住人才,提高员工工作效率,明确福利提供给哪些人员,并与制度设计的目标吻合,是成本控制的第一步。

（2）分担福利支出。为了适度控制组织福利支出,避免组织日后负担不起,而被迫降低福利标准引起员工不满,可以采取员工和组织共同负担福利开支的方式。完全免费的福利容易引起对福利的过度使用,产生浪费现象,不利于控制成本。此外,员工承担一些福利费用还可以提高员工对福利的评价。不少组织全部负担福利的开支,久而久之,员工视为理所当然,并且倾向于低估组织提供的福利价值。

（3）实行弹性福利计划。不同员工的需求偏好是有差异的,弹性福利计划可以满足员工的不同需求。弹性福利计划又称"自助餐式计划",是指在固定的福利费用预算内,组织针对不同员工的需求和偏好,设计和实施多样化的福利项目,以供员工选择,使每个员工的福利需求得到最大的满足。在实施过程中,应尽量设法降低弹性福利计划的复杂度和可能导致的缺点。

（4）控制管理成本。成本控制最常用的策略是员工福利外包,许多公司通过雇佣外部人员来管理福利计划,通过竞争性投标,选择质量价格比最优的外部组织管理员工福利,这种做法使它们对成本和福利的控制更集中、更一致,效果也更好。同时,也可以规定福利支付上限,包括可以对组织整体的员工福利开支和某些项目支付设置上限来控制成本。

本章小结

薪酬管理是人力资源管理活动中的重要部分。本章从薪酬管理的概述、目标开始,重点介绍了薪酬设计的主要方法、薪酬支付的注意事项以及福利的设计。

薪酬是人力资源管理功能之一,是组织根据员工完成的工作任务、所做的贡献或者业绩大小,回报给员工的货币、实物和福利、服务等的总和。薪酬可以分为经济薪酬和非经济薪酬。经济薪酬包括直接薪酬和间接薪酬,其中,直接薪酬包括基本工资、绩效工资、激励工资等;间接薪酬主要是提供给员工的各种福利,包括所有未包括在直接薪酬中的货币薪酬(如社会保险、公积金、带薪休假等)。薪酬管理是组织在发展战略的指导下,对薪酬策略、薪酬结构、薪酬水平、薪酬体系等进行确定、分配和调整的系统化、动态化管理过程。在市场经济条件下,薪酬管理会受到内外部多种因素的影响。

薪酬设计必须遵循一定的方法,目前常用的方法包括基于职位的薪酬设计、基于技能/的薪酬设计、基于绩效的薪酬设计和宽带薪酬设计。基于职位的薪酬设计是指薪酬设计应该根据职位的相对价值来确定。基于技能的薪酬设计是指企业以员工所具有的技能知识水平、技能种类等情况来确定基本薪酬,技能薪酬主要以员工本人的技能要素作为基本薪酬的设计依据。基于绩效的薪酬设计是以员工的工作成果以及团队、部门、组织的绩效结果为依据支付薪酬。常见的基于绩效的薪酬设计包括计件制、工时奖励制、绩效工资、团队薪酬、收益分享计划、利润分享计划等。宽带薪酬是指组织中用少数跨度较大的工资范围替代原有的跨度较小、级别较多的一种新型薪酬体系结构。宽带薪酬体系中,薪酬等级压缩成相对较少的薪酬等级,同时将每个薪酬等级所对应的薪酬浮动范围拉大,从而形成一种新的薪酬管理系统及操作流程。此外,薪酬支付行为必须符合国家和地方的相关法律法规、政策和组织薪酬制度的有关规定。一般来说,组织在支付薪酬时要考虑支付的时间、频率、要求和流程。

福利是薪酬的重要构成部分。福利是组织向所有员工提供的,用来创造良好工作环境,方便员工生活,对员工的食宿、医疗等方面进行照顾的间接性薪酬。福利主要分为法定福利和企业福利两大类。

关键术语

薪酬　报酬　薪酬管理　职位评价　分类法　排序法　因素计分法　因素比较法
薪酬调查　薪酬水平　薪酬策略　技能/能力薪酬　绩效薪酬　计件制　宽带薪酬

福利　弹性福利

复习思考题

1. 薪酬的内涵是什么？薪酬由什么构成？
2. 薪酬管理的内涵是什么？它包括哪些基本原则？它有什么功能？
3. 影响薪酬的内外部因素有哪些？
4. 职位评价的方法有哪些？每种方法的特点是什么？
5. 什么是基于技能/能力的薪酬设计？它有什么优缺点？
6. 常见的基于绩效的薪酬设计有哪些类型？
7. 什么是宽带薪酬？它有什么优缺点？
8. 薪酬支付时应注意哪些事项？
9. 福利的内涵是什么？福利的结构包括哪些？
10. 什么是弹性福利计划？

应用案例

华为的薪酬管理创新之路

华为创立于1987年，是全球领先的ICT（信息与通信）基础设施和智能终端提供商，致力于把数字世界带入每个人、每个家庭、每个组织，构建万物互联的智能世界。目前，华为有19.4万员工，业务遍及170多个国家和地区，服务30多亿人口。华为的成功除了得益于高效管理外，还得益于持续不断的薪酬管理创新。

1. 华为的薪酬管理思想

华为的薪酬管理思想可以简单总结为两句话：以贡献为准绳，向奋斗者倾斜。任正非在2010年人力资源管理纲要第一次研讨会上指出，华为的待遇体系是以贡献为准绳的。只有以责任结果为导向才是公平的，关键过程行为考核机制，与此没有任何矛盾。而且华为的报酬从不羞羞答答，坚决向优秀员工倾斜。在华为，任正非将员工分为三类，第一类是普通劳动者，第二类是一般奋斗者，第三类是有成效的奋斗者。华为要将公司的剩余价值与有成效的奋斗者分享，因为他们才是华为事业的中坚力量。

2. 华为薪酬体系的发展历史

华为薪酬体系可以划分为三个阶段：第一阶段是实行非物质薪酬的薪酬策略。这个阶段主要是在华为创业初期，由于外部资源缺乏，采取的是非现金方式的员工激励政策。无论员工的年龄和资历，只要你对公司做出大的贡献，就会给予晋升、股权激励等。第二阶段实行领先市场的薪酬策略。这个阶段是在华为高速发展阶段，内外资源丰富，且为了能够保证足够多高质量的科技人才的及时到岗和留用，华为的工资是有竞争性的薪酬，一般高出深圳其他公司的20%左右。第三阶段实行获得分享制的薪酬战略。这一阶段是华为的成熟发展阶段，业务已经拓展到海外，并且国外的业务销售额已经超过了国内销售额。因此，华为需要更多的国际化人才,增加级别较高并且对公司起着关键作用的人才,例如,高级法律顾问、销售总监、财务总监等。因此,华为采取的薪酬策略是基于能力的职能工资分配制,奖金的分配与团队和个人的绩效直接挂钩,退休金发放的多少依据平时的工作态度表现等。另外,对于公司高级别的重点职位和一般员工实施差别化待遇,从而保障公司的薪酬战略同业务战略的发展阶段相匹配,达到最优组合。

3. 华为的薪酬定位

目前,超过百分之五十的企业会把薪酬组成定位在中位值上,百分之三十左右的企业会定位在中位值到七十五分位值之间,这是企业用来招聘和留任员工比较好的操作实践。华为目前的薪酬定位是高于七十五分位值的,验证了任正非的"重赏之下必有勇夫"的薪酬策略,也确实为华为招揽了不少优秀人才。

4. 华为的薪酬设计形式

华为目前在薪酬设计上主要是按岗位和按人才技能两种结合在一起的,对于公司来说不会起决定性作用的岗位会采用比较简单的按岗位定薪,对于研发岗位和销售岗位会稍微偏向按人定薪。

资料来源:根据百度网络资料以及华为公司新闻整理而成

案例思考题

1. 案例中涉及了哪些薪酬类型,各有什么作用?
2. 就本案例而言,我们可以借鉴哪些理念来进行有效的薪酬管理?

第十章 员工纪律与员工关系管理

学习目标

1. 掌握员工关系、考勤管理、员工援助计划、员工离职、劳动纠纷的含义
2. 理解新经济背景下考勤管理的变化
3. 掌握员工援助计划的操作流程
4. 理解构建和谐劳动关系的意义

开篇案例

新兴电子有限公司"年假储蓄账户"

新兴电子有限公司是一家民营系统集成企业,大多数员工具有专科或以上学历,年轻人居多,与老板关系融洽。原来实行的打卡考勤是从网上"扒"下来的:员工上、下班必须亲自打考勤卡,每天应当打卡四次,漏打卡者每次罚款人民币 20 元;员工不得让人代打卡,如被发现,代打卡者和被代打卡者各罚款人民币 50 元;员工迟到、早退超过 10 分钟,扣一小时工资;超过 20 分钟,扣半天工资;超过 30 分钟,扣一天工资;员工因事、因病须按规定履行请假手续,否则以旷工计。但是,员工代打卡现象仍屡禁不止,派专人值守,可专职考勤员不愿得罪同事,经常"睁一只眼闭一只眼"。有些员工即便缺勤,也有办法从上司处弄来签注,逃脱处罚;迟到超过 30 分钟扣一天工资,员工偶尔迟到超过 30 分钟,索性给自己放假,到网吧去玩。作为系统集成企业,加班加点是家常便饭,迟到者往往以此为理由申请免罚。HR 部门每天都有员工来争辩,薪资发放日成了矛盾集中爆发日,最终发生了一起"员工追打 HR 经理"的恶性事件。

为此,公司采取了更为严厉的处罚措施,在"铁腕"管理下,情况迅速好转。可是临近春节、年终奖刚发完,近三分之一有经验的老员工和中低层管理者因制度太苛刻、霸道无人性而提出辞职,导致正在进行的许多工程项目将被迫终止。经过耐心劝说,大多数辞职者收回了辞呈。公司深刻反思后,根据所处行业特点和企业性质,开始执行"年度储蓄制度":①HR 部为每位员工建立一个年假储蓄账户(时间户头),加班相应增加年假储蓄额,迟到早退及各种请假则相应减少储蓄额。时间账户每月结算一次,余额自动转存到下个月,员工不愿转存的,预留两天作为下月的机动,其余则按本月的平均工资折算发放;时间账户为负,从工资账户扣罚相应金额。②严格遵照国家相关法律规定,经批准延长工作时间加班的,按加班时间的 1.5 倍计入年假储蓄额中;休息日加班按加班时间的 2 倍计入;法定节假日加班,

按加班时间的3倍计入。③病假,按请假时间的0.5倍从年假储蓄额中扣除;事假,按请假时间的1倍扣除;迟到或早退,按迟到或早退时间的2倍扣除;旷工,按旷工时间的3倍扣除;户头不足者按同样倍数扣减工资。④探亲假、婚假、丧假、产假等,按国家规定一次性在其年储蓄额中增加相应天数。⑤在不影响工作前提下,经公司批准,员工可以在年储蓄余额范围内申请休假,休假时间从储蓄账户中扣除;业务繁忙时鼓励员工多加班以增加储蓄余额,淡季时鼓励员工多休假、休长假。

该考勤方案经征询意见、个别细节优化后顺利实施。员工按规则自主调整,员工开心,企业也节省了人力成本,企业重新步入上下和谐、快速发展的良性轨道。

资料来源:肖克奇,韦玮.考勤管理六关注[J].企业管理,2016年第三期.

请分析:相对于传统的考勤方式,新兴电子有限公司"年假储蓄账户"有哪些优势?

20世纪初,劳资冲突给企业正常发展造成了阻碍,在企业与员工的博弈过程中,企业管理者逐渐意识到"和谐劳动关系"对企业发展的重要性。基于此,西方学者从人力资源管理视角提出"员工关系"的概念,解释由企业和员工之间利益引起的管理与被管理、权利与义务等关系。同时,"员工关系管理"的概念也随之出现,解释在人力资源管理过程中,企业通过人力资源管理政策调节企业与员工、员工与员工之间的关系,以实现企业目标的管理行为。具体说,员工关系管理包括企业劳动争议处理、员工入/离职、工作场所的安全和健康、员工援助计划(EAP)、危机处理等内容。一直以来,良好的员工关系管理不仅帮助企业赢得人才、留住人才,而且可以使企业管理和业务运作效率大幅提升。因此,本章对新经济背景下,人力资源管理呈现新变化趋势的员工考勤管理、员工援助计划、员工离职、劳动纠纷管理等内容进行阐述。

第一节 员工考勤管理

一、考勤管理概述

我国的考勤制度起源甚早,当时所谓考勤,主要是对国家官吏而言的。清初,国家官吏实行坐班,每日办公皆在衙署,到乾隆年间此制度渐弛。清人震钧在《天咫偶闻》卷七中写道:"自乾隆以后,重臣兼职者多,遂不恒入署。而阅折判牍,移于私宅。"为此,清政府在国家机构中设置"画到簿",专司考勤。"画到簿"为官吏考勤的重要凭据之一,但由于反映不出迟到、早退等情况,所以没有多大的约束力。咸丰年间,成立总理衙门,为了防止画到遛号的弊端,提高办事效率,就规定对其官吏"核其勤惰",分别予以"请奖"或者"参劾",这便是我国历史上考勤与奖惩相结合的开始。[1]

从考勤一词的起源不难发现,它从出现之日起,与考评、奖惩等有着天然的联系。今天

---

[1] 杨晓光,赵春媛.万事万物话由来[M].北京:中国城市出版社,2010.

我们认为,考勤关乎员工的工作态度,影响员工的工作效率和工作业绩,是企业管理的基础性工作,是薪酬奖励发放的重要依据,旨在提高员工出勤率、加强劳动纪律、保证企业生产任务的顺利完成,是企业人力资源管理的必要组成部分。

(一) 考勤管理的内容

考勤管理是企业对员工出勤情况进行考察和记录的一种管理制度,包括排班管理、请假管理、加班管理、出勤情况管理,等等。

1. 排班管理

涉及工作时间、休息时间、节假日、上下班时间。

(1) 工作时间。也称劳动时间,指法律规定的劳动者在一昼夜和一周内从事劳动的时间。劳动者工作时间包括:准备结束时间、作业时间、劳动者自然需要的中断时间和工艺中断时间。其中,准备结束时间系指劳动者在工作日(班),为完成生产任务或作业的准备和结束所消耗的时间;作业时间指劳动者直接用于完成规定的生产任务或作业所消耗的时间;劳动者自然需要的中断时间指劳动者因自身的生理需要而必须中断正常工作的时间;工艺中断时间指劳动者在工作时间中,因工艺技术特点的需要使工作必须中断的时间。工作时间的长度由法律直接规定,或由集体合同或劳动合同直接规定。根据《中华人民共和国劳动法(2018修正)》《国务院关于修改〈国务院关于职工工作时间的规定〉的决定》,以及劳动部发〔1994〕521 文件的规定,国家实行劳动者每日工作时间不超过 8 小时、平均每周工作时间不超过 44 小时的工时制度。劳动者或用人单位不遵守工作时间的规定或约定,要承担相应的法律责任。

(2) 休息时间。它是指企业、事业、机关、团体等单位的劳动者按规定不必从事生产和工作,而自行支配的时间。劳动者的休息时间一般由劳动法律、法规规定,有的国家允许在法律规定的范围内通过订立劳动合同确定。休息时间可分为:工作日内的间歇时间;每周公休假日,国家机关、事业单位实行统一的工作时间,星期六和星期日为周休息日,企业和不能实行统一工作时间的事业单位,可以根据实际情况灵活安排周休息日;每年法定节假日。

2. 请假管理

请假属于正常缺勤,根据事由的不同和劳动法规的相关规定,有不同的假别,如事假、病假、婚假、丧假、产假、探亲假、年休假等。

(1) 事假。员工因个人或家庭原因需要请假的可以请事假。

(2) 病假。劳动者本人因患病或非因工负伤,需要停止工作进行医疗时,企业应该根据劳动者本人实际参加工作年限和在本单位工作年限,给予一定的医疗假期。

(3) 婚丧假。劳动者本人结婚以及劳动者的直系亲属死亡时依法享受的假期。婚丧是每个劳动者都会遇到的情况,劳动者婚丧期间,给予一定的假期,并由用人单位如数支付工资,使劳动者有闲暇处理相关事务。这是对劳动者的精神抚慰,体现了政府对劳动者的福利政策,也是对其权益的保护,对于调动劳动者的积极性具有重要意义。

(4) 产假。在职妇女产期前后的休假待遇,一般从分娩前半个月至产后两个半月,晚婚晚育者可前后长至四个月,女职工生育享受不少于 98 天的产假。

(5) 探亲假。与父母或配偶分居两地的职工,每年享有的与父母或配偶团聚的假期。其目的是适当解决职工同亲属长期远居两地的探亲问题。

(6) 年休假。给职工一年一次的假期,职工连续工作一年以上的,均可享受带薪年休假。

3. 加班管理

加班指法定或者国家规定的工作时间之外,正常工作日延长的工作时间或者双休日以及国家法定假期期间延长的工作时间。《中华人民共和国劳动法(2018修正)》规定,用人单位由于生产经营需要,经与工会和劳动者协商后可以延长工作时间,一般每日不得超过1小时;因特殊原因需要延长工作时间的在保障劳动者身体健康的条件下延长工作时间每日不得超过3小时,每月不得超过36小时,用人单位不得以各种形式强迫员工加班。

4. 出勤情况管理

除工作、请假外,员工还会出现迟到、早退、旷工等缺勤情况。

(1) 迟到。因各企业的管理标准不同,迟到的时间范围不同。有的公司规定上班时间起10分钟后至15分钟内记为迟到。不过,目前大多数公司规定在5分钟后至15分钟内开始计算为迟到,这反映了企业对时间观念越来越重视。

(2) 早退。因各企业的管理标准不同,早退的时间范围也有不同。一般提前5分钟以上下班者,视为早退。

(3) 旷工。这是指职工在正常工作日不请假或请假未批准而未出勤的行为。

(二) 考勤管理的方式

考勤管理方式指记录员工出勤情况的手段或工具。由于企业的性质、管理方式、发展阶段和技术发展等因素,企业所采用的考勤管理方式各不相同。一般来说,考勤管理方式有以下几种:

1. 人工统计

使用纸张,直接由员工本人签到以确认出勤时间的考勤人工统计方式。相较于之后的电子化和科技化考勤方式,这种方式效率低,员工较多时易出现混乱且环保程度低,但由于其直接成本低,灵活性强,目前还有一些组织采用这一原始做法。

2. 纸质打卡机

即将一张纸片放入可以登记时间的机器中,以记录员工上下班时间的一种打卡方式。此方式省去了人工记录的需要,可以说是一种半电子化的考勤管理方式,打卡机记录的时间不能随意改动,效率和可信度均有提升。但公司员工可以将他本人的打卡纸交予其他员工,请其他员工代其打卡,后续统计需要耗费人力和时间。

3. IC卡打卡机

使用IC卡技术进行刷卡记录的考勤方式,它改变了传统考勤机的登记和储存方式。企业通过调动系统统计员工的刷卡信息,完成考勤数据的收集。这种打卡方式一般也是认卡不认人,依然存在代打卡,且由于系统存在不稳定性,容易出现漏打卡的情况。

4. 指纹打卡

一种利用生物识别技术,通过指纹考勤机识别员工指纹的考勤方式。由于各人的指纹不一、终身不变且伴人而行,能杜绝代打卡现象。同时,考勤数据由计算机处理和保管,效率和安全性较高,目前为大多数企业所采用。

5. 人脸识别

企业事先上传员工的人脸图像或者利用摄像头实时采集员工的人脸图像录入系统,之后员工在规定的时间和地点完成脸部信息识别,以完成考勤的方式。指纹打卡机每天多人使用,手指直接接触,存在卫生问题的弊端。随着人工智能技术的发展和员工卫生安全意识的提高,未来人脸识别考勤方式可能会被更多的企业选择。

6. 软件打卡

随着通信技术和互联网技术的发展,打卡软件方兴未艾。企业利用软件事先设定好打卡范围,通过 GPS 定位系统、蓝牙系统等实现员工在 PC 端和移动端的考勤打卡。由于其不需要排队,规避了系统识别漏洞等问题,且软件可加载请假、位置信息等数据,此方式已经被越来越多的企业接受。

二、新经济背景下考勤管理的变革

1996 年 12 月 30 日,美国《商业周刊》发表的一组文章中首次提到"新经济"一词。所谓"新经济",是指借由经济全球化浪潮所诞生的由信息技术革命驱动、以高新科技产业为龙头的经济体系。"新经济"具有低失业、低通货膨胀、低财政赤字、高增长的特点,是一种"持续、快速、健康"发展的经济。党的十九大以来,中国经济发展进入了新时代,云计算、物联网、人工智能等新技术层出不穷,新能源、新材料等新兴产业蓬勃发展,产业升级与信息技术革命的快速发展倒逼"互联网+"等新业态的兴起,新经济在中国经济社会中的地位也日益提升。与劳动力密集、以制造加工为主的传统经济不同,"新经济"强调技术与创新是国家和企业竞争的核心,大部分岗位对员工素质和工作效率有较高的要求。因此,知识型员工成为推动"新经济"发展的主要力量。此外,随着时间的推移,新生代员工已成为社会发展的重要力量,对社会结构、经济和政治都产生着深刻的影响。而无论是知识型员工,还是新生代员工,他们所具有独立主体意识、对内部满足的需求等特点,对传统的考勤管理提出了新的挑战。

(一)知识型员工和新生代员工的考勤管理

1. 知识型员工

(1)知识型员工的概述

知识型员工,指的是那些掌握和运用符号和概念、利用知识或信息工作的人。当代企业依然面临着不间断的变革需要和高度的不确定性。在这一环境下,企业要生存,要保持可持续发展,关键是要通过管理找到知识创造、传播和运用的最佳途径。而知识的产生与应用归根结底离不开高效率和高素质的员工。也就是说,企业之间的竞争,知识的创造、利用与增值,资源的合理配置,最终都要靠知识的载体——知识型员工来实现。

(2)知识型员工的特点

知识型员工是追求自主性、个性化、多样化和创新精神的群体,他们更多地追求来自工作本身的满足。具体来说,有如下几个方面的特点:

① 个人素质高。知识型员工通常接受过系统的专业教育,具有较高的学历,综合素质强。他们有理想、有抱负,有多种学科的知识和技能,具有强大的应变能力和创新能力。

② 创造性高,强调自我价值实现。知识型员工的劳动通常是创造性的。他们凭借自己的专业知识和创造性思维,不断地进行知识和技能创新;他们热衷于具有挑战性、创造性的

任务,并尽力追求完美的结果,渴望通过这一过程充分展现个人才智,实现自我价值。

③ 自主性强。他们的忠诚更多是针对自己的专业而不是雇主,他们有自己的福利最大化函数,他们是否加入某个企业是出于自身的选择,而不是被迫加入的。他们是"自愿者",如果待遇不公或者收入未达到他们的期望值,他们很可能自谋出路。为了和专业的发展现状保持一致,他们偏爱宽松、高度自主的工作环境,很少把工作日定义为每天工作 8 小时,每周工作 5 天;同时,他们希望在工作中拥有更大的自由度和决定权。

④ 流动性强。知识型员工具有高素质、高创造性、强自主性的特点,当其发现自身与工作环境不匹配时,他们更倾向于重新选择,以寻找更具匹配性的环境。因此,他们的流动性更强。

2. 新生代员工

(1) 新生代员工的概述

西方学术界对美国 20 世纪代际的划分有不同的看法,但基本上都认同 Strauss W 等的划分,即沉默一代(the Silent)、婴儿潮一代(the Baby Boomer)、X 一代(Generation X)和 Y 一代(Generation Y),Y 一代是相对于 X 一代的一个概念,被认为是美国的新生代。我国对新生代员工的相关研究始于 21 世纪初,将新生代员工定义为,20 世纪 70 年代末到 90 年代初出生,伴随着中国改革开放、市场经济体制确立和全球化、高科技产业革命成长起来的可识别群体。这一群体在人格特质和工作价值观上都呈现出明显多元化的特征,他们既包括了独生子女,也包括了非独生子女,20 世纪 80 年代出生的人群是这一代际的主体。新生代员工已经挑起中国企业的大梁,成为企业的主力军。他们具有区别于以往代际员工的不同特征,若是照搬过去成功管理的经验,可能会产生许多新的问题。

(2) 新生代员工的特点

新生代员工具有鲜明的代际群体特征,具体来说,有如下几个方面的特点:

① 观念多元化。新生代员工出生、成长于改革开放年代,经历着全球化和互联网发展背景下,中西方文化的交流、冲突与融合。与之前的员工相比,他们的世界观、人生观、价值观更为复杂和多元化。他们不仅求生存,更看重自身发展;遵守契约精神,也崇尚自由和自我价值实现;坚持自我正确的信念或立场,也易于接受新事物,不惧新的尝试和改变。

② 自我意识强。新生代员工大多是独生子女,是家庭的中心,同时,也由于当代对寻求个性和自我观念的推崇,大部分新生代员工具有较强的自我意识。他们不拘泥于标准和规则,敢于挑战传统和权威,勇于竞争;不隐藏对利益的追求,不愿受制于人,独立性和自主性明显,倾向于选择宽松、自由的工作氛围。

③ 创新能力强。伴随着互联网、人工智能等技术的发展,新生代员工获取新知识和新信息的途径日益丰富。同时,大多数新生代员工都接受过高等教育,具有专业的知识和技能,且对新知识具有敏锐的觉察力和探索能力。因此,新生代员工的创新意识和创新能力极强。

④ 组织忠诚度低。相对于之前的员工,新生代员工的工作观念发生了转变,他们不再热衷终身雇佣,而是重视个人兴趣和个人职业发展的结合,寻求在职业发展中实现自我理想和价值。与知识型员工相似,他们寻求个人与工作环境的匹配,当匹配无法实现时,他们更有可能寻找新的工作,工作满意度、组织忠诚度偏低。

3. 知识型员工和新生代员工的考勤管理

从知识型员工和新生代员工的特点可知，他们都具有相对较强的自我意识和创新意识，喜欢独自工作的自由和刺激，倾向于拥有一个灵活且自主的工作环境，不愿被刻板的工作形式束缚。然而，传统的考勤制度规定了固定的工作时间和地点，工作形式不具备充分的张力，在一定程度上会影响知识型员工创造力的发挥，影响创新背景下的管理和技术革新、产品研发以及服务升级。因此，新经济发展背景下，企业需要对员工的考勤管理进行创新。

（1）探索灵活性的考勤方式。企业需要员工的创新能力，而创新能力是一种综合性的思维能力，既具有灵感瞬间产生思维突发性，又具有逻辑思维的流畅性，受到包括睡眠质量、压力、个人-家庭平衡等在内的多种因素的影响。同时，由于知识型员工和新生代员工对自由、宽松环境的偏爱，企业可以探索部分岗位的灵活性考勤方式。

（2）探索激励性的考勤方式。考勤管理的目的不是处罚，而是促进员工积极向上、努力奋斗、创造价值。无论是知识型员工，还是新生代员工，他们都喜欢新鲜事物，也喜欢做出尝试和改变；渴望回报和利益追求。因此，企业可以利用员工的这些特点，探索工资报酬与奖励、职业成长与发展、文化等激励因素在考勤管理中的作用。

（3）转变考勤依据。传统的考勤管理以"出勤情况"作为评判标准，而面对知识型员工和新生代员工的代际群体特征，企业可以考虑破除原有考勤标准，探索以"工作结果"为导向的考勤方式。将工作产出作为评判标准，不局限于以工作时长进行衡量，满足员工对灵活工作时间的心理需求。通过尊重和利用新生代员工群体特征，实现企业对员工的管理，以及企业发展目标。

（二）远程办公下的员工考勤管理

2020年的新冠肺炎疫情对中国社会经济发展造成了极大挑战，由于其具有传染性、潜伏期、无症状的特性，使得企业只能在避免员工聚集的前提下组织生产，这与传统人力资源管理逻辑相违背。此外，知识经济、创新经济背景下的部分行业、企业中的部分岗位，需要维持工作-家庭平衡的员工，都亟待人力资源管理新模式的探索方向。目前，我国5G、大数据、云计算、物联网等信息技术的发展为人力资源管理变革与创新提供了有利条件。在常规管理模式下，员工以部门或团队的形式聚集在稳定的工作场所开展工作，在特殊时期或具体岗位，企业可以积极探索弹性时间与远程办公相结合的工作方式、自我管理与目标管理相结合的管理模式、网络在线与全员参与相结合的学习方式，进一步深化人力资源管理变革与创新。

1. 远程办公的概述

基于信息平台的远程办公模式，突破了工作地点的限制，得到准许的员工能够自由选择工作地点和工作时间。对于企业而言，实行远程办公还能节省物业成本和管理成本，有效提高办公资源的利用效率。在疫情防控期间，企业管理者可以根据生产方式与行业特性，合理安排相应的工作方式，调整企业人力资源管理部门的激励与考核方式，有效提高员工工作的积极性和主动性。比如，高科技企业可以采取弹性时间工作制，让员工错时上班；搭建基于信息技术的研发平台，让员工在模拟研发环境中工作。传统服务企业可以搭建服务平台，转移消费场所，提供定制化服务。

远程办公形式对劳动者的自我管理能力提出了更高要求，涉及时间管理、工作管理、目标管理等方面。对于企业来说,可以遵循具体、可度量、可实现、相关性、有时限等原则,探索实行员工自我管理与企业目标管理相结合的管理模式。具体来说,① 强化个人行动力。增强劳动者自我管理的决心、恒心,并将其转化为做好实际工作的具体行动,妥善处理好目标制定与行动落实的关系,使员工真正做到心理不彷徨、思想不懈怠、行动不拖延。② 强化工作执行力。将目标和任务分解细化为员工的具体工作,妥善处理好个体工作与团队协作的关系,切实做到件件有落实、事事有回应。③ 强化激励感知力。将企业目标和阶段性考核转化为激励员工的有效手段,妥善处理目标实现与过程激励的关系。

2. 远程办公的实施

企业采用远程办公模式,既可以维持组织的日常运转,又能灵活应对临时管制等突发情况,优点凸显。但与现场办公不同,远程办公时员工与组织的物理距离和心理距离扩大,并掣肘了员工的线下社会网络构建。如何管理由于空间距离引发的资源支持约束和情感距离,是远程办公企业面临的重要挑战。

一般而言,适合采用远程方式完成的工作具有五个特点:员工对工作节奏控制程度较高、工作成果清晰定义、需要员工集中精力完成、员工之间相对较少的沟通需要、最少的身体出现等要求。而那些需要太多的协调、面对面互动和大量反馈的工作就不适合采用远程办公形式。以远程方式完成的工作,在技能多样性、工作完整性、工作重要性、工作自主性和工作反馈性上具有差别。例如,对于需要多样化技能的工作,远程工作者需要花费更多时间寻求上级或具备相应技能的其他同事的帮助。对于自主性高的工作,远程工作者在实现工作绩效过程中可能较少需要多种社会网络与组织保持沟通和寻求资源支持;自主性过低的工作却不必然导致员工更多地与组织进行沟通,因为自主程度低意味着员工只需要按照既定工作程序和要求去完成工作。在这个意义上,自主性要求高或低的工作采用远程工作具有优势,而中等水平自主性的工作采用现场办公更合适。

基于以上内容,在远程办公情景下,建议企业根据工作特性,用好员工的线上社会网络与线下社会网络,让员工在情感交流、问题解决和信息获取等三方面的需求通过线上与线下双重网络得以实现。具体应当注意:

(1) 建立固定的沟通机制,设置固定的时间开展视频会议,每日定时汇报工作进度。

(2) 明确分配工作任务,注意任务分配的精准性和工作成果的清晰定义。由于在家办公,工作者对时间分配有很大的自主性,为避免信息沟通不足,管理者在分配工作任务时需要清晰明确目的、任务描述、时限、所需成员以及责任人。

(3) 如果处于疫情等特殊时期,应及时关注员工的心理健康,重视对员工开展心理疏导。虽然远程办公拉大了员工与员工之间、员工与组织之间的物理距离,但是在特殊时期,组织通过随时把握员工的健康动态并给予关心和鼓励,也能拉近彼此的心理距离,增强组织的凝聚力。

第二节　员工援助计划

2019 年,智联招聘联合微医发布了《2019 年职场人健康力报告》。报告结果显示,目前我国仅有23.3%的职场人认为自身健康状况良好,45.5%的白领认为自身心理健康状态一般,心理疾病成为诸多白领防范的健康威胁。调研数据显示,78.9%的白领认为自己存在焦虑现象,74.9%的白领感到迷茫;从不同的岗位来看,市场、采购、销售等高压职位的白领中焦虑人群的比例较高,分别为85.1%、83.3%、83.5%;客服和销售群体感觉到迷茫的占比最高,分别为80.5%和80.8%。更为令人担忧的是,93.4%的白领认为自己的负面情绪来源于职场,因为工作不仅影响个人发展,也是生存条件,与生活成本不对等的薪酬、复杂的人际关系、繁重的工作任务都成了心理不能承受之重①。

员工是企业的核心竞争力,而随着经济和文化的发展,员工与工作环境、个人生活环境的冲突日益加剧,使得不少员工遭遇各种社会、职业、心理或健康等问题,并对企业与员工的关系产生不同程度的负面作用,进而影响了员工绩效和企业发展。管理实践表明,"员工援助计划"在解决员工心理和行为问题、改善组织管理方面发挥着积极作用。为此,本节将对相关内容进行详细介绍。

一、员工援助计划的概述

(一) 员工援助计划的发展和含义

20世纪初,美国一些企业注意到员工的酗酒和吸毒问题会影响员工和企业的绩效,于是开始聘请有关专家帮助员工改变这些不良的成瘾行为,即初期的员工援助计划(Employee Assistance Programs,EAP)。20世纪中期,滥用药物、家庭暴力、工作压力、离婚、疾病、法律纠纷、亲人伤亡等问题逐渐成为影响员工情绪及工作表现的重要因素,企业开始考虑更为广泛的健康问题,员工援助计划的内容不断增加。之后,员工援助计划在企业中扩展开来,企业运用系统干预的方法了解、诊断问题员工的行为,探讨问题行为产生的原因,并积极主动地提供家庭、法律、医疗、财务方面的援助,帮助员工解决问题,"员工援助计划"正式形成。20世纪后期,"员工援助计划"被"职业健康促进计划"和"员工增强计划"所丰富。"职业健康促进计划"针对员工戒酒计划中员工援助项目过于一般化,对员工心理与行为问题缺乏细致描述的不足而提出。"员工增强计划"针对员工的工作压力、生活压力、工作生活质量、人际关系管理等问题,致力于改善工作中和工作后可能逐渐引发的未来健康问题。

关于"员工援助计划"的定义,国内外学者有不同说法。Goodings(1987)等人认为员工援助计划是企业通过合理的干预方法,积极主动地去了解、评估、诊断及解决影响员工工作表现及绩效问题的过程。Bohlander(1992)等人认为,员工援助计划是企业通过为员工提供诊断、辅导、咨询等服务,解决员工在社会、心理、经济与健康等方面的问题,消除员工各方面的困扰,最终达到预防问题产生、提高员工工作生活质量的目的。Dessler(1994)认为员工援助计划是企业内部正式、系统的项目,通过该项目的实施与推动,为面临情绪、压力、酗酒、赌博等问题的员工提供咨询、引导及有效的治疗措施,帮助他们度过困难的过程。Gloria(1994)认为员工援助计划是由管理者,或由工会团体、员工协会与咨询顾问公司、社会团体、

---

① 数据来源:智联招聘.2019职场人健康力报告[R].2019.

心理健康服务机构或个人签约,为员工提供援助服务的总称。Arthur(2000)认为员工援助计划主要是针对存在心理问题的员工及其家属,提供相应心理评估、咨询辅导与治疗服务及家庭、法律、医疗与财务等方面援助的过程。

这里我们采用中国学者张西超的观点,认为员工援助计划是由组织(如企业、政府部门、军队等)为其成员设置的一项系统的、长期的援助和福利计划。通过专业人员对组织的诊断、建议和对组织成员及其家属的专业指导、培训和咨询,帮助解决组织成员及其家属的心理和行为问题,以维护组织成员的心理健康,提高其工作绩效,并改善组织管理。

(二)员工援助计划的类型和影响因素

员工援助计划从帮助员工改变酗酒、吸毒等影响工作绩效的不良行为开始。随着研究的深入,员工援助计划的范围不断延展,既涉及员工工作相关的人际关系、组织公平、工作压力、工作倦怠、工作/家庭冲突等问题,也涉及酗酒、药物成瘾、家庭矛盾、情感困扰等生活问题。在推行过程中,根据实施的组织机构和时间长度的不同,员工援助计划分为不同的类型。从实施的组织机构看,分为"内部员工援助计划"和"外部员工援助计划"。"内部员工援助计划"建立在企业内部,企业配置专门机构或人员为员工提供服务。比较大型的和成熟的企业会建立内部员工援助计划,其优点在于针对性强,适应性好,能够及时为员工提供援助服务。"外部员工援助计划"由外部专业服务机构操作。企业与服务机构签订合同,并安排1至2名专员负责联络和配合,其优点在于保密性好,专业性强,服务周到,能够为企业提供最新的信息与技术,更能赢得员工的信任。从实施的时间看,分为"长期员工援助计划"和"短期员工援助计划"。员工援助计划作为一个系统项目,应该是长期实施,持续几个月、几年甚至无终止时间。但有时企业只在某种特定状况下才实施员工帮助,比如并购过程中由于业务再造、角色变换、企业文化冲突等导致压力和情绪问题;裁员期间的沟通压力、心理恐慌和被裁员工的应激状态;又比如空难等灾难性事件,部分员工的不幸会导致企业内悲伤和恐惧情绪的蔓延,等等。这时,时间相对较短的援助计划能帮助企业顺利度过一些特殊阶段。

在早期,企业把那些由心理问题而导致工作效率低下或者不胜任工作的员工解雇。后来人们发现,员工心理问题的产生除了和他个人的心理特征有关外,也和所从事的工作本身以及整个社会和时代背景有密切关系。因此,员工心理问题不再仅仅是员工个人的事,也是企业需要关注的问题。截至目前,绝大多数世界500强企业总部都为员工提供了员工援助计划,将其作为维护员工与企业关系的重要手段。员工援助计划作为一种预防和处理相结合的干预措施,最重要的意义在于通过咨询的方式,帮助解决影响员工工作和生活的心理问题。比如,通过实现员工人际关系的良性发展,增加工作环境中的合作行为;通过提供家庭、法律、医疗、财务方面的援助,提升员工的主观幸福感等。其最终目的是提高员工的身体和心理健康水平,进而提高员工工作效率与组织绩效。心理学研究表明,由积极心理资源构成的心理资本,能够对员工的工作绩效、工作满意度、组织承诺、组织公民行为等产生积极的影响,对离职意愿、旷工行为等产生消极影响,而这些组织行为是影响员工和组织绩效提升的核心因素。员工援助计划的内在逻辑与心理学和管理学的实证研究相一致。因此,企业需要依据自身的规模、类型,以及员工心理问题产生原因等影响因素,探索适合本企业的员工援助服务模式。

员工援助计划出现后,国内外从业者和学者对影响员工援助计划实施的因素进行了研

究,最具说服力的涉及两个方面的内容:

1. 企业规模和实力

Hartwell(2003)的研究表明,在超过 1 000 人的组织中,实施 EAPs 的组织达到了76%。这是因为,随着企业员工数量的增加,员工自身、员工之间、员工与企业之间的冲突也随之增加,企业需要通过员工援助计划发现问题、解决问题,维护员工关系。此外,员工援助计划需要大笔费用支出,需要完备的管理体系,因此,那些实力强的企业更有可能启动员工援助计划,帮助员工解决心理问题。还需要注意的是,企业的竞争最终是人的竞争,通过实施员工援助计划,企业一方面可以展示其对员工的重视,树立良好的社会形象以吸引人才;另一方面可以降低员工因工作与环境不匹配而引起的离职,从而留住人才。

2. 行业特征

Hartwell(2003)发现,在高科技行业中,实施 EAPs 的企业超过了 50%,而在传统行业中,实施 EAPs 的企业只有 20%左右。医务工作者发现,员工援助计划对医生和护士的心理干预有积极的效果,医务人员对员工援助计划的应用有极大需求。在高科技行业,由于高创新需求的驱动,员工的工作极具强竞争性、高风险性、高投入性,所以,员工的工作压力较大,也更容易出现身心健康问题;而在医疗行业,医疗资源不均衡引起的高工作强度、医患矛盾等问题长期困扰医务工作者。非典型肺炎、新冠肺炎等突发状况的出现,使医务工作者不断面临新的挑战。因此推断,行业特征可能是影响员工实施计划的重要因素。

二、员工援助计划的实施

作为企业管理的一项措施,员工援助计划在员工关系管理方面的优势已在国内外大型企业中得到验证。企业高层管理者需要重视员工保障计划在构建和谐劳动关系方面所发挥的重要作用,积极建立和完善员工援助计划的保障体系和操作流程,确保员工援助计划顺利、成功开展。

完善员工援助计划保障体系可以从以下几个方面进行考虑:

第一,制度保障。制度建设是员工援助计划规范运行的有效约束和得力保障,针对员工援助计划主要帮助解决员工身心健康的特殊性,企业可以设立以下几项制度:① 排查制度。运用问卷、访谈等方式,对员工的身心健康情况进行定期摸排,对具有问题行为的员工及时实施干预措施。② 保密制度。通过严格的保密制度,防止员工因心理健康问题受到排挤和歧视,防止员工的个人问题或工作家庭矛盾成为谈资,等等。③ 心理培训体系。随着各行业竞争的加剧,人们工作和生活的压力越来越大,焦虑、紧张、挫败、抑郁等消极心理状态趋于频繁。企业需要探索建立完整的心理培训体系,帮助员工形成客观的自我认知,习得调整心态的方法、改善心智模式,即帮助员工预防和消除身体和心理健康问题。

第二,技术保障。员工援助计划的开展,需要具备专业的心理咨询师、专业的测量工具、专门的心理咨询室,以及完备的数据库。其中,专业心理咨询师即心理咨询专家,是员工援助计划推进的核心,他可以帮助企业建立员工心理分析数据库,通过数据分析、访谈等对企业员工的心理状况进行评估和追踪,并对员工的问题提供专业的指导和帮助。因此,计划实施员工援助计划的企业需要聘请专业的心理分析团队,协助企业推进该项目。

企业员工援助计划的操作流程大致分为四个环节:

1. 心理健康状况评估

通过调查问卷和访谈,对员工的情绪、个性性格、个人应对、人际关系等进行调查,并运用统计分析工具对调查结果进行分析,建立员工心理健康档案。

2. 宣传推广

企业需要使员工认识到,心理问题并不是一种严重的病态,每位员工都有可能会遭遇。员工援助计划的目的是通过专业的服务,解决员工的各种心理问题和困扰,如帮助员工缓解工作压力、消除心理困扰、改善工作情绪,以改善组织的环境和氛围,从而提高员工的工作效率和企业的生产效率。

3. 教育培训

发现问题、解决问题必然重要,但从长远看,企业需要聘请专业的心理培训师对员工进行定期培训:一方面,使员工掌握必要的心理分析知识和技能,让员工可以第一时间知道自身的心理问题,对轻微的心理问题可以进行自我矫正;另一方面,增加员工承受和应对挫折的知识,帮助员工培养修炼积极心态和良好情绪的能力。

4. 心理问题咨询

当员工的心理问题影响其工作和生活时,需要积极寻求心理咨询师的帮助。咨询师通过与员工及其同事、家属的沟通,获得有关员工心理问题的资料,并对员工的人格发展、智力、社会化及家庭、婚姻生活事件等进行全面评估。同时,根据评估结果,对员工做出心理诊断,制定心理治疗计划,并指导实施。

三、员工援助计划在中国的发展

(一) 发展现状

1. 从"内部员工援助计划"到"外部员工援助计划"

国内初期的员工援助计划大都出现在外企中,且多为"内部员工援助计划",即企业内部招聘相关专业人员,成立独立的部门或团队,为本企业员工的心理问题提供有针对性的、及时的帮助。随着我国员工援助计划的逐步发展,越来越多的企业开始委托外部专业机构开展员工援助计划,即"外部员工援助计划"。由外部专业服务机构操作,既能节省企业运营成本,又能更好地保障员工的个人隐私,还可以共享最新的心理学研究成果,为员工提供更为精准的心理服务。

2. 本土化探索

员工援助计划起源于美国,西方国家更多地用来应对酒精滥用、药物依赖等行为,以及伴随的心理问题,而这些问题在中国企业员工中并不多见。经济压力、工作家庭冲突、人际关系、权利距离等问题引起的心理问题在中国员工中更为突出。因此,企业和学术界目前正在积极探索员工援助计划的本土化,分析文化对开展员工援助计划的影响,对员工援助计划的内容、操作流程等进行差异化研究。其服务范围也开始从企业扩展到政府机构。

3. 从单一服务到多元服务

国内员工援助计划服务一开始主要以心理培训为主,但是随着企业对员工援助计划的了解与认可,国内员工援助计划的服务范围由宣传推广、心理培训,扩展至压力缓解、情绪管理、心理问题预警与防御、心理咨询、心理治疗等。服务内容逐步趋于员工援助计划的本质。

（二）面临的问题与对策

随着跨国企业的增多和国内企业的日益发展，"员工援助计划"在我国企业有了一定的发展，但也存在不少问题，主要涉及以下几方面。

1. 接受度偏低

《2019中国抑郁症领域白皮书》的数据显示，截止到2019年，中国泛抑郁人数逾9 500万。新浪微博"抑郁"相关话题累计阅读4.5亿；百度"抑郁"相关贴吧累计发帖2 700万；知乎"抑郁"相关问题关注量82万。结合开篇调查数据推算，不少中国员工会存在心理问题。近些年，尽管我国在心理健康领域有大量投入，比如，在中小学、高校配备心理咨询老师，但由于传统观念的束缚，公众仍然将"心理问题"与"精神问题"相联系，导致心理咨询业务举步维艰。此外，心理咨询作为舶来品，在我国有了初步的发展，但其专业性和规范性存在争议，从业人员的素质良莠不齐，这也进一步阻碍了心理咨询行业的发展。员工援助计划的本质与心理咨询异曲同工，其处境也可说是进退维谷。因此，选择推行员工援助计划的企业应积极开展宣传教育工作，转变员工对"心理问题"的看法，并切实做好相关的保密工作，提升员工援助计划的接受度。

2. 保护员工隐私成为难点

西方社会隐私意识普遍存在，个人的事不想被人知道，更不想受到外界的干预。在实施员工计划的过程中，员工并不会对隐私泄露有过多的担心。而在中国，保护个人和他人隐私的意识并不强，加之"心理问题"常常被标签化，所以员工对员工援助计划仍不能欣然接受。他们会担心自己成为"话题人物"，担心因各种原因引起的心理问题，成为自己被排挤、被孤立、被特殊对待，甚至是被解雇的理由，进而对员工援助计划抱有负面抵触情绪。因此，企业需要高度重视员工援助计划中保密制度的建立和实施，以及保密技术环节的投入，一方面保护员工的隐私，另一方面通过保护员工的隐私，增加员工对企业的信任，推动员工与企业关系的良性互动。

3. 专业人才缺乏

"员工援助计划"需要企业聘请心理咨询专家、团队开展，要求他们既具有专业心理学知识和咨询经验，又对企业管理知识有一定程度的了解。《2019中国心理咨询行业人群洞察报告》数据显示，2019年1—9月"心理咨询"类公众号文章总阅读量达到2.76亿人次，涉及15.7万个公众号；知乎"心理咨询"话题关注人数超过86万。而全职咨询师占比仅为48%，兼职咨询师占比52%；92%的心理咨询师具有本科以上学历，但心理学专业的从业者仅有41%。不难看出，心理咨询的专业人才仍然相当缺乏，这也制约着"员工援助计划"的实施。针对这一现状，企业在聘请相关专家和团队时，应重视聘请对象的资质和以往咨询项目的成效，同时，也可以考虑重新采用"内部员工援助计划"，有针对性地培养企业内部专业咨询师。

2016年全国人大代表吴向东提出，中国抑郁症患者有7 000万人，心理咨询师却只有约2万人，建议国家考虑修订《精神卫生法》，大幅增加心理健康相关的法规内容；建议提升心理学专业教育的质量，支持基础心理学和应用心理学的发展，鼓励更多高素质的年轻人投身到这个有巨大社会价值的事业中。2016年，中共中央、国务院印发《健康中国2030规划纲要》，首次在国家层面从战略高度重视心理健康问题；2016年12月、2018年12月，国家相关部门分别提出《关于加强心理健康服务的指导意见》和《关于印发全国社会心理服务体系建设试点工作方案的通知》,明确提出提高全民心理健康意识的心理服务;2019年,国务院、卫健委推出《健康中国行动(2019—2030)》,明确居民心理健康素养目标等内容。由此推断,在国家政策的推行下,公众对"心理问题"的认知会逐渐转变。推进员工援助计划并不容易,但前景乐观。

第三节　员工离职管理

员工和企业会始终权衡着两者间的价值匹配和需求匹配,当他们的匹配无法实现时,员工离职随之出现。员工离职一直是员工关系管理的重要组成部分,是人力资源管理者特别关心的问题。因为员工离职一方面会导致人才的流失、管理成本的增加、生产力的下降等问题;另一方面也会对员工进行筛选,为组织注入新的活力等。所以,组织需要对能够满足企业价值需求的员工给予足够的关注,关注他们是否有离职意愿,什么因素导致他们离职意愿的产生,他们的离职意愿会对组织产生怎样的影响,以及组织如何应对。

一、员工离职概述

员工离职(Employee Turnover)是指从组织中获取利益以满足自身需求的个体终止其组织成员关系的过程。当员工意识到某个组织拥有重要的资源,且这种资源能够满足自身的某些需求时,员工会选择加入某组织。因此,企业员工从本质上讲,是自主寻求和获取自身需求的个体。当组织能够满足自身的某些需求时,员工就会留在企业中,并在获取需求的过程中创造企业所需的价值;而当自身需求无法满足时,员工就会出现离职意愿,甚至最终选择离开。从员工的主观意愿程度,可将员工的离职分为主动离职和被动离职。主动离职包括自动离职、辞职;被动离职包括企业辞退、企业裁员。

1. 自动离职

指职工不向用人单位打招呼,随意脱离所在工作岗位和所在单位的行为。比如,有的职工因辞职未准或要求解除合同未被同意,便擅自离职或违约出走;有的职工未说明原因不辞而别;也有的受优厚待遇诱惑而擅自"跳槽",等等,均属自动离职范围。

2. 辞职

指职工向用人单位提出解除劳动合同或劳动关系的行为。一般有三种情形:① 依法立即解除劳动关系,如用人单位对职工有暴力或威胁行为强迫其劳动、不按合同约定支付工资等,职工可以随时向用人单位提出解除劳动合同的要求。② 根据职工自己的选择,提前30日以书面形式通知用人单位解除劳动合同。③ 向用人单位提出申请,双方协商一致解除合同。

3. 辞退

指用人单位解雇职工的一种行为,用人单位由于某种原因与职工解除劳动关系的一种强制措施。根据原因的不同,可分为违纪辞退和正常辞退。违纪辞退是指用人单位对严重违反劳动纪律或企业内部规章,但未达到被开除、除名程度的职工,依法强行解除劳动关系的一种行政处理措施。正常辞退是指用人单位根据生产经营状况和职工的情况,依据改革过程中国家和地方有关转换企业经营机制、安置富余人员的政策规定,解除与职工劳动关系的一种措施。

4. 裁员

指因用人单位的原因解除劳动合同的情形,是用人单位在法定的特定期间依法进行的集中辞退员工的行为。企业在两种情况下可以裁减人员:一种是濒临破产,被人民法院宣告进入法定整顿期间;另一种是生产经营发生严重困难,达到当地政府规定的严重困难企业标准。

二、影响员工离职的因素

市场经济的发展以及文化的融合,使得就业环境和职业观念不断更新。相比之前,公众的就业选择更多,生存也不再是他们就业的唯一诉求,因此员工离职现象也更为普遍。但员工离职,尤其是优秀员工、核心员工的离职,会对企业产生负面影响。所以,影响员工离职的因素仍然是人力资源管理者需要关注的问题。以往的研究对导致员工离职的薪酬、人际关系、企业文化等因素有较为详细而深入的研究。然而当下,员工的职业观正在发生改变,员工会更多关注自我发展、人与工作环境的匹配、幸福感等内容。因此,下述几种因素导致的离职问题,组织应予以特别的注意。

(一) 自我效能感

1977年,美国心理学家 Bandura 在认知心理学和人本主义心理学的影响下提出自我效能感(Self-efficacy)的概念,指人们对自己实现特定领域行为目标所需能力的信心或信念。它能够影响人们的思维模式、情感反映模式和行为选择,决定着人们努力行动和坚持不懈的程度。具体到工作情境中,它可以影响员工对工作的选择,以及工作过程中的努力程度、能力发挥、工作态度和工作体验等。当员工的自我效能感不高时,他们会对自己胜任工作的能力产生怀疑,回避超出其能力范围的工作任务;或者接受任务后,因心理压力将更多的注意力集中在任务失败时会遭遇的负面影响和不利后果。而当员工具有回避倾向、负面情绪时,他们更容易失去对工作的有效控制,在工作计划执行中出现偏差,进而导致胜任力的缺失。焦虑、挫败感、不适应性等体验也会随之出现,员工对自身与工作的匹配度产生怀疑,离职意愿由此产生。因而,自我效能感对员工离职的影响是企业不能忽视的。

(二) 心理问题

随着经济社会的不断发展和行业改革的不断深入,竞争和创新成为时代主题,不少行业的员工工作压力随之增加。加之员工生活、工作态度的转变,工作与生活冲突增多,员工心理健康问题逐渐引起公众的关注。国内第一本心理健康蓝皮书《中国国民心理健康发展报告(2017—2018)》的数据显示,教师、医务人员、银行业职员以及 IT 业职员的心理健康水平呈逐年下降趋势。以银行业职员为例,超过半数职工心理健康状况不佳,54.9%的职工存在焦虑情绪,61.2%的职工感到压力较大或很大,30.6%的职工在工作中表现出高度的倦怠感。梁妙银等(2017)的研究显示,在金融行业,抑郁、焦虑、敌对、恐怖、人际关系敏感、精神病性和躯体化等9项心理健康问题与员工离职倾向呈正相关。因此,心理问题会影响企业的离职管理。

（三）领导风格

领导风格是指领导者的行为模式，是在长期的个人经历、领导实践中逐步形成的，并在领导实践中自觉或不自觉地稳定起作用，具有较强的个性化色彩。不同的领导因其性格、经历、管理认知的不同，会表现出领导风格的差异，比如魅力型领导、变革型领导、伦理型领导等。在我国这样一个重人际关系、人际和睦的社会里，员工的职业选择在相当程度上受上下级关系融洽程度的影响。例如，看重正直、公平公正、诚实守信等品质的员工，不会长期跟随无法令人信赖的领导，但会与表现出典范行为的伦理型领导长期合作；将尊重与友善作为领导评价标准的员工，无法与辱虐型领导相处等。自我意识较强的知识型员工和新生代员工已成为劳动力市场的主力军，对于他们的离职管理，领导风格是不得不考虑的因素。

（四）工作氛围

所谓工作氛围，是指在一个单位中逐步形成的，具有一定特色的，可以被组织成员感知和认同的气氛或环境。工作氛围分为两种：一种是环境氛围；一种是人文氛围；包括人际关系、群体内的心理相融程度等，是团体内的小环境、软环境。腾讯视频发布的关于就业者所关心问题的街头采访显示，同事关系、个人与工作环境的契合度等超过工资水平，成为就业者较为关注的职业问题。"知乎"平台有不少关于工作氛围的讨论，浏览量过万。当代员工倾向于选择自由、轻松、和谐的工作氛围，因而可以预见，工作氛围可能是当下影响员工离职的又一因素。

三、员工离职对企业的影响及其对策

概述部分讲到员工离职分为主动离职和被动离职，无论哪种离职都会增加企业的管理成本和管理风险。其中的主动离职，尤其是核心员工的主动离职会导致企业竞争力下降。同样值得注意的是，过低的离职率无法淘汰不称职的员工，被动离职能在一定程度发挥促进企业创新，为企业注入新动力的作用。因此，企业应重视员工离职对企业的影响，并采取有效的措施积极开展应对。

（一）员工离职的影响

1. 经营成本的增加

无论主动离职还是被动离职，都意味着企业前期员工招聘成本、培训成本的消耗，有的员工离职时企业可能还要支付员工离职经济补偿。同时，企业需要耗费替换成本重新招聘新员工，这些均会造成企业管理成本的增加。此外，员工离职前后不可避免会产生各种问题，导致本岗位的生产率下降，造成企业效率成本的损耗。而核心员工的离职可能会导致企业客户、技术甚至是核心团队资源等的流失，给企业带来损失。

2. 运营效率的降低

核心员工离职除影响本岗位的生产效率和资源流失外，很可能会产生蝴蝶效应，影响其他员工的工作忠诚度、工作情绪和工作态度，对企业凝聚力产生消极影响。同时，新员工入职前，离职岗位的工作量需要企业员工承担，从而加重了其他员工的工作负担，影响员工工作情绪。这些都会影响企业的整体运营效率。

3. 管理风险的加剧

主动离职和被动离职都可能导致核心技术等企业机密的泄露,同时会给企业声誉带来严重影响,使企业面临危机。被动离职会引发未离职员工的恐慌,造成员工的心理问题,同时也更容易导致劳动纠纷。相对于成本耗费和运营效率降低,管理风险具有间接性、后置性、不可预测性,对企业管理的影响不容忽视。

(二) 员工离职的管理对策

过高的员工离职率会造成企业的经济损失,影响企业的稳定发展。企业可以采取如下管理对策:"完善现代企业薪酬制度""完善企业管理制度""完善企业文化建设"等应对措施。

1. 完善现代企业薪酬制度

在离职管理中,人力资源管理者应尽力避免员工的主动离职。薪酬是员工评估自身价值的重要衡量标准,用薪留人是每家企业首选的留人手段。评价一家企业薪酬水平是否具有竞争力,通常以员工薪酬的内部公平性和外部竞争性作为标准。企业需要不断完善现代企业薪酬制度,避免因报酬、福利等薪酬因素造成的主动离职。比如,企业可以采用由战略性薪酬原则和目标、薪酬给付基础、薪酬水平、薪酬结构、薪酬管理构成的战略性薪酬架构。该架构认为员工是企业赢得竞争优势的主要战略性资源,强调人力资本观念,以"员工"为核心。同时,它强调通过一种动态的、心理的调节和开发,通过薪酬系统优化,使企业取得最佳的经济和社会效益。在实现薪酬成本控制目标的同时,实现和谐劳资关系的目标。

2. 完善沟通机制

员工离职在很大程度上源于个人与工作环境的不匹配,可能涉及个人与组织在组织规范、薪酬体系等方面的不匹配,个人与团队在价值观、目标等方面的不匹配,个人知识、能力和技能与工作要求的不匹配,个人与上级个性、价值观等方面的不匹配,以及个人兴趣与职业不匹配等。这些不匹配有的难以调和,有的则可以通过良好的沟通解决。因此,企业可以不断完善企业内部的沟通机制,开通建言通道,建立人事咨询和内部申诉制度,重视离职面谈等相关制度的建立。通过沟通,对员工和企业双方的价值和需求进行协商、沟通,提高员工与企业的匹配度。

3. 完善企业文化建设

企业文化指企业在一定价值体系指导下所选择的那些普通的、稳定的、一贯的行为方式的总和。凌文轻(2005)、韩翼(2007)的研究发现,企业文化是影响员工离职的因素。因为员工认同企业文化时,会把自我价值和理想与所在企业的发展目标相统一,他所具备的内在工作动机更具自觉性、主动性和积极性,员工的工作满意度会更高,与之相关的离职率会相对降低。所以,企业需要不断完善企业文化建设,探索"文化留人"的管理方式。

第四节 劳动纠纷管理

劳动纠纷管理是企业处理员工与企业之间劳动关系纠纷的过程,是员工关系管理的重要组成部分。企业陷入劳动纠纷,虽然不会影响企业的正常运营,但会给企业造成不同程度的经济损失,也会影响企业声誉和形象。因此,人力资源管理者需要对企业的劳动纠纷管理给予关注。

一、劳动纠纷定义与类型

劳动纠纷即劳动争议,是指劳动关系的当事人之间因执行劳动法律、法规和履行劳动合同而发生的纠纷,即劳动者与所在单位之间因劳动关系中的权利义务而发生的纠纷。劳动纠纷是现实中较为常见的纠纷。国家机关、企业事业单位、社会团体等用人单位与职工建立劳动关系后,一般都能相互合作,认真履行劳动合同。但由于各种原因,双方之间产生纠纷也是难以避免的。劳动纠纷的发生,不仅使正常的劳动关系得不到维护,还会使劳动者的合法利益受到损害,不利于社会的稳定。因此,应当正确把握劳动纠纷的特点,积极预防劳动纠纷的发生。根据中国《劳动争议调解仲裁法》第2条规定,劳动争议的范围是:

(1) 因确认劳动关系发生的争议;
(2) 因订立、履行、变更、解除和终止劳动合同发生的争议;
(3) 因除名、辞退和辞职、离职发生的争议;
(4) 因工作时间、休息休假、社会保险、福利、培训以及劳动保护发生的争议;
(5) 因劳动报酬、工伤医疗费、经济补偿或者赔偿金等发生的争议;
(6) 劳动者与用人单位在履行劳动合同过程中发生的纠纷;
(7) 劳动者与用人单位之间没有订立书面劳动合同,但已形成劳动关系后发生的纠纷;
(8) 劳动者退休后,与尚未参加社会保险统筹的原用人单位因追索养老金、医疗费、工伤保险待遇和其他社会保险而发生的纠纷;
(9) 法律、法规规定的其他劳动争议。

劳动争议按照不同的标准,可划分为以下几种:

(1) 按照劳动争议当事人人数多少的不同,可分为个人劳动争议和集体劳动争议。个人劳动争议是劳动者个人与用人单位发生的劳动争议;集体劳动争议是指劳动者一方当事人在3人以上,有共同理由的劳动争议。

(2) 按照劳动争议的内容,可分为:因履行劳动合同发生的争议;因履行集体合同发生的争议;因企业开除、除名、辞退职工和职工辞职、自动离职发生的争议;因执行国家有关工作时间和休息休假、工资、保险、福利、培训、劳动保护的规定发生的争议等。

(3) 按照当事人国籍的不同,可分为国内劳动争议与涉外劳动争议。国内劳动争议是指中国的用人单位与具有中国国籍的劳动者之间发生的劳动争议;涉外劳动争议是指具有涉外因素的劳动争议,包括中国在国(境)外设立的机构与中国派往该机构工作的人员之间发生的劳动争议、外商投资企业的用人单位与劳动者之间发生的劳动争议。

(4) 按照劳动争议的客体来划分,可分为履行劳动合同争议、开除争议、辞退争议、辞职争议、工资争议、保险争议、福利争议、培训争议等。

二、劳动纠纷的处理流程

根据《中华人民共和国劳动法》第77、79条的规定,用人单位与劳动者发生劳动争议,当事人可以依法申请调解、仲裁、提起诉讼,也可以协商解决。劳动争议发生后,当事人可以向本单位劳动争议调解委员会申请调解;调解不成,当事人一方要求仲裁的,可以向劳动争议仲裁委员会申请仲裁。当事人一方也可以直接向劳动争议仲裁委员会申请仲裁；对仲裁裁决不服的，可以向人民法院提起诉讼。

1. 调解

劳动争议调解是指在企业与员工之间，由于社会保险、薪资、福利待遇、劳动关系等发生争议时，由第三方（如专业性的人才机构、争议调解中心等）进行的和解性咨询，通过劳动争议调解获得法律咨询、和解方式等的说明。它包括劳动合同争议和劳动保险纠纷两类，在处理时需要经过调解申请、案件受理、进行调查、实施调解、调解协议的执行五个阶段。

2. 仲裁

劳动争议仲裁是指劳动争议仲裁委员会根据当事人的申请，依法对劳动争议在事实上做出判断、在权利义务上做出裁决的一种法律制度。仲裁要经过案件受理、调查取证、调解、裁决、裁决执行、仲裁时效等阶段。

3. 提起诉讼

劳动争议的诉讼，是指劳动争议当事人不服劳动争议仲裁委员会的裁决，在规定的期限内向人民法院起诉，人民法院依法受理后，依法对劳动争议案件进行审理的活动。此外，劳动争议的诉讼还包括当事人一方不履行仲裁委员会已发生法律效力的裁决书或调解书，当事人另一方申请人民法院强制执行的活动。

三、构建和谐劳动关系

劳动关系已经成为现代社会的一个非常微妙和复杂的问题，也是企业人力资源管理最重要的活动之一。劳动关系和谐与否影响着企业的健康发展、员工的幸福感受，以及社会的平稳安定。劳动关系是指建立在雇佣关系之上的代表雇主利益的企业经营者及其组织与员工以及工会之间复杂的互动关系。

在过去的十年，为应对中国特色社会主义市场经济快速发展所带来的劳动关系问题，我国加强了针对劳动关系领域的立法活动。无论是2018年对《中华人民共和国劳动法》做出的修改，还是2012年对《中华人民共和国劳动合同法》的修改；无论是2018年10月实施的《人力资源市场暂行条例》，还是2012年公布的《女职工劳动保护特别规定》，等等，都对形成和谐的劳动关系起着重要的作用，这些法律法规的修改和建立，使得我国适应市场经济的劳动关系调整机制不断向前发展。中华人民共和国人力资源和社会保障部《2019年度人力资源和社会保障事业发展统计公报》显示，2019年全国各级劳动人事争议基层调解组织和仲裁机构共处理劳动人事争议案件211.9万件，涉及劳动者238.1万人。由此可见，和谐劳动关系构建仍然是企业管理者需要关注的问题。正如管理学大师彼得·德鲁克认为"商业企业及公共服务机构都是社会的重要器官。他们并不是仅仅为了自身的目的而存在，而是为了实现某种特殊的社会目的，并旨在满足社会、社区或个人的某种特别需要而存在"。因此，劳资矛盾、劳资利益的失衡严重影响了社会稳定，也阻碍了经济发展。研究表明，劳动关系的和谐程度与经济增长有着正向相关关系，劳动关系的改善可以推动经济健康发展，不仅有助于经济社会问题的解决，也可以从根本上改进社会问题的条件和基础。

从政府的角度来说，政府不仅需要加强立法，保障劳资双方的权益，尤其是劳动者的合法权益不受雇主的侵犯，更主要的深化收入分配机制改革，缩减财富两极分化，还需要提高最低工资水平,提高底层员工生活待遇;让每一个劳动者拥有公平公正的机会,获得应有的待遇,过上体面的生活。同时,在互联网技术飞速发展的背景下,政府可以搭建智慧调解平台,探索"互联网＋调解"的创新举措,通过无接触沟通,提升解决劳动纠纷的效率。从企业的角度来看,企业是现代社会的细胞,是市场经济的主体。因此,彼得·德鲁克认为"为了使组织机构能够正常运转,企业要做出应有的贡献"。一个优秀的企业不仅仅要创造价值,实现股东利益最大化,更要给员工带来幸福。企业的目标应是"实现物质和精神的双重幸福",要致力于保护员工的福利,强调企业必须承担社会责任,让员工和企业结成"命运共同体"。企业需要忠诚、有能力的稳定员工队伍,才能生存和发展;而员工依赖企业的相对稳定平台发挥自己的聪明才智,实现自己的价值和理想。因此,没有雇员的合作以及和谐的劳动关系,企业的发展将无从谈起,在雇员与雇主之间创造并保持良好的雇佣关系,符合所有人的利益。比如,企业可以逐步完善企业民主管理和集体协商机制,为员工参与企业监督和管理提供渠道;发挥工会在民主管理与构建和谐的劳动关系方面的作用。从员工的角度来看,发挥自身的才能,努力为企业创造价值,实现员工与企业的良性互动,是获得满意收入的基础,也是实现自我价值的体现。

"中国梦"的本质内涵是实现国家富强、民族复兴、人民幸福和社会和谐。没有和谐的劳动关系,或者企业与员工出现对立的局面,必然影响企业和员工双方的实际利益,甚至会给社会带来不安定的因素,造成社会不和谐局面。因此,构建和谐的劳资关系,让每一个企业健康发展,为利益相关者和社会创造价值;让每一个员工都能安心工作,获得满意的收入,那么员工就会更加幸福,社会才能更加和谐,"中国梦"才会圆梦成真。

本章小结

员工关系是指组织与员工之间的关系,员工关系管理是组织与员工之间通过互动沟通,对相互利益进行调整的过程。本章主要从员工考勤管理、员工援助计划、员工离职、劳动纠纷四个方面进行介绍。

员工考勤管理:考勤管理是企业对员工出勤情况进行考察和记录的一种管理制度,包括排班管理、请假管理、加班管理、出勤情况管理,等等。考勤关乎员工的工作态度,影响员工的工作效率和工作业绩,是企业管理的基础性工作,是薪酬奖励发放的重要依据,旨在提高员工出勤率、加强劳动纪律、保证企业生产任务的顺利完成,是企业人力资源管理的必要组成部分。

员工援助计划:员工援助计划是由组织(如企业、政府部门、军队等)为其成员设置的一项系统的、长期的援助和福利计划。通过专业人员对组织的诊断、建议和对组织成员及其家属的专业指导、培训和咨询,帮助解决组织成员及其家属的心理和行为问题,以维护组织成员的心理健康,提高其工作绩效,并改善组织管理。

员工离职:员工离职是指从组织中获取物质利益的个体终止其组织成员关系的过程。它包括自动离职、辞职、辞退和裁员四种情况。

劳动纠纷管理:劳动纠纷即劳动争议,是指劳动关系的当事人之间因执行劳动法律、法规和履行劳动合同而发生的纠纷,即劳动者与所在单位之间因劳动关系中的权利义务而发生的纠纷。

关键术语

员工考勤管理　员工援助计划　员工离职　劳动纠纷

复习思考题

1. 远程办公下的员工考勤管理应该注意什么？
2. 新生代员工成为劳动力市场主力军背景下，企业如何留住员工？
3. 劳动纠纷的处理方式有哪几种？
4. 如何构建中国特色社会主义和谐劳动关系？

案例讨论

吴某于2015年3月9日入职某公司,该公司安排吴某在某百货店5楼专柜工作。2015年3月28日,公司与吴某签订《劳动合同》,约定吴某工作岗位为导购,工作地点为成都,吴某执行标准工时工作制度,每周工作6天,每天工作6小时。吴某月工资为1 200元＋其他＋提成,该公司于每月25日前支付吴某工资,不得克扣和拖欠。2015年12月该公司周年庆期间,该公司由于出现账务混乱的错误,造成账面损失,公司决定由分管业务与卖场的员工共同承担,每人承担3 000元,并扣发了吴某3 000元工资。2016年3月7日,吴某向该公司邮寄一份《解除劳动合同通知书》,主要内容为因公司未及时足额支付加班费及2016年1月的工资、未依法缴纳足额的社会保险,通知公司解除双方的劳动关系。证人李某、杨某、汪某陈述,三人在该公司上班,与吴某系商场同事；吴某的上班情况为早上9:00到晚上10:00。该公司百货店的营业时间为上午9:00至晚上10:00。2016年3月14日,吴某向成都市锦江区劳动人事争议仲裁委员会申请仲裁,该委员会于2016年6月20日作出锦劳人仲委裁字(2016)第143号仲裁裁决书,裁决公司支付吴某2016年1月至3月工资共计5 667.4元、解除劳动合同的经济补偿金3 907元、加班工资1 808元,法定节假日加班工资1 969元。公司不服该仲裁裁决起诉至法院,要求不支付吴某加班工资。其理由为,双方签订的劳动合同约定每天只工作6小时,且根据法律相关规定,吴某主张加班工资应承担举证责任。吴某提交的证据不足以证明存在加班事实。此外,公司行业特殊、吴某岗位特殊,根据零售行业惯例,不应执行标准工时制。

案例来源：http://cdfy.chinacourt.gov.cn/index.shtml

讨论

1. 案例中,吴某主张加班工资是否合理？
2. 如果你是该企业的管理者,你会制定哪些措施避免此类劳动纠纷的产生？
3. 结合此案例,谈谈发展中国特色社会主义市场经济背景下,如何构建和谐劳动关系。

第十一章 国际企业人力资源管理

学习目标

1. 了解国外跨国企业和中国国际企业发展现状
2. 理解企业国际化对人力资源管理的挑战
3. 掌握国际企业人力资源管理的概念、主要内容和模式
4. 掌握外派人员的跨文化冲突原因和结果
5. 理解外派人员跨文化适应过程的阶段
6. 了解外派人员归国后的管理与发展对策

开篇案例

迪士尼的人力资源管理

随着上海迪士尼的开业,迪士尼公司成功进入中国内地市场并引来无数关注。号称"神秘王国"的迪士尼公司位于美国佛罗里达州奥兰多市,成立于1995年。自创建以来,该公司一直致力于娱乐业发展,已经发展成为集卡通设计、电视网络、电影、主题性公园、文化用品、服装服饰等为一体的大型娱乐性企业集团。迪士尼公司早期创造的一系列卡通人物早已深入人心,受到全世界观众的普遍认可。以其卡通人物命名的商品也受到消费者的青睐,如米奇系列产品。目前,迪士尼公司业务已经扩展到世界各地,先后在欧洲和日本建立了迪士尼乐园,取得了较好的成绩。随着公司业务的扩大及知名度的不断提高,公司雇员数目不断增加,人力资源管理工作也日见其重要性。

全球有极少企业会像迪士尼一样,在全球范围内以实习生的名义招募国际大学生为员工。这个名为 International College Program 的带薪实习项目已经相当成熟,按照季度分为春季、秋季等不同的项目。因此,参加不同种类项目并通过面试来到奥兰多的国际实习生们会分批"轮流式"地来到迪士尼世界工作,参与到餐饮、游客接待、酒店等岗位的工作中。所以整体意义上来讲,迪士尼的员工大多数是国际型的,即有文化差异的群体。而迪士尼正是凭借着占总员工数70%的国际大学生实习生得以向游客提供优质、高效、细致的服务,成为"世界上最快乐的地方"。一切始于为鼓舞气势而命名为"Tradition"的培训课,来自不同国家、不同肤色的大学生们共聚一堂,了解迪士尼的历史,学习迪士尼的企业文化以及闻名于世的 SCSE 法则(Safety,Courtesy,Show,Efficiency)。迪士尼的 Housing Department 会不定期地根据国际上有影响力的传统节日举办各式各样的主题聚会派对,如众所周知的复活

节、万圣节、圣诞节以及中国的中秋节。派对上有冷餐酒会、具有节日特色的节目，中秋节就请来中国的杂技表演人员，还有每次派对的保留节目：与迪士尼卡通人物角色合影。这样的做法既顾及文化差异，也考虑到了差异文化的融合。每个员工在培训时都会领到自己的胸牌，上面标注着自己的母语。这样，每个员工、每一个接待的顾客都会了解到一个员工有着哪一种文化背景。这样的举措不仅可以促进文化间的学习交流，面对一些文化上的禁忌时也不会产生尴尬和矛盾，而且当员工与来自世界各地的顾客发生文化上的不流畅沟通时，他们可以寻求了解这个文化的员工帮忙。在迪士尼的学习中心，大家可以借到不同语言的图书阅读。另外，学习中心在前台还开设"语言学习周"活动，即每周在写字板上贴上不同语言的日常寒暄用语。在 ACE 课程上发给大家的文件夹里的上课注意事项、课程安排等都是用几种主流语言翻译出来的。

尽管美国是个文化大熔炉，世界各地主要的烹饪、饮食习惯在美国并不少见，但是主要的还是满大街琳琅满目的比萨、汉堡快餐店。尽管迪士尼会安排专车每周去沃尔玛超市，但是沃尔玛也不能保证一些独特的蔬果的销售。于是，迪士尼又会安排专车前往亚洲超市等地方采购，这使得国际大学生可以买到家乡的食物。迪士尼也不会为了消除文化差异而违背美国一些基本法律规定，如在美国，年满 21 岁的人才可以饮酒，进入酒吧的人也会以这个年龄为界，在手腕带上不同颜色的带子用以区分。这个年龄规定在不同国家不同，但是迪士尼规定："未满 21 岁而饮酒的实习生一经核实马上被开除，24 小时内回国。"

资料来源：赵曙明，陶向南，周文成. 国际人力资源管理[M]. 北京：北京师范大学出版社，2019.

案例思考题

1. 企业跨国经营一般会带来哪些人力资源挑战？
2. 迪士尼公司在人力资源管理上的创新有哪些？

自 20 世纪 50 年代以来，世界经济发展的一个显著特点是企业经营的国际化。当今世界经济发展日趋国际化和全球化，各国经济与世界经济紧密相连，相互依赖，国际间的经济交流与合作日益加强，许多企业纷纷跨出国门，进入国际市场，开展国际化经营，成为国际企业和跨国公司。国际企业和跨国公司在当今世界经济、社会、政治事务中占据了重要的位置，成为经济全球化进程的重要推动力量。

伴随着中国经济的飞速发展，"走出去"参与国际竞争成为许多企业进一步发展的选择。企业进行跨国经营，其人力资源管理业务也随之跨越国界，那么如何适应跨国环境的变化和需要，做好国际企业和跨国公司人力资源管理工作成为当前企业关注的焦点。

本章首先介绍企业国际化对人力资源管理的影响，然后讨论国际企业人力资源管理模式和国际企业的外派人员管理问题。

第一节　企业国际化对人力资源管理的影响

根据企业国际化发展阶段理论可知，所有的跨国公司最初都是从国内企业发展而来的。在成为跨国公司或全球公司之前，它们仅仅为国内市场的消费者提供产品和服务。随着国内市场日益饱和与竞争加剧,企业逐渐形成向世界其他国家市场扩张业务的意愿。为了进一步在海外市场获得竞争优势,企业步入了国际化发展的进程,即在海外建立销售代理或分公司,或建立独资、合资和合作经营企业。跨国企业的发展改变了企业组织的形式、内容、行为规范,管理的选择范围从国内扩大到国外,再从国外扩大到全球。跨国企业影响了国内与国际间的经济,给现代企业带来了组织环境的变化。与此同时,随着越来越多的外国管理者和雇员加入企业中来,国际企业和跨国公司人力资源的多元化给企业管理工作带来了挑战。

一、企业国际化发展趋势

(一) 国外跨国企业的发展现状

国际企业和国际贸易对一个国家的经济发展来说意义重大。就工业发达国家来看,国际企业的跨国经营给它们带来了许多益处,除发展政治、外交关系外,还解决了本国能源、资源短缺问题,并增强了在国际市场上的竞争力,促进了经济发展。

根据联合国贸易和发展会议发布的《2020年世界投资报告》,继2017年和2018年的大幅下降后,2019年全球外国直接投资(FDI)流量小幅上升3%,达1.54万亿美元。报告指出,2019年出现FDI增长的情况主要是由于随着美国2017年税制改革影响的减弱,流入发达经济体的投资增加。2020年,突如其来的新冠疫情增加了国际生产体系面临的挑战,世界经济遭到重创,据统计,2020年,全球外国直接投资大幅下降至8590亿美元,同比降幅达42%。2021年全球FDI进一步减少5%至10%,并在2022年开始出现复苏。

从外资流向来看,在外资流入方面,2019年,美国是最大的外资流入经济体,流入量为2460亿美元,但低于2018年的2540亿美元;其次是中国,流入量为1410亿美元,创历史新高;在对外投资方面,2019年,日本对外投资额全球居首,为2270亿美元;美国和荷兰并列第二,均为1250亿美元;中国1170亿美元,位居第四。

随着国际企业和跨国公司的迅速发展,国际间人力资源的流动越来越多,成千上万的管理人员受聘于海外公司,并参与企业生产经营活动。美国有1/3的跨国企业由外国人担任总裁等高管,欧洲这一比例为1/4;而在发展中国家,由外国人把持公司经营大权的现象更为普遍。

随着生产力的不断发展,各国海外投资的流向与形式呈现多元化趋势,而发达国家的海外投资则继续保持增长势头,很多发展中国家也加入海外投资的行列,他们不仅是投资接受国,也开始成为海外投资的重要力量。根据《2020年世界投资报告》可知,2019年,发达经济体海外投资总额为9170亿美元,比2018年增加近42%;发展中国家海外投资总额为3730亿美元,比2018年减少约11%。其中,亚洲不仅是全球最大的外国直接投资接受地,2019年全球超过30%的外资流入该区域,而且海外投资总额也接近全球的25%。可见,发展中国家在海外投资过程中也发挥着重要作用。

(二) 中国国际企业的发展

中国自实行经济体制改革与对外开放以来,企业的跨国经营经历了从无到有、从小到大的发展历程。尤其2013年以来的"一带一路"倡议成为企业"走出去"的新增长点,进一步带动了开放条件下的企业升级。近几年,中国对"一带一路"相关国家的投资快速增长。2015年,对"一带一路"相关国家的投资占当年流量总额的13%,高达189.3亿美元,同比增长38.6%,是对全球投资增幅的2倍。2016年,中国企业共对"一带一路"沿线53个国家进行了非金融类直接投资145.3亿美元,主要流向新加坡、印尼、印度、泰国、马来西亚等国家地区。随着"一带一路"建设的全面推进,开放条件下,企业带来了更好的投资环境和投资领域持续优化升级,国际化给中国的企业带来了更大的升级空间。

一方面,中国政府也鼓励企业"走出去"对外投资,参与国际竞争。2018年,中国对外直接投资1 430.4亿美元,是全球第二大对外投资国,对外直接投资存量达1.98万亿美元,是2002年末存量的66.3倍,在全球分国家地区的对外直接投资存量排名中由第25位上升至第3位,仅次于美国和荷兰。从对外投资区域和范围来看,2018年,我国的对外投资覆盖全球188个国家和地区,在"一带一路"沿线国家(地区)设立境外企业超过1万家,对外直接投资涵盖国民经济的18个行业大类,流向信息传输、科学研究和技术服务、电力生产、文化教育等领域的投资快速增长。租赁和商务服务、批发零售、金融、信息传输、制造和采矿等六大领域存量规模均超过千亿美元。

另一方面,中国政府一直鼓励外商到中国投资。据统计,2018年,中国吸收外资额达8 856.1亿元人民币,同比增长0.9%,规模创历史新高;从吸收外资来源来看,发达经济体对华投资增长较快。2018年,欧盟28国对华投资额增长超过20%,英国、德国对华投资额同比分别增长150.1%和79.3%;美国对华投资增长7.7%。同期,外资大项目快速增长,合同外资5 000万美元以上的大项目同比增长23.3%,显示外商对华投资信心不减,这主要得益于中国持续改善营商环境,①从而增加了投资者的信心。据世界银行2018年报告,中国为中小企业改善营商环境实施的改革数量创下年度纪录,营商环境全球排名升至第46位,较上年提升32位。因营商环境改善,2018年来华新设外商投资企业数超过6万家,比上年增长近70%。

中国积极有效地利用外资和先进技术,进一步完善投资环境,办好外商投资企业,努力根据产业政策吸引更多的投资。目前,中国已经成为全球外商直接投资的重要目的地,跨国公司在华投资数额不断增长。《财富》杂志公布的世界500家最大的跨国公司中,大部分都在中国进行了投资。列入《财富》杂志的日本最大的19家工业公司,已有18家在中国投资。2014年,中国的外商直接投资流入量为1 290亿美元,首度超过美国成为全球最大外商直接投资目的地;2019年外商直接投资流入量为1 410亿美元,创历史新高。这些事例说明,中国的投资环境在不断改善。中国与其他国家合资是成功的,外商在中国投资的前途是广阔的。

当今的外国投资不仅是日本、美国、西欧国家向其他国家投资,不包括中国以及其他发展中国家在世界上的一些国家和地区发展子公司,进行国际经营的新内容。中国于20世纪80年代初开始在国外直接投资兴办分公司。截至2018年底,中国超2.7万家境内投资者在全球188个国家(地区)设立对外直接投资企业4.3万家,全球80%以上的国家(地区)都

---

① 营商环境是一个国家有效开展国际交流与合作、参与国际竞争的重要依托,同时也是一个国家经济软实力的重要体现,是提高国际竞争力的重要内容。

有中国的投资。中国在"一带一路"沿线国家(地区)设立境外企业超过1万家,2018年直接投资流量178.9亿美元,年末存量1 727.7亿美元,占比分别为12.5%和8.7%。中国对外直接投资地域分布高度集中,存量前20位的国家(地区)占总额的91.7%。中国中化集团公司,前身为中国化工进出口总公司,它是中国最大的一家从事进出口贸易的公司。经过多年的国际化经营,该公司在亚洲、欧洲、美洲和大洋洲化工市场集中的国家和地区设62个子公司和各类机构,建立了信息网和跨国经营网络。公司的海外机构分别从事贸易、生产、金融、保险、航运、加油、房地产、服务等业务,积极开展多功能的国际化经营。2019中国100大跨国公司排名中,中国中化集团位居第七,该公司海外资产达3 720亿元,占整个集团公司70%以上,海外收入2 169亿元,海外员工86 025人,跨国指数51.99,具体见表11-1。面对外部经营形式,结合中国中化集团公司的现状和未来发展的需要,中国中化集团公司当前的发展战略是:加紧战略转型,从国际和国内两个市场寻求经营资源和发展空间,加快推进市场化发展战略,五年内再造一个新中化,并继续向成为具有全球地位的伟大公司的远大目标迈进。

表 11-1　2019中国前20大跨国公司榜单

排名	企业名称	海外资产(万元)	海外收入(万元)	海外员工(人)	跨国指数(%)
1	中国石油天然气集团有限公司	91 912 417	113 679 952	122 704	24.95
2	中国石油化工集团有限公司	62 238 419	87 697 937	39 658	21.97
3	中国中信集团有限公司	57 071 538	8 889 769	30 293	12.66
4	中国远洋海运集团有限公司	55 840 636	15 081 516	8 091	50.41
5	腾讯控股有限公司	51 326 103	1 028 586	35 169	44.13
6	中国海洋石油集团有限公司	47 812 263	43 068 281	4 671	34.83
7	中国化工集团有限公司	37 201 734	21 688 278	86 025	51.99
8	华为投资控股有限公司	36 618 560	3 490 400	45 000	28.28
9	国家电网有限公司	28 636 578	10 283 503	15 759	4.31
10	中国交通建设集团有限公司	23 774 955	15 540 775	31 788	20.45
11	中国五矿集团有限公司	20 456 022	8 667 796	10 609	14.82
12	中国铝业集团有限公司	20 348 804	2 460 351	1 974	13.84

(续表)

排名	企业名称	海外资产(万元)	海外收入(万元)	海外员工(人)	跨国指数(%)
13	浙江吉利控股集团有限公司	19 250 515	19 646 095	43 107	50.69
14	中国建筑股份有限公司	17 883 034	9 026 893	27 935	8.73
15	广州越秀集团有限公司	17 619 634	334 399	1 884	16.61
16	复星国际有限公司	15 797 227	4 607 139	20 381	37.24
17	中国兵器工业集团有限公司	14 370 787	20 273 853	12 907	28.96
18	中国电力建设集团有限公司	13 044 568	9 634 837	98 305	30.73
19	联想集团有限公司	12 982 010	22 485 350	16 929	60.15
20	美的集团有限公司	11 708 680	10 225 003	35 000	41.33

注：跨国指数则按照(海外营业收入÷营业收入总额＋海外资产÷资产总额＋海外员工÷员工总数)÷3×100％计算得出

资料来源：http://finance.sina.com.cn/zt_d/2019_100dkggsbd/

国际企业和跨国公司对一个国家的经济发展来说很重要。因为通过国际化经营，不仅可以与别国建立政治、外交等友好关系，而且能促进本国经济的腾飞。当然，国际化经营也会带来一系列问题，如近年来，日本对美国的贸易顺差给美国经济带来了严重的影响，日本的汽车制造业、电子工业冲击了整个美国市场。随着"国际化社会"的临近，将会有更多的国家在这方面采取更多的行动，主动的或者是被迫的、宏观的或者是微观的、大规模的或者是小规模的、成功的或者是失败的……国际化经营确实是不可逆转的世界潮流。

国际企业的管理，不论是外商在中国直接投资、新办独资企业、合资办企业或合作经营企业，还是中国企业到海外直接投资、兴办海外企业、分公司等，都会涉及国际间的人力资源管理问题。由于企业跨国经营，其组织与业务活动跨越国境，经营环境与国内有很大差异，各国的政治经济体制与文化历史背景的不同，深刻地影响着国际企业的经营管理，特别是国际化人力资源的管理。作为跨国经营的管理人员，首先必须认识政治经济与文化历史，尤其是文化差异给人力资源管理带来的影响，从而充分发挥来自不同文化背景的人力资源的作用。

二、企业国际化对人力资源管理的挑战

未来的国际竞争是人才的竞争，谁拥有一流的人才，谁就能在激烈的国际竞争中赢得主动权，进而提升国际竞争力。可见，人才对一个国家来说极其重要，对一个企业来说也是如此。然而由于不同国家的政治、文化、法律、管理理念等存在差异，使得人力资源管理在国际化背景下面临诸多挑战。

(一) 跨文化因素的挑战

1. 文化冲突与人力资源整合问题

跨国经营经常会涉及不同国家、不同企业的文化观、价值观及思维方式，必然面对企业管理者、企业员工、产品消费者、企业合作伙伴和所在国当地法律、政治等环境不同的问题，尤其反映在文化差异上。这些文化差异主要表现在语言、行为方式、风俗习惯、价值观念等方面。特别是企业根植于东西方不同的文化时，文化冲突就会表现得非常明显。东西方的文化差异对企业文化的影响集中体现在对人与人之间关系问题的理解和判断上，东西方文化之间产生了个人本位竞争观和群体本位和谐竞争观的差异。在处理员工与企业的关系时，西方文化尊重规则和制度，一切服从合同和计划；东方文化则重视人情和关系，追求心理上的认同与和谐。鉴于此，要有效开展国际人力资源管理工作，就必须处理好人力资源整合问题，解决跨文化融合问题、员工的心理行为问题和制度体系整合问题。

2. 人力资源本土化问题

跨国公司在经营过程中，要兼受母公司和东道国公司的双方影响。由于文化背景、现实客观市场状况、人员观念等不同，人力资源的本土化面临着重重问题，这些问题可能会对跨国公司的经营活动产生一定的影响。人力资源本土化是跨国公司获取竞争优势最有效的手段，企业国际化过程中必然面临招聘本地人才资源，实施人力资源本地化政策，实现跨国企业人力资源管理本土化等问题。海外的经营环境、企业本土化战略、本地人才的数量、素质和海外公司对本地人才的需求程度都会影响跨国企业人力资源本土化进程。

3. 人力资源外派问题

跨国企业的迅速发展，必然需要大量的外派人员去开拓海外市场，但目前尚未建立起一套系统规范的外派人员管理模式，导致大多数跨国企业外派效果不尽人意，普遍存在外派失败率相对较高、外派人员绩效低下和归国人员流失率高等问题。外派失败给企业和外派员工带来巨大的直接损失和间接损失。外派问题主要包括外派人员的配备、选拔、培训、薪酬发放和工作角色转换，外派人员家庭安排，外派人员跨文化调整适应等。

(二) 政治差异对人力资源管理的挑战

除了文化因素外，政治环境也是企业人力资源战略制定必须要考虑的一个极其重要的因素。政治环境对于人力资源管理的影响通常以间接方式产生，通过影响企业的总体战略，进而间接影响企业内部的人力资源管理活动。在市场经济条件下，政治制度的稳定与否、社会环境安定与否、政策是否连续、人力资源是否丰富等都是企业发展壮大的充分条件。如果一个企业处于政治环境比较稳定的国家中，在这个时期国家就可以集中精力发展经济，企业的生存环境较为安全、稳定，企业所制定企业战略和人力资源战略也相对较为稳定与长远。相反，不稳定的政治环境使得政府管理方式和方针政策经常性变化，企业的人力资源管理活动与政策也相应地会发生频繁变化，这对人力资源管理的效果，乃至企业的经营发展都将产生不利的影响。此外，政治体制、经济管理体制、政府和企业关系、劳动力管理活动的法令法规和方针政策等也会在很大程度上影响企业的人力资源战略。例如，政府在劳动力招聘、最低工作标准、工作时间、劳动保险、失业保险以及医疗保险等方面的一些强制性规定都会影响企业的人力资源规划。企业在进行人力资源规划时不能违背国家的政策和法律、法规，必须在政府的宏观调控下进行人员招聘和利用。因此,每个国家的政治政策会影响其员工质量、数量和管理政策。

(三) 经济全球化对人力资源管理的挑战

世界正在发生着根本性的变化。经济全球化趋势加强,世界经济不断融合,相互依存。随着跨国贸易壁垒的降低,原本分离的国际市场也逐渐合并为一个巨大的全球市场。越来越多的企业在开始扩张海外市场,参与进出口和直接投资。随着经济竞争的全球化,人才竞争在世界范围内愈演愈烈。面临着人力资源日益全球化的挑战,以高端人才为代表的人力资源的跨国流动已经成为各国经济发展的焦点。若想获取和储备优秀的人力资源,企业人力资源管理活动必须具备较强的前瞻性、主动性和灵活性,能够根据外部环境变化及时做出反应。

1. 争夺优秀人才带来的挑战

人才资源是企业的第一资源,其中,优秀人才这一推动企业的发展与创新的重要人力资源已经受到了企业前所未有的关注和重视。企业能否慧眼识才,引进优秀人才,是其能否实现可持续发展的关键。优秀人才管理目前已成为发达国家高度关注的一个新领域。

2. 人力资源管理对象的变化带来的挑战

知识型人才管理是 21 世纪人力资源管理的重心。管理对象出现了由知识型人才、知识工作设计、知识工作系统构成的新三角关系,其中,人员构成的变化对人力资源管理产生了巨大的影响。知识型劳动的特点决定了事后评价是组织衡量员工努力与否的唯一方式。此外,由于知识型员工拥有知识资本,其在组织中具有较强的独立性和自由性,对组织的依附性减小,追求个人成就与自身对知识的向往。然而,组织对于员工的要求是价值的创造,这将加大组织目标与个人成就意愿之间的冲突。此外,知识型员工较差的组织依赖性决定了其流动规模与频率都呈增大趋势,因此,人力资源管理将面对如何建立新型的人才稳定机制这一全新任务。

3. 快速发展的信息技术带来的挑战

越来越多自主性的知识型人才面对着更多挑选职位的机会。他们在工作的同时会比较其所获得的各种就业机会,根据比较结果选择跳槽。这种情况加大了用人单位引进、保留人才的难度,企业人力资源的获得、保留以及开发上将面临诸多压力。此外,信息的网络化以及电子通信、计算机、互联网等技术的迅速发展,逐渐消除了企业、人与人之间的地理隔离,创造了一个不受地理边界限制和束缚的全球工作环境。新技术发展一方面使得企业生产效率得到不断提高,另一方面也使得其交易成本大幅降低,企业的管理方式面临着较大的冲击。如通信设备和电脑网络的普及,使企业销售和市场营销的理念和方式发生改变,计算机网络和计算机应用客观上使企业的内部权力得到重新分配,工作的时间与方法将得到重新定义。未来社会是学习型的社会,越来越多的人将从事知识的创造、传播与应用,未来企业的竞争力将取决于其掌握知识的丰富程度与能力。基于此,如何学习知识的研究亟须开展。如何通过学来的知识创造更多的知识,如何销售知识,这是社会知识化对人力资源管理进一步的要求,将人力资源管理以及相应的组织安排纳入企业战略管理领域。持续的学习与持续的员工培训和开发已经成为企业战略性管理的两大武器。

第二节　国际企业人力资源管理模式

一、国际企业人力资源管理的概念

有关国际企业人力资源管理的内涵,与国际企业①的概念一样,迄今为止,学术界仍没有一个统一的定义。美国学者摩根认为国际企业人力资源管理是处在人力资源活动、员工类型和企业经营所在国类型这三个维度之中的互动组合。美国学者约翰·B·库伦(2000)认为,当将人力资源管理的功能应用于国际环境时,就变成了国际企业人力资源管理。我们认为,区分国内人力资源管理和国际人力资源管理的关键变量是后者在若干不同国家经营、并招募不同国籍的员工所涉及的复杂性,而不是两者在人力资源活动实践方面的主要差异。

综上可知,国际企业人力资源管理是通过招聘、甄选、培训、薪酬和绩效管理等人力资源管理各种活动,在实践上帮助企业管理者在跨国经营过程中克服文化冲突,对不同文化、不同价值观背景下国际企业人力资源进行的有效管理。一个有效的国际人力资源管理体系既包括企业范围内的人力资源管理政策与程序,也包括适应不同国家、地区的人力资源管理政策和程序。对于国际企业而言,尤其需要调整公司的人力资源管理方式,以适应不同国家的传统、文化和社会制度。

本质上,所谓国际企业人力资源管理,是指在世界经济一体化和区域经济集团化的趋势下,就世界各个国家人力资源管理的理论与实践,不同文化背景下的人力资源管理,以及跨国公司、全球企业中的人力资源管理问题进行研究和探讨的一门学科。它是人力资源管理学的分支学科,是人力资源管理学与当代世界经济紧密结合、与企业全球化发展密切相连的结果,是人力资源管理学在21世纪的最新发展,并且已经逐渐成为当今人力资源管理研究的一个热点。

二、国际企业人力资源管理的特点

(一)人力资源管理的地位定位于战略性的高度

目前,国际企业为了让人力资源管理服务企业发展和企业变革,都很注重人力资源管理建设,主要体现在:一方面,人力资源管理建设要由企业管理层共同确立,满足企业内外利益相关者要求并得到企业全体员工一致认同;另一方面,要对接企业发展战略目标以及企业远景规划。同时,人力资源管理基本上实现了招聘录用、报酬分配以及人力资源开发的职能一体化。随着知识经济向纵深发展,企业对高素质知识员工的需求将更加迫切,企业间的人才争夺将更加激烈,这无疑会推动人力资源管理向战略化发展。

(二)人力资源管理的目标定位于营造"自我实现人"

资本主义初期,西方企业把员工视为"受雇人",采取比较残酷的手段管理员工。19世

---

① 国际企业实际上是一个笼统性概念,它泛指所有以国际市场需求为导向、在两个或两个以上的国家和地区之间从事经营活动的企业,包括通常所说的跨国公司、多国企业和其他国际性公司等。

纪末20世纪初,西方企业把员工看作"经济人",采取经济手段管理员工。20世纪30年代,西方企业把员工视为"社会人",采用行为科学手段管理员工。1958年,西蒙和马奇提出了"决策人"的假设,提倡分权,于是企业纷纷赋予员工一定的决策权。随着生活水平的普遍提高,人们不再仅仅满足于生理、安全、社交、尊重等基本需要,而是去努力追求自我实现,我们称其为"自我实现人"。国际企业将员工视为管理工作的核心和动力,认为员工是企业在日趋激烈的市场竞争中立于不败之地的决定性资源。因为对于企业来说,人才资源是第一资源,也是创新活动中最为活跃、最为积极的因素。没有人才优势,就不可能有创新优势、科技优势、产业优势。海尔的张瑞敏认为,每个人都有权力实现自己的梦想,实现自我价值是驱动每一个人进步最为核心的动力。因此,海尔"人单合一"模式之所以能够取得成功,就是因为海尔通过机制的设计,如自主经营体、小微公司等为每一个有创业梦想的人提供平等的创业机会和自我实现的平台,从而充分调动了员工的积极性与创造性。

(三) 人力资源管理的开发手段呈现立体化发展

随着企业组织结构扁平化和人们价值观的改变,越来越多的国际企业管理人员的事业发展目标已经不再仅仅局限于传统的职位晋升。基于此,国际企业进行人力资源管理与开发的手段也要朝着多样化趋势发展,比如,搭建建设性和发展性的人力资源管理机制、不断增强工作挑战性、工作丰富化、工作轮换、编制人力资源战略与规划等。

(四) 特别注重企业文化和团队建设

著名的国际企业都非常注重企业文化,把企业文化视为公司的宝贵资产。哈佛商学院的经典著作——约翰·科特和詹姆斯·赫斯克特编写的《企业文化与经营业绩》中提到,目前,企业文化成为决定企业兴衰的关键因素,企业应当通过与员工的真诚合作来增加公司价值,为员工创造发展机会,增强员工的企业归属感,让员工把个人的发展与企业的命运紧密地联系在一起。例如,二战后美国IBM公司的企业形象设计和日本企业的理念设计等都体现了对企业文化的重视。

三、国际企业人力资源管理的主要内容

有人认为,国际人力资源管理是国际化组织中人员管理的原则和实践。1986年,摩根(Morgan)提出了国际企业人力资源管理的模型。该模型包含了三个要素:人力资源管理活动,包括了员工的获取、分配和利用等;国家类型,是指国际企业人力资源管理活动所涉及的不同国家,如母国、东道国和第三国等;员工类型,是指在国际企业中的员工来源,包括东道国人员、母国人员以及第三国人员等,如图11-1所示。

从图11-1可以看出,国际企业人力资源管理从形式和内容方面都与一般企业的人力资源管理存在很大的不同。而Dowling,Schuler & Welch(1998)更清楚地指出了国际企业人力资源管理的内容与国内企业人力资源管理的内容有以下不同之处:

1. 国际企业人力资源管理具有更多的职能

国内企业人力资源管理所从事的工作不外乎人力资源规划、员工招聘、工资及薪酬和福利、员工的培训与发展、劳工关系、工作安全、人事任用、公平的就业机会等。然而,国际企业人力资源管理还考虑了驻外人员的薪酬重新配置(Relocation)问题。

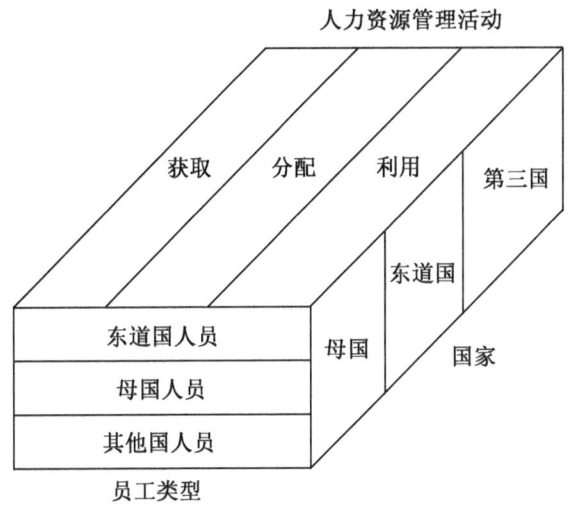

图 11-1 国际人力资源管理模型

2. 国际企业人力资源管理具有更多的异质性功能（Heterogeneous Functions）

国内企业人力资源管理所涉及的是母国员工在同一地区、统一薪酬政策及政治经济法律和文化环境的管理问题。然而，国际企业人力资源管理却牵涉母国人员（Parent Country National，PCN）、东道国人员（Host Country National，HCN）和第三国人员（Third Country National，TCN）。这些员工可能面临在同样的地区工作，却有着不同的报酬制度、不同的税赋计算、福利津贴等情况。因此，在一个组织内如何确保来自不同地区的员工在薪酬、福利计算上获得公平，是目前国际企业人力资源管理关注的焦点。

3. 国际企业人力资源管理涉及员工的私人生活

外派人员从选派、培训到派任、省亲、回任等过程中，都牵涉员工的个人生活。因此，国际企业人力资源管理部门必须和员工保持较深层次的互动，甚至包括员工的家庭说服，让员工能充分了解所有与驻外相关的信息（包括外派地的具体情形、公司所提供的支持、薪酬计算、外派期限等）。

4. 目标对象有所不同

国内企业人力资源管理的施行重点是国内员工，而国际企业人力资源管理会考虑企业国际化程度。随着企业国际化程度的增加，企业选择逐渐由母国人员扩及东道国人员以及第三国人员等。

5. 更多的外界环境压力

相比国内企业人力资源管理，国际企业人力资源管理涉及跨国经营，因而需处理更多来自外界的压力以及来自不同国家的诉求。除了不同东道国具有不同政治、经济环境之外，经济发展程度不同的国家也具有很大的差异，如发达国家比较关注劳资关系与员工福利，而发展中国家则比较强调就业率、劳工管理等方面。

此外，Daniel&Radebaugh 等（2017）对于国际企业人力资源管理指出，国际企业所必须处理的人力资源管理因素主要有：不同的劳工市场（Different Labor Markets），即每一国家有不同的劳工及劳动成本组合；国际移动问题（International Mobility Problems），即当国际企业将员工派到国外时,将面对法律、经济、社会及文化适应等问题;管理形态及实务(Management Styles and Practices),即由于国家不同造成员工对管理形态认知也不同,因此,国际企业在管理规范及劳资关系处理上需针对此差异采取适当的应对方法;国家取向(National Orientations),即虽然企业目标是为取得全球效率及竞争优势,但员工可能会对个别国家更加有兴趣;控制(Control),即多元化因素造成国际企业较国内企业不易控制,因此,所采取的政策也常常偏向于希望对国外营运取得较多控制。

四、国际企业人力资源管理的模式分类

企业国际化过程一般要经历国内生产阶段—生产导向、国际化阶段—市场导向、多国经营阶段—价格导向和全球经营阶段—战略导向这四个阶段。根据企业国际化的发展阶段,国际企业会采取与发展阶段相对应的人力资源管理模式。

1. 母国化

人员管理模式偏向母国模式,即从母公司选拔或在母公司公开招聘人员,经过正式的培训后派往海外公司担任经理或其他重要管理岗位。在母国化模式下,员工本国的文化、价值观和管理活动占主导地位,因此先由总部制定出一套管理和安置员工的制度,然后在全世界范围内统一推广。特别是在企业国际化经营的初期,使用母国人员担任分公司的高级管理人员被称为最有效的人事安排。如丰田汽车、乐天、东芝电器等都采取了这种模式,公司选出在总部有丰富工作经验或者在集团分支机构有工作经历的员工,派送到海外的分支机构担任经理或地区负责人,这样有利于企业更有效地开展工作。因为这些外派员工更了解企业文化、政策以及当地分支机构在整个全球网络中的角色和责任。

2. 本土化

这一模式的特点是跨国企业各地区分支机构由当地人来管理,而总公司则由母国人员管理。此模式的优点是具备丰富的本土市场作战经验,了解本地市场和商业实践,让具有稳定业务关系资源的本土人才得到充分施展才华的机会,克服了母国模式带来的短视弊病,降低了海外派遣高管所要支付的高额费用,从而为企业创造了经济价值。例如,联合利华公司在中国子公司高管人员设置上遵循本地化的人力资源管理习惯,公司主要雇佣或选拔中国人作为高级管理人员,60%的高管人员都由中国人来担任。

3. 全球化

不论国籍,在全球范围内寻找最佳人选进行任命。在这种模式下,人力资源开发与管理决策的出发点是围绕公司的全球利益,组建具有国际视野的管理班子,因而在人员选拔时一般不分国籍,只要能胜任工作岗位并符合公司的用人标准就行。这一模式的指导思想是,跨国公司既然有能力在全球范围内合理地利用自然资源、财政资源和技术,那就有把握在国际市场上合理地利用人力资源。随着企业经营的国际化,人力资源开发管理全球化是必然趋势,由此就会造就和涌现大批世界性管理人员。例如,可口可乐的中心模式是在世界范围内招聘和选拔雇员,满足当地市场对高管人员的需求,同时在全球范围内培养和配备人才。

一般来说,跨国公司会根据其所处的不同发展阶段选择不同的人员配置方式。在国际化经营的第一和第二阶段,一般采取母国化模式;在第三阶段,即多数跨国公司目前所处的阶段,一般会采取本土化模式;而在第四阶段,则多采取全球化模式。

无论是采用母国模式还是采用全球化模式,跨国母公司派遣相关人员执行海外任务的人数都在不断增加。这些外派人员一方面为母公司拓展海外市场,协助母公司管理海外业务,保证子公司与母公司之间的顺畅沟通;另一方面,他们在完成外派任务后所获得的全球化视野、国际经营管理知识与经验,在母公司管理控制海外分支机构、进行知识转移与构建全球思维方面将发挥重要作用。对于中国企业而言,应将跻身全球市场的危机感与竞争意识转化为战略行动,把外派人员看作企业的知识性资产,发挥外派人员在母公司加速国际化发展进程、深层次参与全球竞争获取竞争优势的战略性作用。因此,外派人员管理成为企业国际化发展的核心环节。

第三节 国际企业的外派人员管理

国际企业"走出去"后,根据国际化经营的需要会进行人员外派。处于不同的地域环境中,不同国家、民族之间的文化差异,使得国际化企业内部不同文化相互对立、相互排斥。这些文化间的对立和排斥不可避免地会导致国际企业管理中外派人员的跨文化冲突,控制外派人员的跨文化冲突,进行跨文化适应,从而实现文化的整合以及对归国后的外派人员进行管理和发展,成为企业国际化成功的关键。

一、外派人员的跨文化冲突

当国际企业经营管理者被外派到另一文化社会时,由于不同国家、不同民族、不同传统、不同背景的文化之间相互对立、相互排斥,导致企业内部员工文化差异巨大,容易产生文化冲突,有时甚至会产生烦恼和不安全感。造成文化冲突的原因主要有:种族优越感、不恰当地运用管理习惯、不同的感性认识、沟通误会、文化态度等。

1. 种族优越感

种族优越感指认定一种族优越于其他种族,认为自己的文化价值体系比其他文化价值体系更优越。如果一位国际企业的经理坚持用"以自我为中心"的观点对待东道国人的话,他的行为将可能被人们怨恨,也可能遭到抵制,这样他就无法有效地管理人力资源和企业。

产生这类行为的原因,主要是管理者对自己的管理方式有自豪感和优越感,这使他们很难接受不同的生活方式、思维方式和管理方式。国际企业在选派驻外经理人员时,应尽量不派这些人到国外企业或跨国企业去工作。有时,有些人愿意接受或愿意适应另一种文化,但因为对另一种文化缺乏了解,对处理不同文化和管理不同的人力资源缺乏经验,不知道怎么去处理。这些人要经过一段时间的培训,甚至可以送他们到国外的企业去见习或实地培训,然后再正式派他们到海外企业去任职。

2. 不恰当地运用管理习惯

在一国内被证明为最好的管理方法不一定也适用于其他国家。一个企业经营的成功经验和管理方法,在国内可以被其他同行所效仿,然而一旦走出国门,由于面临政治制度、法律、地域文化和风俗等各方面的差异,曾经被视为成功的经验和管理方法可能失效或者发挥不出原有的效用。因为管理对世界上大多数管理者来说,是一种艺术,并非一种科学,单单从学校或书本中学来的管理知识只是一般的管理原则,真正有效的管理是能够做到因时因地的管理,人力资源管理更是如此。

3. 不同的感性认识

感性认识是通过感觉器官对客观事物的某些方面的、现象的和外部的认识。一个人的独特感性认识是在自己特殊文化背景中通过亲身经历获得并发展起来的。人们看他们所想看的东西,并且根据他们所看到的或他们认为看见的东西产生行为。因此,感性认识是受周围组织、群体等环境因素影响的。例如,日本文化影响了日本人对劳资双方关系的感性认识,所以,劳资双方互相配合,为实现组织目标共同努力;而美国文化强调个人主义,所以劳资双方往往是对立的,必须通过劳资双方集体谈判来调解,以达到双方所要达到的目的。日本人的感性认识、美国人的感性认识、中国人的感性认识等由于文化背景不同都有不同程度的差别。

4. 沟通误会

沟通是人与人之间或群体之间交流和传递信息的过程,但由于许多沟通障碍提高了沟通的难度,甚至产生了沟通误会。一方面,不同的国家语言不同、文化背景不同,对同一背景信息的理解也会产生差异,甚至会得出截然不同的结论;另一方面,不同的文化模式有不同的沟通方式,如果沟通双方来自不同的文化,便会存在沟通障碍。所以,不管是语言沟通还是非语言沟通,由于人们对时间、空间、事物、友谊、风俗习惯、价值观的认识不同,往往会导致沟通误会。

5. 文化态度

一个人的个性特点是基于一定的生理素质,在一定的社会环境条件下,通过社会实践活动形成和发展起来的。因此,一个人的个性就是在他的文化范围内的个人特征。当管理者在碰到另一种文化时,如能理解这种文化以及由这种文化所产生的个人性格特征,并加以正确对待,那么,这位管理者就顺利解决了在另一种文化中管理经营企业的重大问题。因此,文化态度是决定一位管理者在另一种文化中管理经营是否有效的关键。

当面临文化冲突时,如果一位管理者不熟悉或不能正确对待以上几种问题的话,往往会产生如图11-2所示的三种结果:极度保守、沟通中断、非理性反应。

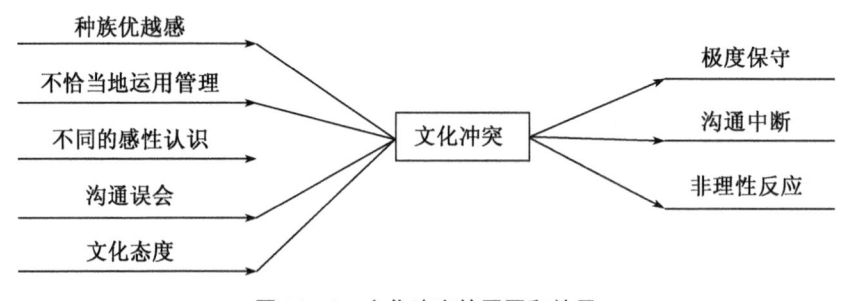

图11-2 文化冲突的原因和结果

1. 极度保守

文化冲突影响了国际企业经理或管理人员与当地员工之间的和谐关系。因此,经理也许会按照呆板的规章制度控制企业的经营和运行。所谓管理,即既"管"又"理"。如果经理不相信员工,只"管"他们,而不"理"他们,反过来,职工就不会从心里尊敬经理,有时也不会"理"经理。这样下去,经理就会与职工更加疏远,他们之间的社会距离就会增大。

2. 沟通中断

国家文化背景不同,权力距离会存在显著差异。一般而言,东方文化影响下产生的权力距离指数较高,而西方文化影响下产生的权力距离指数较低。比如,权力距离指数比较高的国家,企业上下级之间的社会距离就较大,基层员工要向企业高层反馈意见就需要通过层层上报的形式进行,这样自然会影响沟通。有时,意见甚至被中间管理人员拦截或者搁置而传达不到企业高层那里,这样就会发生沟通中断,结果造成企业高层人员无法了解真实的下情,管理产生困难,双方的误会就会越来越深。

3. 非理性反应

经理如果不能正确面对文化冲突,不能理解不同文化的差异,他们就会对来自不同文化背景的职工采取情绪化或非理性的态度。反过来,职工也会采取非理性的行动。这样,误会愈多,矛盾愈深,对立与冲突就会成为必然,后果不堪设想。

二、外派人员的跨文化适应

跨文化适应是一个动态过程,国际企业外派人员在进入他国进行跨文化适应的过程一般包括行为理解、文化共生及文化融合三个阶段。跨文化适应性的基本框架如图11-3所示:

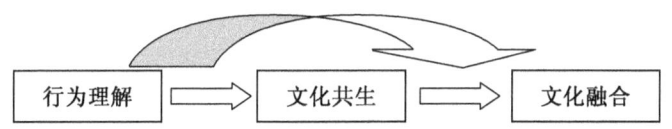

图11-3 跨文化适应性的基本框架如图

1. 行为理解阶段

行为理解阶段,属于文化适应的初级阶段,是跨文化适应的人际关系适应阶段。在此阶段,员工能客观面对并可以接受文化差异,因为员工受完全不同的文化吸引,对这种新文化可能带来的个人发展机会充满期待。本阶段,跨文化冲突的表现主要为外来文化和本土文化的差异带来的企业员工与管理者之间的文化冲突。在发生冲突的时候,差异和冲突首先表现在心理上,即对对方文化产生排斥和抗拒。发生文化冲突是不同文化接触后的必然反应,跨文化冲突从中外双方开始合作时就会出现,如谈判过程就是冲突的一种表现。这种跨文化管理中的管理分歧和文化差异可能以签订正式合同的方式得到暂时解决,然而随着国际化经营程度的加深和日常管理的深入,企业组织和企业职工日常行为将会出现新的不和谐情况,这个时期的文化冲突如果处理得不好,会进一步激化双方矛盾,将影响两种文化的交汇与融合,进而影响企业的顺利经营。

在企业国际化经营过程中,如果发生跨文化冲突,母国和东道国的管理人员必须认清双方文化的差异,并愿意接纳这种差异,面对对方文化时保持包容、理解和尊重的态度,才能进一步深入理解对方的民族文化传统、价值观念、行为方式、风俗习惯,体会和捕捉到对方在不同文化理念指引下的表现形式和表达方式。跨国企业要想努力减缓和消除文化冲突,就要敢于正视企业存在的文化差异,通过了解企业所在国的国家和企业的规章制度、领导风格、员工行为等较为外显性的文化来逐步认识对方的核心价值取向。

2. 文化共生阶段

文化共生阶段属于跨文化适应的中间阶段,指一个国家文化或企业文化与他国文化在跨文化管理中形成具有内在关联的共生关系的阶段。在国际企业进行跨国投资过程中,企业的运行主要基于东道国的经济资源和生态环境。因此,跨国企业与东道国之间必须建立一种既内在紧密关联又相互构成的文化,而这种文化就是共生文化。

在文化适应的共生阶段,跨国公司与东道国可以实现双赢,而不是形成传统的二元对立斗争模式。文化共生是母国文化和东道国文化相互包容、影响、融合和创新过程中所呈现出来的文化形态。包容性是文化共生的基本特征,包容不同文化、尊重对方文化的存在和价值,是基于"异"的"共生",不同才有共生,允许共存才能共生。共生承认不同,文化共生使处于不同文化背景下的企业成为一个新的文化共同体,使得组织能够顺利实现既定目标。文化共生系统包括要素系统、能量系统和环境系统三个方面,具体见图11-4。其中,要素系统指文化冲突前各方原有的文化形态,是共生文化的基础,是文化共生能量生产和交换的基本单位。能量系统为文化共生形成、发展和发挥作用提供能源,包括企业间的合作动力和文化适应、融合形成的新文化,以及可能形成新的文化特质和文化能量。环境系统是企业赖以生存发展的生态环境,它主要包括自然环境与社会环境。

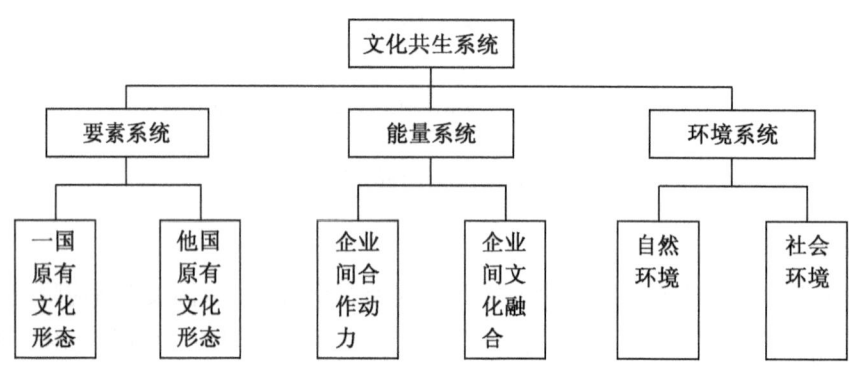

图11-4 文化共生系统

3. 文化融合阶段

文化融合阶段属于跨文化适应的最后阶段,指具有不同文化倾向或不同价值观念的文化之间相互影响、相互吸收并形成一个有机整体的过程,是企业群体的共同意识、共同价值观的调整和再造过程。各种文化彼此改造和塑造对方,相互渗透、相互结合,最终形成统一的文化主张和文化意识。

跨国企业的跨文化管理最理想的结果是实现跨文化的融合,母国和东道国之间的文化互相承认、重视和理解彼此之间的差异,突出发挥文化对企业系统整合的重要作用。何静(2007)认为,如果能够达到相互尊重、补充和协调,就能够形成一种全新的企业文化。文化融合使得跨国企业具有了更多的优势,表现出智力互补、知识互补、思维互补等特征。文化融合包括企业物质、企业制度和企业价值观的跨文化融合。由于文化不同而产生的企业跨文化差异，完全可以通过识别文化差异、进行文化敏感度训练、建立共同价值观和建立新的企业文化等方式进行相互借鉴和渗透进而走向融合。

跨文化融合过程往往伴随着异质文化之间的相互碰撞和冲突。在多种文化并存的背景下，企业组织可以首先从寻找各民族文化的异同点出发，然后通过跨国企业主动地整合内部资源实现跨文化融合，实现员工对多元文化和多元环境的文化同化。

三、外派人员归国后的管理与发展

对于大多数外派人员而言，在海外工作不超过五年就会被召回（Repatriation），即返回母国。很少有外派人员会在该子公司的存续期内一直在海外工作。在员工外派期间，如果国内的组织经历重组或其他形式的组织变革，如工作岗位的调整、合并或裁员等，而外派员工回国之前没有及时了解到这些变化，也没有得到充分的培训或信息，或外派员工对他们回国后的职业发展前景有过高的不切实际的期望，工作适应的问题就有可能发生。由于组织生存环境的复杂性和多变性，组织变革无处不在，外派归国人员的工作适应问题可能是普遍存在的。

那么，解决外派人员的回任管理与发展问题，必须从组织层面和个体层面两个角度进行思考，从追求双方利益的最佳平衡点入手，通过人员选派机制整合、外派人员职业生涯发展以及组织文化和环境再造等综合措施，来使外派回任人员重新融入母国企业。

从组织层面来看，一是要注重外派人员的海外工作经历，以发挥其国际经验和开阔视野的优势；二是要建立相关知识共享机制，以实现外派人员海外经验在企业内部的成功转移和消化；三是要力争为外派回任人员构建好适应自身特色的职业发展通道和工作环境。从外派人员个体层面来看，要提高外派人员回任后的工作满意度，主要是增强外派回任人员海外工作能力与企业战略发展的适应性，具体应该做好以下几方面的工作：

1. 完善外派人员管理机制

完善外派人员管理机制可以从以下几个方面入手：① 建立一套外派人员的管理和交流制度，监督与约束机制，绩效、薪酬与福利的协调机制和回任后的使用与晋升标准制度等。② 签订外派人员管理合同。根据企业外派人员的管理制度，在协商一致的基础上与之签订外派人员管理合同，主要内容包括外派年限、工作任务与要求、考核、薪酬和福利、回任安置、奖惩等方面。③ 建立外派人员定期回访交流制度。对于外派任职时间较长特别是任职三年以上的员工，要建立定期回访制度以便企业及时了解外派人员的思想变化和工作进展，也让外派人员及时了解国家经济社会发展形势和企业发展动态。

2. 合理缩小外派人员回任前后的薪酬差别

外派人员回国后失去了各种与驻外相关的津贴和奖金，个人总收入自然降低了很多，离职的诱因也随之增加，因此，合理缩小外派人员归国前后薪酬的差别就显得非常重要。企业可从重新确定归国员工的总薪酬水平和给予外派归国员工一定数额的股权两方面着眼。

3. 合理配置外派归国人员

失当的归国工作安排是外派归国人员离职的一个主要原因。那么，合理配置外派归国人员及其职位类别认定、与回任部门做好工作衔接将发挥重要的作用。为解决好这方面问题，人力资源部可以依据绩效考评与人力测评确定归国人员职级、尽可能提供与外派工作类型相同或相近的职位、做好外派归国员工与回任部门工作的衔接三个方面开展工作。

4. 建立工作导师项目,开展外派员工支持计划

外派人员即便走出国门后,一般对母国文化和母公司依然保持依恋和认可的态度。要维护好企业与外派人员良好的关系,就需要与外派人员保持持久的心灵沟通,这是其他所有短暂的集训项目无法做到的,而工作导师项目制的建立就可以弥补这一不足。建立工作导师项目,开展外派员工辅助计划,主要是构建一种长效的心灵对话机制,为外派员工排忧解难,避免因外派使外派人员和母公司之间产生"离久情疏"的感觉。

工作导师一般由母国总部的直接主管或高层管理人员担任,对外派人员的整个外派过程负责。工作导师职责包括外派人员外派前职业计划的制定;外派期间的沟通和互动,确保外派人员及时了解母国企业的发展资讯;调节回任过程中外派人员和母公司可能存在的各种矛盾,为归国人员提供心理辅导并协助他们找到合适的职位。当外派人员感知自己从工作导师那里得到了支持时,就会强化对组织的承诺,也就更愿意归国后继续留在公司工作。

5. 对外派人员实施知识管理

面对日趋激烈的国际市场竞争,跨国企业应把外派人员作为企业的一种战略资产进行管理,注重收集和获取外派人员积累的各种知识。一方面,将知识管理提升到外派战略地位的高度,并在此基础上进行转移、配置、整合和创新;另一方面,重视外派人员归国后的知识和经验,在组织体系中进行共享和利用,最大限度地发挥知识的价值,并构建有效的知识管理平台,推动企业管理实践,使知识可以在跨国企业内部迅速产生倍数效应。

6. 为外派人员构建缓冲适应地带

这方面可以参照华为公司的做法。在华为公司,那些已经归国并等待安排职位的外派人员,即使暂时没有合适职位,还能享受到比较高的岗位级别,维持与外派期间不变的待遇。这种做法让回任人员感受到公司对他们的持续重视,让他们意识到,只要一有合适的职位,公司就会安排他们上岗。除此之外,对于级别比较高的外派人员,应尽量提供他们与高层管理者交流的机会,从而让他们传达自身所认识到的国际化经营理念和方法,让他们的经验技能能够得到应用和发挥。这样做可以使他们觉得自己即使外派结束回国了,对公司来说同样是具有重大价值的。因此,我们把这个"缓冲地带"总结为三句话:保留级别待遇,安排名誉虚职,保证与高层的沟通。

7. 针对不同外派任务类型员工实行灵活管理

对于执行战略型外派任务的员工,回任的重点在于为他们安排合适的职位,让他们安心留在组织内,推进组织的国际化进程。对于执行技术型外派任务的员工,回任的重点在于职业生涯规划和管理,努力做到人尽其才,才尽其用。对于执行高发展型外派任务的员工,其回任意愿比较强烈,回任管理的重点在于职业生涯管理,使其明确今后的发展方向。

 **本章小结**

国际企业的海外经营,使传统的国际经济格局发生了重大演变,同时有关国际人力资源管理问题成为国际企业发展面临的新课题。国外跨国企业和中国跨国公司的发展对经济全球化发展起到重要的推动作用。伴随着国际企业和跨国公司的发展,企业国际化为当今人

力资源带来管理文化冲突与人力资源整合、人力资源本土化和人力资源外派等方面挑战。

国际企业人力资源管理，是指在世界经济一体化和区域经济集团化的趋势下，就世界各个国家的人力资源管理的理论与实践，不同文化背景下的人力资源管理，以及跨国公司、全球企业中的人力资源管理问题进行研究和探讨的一门学科。

国际企业人力资源管理主要包括人力资源管理活动、国家类型和员工类型三方面内容，具有母国化、本土化、全球化三种模式，同时还具有地位定位于战略性的高度、目标定位于营造"自我实现人"、开发手段呈现立体化发展以及注重企业文化和团队建设四方面特点。

国际企业"走出去"后，在国际化经营过程中会选择外派人员。由于文化差异的存在，会产生外派人员的跨文化冲突，这些文化冲突主要是因为种族优越感、不恰当地运用管理习惯、不同的感性认识、沟通误会、文化态度等原因造成的。同时，如果不能消除文化冲突，往往会产生极度保守、沟通中断、非理性反应等行为。因此，要外派人员进行跨文化适应是一个动态过程，跨文化适应过程一般包括行为理解、文化共生及文化融合三个阶段。

外派人员完成外派任务后会面临被召回，然而在外派人员在外工作期间，由于组织生存环境的复杂性和多变性，组织变革无处不在，随之产生的外派归国人员的工作适应问题是普遍存在的。那么，解决外派人员的回任管理与发展问题，必须从组织层面和个体层面两个角度进行思考，并采取多方面综合措施，使外派回任人员重新融入母国企业。

关键术语

企业国际化　国际企业人力资源管理　外派人员　跨文化冲突　跨文化适应

复习思考题

1. 企业国际化对人力资源管理带来的挑战有哪些？
2. 国际企业人力资源管理特点有哪些？
3. 国际企业人力资源管理模式有哪几种？
4. 简述跨文化冲突的原因和结果。
5. 外派人员跨文化适应过程包括哪几个阶段？
6. 简述外派人员归国后的管理与发展对策。

应用案例

中西文化的碰撞与融合——记MMG首位母国外派高管的文化适应过程

中国五矿通过其附属公司五矿有色金属股份有限公司（五矿有色）收购澳大利亚OZ Minerals Limited的大部分资产后，Mineralsand Metals Group（简称MMG）于2009年6月成立。2010年12月，Mineralsand Metals Group获香港联交所上市的中国五矿附属公司五矿资源有限公司收购。2012年9月，五矿资源有限公司将其公司英文注册名称由

Minmetals Resources Limited 改为 MMG Limited。

五矿有色虽然是大股东,但是收购整合初期,在人力资源方面选择了保留澳方原有的企业架构以及绝大部分的员工。尤其是在管理层方面,沿用了澳方原先的高管团队。显然,这一举措对于保证该公司的平稳过渡以及稳定发展起到了非常积极的作用。目前,在高管团队中只有执行董事兼执行总经理是由中国管理层代表徐基清先生担任,分管中国事务与集团战略。

一、徐总其人

徐基清于1991年加入中国五矿集团,先后担任过财务部门经理、副总经理、总经理、集团公司财务部总经理、股份有限公司财务部总经理、五矿有色财务总监、五矿有色副总经理兼财务总监、五矿有色控股副总经理兼财务总监等职。他还曾担任多家公司的董事。可以说,徐基清具有非常丰富的职业经理人以及董事职位经验。

自2006年起,徐基清先生一直参与五矿有色的收购项目。当时,徐基清在北京总部分管财务,全程参与收购谈判过程,与当时的高管团队比较熟悉,对该公司的资产情况也非常了解。在谈判过程中,徐基清曾赴澳大利亚多次。MMG的管理模式是董事会管理模式。在正式赴任之前,徐基清已经以非执行董事的身份参与MMG的管理工作。尽管MMG自收购后运营情况一切平稳,但是总部仍然希望能加强控制和整合,由此委派徐基清作为五矿的唯一入驻管理层代表,任命其为MMG三名执行董事之一,并兼执行总经理,分管中国事务与集团战略。

2013年5月21日,徐基清接到任命书,去做好MMG与总部的沟通工作,确保MMG的运营符合总部的全球战略。他在接到任命书时,既兴奋又担忧。兴奋的是,这对于他来说是一个很好的机会,他有机会了解国际矿业公司的全球化运营,以及矿业公司在海外管理的各方面知识。令他担忧的是,MMG的公司文化与总部集团的差异、MMG的当地高管团队以及其他同事的态度,这些都是他毫无把握的地方。

二、初来乍到

当徐基清踏上南半球的土地时,生活、工作和文化上的差异带来的困惑和迷茫让他有点措手不及。他在当地的酒店式公寓待了整整一个月,对于租赁住房仍然一筹莫展。想到要是在国内,出差去外地,当地公司的办公室部门早就安排妥当,只要自己带齐生活用品就能拎包入住了。好在公司里还有些华裔员工,在他们的热心帮忙下,徐基清终于搞定了住房问题。

接下来是吃饭问题,这也成了徐基清的一个头疼问题。在国内,吃饭才不会是个问题,要么在单位餐厅吃,要么回家吃。而MMG没有员工餐厅,公司所在大楼的周围饭店的午餐也不合口味,而眼下家里也没有人帮忙做饭。他天天为了午餐而犯愁。

三、文化碰撞

事情发生在徐基清来到MMG的第二个星期。正是这件事让他好好见识了澳大利亚企业的办事风格。一天,他看到办公室内只有办公用品和家具,略显单调,回到办公室就给行政处的Jennifer打了个电话,向她说明自己的想法。Jennifer听了也很有兴致地说如果想要在公司里进行这样的绿化工作,得征询大家的意见。徐基清没想到Jennifer有这样的回复。因为在国内,如果他向办公室提出这样的建议,办公室的办事人员会立刻去办。既然

MMG的工作流程如此,他就让Jennifer去征询一下大家的意见。Jennifer很认真地说:"徐总,您能详细地说明办公室放置植物的好处吗?这样我在给大家的问卷中能具体列出来,以便能向大家提供更多的信息。"徐基清不禁哑然,好在多年与外国人的接触中,他已经适应了这种局面。他飞快地在脑中归纳了三条主要的办公室放置盆栽的益处:① 不仅让公司增添些盎然的生机,使得工作环境摆脱枯燥,而且还能真正改善公司内的工作环境;② MMG是个矿产公司,本身与大自然是分不开的,要突出MMG的绿色概念;③ 植物也能让来公司的客户们倍感亲切,让公司成为一个对客户友善的公司。之后,Jennifer非常专业地在公司内部进行了一场民意调查。直到半个月后,经过问卷收集、数据整理和分析,支持率达到了78.3%。Jennifer然后着手去办理添置植物事宜。然而添置过程却十分繁琐,首先进行招标活动,接着再选择提案,然后这家花卉公司与公司进行预约并提出了最后的具体方案,最后再将植物搬入场并放置到位。终于在三个月后,徐基清的办公室才有了绿色植物的装点。

四、适应与调整

徐基清在五矿的工作经历,使得他非常习惯国内开会的频率和流程。尤其是成为核心班子成员后,徐基清觉得他每天都是在各类会议中度过的。他原想MMG应该不会那么频繁地开会,哪曾想会议也不少。

既来之,则安之。徐基清抱着学习的态度,积极地去旁听各类会议。没过多久,他就发现了一些有趣的现象。开会时间既定,到时就会结束。会议材料提前发,开会的时候,参加人员直奔主题,开门见山,争先恐后地针对议题各抒己见,甚至争得面红耳赤也是常有的事儿。一开始,徐基清觉得这效率挺高,也暗自鼓励自己下次开会的时候尝试发言。但是由于语言的问题,经常是徐基清还没来得及表达自己的观点,会议结束时间就到了。沮丧是有的,毕竟自己的观点没有得到重视,但是徐基清倒没有气馁。相反,他认为简单重复别人的看法,还不如不说。如果自己的想法有创意,那就不要等到别人来点名的时候才发言。就这样,在自我调整之后,徐基清渐渐地能够将自己的看法表达出来了。一来二去,会议上经常能有徐基清的声音。因为对于当地同事来讲,徐基清的观点往往很有创新性,由于他带来的都是不同角度的看法,同事也慢慢地对他的看法产生了兴趣,甚至会主动询问他的观点。

五、再遇难题

通过一个阶段的适应后,徐基清在与同事沟通方面更加自信了。然而,没过多久又碰上了一件让他颇感棘手的问题。这件事发生在公司的高层会议上,是关于财务信息披露的问题,尤其是关于公司贷款成本信息的披露。当时在座的七位高层中有六位一致认为,MMG作为上市公司必须披露全部财务信息。而徐基清根据自己多年的经验,预感到这样的一个做法在中国可能会遇到阻力。徐基清当场提出了自己的异议。还没等徐基清进行解释,CEO手一挥,一字一句地看着徐基清说:"完全地、毫无保留地披露公司的财务信息是我们这里的习惯做法。这么多年,MMG一直都是这么做的。"徐基清瞬间感到一阵压力,他抖擞了一下身子,平静地看着CEO的眼睛,提高了音量说:"成本是本公司的商业机密,我们可以争取豁免。"CEO一脸狐疑地看着他:"澳大利亚的法律规定所有的财务信息都必须公布,这是投资者的权利,同时也是公司的义务。"徐基清不急不缓地说道:"根据我的经验,涉及成本部分的信息,公司是可以向证监会、交易所去申请,经由他们豁免。而且银行本身也不愿意被披露,因为贷款成本各不相同,银行也不愿意客户相互之间了解彼此的信息,从而给银行带来麻烦。"

在与国内银行沟通后,徐基清得到的信息是银行只能接受选择性披露,对于成本信息的披露,银行没有任何的退让,而另一方面MMG的高层要求全部披露,那是否可以有一种方式既能满足全部披露的要求,同时又避免国内银行所担心的问题出现呢?正在一筹莫展的时候,徐基清想到了中庸之道——能否有一种折中的中间路径呢?他想到一个办法,觉得应该可行。第二天,他特地查询了相关的法律法规的规定,验证了那个办法的合法性和可操作性。之后,他很有把握地跟其他六位高层分别约了会谈的时间。他告诉六位高管说:"我们进行全部披露。"停顿了一秒后,徐基清接着说:"但是,在成本披露这块,我们采取披露区间的方式来进行披露,具体来说,就是在成本披露方面我们给出一个范围,而非一个具体的数字。"看到六位脸上浮现的迟疑,徐基清紧接着说:"关于这样的方式,我特地查询了相关的法律法规,这样做是合法的,是可行的。"看到徐基清说得这样斩钉截铁,大家这次只是经过短暂讨论后就达成了一致意见,并且这样的披露方式成为延续至今的模式。可见,沟通是打开差异的钥匙,理解是调和矛盾的良方。

资料来源:周路路,陈志红等,中西文化的碰撞与融合——记MMG首位母国外派高管的文化适应过程(2015年百优案例略有删减)

案例思考题

1. 中国五矿集团在管理MMG公司的过程中,高管团队的任用采取何种模式?为什么五矿集团对MMG的管理要采取这种模式?其优缺点是什么?
2. 徐基清遇到了哪些文化差异?他是如何处理的?
3. 您认为哪些因素能够帮助徐基清理解和适应当地的文化?

第十二章　人力资源管理面临的挑战

 学习目标

1. 了解金融危机的产生和演变过程
2. 理解金融危机对人力资源管理的挑战及其应对对策
3. 理解疫情危机对人力资源管理的挑战及其应对对策
4. 掌握新时代信息技术的发展
5. 了解信息技术对人力资源管理的挑战及其应对对策

 开篇案例

疫情下的老乡鸡

自新冠疫情暴发之后,西贝董事长贾国龙"贷款发工资撑三个月……"引起了人们的广泛关注。2020年2月8日,一段老乡鸡董事长束从轩手撕员工免薪联名信,并且表示"卖房卖车都确保16 328名员工有饭吃"的视频,刷爆朋友圈。在抗击新冠肺炎疫情的关键时刻,每一次"减薪""裁员""重组""破产"等词汇划过眼前,都会挑动中国人敏感的神经。

在餐饮业的至暗时刻,老乡鸡"弹尽粮绝也要给员工开工资"的"刚"从何来?束从轩直言:"疫情之下,强线下消费场景的餐饮业无疑是受冲击最大的,老乡鸡门店营收早就断崖式下滑了,'余粮'也即将见顶……但疫情危机教育了我们一大批企业——一是现金流为王,二是在危难时刻,员工不是包袱,而是企业的宝藏。"

工资不是企业负担,而是一种投资!对于自己的意外走红,束从轩坦言:"2月8日录这个视频只是想和大家交交底,让一线员工都能听听老板的声音,后来,团队发现这种录视频、拉家常的方式很能鼓舞士气,那为何不让正能量传递给更多人呢?"于是,团队就将视频拿到网上公开了。没想到,视频当天还上了热搜。对于外界给他起的"中国好老板"称号,束从轩表示:"社会责任是每个企业家都必须考虑的,在举国抗击疫情的关键时期,老乡鸡的所思所行就三句话:不感染或少感染,不让员工失业,不给社会添乱。"

不仅是老乡鸡,国内很多大型餐饮集团都陆续进入了半停工状态。2月5日,大型餐饮运营商国际天食集团有限公司关闭了内地所有门店;2月9日,海底捞宣布内地门店停业时间不定期延长;星巴克和麦当劳也宣布内地部分门店暂停营业。如何安置这些堂食员工,就成了一个紧迫的命题。相比其他企业的束手无措,老乡鸡一把手的做法可谓更"刚"。束从轩回忆:前几天收到一份员工联名请愿书,提出疫情期间不要工资,还一个个在上边签了名、按了手印。"当时心里很暖,却不赞成这种做法。员工一时间没了工作岗位不要紧,我们从现在开始,在家上班,在群上岗,在线培训,这种躺着也能把钱赚了的日子不多了,小鲜肉们'宅'也要宅出精气神来……"

"在这个特殊时期,员工不安的情绪会传染,他们除了担忧会不会染上病毒,更关心会不会就此丢掉饭碗,此时最需要我的一个态度。"束从轩谈道:"我对'卖房卖车'也要发工资的承诺会一直有效,老乡鸡再难也不会抛弃员工,或许有人感觉我们作秀,但疫情下企业收入大幅下跌是实打实的,我们只关心怎么活下去,没心情去搞危机营销。"

资料来源:新浪财经《中外管理》http://finance.sina.com.cn/wm/2020-02-18/doc-iimxxstf2313259.shtml

案例思考题

1. 老乡鸡在疫情危机中采取了哪些针对性的人力资源管理措施?
2. 这些人力资源管理措施具备什么样的效果?

随着全球经济一体化、信息技术革命的深入发展,企业的人力资源管理面临着前所未有的挑战,如金融危机的冲击、疫情危机下的急速变化以及大数据、人工智能等信息技术带来的重构升级等。本章将详细分析这些现代人力资源管理面临的挑战,并提出相应的对策,为企业的未来人力资源管理发展提供建议。

第一节 金融危机后的企业人力资源管理

在人类历史上,金融危机的每次出现,都给全球经济造成了重创。金融危机的影响范围之广、连锁反应之强,使得全球企业的经营也接连受到严重威胁。此时,如何在金融危机后时代采取有效、有力的人力资源管理措施,保证企业生存甚至长远发展,成为人们所关注的重中之重。例如,在金融危机时期,某些国际企业为了减少人工成本、延续企业生命而采用全球大裁员的方式,这种人力资源管理政策或措施虽能暂时性地压低人工成本,但对留职员工及企业形象无疑也具有潜在的负面影响。因此,金融危机后的企业人力资源管理具有非常重要的作用。

一、金融危机综述

在《新帕尔格雷夫经济学辞典》中,金融危机被定义为全部或大部分金融指标,如资产价格、短期利率等急剧、短暂和超周期的恶化。[1] 历史上大致发生过如下几次大规模的金融危机:

(1) 20世纪20年代。1929年出现了人类历史上的第一次大规模的金融危机。自20世纪20年代末期,美国"一战"之后的繁荣开始出现下降趋势,实业经济让位于以股票市场

---

[1] 陈小林. 金融危机:演进历史与西方理论[J]. 财经科学,2009(10):25-32.

和证券市场为主的虚拟经济,过度投机导致私人投资强烈的不稳定,最终导致1929年美国纽约证券交易所的破产。随后,金融危机席卷欧洲、亚洲等,造成了严重的货币贬值和银行破产。

(2) 20世纪60年代—90年代初。第二次世界大战之后,源于西方国家和拉美国家的几次世界性的金融危机爆发,例如,1960年和1968年因抛售美元引发的危机,20世纪70年代拉丁美洲国家扩张性政策导致的债务危机,1992年和1993年欧洲汇率危机。这段时期的金融危机,也使经济学者们认识到源于个体自动的理性选择导致整个金融体系本身的不稳定性。

(3) 20世纪90年代中期。随着金融自由化不断扩展,金融中介机构监管不力等因素的影响,该时期的金融危机主要集中于发展中国家,包括1997年起源于进出口赤字不断增加的泰国后蔓延至整个东南亚的金融危机,1997年和1998年的俄罗斯经济危机,2001年的阿根廷金融危机。

(4) 21世纪初期。肇始于美国房地产次贷危机的2008年金融危机成了有史以来最为严重的金融危机。美联储的超低利率一方面助长了房地产行业的繁荣景象,另一方面也为贷款公司及随后的金融机构埋下了隐患。不断的金融创新和市场竞争使得投机行为迅猛增加,投资银行和金融机构不断陷入破产的境地。

二、金融危机的演变过程,以2008年世界金融危机为例

2008年世界金融危机的演化过程大致可以分为三个阶段。

(一) 次贷危机阶段

2000年,在美国经历了股市繁荣破灭之后,为了刺激经济的重新增长,防止经济再一次衰退,美联储将联邦基准利率大幅度调整(从6.5%降低为1%),以促进美国房地产市场的繁荣。随后,在政府和国会政策的支持下,美国商业银行也放松了对房产购买的信贷标准,次级房贷市场日益繁荣。次级房屋贷款是指银行等金融机构对信用较差或收入不高的借款人发放的贷款。因此,次级贷款的利率通常较高,并且是能够随着时间不断上调的浮动利率。但是,当时情境下,无论是贷款机构还是贷款人都对这类贷款持乐观态度。从贷款机构来讲,即使借款人违约,贷款机构仍可将房产收回;从借款人来讲,一方面借款人可以用房产作为抵押向银行进行融资,另一方面,在还款困难时仍可以出售房产抵债甚至获利。然而,2006年下半年开始,美国房地产市场逐步降温,美联储也将基准利率从1%提升到5.25%,次贷利率的还款利率上升,购置房产者出售住房或者通过房产进行融资变得越来越困难。随后,很多借款者无法承受按期还贷的压力,从而违约现象不断出现。发放次贷的银行则蒙受巨大损失,甚至是破产,次贷危机由此产生并发展。

(二) 流动性危机阶段

当美国的商业银行对借款人进行放贷之后,会再一次地通过发行房产抵押贷款将债权证券化,从而促进了抵押贷款二级市场的形成。随着美国国内经济的下滑,很多的金融机构例如贷款机构、商业银行和投资基金的股价持续下跌,甚至破产。由此,流动性危机产生。

(三) 信用危机阶段

在流动性危机之后,美国的各种金融机构如美林证券、摩根大通、瑞银等先后对外公布

了次贷危机所造成的重大亏损。美国的债券市场持续萎缩,股市也陷入恐慌的状态中,投资者的信心受到重挫。在此期间,美国政府屡次施以援手,出台了一些政策和措施力求减少金融危机的影响,然而企业破产的趋势愈演愈烈。例如,华尔街第四大投资公司雷曼兄弟于2008年9月15日进行了破产申请;全美第六大银行华盛顿互助银行被摩根大通收购;美国第三大投资银行美林证券被美国银行收购。连续发生的这些大事件造成公众及投资者的信心持续走低,从而促使了信用危机的产生,即公众对金融机构、金融市场甚至政府丧失信心的现象。

三、金融危机对全球经济的影响

以2008年源于美国的金融危机为例,金融危机使得国际金融急剧变化,国际经济整体呈衰退趋势,全球经济停滞。2008年这次的金融危机被称为20世纪30年代大萧条以来最严重的一次金融危机,无论对实体经济还是金融体系都产生了非常剧烈和深远的影响。

(一) 金融危机对美国经济的影响

1. 对美国的金融市场产生巨大影响

由于次贷危机所隐含的高杠杆,美国的金融市场遭受了沉重的打击,市场持续低迷,股票和证券价格下跌,同时美国很多银行和金融机构纷纷倒闭。例如,雷曼兄弟公司于2008年9月15日破产;华盛顿互惠银行于2008年9月26日破产;世界通讯公司于2009年6月1日破产。

2. 遏制了美国实体经济的发展

金融危机之后,银行对于风险的预估持保守态度,由于担心贷款人无法偿贷带来的回收风险,银行进一步提高贷款条件和利率,导致更少的实体企业获得资金支持。另外,居民对经济前景的不看好也使得自身储蓄的意愿提升,消费降级严重,居民整体消费大幅度减少。投资者对风险的厌恶,导致市场中的资金不断撤回,从而加剧了企业资金短缺。这些金融危机所带来的连锁反应都引发了实体经济的进一步衰退。

3. 失业率不断增长

金融危机期间,金融行业受到重创,倒闭企业数量不断攀升。其他实体行业也面临整体的市场低迷、消费萎缩的大趋势,就业岗位不断减少,社会失业率提升。据统计,2009年9月美国的就业岗位减少了近16万个。

(二) 金融危机对中国经济的影响

2008年的金融危机虽然起源于美国,但是由于经济全球化的不断深入和金融创新的演进,金融危机的剧烈影响迅速蔓延到全球其他国家。从一般意义而言,美国次贷危机从三个渠道对全球的经济产生影响。

(1) 金融渠道。当其他国家持有美国的次级贷款时,美国的金融危机爆发之时,其他国家毫无疑问也会受到巨大影响。

(2) 大宗商品价格。美国金融危机爆发时期,大宗商品和资产价格剧烈波动,不同国家之间资产和要素的深度连接,导致其他国家的经济也同步受到波动的影响。

(3) 贸易渠道。美国的经济衰退和需求收缩会对商品输出国造成较大影响。同时,全球衰退容易导致贸易保护主义抬头,从而导致全球贸易进一步收缩。另外,危机中的悲观心理也值得关注。美国爆发经济危机,会对全球经济产生较大的心理冲击,从而可能导致全球危机的蔓延[①]。

具体而言,金融危机对中国经济的影响也不容小觑。一方面,美国股市波动带来的股票指数下跌,许多国内金融机构所持有的大量美国债券贬值严重,从而蒙受了相当重的损失。例如,当时,中国建设银行、工商银行和交通银行所持雷曼兄弟债券就高达4.134亿美元。中国人民银行副行长马德伦先生就曾在《金融时报》中预估中国的银行所涉及次贷总金额为100亿美元左右。另一方面,出口贸易受到巨大影响,持有的美元资产缩水等。金融危机后,随着美国和欧洲发达国家的发展放缓,外部需求持续减弱,国内所生产的产品无法顺利销往全世界,从而造成我国经济增长速度的大幅度减缓。例如,金融危机后,全国有6.7万个中小规模企业倒闭,尤其是位于长三角、珠三角地区的服装制造等劳动密集型企业。总体而言,2008年前三季度的出口总额增幅比2007年同期下降4.8个百分点。金融危机之所以对中国经济产生这样的影响,主要源于全球经济化所形成的金融-生产格局。其中,发达国家是普遍意义上的金融中心,而新兴市场大部分为生产中心。大规模的全球化使得新兴国家通过出售自身生产的产品来实现对外贸易,发达国家则通过出售金融产品来获得资金。此时,发生在发达国家的金融危机,使金融市场损失巨大,从而发达国家与新兴国家之间维持的微弱平衡将面临断裂,由此发达国家的金融危机逐渐蔓延到新兴国家,对全世界产生影响。在微观层面上,金融危机导致中国国内经济的不景气,尤其是外贸行业,无疑对人员就业和整体收入都产生消极影响。与此同时,中国居民对经济的未来预期降低,对宏观经济的发展缺乏信心,导致居民消费减少和储蓄增加。这些因素都导致中国进一步的发展困难重重。

四、金融危机下企业人力资源管理面临的挑战与对策

(一) 金融危机下企业人力资源管理面临的挑战

企业人力资源管理的根本目的是通过各种人力资源配置,如招聘、培训、绩效、薪酬等为组织实现目标。而由上述分析可知,金融危机爆发所引发的各种市场连锁反应导致企业所面临的环境出现了剧烈变化,如劳动力市场供给不平衡等。这些都使得企业的人力资源管理面临众多新的问题和挑战。

1. 企业经营困境导致裁员可能性增大

金融危机使许多行业的企业陷入困境,为了降低人工成本,延续企业经营,一些企业便采取了裁员的方式。裁员的行业涉及广泛,包括房地产业、航空业、IT行业、金融业等。但是裁员存在两面性:一方面,企业的初衷可能是裁员之后,人工成本降低,公司业绩得以维持。然而大规模裁员后,留下的员工也处于人心惶惶的状态,员工对企业的未来持有更大的不确定性。这也造成了整体的员工士气低落,员工对企业的信任度、认同感下降。另一方面,大范围裁员之后,可能引发主动性离职增多。主动离职的人越来越多,空缺的岗位亟须

---

① 中国经济增长与宏观稳定课题组,张晓晶,汤铎铎,林跃勤. 全球失衡、金融危机与中国经济的复苏[J]. 经济研究,2009(5):4-20.

补充,此时,企业又必须重启招聘流程,这个过程无疑又增加了额外成本。因此,在金融危机下,企业面临裁员的双重困境。

2. 员工薪酬整体下降带来的挑战

除了裁员之外,许多企业为了削减成本则会采取降薪的措施。但是,由于工资和消费的刚性,降薪的负面影响也很突出,如组织承诺降低,工作投入减少,甚至影响整体的工作效率。

3. 针对员工的培训可能大幅度缩减

企业对员工的培训对于员工知识技能的提高具有显著的积极作用,无疑对企业长期发展和持续经营具有重要意义。而在金融危机时,由于企业经营的困难,企业可能计划削减培训项目,甚至取消已有的培训。从短期来看,确实减少了培训成本,但是从长期来看,企业的长远发展必然会受到影响。

4. 社会经济环境的不确定导致企业常规的人力资源规划面临巨大挑战

金融危机向实体经济蔓延导致企业原有的战略目标和经营计划不再适用当前的社会经济环境,企业在人力资源规划方面需要做出重大调整。但是社会经济环境的不确定性和多种因素的混合影响,使得企业难以对未来发展态势做出准确的判定,从而使企业常规的人力资源规划很难进行。

(二) 金融危机下企业人力资源管理应采取的对策

随着经济全球化的不断深入,金融危机使得全球经济都面临严峻的挑战。实体经济更是受到了严重的冲击。面对这些挑战时,除了政府采取各种积极措施,以刺激经济持续增长,为企业打造良好的宏观环境,企业自身也需要转变经营管理方式,以适应剧烈的变化。从人力资源管理角度来讲,企业可以采取以下应对措施。

1. 平衡企业自身人力资源供给和需求

由上述分析可知,金融危机使得全球范围内的企业出现取消招聘、大规模裁员的现象。这些措施虽然能够在短期内为企业降低成本,延续企业经营,增加经营效益,但是大规模裁员也存在负面影响。例如,当全球经济开始复苏时,企业因为前期的大规模裁员,可能出现人才供给不足的状况。同时,在危机时刻,裁员损害了企业的形象,当想要在经济复苏时招聘人才,也可能出现无法招聘合适人才的状况。因此,在企业定位上,企业的人力资源管理考虑的重点应该放在企业长期战略定位上,如何通过员工和组织双赢来实现组织的目标,而不是一味地将员工看作是组织必须要削减的成本。

为了实现企业自身人力资源供给和需求的平衡,企业需要随时更新人力资源状况分析,通过外部劳动力市场的供给和需求预判,并充分考虑企业现有的人力资源存量,预测长期的人才需求的数量和类型,针对其员工的年龄结构、学历结构、素质能力结构等方面进行调整和优化。例如,金融危机使得劳动力市场供给大于需求,招聘人才的薪酬成本普遍较低,此时,企业可以适时地进行人才储备,着眼于长远规划,在全球范围内获取核心人才,为将来的发展奠定良好的人才基础。

2. 注重内在薪酬和外在薪酬的统一

在金融危机时期,由于企业经营困境,薪酬一定幅度的降低成为很多企业渡过难关的措施之一。此时,企业需要重新审视现有薪酬体系,优化外在薪酬和内在薪酬的构成和比例。

内在薪酬是指不能以量化的货币形式表现出来的各种奖励价值。例如,工作的成就感、个人的晋升、良好的企业文化、舒适的工作环境等。在金融危机下,积极发挥内在薪酬的激励作用,适当提高内在薪酬的比例,一方面使员工能够在这一特殊时期感受到企业主动做出的努力,提升员工的信任和忠诚度,另一方面维持员工对薪酬的认知平衡,避免集体离职等现象的发生。

3. 建立灵活的培训方式

金融危机既是机遇,也是挑战。金融危机使得原本超负荷运转的企业能够为员工提供一定的时间来参加培训,这无疑为企业组织培训提供良好的契机。与此同时,这一困难时期给员工带来了一定程度的压力,使其更加认识到提高知识、技能水平的必要性,也更加珍惜来之不易的培训机会,从而使企业培训能够带来较好的效果。因此,企业应适时适当地健全危机时期的培训机制,一方面以解决当前危机为主要聚焦点,将针对核心员工、核心业务的培训放在首位;另一方面结合组织的长期发展规划,进行人才储备。

在培训方式上,企业可以采取内部培训的方式,这样不仅可以为组织节约必要的成本,而且能够为企业内部学习提供良好的氛围。这种学习氛围促进了员工之间的沟通交流,提升了员工士气,为企业应对金融危机的负面影响奠定了坚实的基础。与此同时,企业也可以通过采取外派脱产培训的方式来留住核心员工,同时降低人力成本。在这种脱产培训时期,企业一方面可以与企业员工针对薪资待遇进行协商,降低企业此阶段的人工成本;另一方面,企业对企业员工这种变相投资,提升了员工的知识、技能和能力,并且稳住了员工对企业的信心。当危机对企业的影响减弱时,这些具有丰富技能的员工回归企业,则能化危机为机会,为企业的长远发展提供坚实的基础。

4. 打通与员工沟通交流的渠道

金融危机的危害影响巨大,全球经济受到重创,负面的新闻报道层出不穷。企业经营困境、大规模裁员等都可能对本企业的员工造成心理上的焦虑和恐慌。员工对企业的现状也会产生怀疑,对未来的发展更为担忧。此时,企业应该加强与员工的内在沟通和交流,让员工明确认识到企业的现状及企业为应对危机所要采取的具体举措,以减低员工心理的不确定性,从而更愿意为了企业度过困境而努力投入到工作当中。例如,在危机时刻,在企业的高管层对企业的应对措施达成一致之后,应及时透明地向员工传达企业的现状,同时,针对员工的恐慌和不确定性的心理,人力资源部门甚至是高管团队应及时安抚,并综合考察企业所实施的各种政策对员工可能产生的潜在影响,力求将负面影响降到最低,同时将正面影响最大化。

第二节 疫情危机下的企业人力资源管理

2019年底开始,新型冠状病毒肺炎疫情由湖北武汉蔓延至全国31个省市。新冠疫情现席卷全球215个国家和地区,传播非常迅速,影响范围巨大。虽然目前,中国国内的新冠疫情得到了基本控制,但是新冠疫情所带来的冲击却对中国企业经济甚至是国际经济产生了严重影响,例如,企业的现金流紧缺,限制开工所带来的成本上升,产品供应链断裂等。积极思考疫情危机下的对策,对于企业发展至关重要。

一、疫情危机综述

疫情危机是指由于大规模的疫情导致的企业的原本经营出现受限、困难甚至倒闭的现象。正如 2019 年 12 月突发的新型冠状病毒肺炎(简称新冠肺炎,COVID-19)疫情,截止到 2020 年 7 月 24 日,中国范围内,31 个省(自治区、直辖市)和新疆生产建设兵团累计报告确诊病例 83 784 例,累计死亡病例 4 658 例,现有确诊病例为 261 例(其中重症病例为 11 例),现有疑似病例为 2 例,累计追踪到的密切接触者 778 052 人,尚在医学观察的密切接触者为 11 500 人。① 截止到 7 月 24 日,全球确诊病例累计已超 1 550 万例,累计死亡病例为 633 703 例。②

相比于以往的非典(SARS)以及其他类似疫情,此次新冠肺炎的传播速度很快。在短短 30 天内,新冠肺炎确诊人数为 17 205 例左右(截至 2020 年 2 月 2 日),而非典同期为 3 400 例。由于感染新冠肺炎人群基数较大,加上其对民众的心理层面以及经济活动的冲击,疫情综合影响较大,全国各省份接连启动重大突发公共卫生事件一级响应机制。2020 年 1 月 31 日,世界卫生组织宣布将此次疫情认定为 PHEIC(国际公共卫生紧急事件)。③

由于新冠肺炎属于大型传染病,2020 年 3 月 4 日,国家卫生健康委员会发布的《新型冠状病毒肺炎诊疗方案(试行第七版)》指出,新冠肺炎的主要传播途径为经呼吸道飞沫和密切接触传播,同时相对封闭环境中,高浓度气溶胶传播也成为可能。在治疗方案中,疑似和确诊病例应进行隔离治疗。④

因此,政府采取了一系列措施来进行新冠肺炎的防治工作,包括控制湖北省的人员流动、按小区进行疑似和感染病例的搜查、延缓企业复工时间、避免居民的聚集性活动、呼吁居民春节期间少出门等。

二、疫情危机下企业人力资源管理面临的挑战

(一) 疫情危机对企业经济的影响

从全球经济和中国经济现状来看,目前仍处于经济下行时期,新冠肺炎的疫情突发又给企业经济带来了猛烈冲击。

1. 资金短缺危机

由于爆发于中国的春节时期,新冠肺炎疫情对春节时期本应该更为繁荣的多个行业造成销售停滞,甚至资金短缺的危机,如房地产行业、餐饮行业、线下娱乐业都受到了重创。一些房地产企业的杠杆较大,由于疫情的原因,销售处、施工处甚至是中介机构纷纷停止营业,以往"回乡置业"的春节黄金销售时期不复存在,销售业绩下滑幅度巨大,资金流转出现严重

---

① 人民日报 https://mp.weixin.qq.com/s/wc8e6Kt8C1AWzd15Q87TIQ
② 新华网 http://www.xinhuanet.com/world/2020-03/19/c_1125734010.htm
③ 李文龙. 新冠肺炎疫情与非典疫情的对比及对中国经济的影响[N]. 第一财经日报,2020-02-05(A11).
④ 中华人民共和国国家卫生健康委员会网站 http://www.nhc.gov.cn/wjw/index.shtml

困难,企业经营随之陷入困境。

目前,新冠疫情导致企业资金短缺甚至被迫破产清算的现象频现。北京著名的KTV巨头"K歌之王"在2020年2月8日发布了公告,称因为疫情期间闭店状态经营困难,财务短缺,计划将于2月9日与全体员工解除劳动合同,如果30%的员工不同意则进入破产清算环节。日本神户夜光邮轮公司(Luminous Cruising Co.)也因为疫情导致的订单取消,于2020年3月2日宣布破产。据日本放送协会(NHK)2020年5月13日报道,日本因新冠疫情而破产的公司数量上升至152个,其中多为酒店业和餐饮业企业。① 在美国,多家公司也因为疫情原因进入破产保护的程序,其中包括著名的连锁百货公司JC Penney、服装品牌J.Crew、全球著名的汽车租赁公司美国赫兹公司(Hertz)。在欧洲,英国廉价航空弗莱比(Flybe)虽然在新冠疫情之前因为经营困难受到英国减免税收的优惠以延续,但是新冠疫情对航空业的冲击又使其面临破产威胁。

2. 延迟复工所导致的成本上升

由于新冠疫情传播速度快,潜伏时间长,各级政府严格把控企业复工的时间。在疫情未得到控制之前,企业复工时间一再延长。在此期间,企业的成本却仍需要支出,例如,借贷的利息、员工的工资等。2020年2月,西贝餐饮的董事长称新冠疫情使得全国400家线下门店全部关闭,因为正值春节餐饮行业最为盈利的时期,损失将达7至8亿元。不断延迟的复工也导致人工成本持续上升,公司将陷入危机。对于国外而言,实体企业也同样面临巨大的威胁,例如,微软为了抵抗疫情所带来的危机,将关闭美国内的所有实体店;曾畅销全球的知名运动品牌Nike,在疫情期间,北美、欧洲的大部分门店都处于闭店状态,营业收入下降明显。

3. 产品供应链的中断

一般而言,制造业的企业通常并不具备完整的供应链,而只是制造和生产其中的一部分产品。因此,企业的复工生产并不是仅仅取决于自身企业,还取决于提供生产材料的上游企业是否能正常运作。与此同时,疫情危机使得道路封锁,交通运输也面临困难。因此,延迟复工等措施可能导致生产原料的滞后供应,企业则面临着无法正常生产的难题。就全球企业而言,新冠疫情对全球供应链的影响主要体现在三个方面:① 全球的新冠疫情大流行使得价值链的需求和供应出现更多的不确定性。例如,外贸出口订单的大幅度减少。② 上游企业的停产使得下游企业的生产和供应出现短缺。③ 国家或城市封锁,导致商品和物品的运输不及时。例如,韩国的现代汽车公司就曾因中国零部件供应中断,又不具备寻找临时替代方案的能力,随后便关闭了韩国境内的多家工厂。②

(二)疫情危机对企业人力资源管理的挑战

1. 现有的人力资源战略规划不再适用

疫情危机给内外部的劳动力市场都产生了冲击,从而使得现有的人力资源规划不再适用。在外部劳动力市场,疫情危机的多重影响显现。春季招聘的相对延后、企业倒闭现象导致潜在的劳动力供给还很充足,然而,延迟复工却使可用的劳动力供给无法实现。在企业内

---

① 中国新闻网 http://news.sina.com.cn/w/2020-05-13/doc-iirczymk1437635.shtml
② http://www.rhd361.com/special/news?id=f00c291ea9564fd880fdc65607e8b8f9

部的劳动力方面,企业经营困难可能会导致裁员现象的发生。如何从长远角度重新调整现有的人力资源规划成为企业人力资源管理面临的首要挑战。

2. 人力资源管理各模块的实施方式

疫情危机对人力资源管理各种模块的实施方式产生影响。例如,以往春节前和春节后的现场招聘会层出不穷,众多企业开设展位,来吸引和招聘优秀人才。然而,疫情防控的要求使得大规模人群聚集活动不再可行,一对一或一对多的现场面试取消,从而以往企业常见的招聘面试方式亟须改变。同样,疫情状态下,一线员工无疑面临着无法复工、订单减少等情况。面对这种情况,企业现有的绩效执行方案及其薪酬方案可能不再适用。疫情状态下,企业员工在家办公成为常态化,企业也不得已在某些职位上实行远程办公,来减少人与人之间的直接接触。虽然远程办公模式已经被有些国外公司广泛使用,但是国内在疫情之前较少有企业全面实施。远程办公模式通过在线办公的方式,减少了员工的物理通勤时间,但是仍存在一些负面影响,如线上办公导致面对面交流的减少,心理距离可能上升,沟通效率下降,反馈可能不及时,团队整体凝聚力下降等。与此同时,生活和工作场所的统一容易导致工作家庭冲突或家庭工作冲突,无法做到工作事务和家庭事务的真正分离。

3. 应对危机时期人力资源政策的变动

疫情危机下,各级政府部门纷纷出台企业支持政策,与此同时,相关的人力资源政策也发生了变动。企业的人力资源管理部门需要时刻关注各级政府部门所颁布政策的动向,保证自身企业的各种行动和措施同政策保持一致,从而规避违反政策法规的风险,实现企业人力资源政策和措施的合规与恰当。例如,人力资源社会保障部办公厅所颁布的《关于妥善处理新型冠状病毒感染的肺炎疫情防控期间劳动关系问题的通知》(人社厅发明电〔2020〕5号)对疫情期间工资报酬的发放进行了规定,建议企业在疫情影响期间通过与职工协商的方式采取多种方法稳定工作岗位,如调整薪酬、轮岗轮休、缩短工时等。在停工停产的一个工资支付周期内,企业需要按劳动合同规定的标准支付职工工资。超过一个工资支付周期的,若职工提供了正常劳动,企业支付给职工的工资不得低于当地最低工资标准。① 同时,企业社会保险费的缴纳政策如人力资源社会保障部、财政部、税务总局颁布的《关于阶段性减免企业社会保险费的通知》(人社部发〔2020〕11号),人力资源社会保障部办公厅、财政部办公厅、国家税务总局办公厅所颁布的《关于阶段性减免企业社会保险费有关问题的实施意见》(人社厅发〔2020〕18号)也相应生效。2020年6月18日,国务院应对新型冠状病毒肺炎疫情联防联控机制综合组发布了《关于印发低风险地区夏季重点场所重点单位重点人群新冠肺炎疫情常态化防控相关防护指南(修订版)的通知》,针对日常重点环节的防护进行了一一详述,力求做好新冠疫情的常态化防控工作。②

---

① 中华人民共和国中央人民政府网站 http://www.gov.cn/zhengce/zhengceku/2020-01/27/content_5472508.htm

② 中华人民共和国中央人民政府网站 http://www.gov.cn/xinwen/2020-06/18/content_5520230.htm

三、疫情危机下企业人力资源管理对策

(一) 适时调整人力资源管理战略规划

面对疫情危机对现有的人力资源管理提出的诸多挑战，企业需要对内外部的劳动力市场进行深度分析，适时调整人力资源战略规划，构建人力资源管理供给和需求的相对平衡。根据企业经营的长短期目标，人力资源管理规划需要适时地进行调整，以满足未来发展的需要。例如，综合考虑影响外部劳动力市场的众多因素，各级政府政策、复工延迟时间等，对劳动力供给进行分析。与此同时，在这种情形下，人力资源规划更需要高瞻远瞩，同组织的未来发展战略相一致，不仅能在疫情危急时刻保持人力资源管理的灵活性，适时恰当地满足企业当时的需求，而且能为企业长远发展奠定坚实的基础。

(二) 创新人力资源管理的方式方法

为了应对疫情危机引发的各种变化，企业需要采用各种技术创新地实施人力资源管理的常规工作。在招聘方式上，采取"无接触"招聘方案，开展线上招聘、云上招聘，进行空中宣讲、采取时间地点灵活的视频面试。在员工短期雇佣上，可以借鉴阿里巴巴旗下盒马的"共享员工"模式，来应对短期员工空缺的状况。阿里巴巴旗下的盒马超市在疫情期间由于无接触配送的顾客需求增加，线上下单数量暴增，春节期间的轮值员工数量相较于平时较少，造成了盒马门店员工大量缺口。因此，盒马创新采取共享员工的措施，同云海肴、青年餐厅等暂停歇业的企业合作，借调其员工来应对疫情危机所带来的员工不足。当其他企业的员工经过面试和简单的培训之后，就可上岗。随后，许多企业开始纷纷效仿"共享员工"的举措，例如，苏宁物流在疫情期间提供分拣、配送等临时工作岗位。与此同时，疫情危机时期，在条件允许的情况下，企业可以采用远程办公的方式。随着企业开始复工，一方面为了响应政府对新冠肺炎的防控要求，另一方面保障企业员工的生命健康，企业可以采用远程办公软件如钉钉、企业微信、华为的WeLink等进行远程会议、线上文件传输，甚至是疫情期间的员工健康打卡等。

(三) 建立危机时期的相关规则

为了更好地应对危机时期人力资源管理的各种变化，企业应该提早制定应对危机的相关制度，将危机应对常态化，避免危机时期形成无制度可循、慌乱无序的状态。在特殊时期，根据企业实际情况，规定符合企业自身运营特点的工作方式，提前建立危机风险应对机制下的人力资源管理规则，并灵活地对员工进行管理。例如，制定疫情危机下的相关人力资源政策，创建特殊时期的各个管理层的快速反应和协调机制，并根据官方发布的防疫指南，成立企业防疫小组，一一对照指南，制定适合企业生产运作的防疫规则。邀请防疫专家对员工进行疫情防疫培训，通过多种互动方式来提升和健全员工防疫培训机制，使其了解疫情期间如何自我防护，身体出现异常如何科学就医等。这不仅保证员工的身心健康，而且保证正常复工复产的实现。

(四) 疫情危机下的组织-员工关系管理

在疫情危机下，企业或组织的正常运转或多或少地受到新冠疫情的影响，甚至可能遭遇运营困境。与此同时，新冠疫情对员工个人也可能产生一些消极影响。例如，新冠疫情的范

围之广,传播之快,一方面长时期处于封闭在家的员工可能会对自身生命健康担忧;另一方面,企业裁员甚至是倒闭的现象不断出现,可能使员工产生对未来工作不确定性的担忧。因此,在疫情期间,企业针对员工状态的各种问题需要提前进行预案,从正式渠道和非正式渠道充分了解员工的各种想法,对员工对企业的担忧进行有力疏导。这将有利于员工对企业的敬业度和认同感进一步提升,激发员工对企业的嵌入,形成和谐的组织-员工关系。通过这种转危为机的方式,企业更提升了在员工心目中的形象,显示企业是关注员工利益的,期望实现企业-员工共赢的,而不仅仅与员工是利益交换的关系。

第三节　基于信息技术的人力资源管理变革

随着信息技术革命的不断深入,移动互联网 5G 通信技术、大数据、人工智能等信息技术迅速发展,日益进入大众视野,并逐渐给人们的日常生活带来巨大改变。与此同时,中国也针对 5G、人工智能等领域的基础设施建设提出了重大投资计划,即"新基建",进一步助推了相关技术的发展。我国的企业在面对这种信息技术冲击时,人力资源管理的变革随之显现。

一、新时代信息技术的发展

新时代计算机信息技术的迅猛发展,不仅使得信息传播速度更快,信息承载量更大,时效性更强,而且不断扩展了应用领域的潜在需求,反过来又促使信息技术螺旋式迭代并持续发展。

首先,信息技术发展使现阶段点对点的信息传递实现了瞬时性,从信息的发送方到接受方不存在明显的信息滞后性。从 1G、2G 到 4G,现阶段最为先进的 5G 移动通信技术也初见端倪。根据移动通信技术的发展,5G 同 4G 相比将具有超高的频谱利用率和能效,在传输速率、无线覆盖性能、传输时延、系统安全和用户体验方面都有显著的提升。同时,5G 技术也能与其他无线移动通信技术密切结合,构成新一代的移动信息网络。未来 10 年内,5G 技术的应用领域也将进一步扩展。充分的灵活性、网络自感知等智能化能力,都将成为 5G 技术进一步推进信息技术变革的重要基础。[1]

其次,以大数据为基础的知识平台逐渐显现。大数据、云计算、物联网不再是简单的专业术语,而是被开发成为现实。当人与人、人与企业、企业与企业之间的多向沟通产生了庞大的数据,这些数据其实蕴含着丰富的信息,能够反映个体的潜在需求、价值观、能力等。通过对这些看起来混乱无章的大数据进行集中分析,深入探讨隐藏在大数据背后的逻辑,汇总出大数据的发展趋势,随后为提供更个性化、定制化的产品和服务奠定了坚实基础。随着移动技术和社交网络的兴起,数据量更为庞大,数据类型更为多元,大数据的应用将更为广泛。

最后,在移动互联网、大数据、云计算、物联网等技术共同驱动下,人工智能成了新一轮产业变革的驱动力,并呈现出深度学习、人机协同、跨界融合、自主操控的特征。由大数据驱

---

[1] 尤肖虎,潘志文,高西奇,et al. 5G 移动通信发展趋势与若干关键技术[J]. 中国科学:信息科学, 2014,44(5):551-563.

动知识学习、跨媒体协同处理、人机协同增强智能、群体集成智能、自主智能成为人工智能技术的发展重点。人工智能技术的不断发展,能够促使个体从简单重复性的工作中解放出来,最终构建的生态模式也将给人类社会带来深远的影响。[①]

二、信息技术对企业的影响

信息技术的高速发展不仅从表层的技术层次影响企业经营,而且在深层次的经营方式、市场范围、运营成本、组织结构、竞争优势等方面会对企业经营和管理产生影响。

(一) 对企业经营方式进行了重构

信息技术的冲击能够对企业的经营和管理方式产生影响,如远程办公、上下级瞬时交流及现场信息同步共享等,企业效率随之提高,组织结构更为扁平化。与此同时,企业通过信息技术的应用不断挖掘现有客户的潜在需求,从以往的产品驱动转变为引导顾客需求驱动,从而催生了企业全新的营销方式,例如自媒体营销、网络直播带货等。

(二) 扩展了企业原有的市场范围

全球网络的普及和信息技术革命的推进,使企业都能以极低的成本与全球其他地方的企业形成互联、互通,而不仅仅限于本地的企业,从而能够服务全球的潜在消费者,有力地扩展了企业原有的市场范围。

(三) 减少了企业的运营成本

信息技术的更新换代,使企业能够更为方便快捷地收集消费者的需求、潜在竞争者的动态、宏观环境等相关信息。同时,在企业交易过程中,信息技术的应用能够在保证安全的前提下实现企业间线上交易,大大减少了合同代理成本、交通成本等。

(四) 催化了企业的组织变革

信息技术的发展也催生了快速迭代的消费者需求,企业为了提升组织内部运营效率,需要采用灵活的组织方式进行运营。具体而言,组织传统的激励模式可能不再适用,传统的组织结构过于僵化,导致不同层级的沟通交流不畅。这些内外因素都促使企业组织进行恰当的组织变革,创建更为柔性化、具备高度灵活性的组织形态来适应不断的变化。

(五) 提升了竞争优势

信息技术的广泛应用,一方面能够培育企业的技术应用实力,使企业能在营销、信息收集与处理、经营与管理等方面得到稳步改善和提升;另一方面构建了相对稳固的行业壁垒,例如,华为结合信息技术所进行的芯片自主研发,不仅使华为获得丰厚的收益,而且树立了自身强大的品牌形象,在全球市场上呈现出巨大的竞争优势。

三、信息技术对企业人力资源管理的重构

(一) 以大数据为基础的人力资源管理

人力资源管理的数据化时代已经开启,新的信息技术发展逐渐全面融入人力资源管理

---

① 5G与高质量发展联合课题组.迈向万物智联新世界[M].北京:社会科学文献出版社,2020.

的各个模块当中。人力资源管理也通过数据化的方式使各模块的工作横向契合和纵向契合，从而更好地服务于组织目标。

在数据为基础的时代，人力资源管理的工作方式已经从以主观认知判断为主，转向以运用数据进行理性分析为主。它包括以下三个方面的表现：① 数据化人力资源管理已经渗透于人力资源管理的日常工作中，如工作分析、人员的招聘、培训需求匹配、绩效薪酬等，具体涉及运用大数据来分析潜在候选者关键能力素质、监测人员招聘的质量，运用大数据了解不同群体员工的内在需求以实施个性化、定制化的管理方案，运用大数据寻求人员和岗位的最佳匹配。② 在企业内部，人力资源管理部门基于大数据进行决策和管理工作，不仅促进了人力资源管理工作的效率提升，而且为人力资源管理程序化决策和非程序化决策提供了科学依据。与此同时，基于数据化的人力资源管理通过数据挖掘和分析，能够更好地将人力资源管理同其他部门相融合，成为其他部门的核心合作伙伴和重要的业务支撑。③ 由于人力资源管理涉及多方力量，如人力资源管理部门、基层业务部门、培训机构，甚至包括外部咨询机构等，企业在大数据基础上能够实现所有相关方的融合，在发挥和利用人才价值方面，能够通过大数据技术实现这一目标并相互共享。

（二）构建移动的人力资源共享服务平台

信息技术革命的不断深入是经济全球化程度纵深发展增加的体现，为了适应新的商业环境，人力资源管理部门作为企业战略实施的重要支持部门，其职能也将发生重构。例如，全球著名企业——谷歌将一些事务性、常规性的人力资源工作通过信息技术统一整合到共享服务中心，以实现批量安排、批量处理，提升管理效率，并释放出更多的精力来实现人力资源管理的战略支撑功能。人力资源共享服务平台不仅能够通过各种智能终端处理人力资源管理的各项工作，如考勤审查、线上招聘、信息分享等，而且能够将人力资源管理的各模块整合，形成协同效应，例如针对绩效评估的结果生成培训需求，并根据培训需求自动推送学习课件到员工。

（三）去中心化重塑了企业人力资源管理模式

信息技术的高速发展使现代人力资源管理工作呈现了去中心化的特征。互联网时代重塑了人与组织之间的关系，员工与组织之间的关系不再是简单的依附和服从关系，而是借助组织平台，调动个体的价值创造，以实现整个组织的价值创造。例如，海尔所倡导的"企业无边界、管理无领导、供应链无尺度、员工自主经营"的去中心化组织创建；微软公司则撤销了员工分级制，将任何一个等级的员工都视为组织管理的中心。正是这种组织形式的转变，使企业的人力资源管理更倾向于制定规则来支持个体的自我激励。

（四）项目小组成为人力资源管理的重要单位

信息技术所带来的组织结构变革，使得企业组织更为扁平化和网络化，也促使员工管理从以往依靠命令和服从，对员工强调详细的任职职责，到最大限度地给予员工和团队授权，通过项目小组的形式提升员工的通用性和灵活度，如海尔的营销团队推广模式、微软公司的研发团队设计。通过运用网络化组织，公司将具备各种能力素质的员工组成项目小组，针对特定的任务进行团队协作。项目小组能够获得完成任务所需的资源以及独立做出决策的权力，项目小组的整体绩效由任务完成情况决定。这种项目小组的普及，使人力资源管理的实施形式不仅强调员工的个人贡献,而且聚焦团队整体的绩效水平。如何提升团队的绩效成为人力资源管理所重点关注的内容。

(五)人力资源外包服务的进一步扩展

人力资源外包服务是虚拟人力资源管理的一种形式,通过服务双方所签订的人力资源管理协议,服务商对企业人力资源管理的部分工作代为管理的活动。随着信息技术的发展,人力资源管理的外包服务得到进一步发展。一方面,企业在不断变化的市场环境下,更加需要专注于企业的核心任务,将更多的资源培养企业的竞争优势,而对非核心任务进行剥离,减少时间和精力的浪费,以实现组织的长远目标。此时,一方面,人力资源外包服务将有利于提升公司的运营效率。另一方面,企业作为全球经济网络中的一个节点,需要运用网络化思维,整合内外部各种资源,借助外部机构来帮助企业构建综合性的生态系统,形成社会经济网络中的有利联结。

(六)人力资源管理部门与其他业务部门的深度融合

在信息化时代,人力资源管理部门通过信息化的运用使得工作效率提升,从而进行一般事务性工作的时间逐渐缩短,能够有更多的时间来同业务部门深度融合,了解各个业务部门的潜在需求,并以业务伙伴的角色协助其解决好潜在需求,更好地促进整个组织的发展。虽然人力资源管理的政策和措施一般由组织和高层领导制定,然而在真正的人力资源管理实施阶段,人力资源管理部门与业务部门的关系决定了人力资源管理实施的真正效果和效率。因此,信息化时代将人力资源管理部门从繁重的事务性工作中解放出来,从而有更多的时间、精力来思考人力资源管理部门对业务部门所能起到的作用,识别业务部门对人力资源工作的不同期待,加深其对人力资源管理工作的了解与认可。

(七)新兴人力资源管理模式的产生和发展

随着信息时代的发展,传统职能化的人力资源管理无法与企业战略深度融合,无法满足企业规模化和产业化的要求,因此,催生了一些新兴的人力资源管理模式,如人力资源管理"三支柱"模式。早在1996年,戴维尤里奇就提出"三支柱"模式,即构建以人力资源共享服务中心、人力资源业务伙伴和专家中心为"三支柱"的人力资源管理模式。2001年被引入中国之后,国内的一些著名公司如阿里巴巴、腾讯、华为成为率先采用人力资源管理"三支柱"模式的企业,并针对自身企业情况,各自发展出自己的特色。例如,海尔融入HR来助力小微成长,BAT进行大数据人力资源管理等。

本章小结

在新时代背景下,人力资源管理所面临的内外部环境发生着剧烈变化。金融危机、疫情危机爆发、信息技术的快速发展都从多方面对企业的人力资源管理带来了冲击和挑战。鉴别这些挑战的内在本质,详细探讨应对这些挑战的措施,为企业提供相应的指导建议,成为理论界和实践界需要共同关注的主题。

1. 金融危机下的人力资源管理:金融危机的演进过程、对中国企业经济的影响、金融危机对企业人力资源管理的挑战以及企业应采取的对策。

2. 疫情危机下的人力资源管理：疫情危机的综述、对企业经营的影响、疫情危机对企业人力资源管理的挑战及其企业需要针对性采取的措施。

3. 信息技术下的人力资源管理重构：信息技术发展的综述、信息技术发展对企业的影响、信息技术发展对于企业人力资源管理的重构。

关键术语

金融危机　疫情危机　信息技术

复习思考题

1. 金融危机的定义是什么？对全球经济产生什么样的影响？
2. 金融危机对企业人力资源管理提出什么挑战？如何应对？
3. 疫情危机如何对企业经济产生影响？
4. 疫情危机对人力资源管理的挑战及对策是什么？
5. 近年来，信息技术的发展体现在哪些方面？对企业产生的影响包括哪些？
6. 信息技术的发展对企业人力资源管理提出的挑战有哪些？

应用案例

基于大数据平台分析的谷歌"人力分析小组"①

> 通过运用大数据分析，企业使得人力资源部门的数据能力得以升级，管理决策基于数据而不是人的主观判断，实现"去人化"。大数据通过人力资源发挥作用，为企业提供了一系列独特的价值，使得企业在短时间内形成的竞争对手难以快速模仿的知识、技能、技术、管理。人力资源管理为企业赢得竞争优势，也因此上升到战略层的高度，为企业战略决策做出贡献。

谷歌的人力资源部门被称为人力运营部（People Operations，或POPS），从命名就能够看出谷歌公司高层对人力资源的重视，公司高管认为该公司的成功与企业中的人息息相关。谷歌公司运用基于数据的人力资源管理，将人的作用发挥到极致，可以说是将大数据分析与人力资源管理结合得最好的公司。

当基于数据的方法论的忠实信徒Laszlo Bock加入谷歌公司，出任副总裁与HR主管，他上任后将Setty从第一资本公司挖来。Setty是学化学工程出身的，并没有太多人力资源管理的经验，但他在完成自己MBA课程的时候，惊讶地发现人类在做出决策时常常依靠主观判断和感受。这使得他非常沮丧，而这一点被Bock看中，将他招进谷歌公司，让其带领

---

① 赵曙明. 国际企业：人力资源管理（第五版）[M]. 南京：南京大学出版社，2016.

一支"人力分析小组(People Analytics Team)"。他要求Setty一定要将谷歌工程分析的一整套严谨方法运用于人事决策。在他们的主导下,谷歌人力运营部的准则是:"谷歌所有人的决策都要基于数据和分析"。

人力分析的小组成员一般具有统计、金融、组织心理学等领域的博士学位,其工作包括帮助做出最优薪酬奖励决策以最长时间留住顶尖人才,推算出最优面试模式以确保招聘到最佳求职者,使用心理学和数据分析的方式分析哪些员工在谷歌能够成功发展、哪些员工最可能中途离职等问题并建模。他们也针对某些领导力、决策力等问题进行更深入的研究,例如,他们探索人的认知启发模式,分析人们做决策或解决问题时通常会选择的思维捷径,并证明这些捷径可能导致的偏差。同时,这个小组的研究结果也是谷歌人力运营部积极影响公司绩效的最有力证明。

人员分析小组直接向公司副总裁报告。在HR的所有模块中,小组都会派出代表,该团队现在推出了很多包括非匿名员工调查和指数等成果。它也致力于研究人事运营的内在规律,提供解决方案等。它的目标是运用数据和测量的方法替代人的主观决策。迄今为止,其对谷歌的贡献主要集中在以下几个方面(Garvin,2013):

(1) 留住人才。谷歌通过数据分析开发了人才保留算法,能够预测哪些员工的可能会离职,并据此避免了不必要的摩擦,员工的人才保留率提升了35%以上。另外,通过对产假的重新设计,谷歌将与此相关的离职率降低了15%。

(2) 打造多元人才队伍。谷歌运用数据公式来保证员工多样化,人力分析小组运用数据分析出公司人员种类不够多元的根本影响因素,这些因素是可测量的。

(3) 智能化招聘。谷歌用数据分析的方法寻找最佳候选人,能够预测应聘者在进入公司后是否具有最佳生产力;他们开发出一种分析被拒绝简历的算法,发现公司有1.5%的出错率,最终他们聘用了这之中的一部分人。另外,谷歌还发现,招聘流程并非越复杂越好,四轮以上的面试并不能保证招聘的质量。

(4) 工作环境优化设计。谷歌用数据分析的方法分析了员工的工作场所,发现娱乐有助于提高员工绩效。个性化的工作空间、公共的线上社交场所以及学习与发展的机会,将有效提高员工的工作生产率和人员留任。除此之外,谷歌还利用数据确定理想的组织规模和不同的部门形态。

(5) 管理经理人。该小组最有名的成果就是代号为"氧气(Oxygen)"的项目,该项目的目的是如何打造一个更靠谱的经理,或者说至少找出什么样的才是靠谱的经理。"氧气计划"的成果之一是得到了成功经理人的八大行为特征,但更为重要的是,这八大行为特征并不是一个宽泛的概念,谷歌人力分析团队更是研究出了与这些特质相关经理人的可测量的关键行为,以及一整套通过组织中的沟通与培训帮助经理人培育这些特质的方法论和具体技术。此外,"氧气计划"的具体实施过程也值得我们关注,管中窥豹,我们可以得知人力分析团队是如何真正做到基于数据的人力资源管理决策的。

早期阶段,谷歌废除了所有的经理人员。尽管后来又恢复了这一职务,公司内部仍然流传着一种信仰:经理人员可有可无。所以,分析小组研究了绩效考察数据和员工调查结果,让员工给经理打分,从而确认最靠谱的经理和最离谱的经理到底能否带来截然不同的结果。数据调查显示是肯定的。最靠谱的经理不会事必躬亲,对团队有清晰的愿景,而且是结果导向性。最离谱的经理也有一些共同特征。谷歌员工通常都愿意和经理进行常规的一对一沟通。不靠谱的经理往往不知道该和哪些员工进行一对一沟通,有时和绩效高的员工沟通,有时和绩效低的员工沟通。后来,公司还根据研究结果重新设计了专门的流程,对新入职经理进行培训。在"氧气"项目得出结论一年后,75%的不靠谱经理都有大幅进步。

谷歌目前的人力资源管理过程可以说是由数据驱动的人员管理的顶峰。尽管如此,谷歌也有凭直觉的时候。"你不可能给一切东西都制定一套算法,你需要通过数据获取信息,但你不需要依靠他们做出决策。"人力分析小组的经理Kathryn说道。

资料来源:根据http://36kr.com/p/48708.html提供的素材整理而成。

思考讨论题

1. 人力资源管理的哪些方面可以进行数据化应用和管理,为什么?
2. 谷歌公司基于数据化的人力资源管理得以成功实施的外部条件是什么?
3. 我国企业进行人力资源数据化管理的困难有哪些,如何克服?
4. 为什么谷歌人力分析小组的经理Kathryn说:"你不可能给一切东西都制定一套算法,你需要通过数据获取信息,但你不需要依靠他们做出决策"?你认为如何找到数据和直觉的平衡点?

参考文献

1. 西奥多·舒尔茨.人力资本投资[M].北京:商务印书馆,1990.
2. 赵曙明.中国企业人力资源管理(第3版)[M].南京:南京大学出版社,2000.
3. 张一驰.人力资源管理教程[M].北京:北京大学出版社,1999.
4. 杨东.人力资源管理(第二版)[M].重庆:重庆大学出版社,2012.
5. 赵曙明,张敏,赵宜萱.人力资源管理百年:演变与发展[J].外国经济与管理,2019,41(12).
6. 赵曙明,张紫滕,陈万思.新中国70年中国情境下人力资源管理研究知识图谱及展望[J].经济管理,2019(7).
7. 赵曙明.时代巨变中的中国人力资源管理研究———《中国人力资源开发》编辑部专访赵曙明教授[J].中国人力资源开发,2018(11).
8. 程德俊.不同战略范式下的人力资源管理理论综述与比较[J].管理科学,2004,17(6).
9. 吴秀莲.人力资源管理范式演进的资本逻辑[J].科学学与科学技术管理,2006(12).
10. 加里·德勒斯,曾湘泉主编.人力资源管理(第10版)[M].北京:中国人民大学出版社,2006.
11. 蒋春燕,赵曙明.知识型员工流动的特点、原因与对策[J].软科学,2001(2).
12. 查尔斯·R·格里尔.战略人力资源管理[M].北京:机械工业出版社,2005.
13. 德鲁克.管理的实践[M].齐若兰译.北京:机械工业出版社,2008.
14. 赵曙明.人力资源管理研究[M].北京:中国人民大学出版社,2001.
15. 马新建,孙虹,李春生.人力资源管理[M].上海:格致出版社,2011.
16. 方振邦,邹定国.人力资源管理[M].北京:人民邮电出版社,2017.
17. 颜士梅.战略人力资源管理[M].北京:经济管理出版社,2003.
18. 赵曙明,张正堂,程德俊编著.人力资源管理与开发(第二版)[M].北京:高等教育出版社,2018.
19. Pournader, M., Tabassi, A. A., Baloh, P. A three-step design science approach to develop a novel human resource-planning framework in projects: the cases of construction projects in USA, Europe, and Iran[J]. *International Journal of Project Management*, 2015, 33(2).
20. 赵曙明编著.人力资源战略与规划(第四版)[M].北京:中国人民大学出版社,2017.
21. 彭剑锋.人力资源管理概论(第2版)[M].上海:复旦大学出版社,2011.

22. 朱勇国.工作分析[M].北京:中国劳动社会保障出版社,2006.
23. 潘泰萍.工作分析基本原理、方法与实践(第2版)[M].上海:复旦大学出版社,2018.
24. 高艳.工作分析与职位评价(第2版)[M].西安:西安交通大学出版社,2012.
25. 邹华,修桂华.人力资源管理原理与实务[M].北京:北京大学出版社,2015.
26. 孙健敏.人力资源管理中工作设计的四种不同趋向[J].首都经济贸易大学学报,2002,004(001).
27. 陈彩琦,马欣川.工作分析与评价[M].武汉:华中科技大学出版社,2017.
28. 蒲晓红,廖喜生.工作分析[M].成都:四川大学出版社,2007.
29. 马国辉,张燕娣.工作分析与应用[M].上海:华东理工大学出版社,2012.
30. 付亚和.工作分析[M].上海:复旦大学出版社,2009.
31. 萧鸣政.人力资源开发与管理[M].北京:科学出版社,2009.
32. 符运能主编.管理学理论与应用[M].北京:中国纺织出版社,2015.
33. 叶盛,岳文赫主编.人力资源开发与管理[M].北京:清华大学出版社,2012.
34. 吴远卓,傅春主编.工作分析方法案例与练习[M].南昌:江西高校出版社,2017.
35. 袁蔚.人力资源管理教程(第二版)[M].上海:复旦大学出版社,2018.
36. 陈葆华.现代人力资源管理[M].北京:北京理工大学出版社,2017.
37. 刘兰静.人力资源工作分析的程序[J].投资与创业,2019(4).
38. 周勇.浅谈人力资源工作说明书的写作[J].应用写作,2011(02).
39. 张培德,胡志民.员工招聘与甄选[M].上海:华东理工大学出版社,2014.
40. 伊万切维奇(Ivancevich,J. M.),科诺帕斯克(Robert Konopaske),赵曙明,程德俊.人力资源管理[M].北京:机械工业出版社,2015.
41. 王丽娟.员工招聘与配置[M].上海:复旦大学出版社,2012.
42. 黄玉清.工作预览的有效实施[J].中国人力资源开发,2007(01).
43. 柯年满,王重鸣.工作预览研究综述[J].心理科学,2004(05).
44. 钱贤酒.职业认同视角下工作预览对求职者工作申请意愿的影响研究[D].浙江工商大学,2014.
45. 苏佳佳,钱贤酒,古家军.国外工作预览理论研究述评[J].管理现代化,2013(03).
46. 于然.通过工作预览降低新员工离职率[J].中国人力资源开发,2007(01).
47. (美)德斯勒(Dessler,G.),(新加坡)陈水华.人力资源管理[M].北京:机械工业出版社,2012.
48. 赵永乐,姜农娟,凌巧.人员招聘与甄选(第三版)[M].北京:电子工业出版社,2018.
49. 王保震.基于胜任力模型的某电力公司员工甄选[J].管理工程师,2014,19(03).
50. 西蒙德·A·诺伊.人力资源管理:赢得竞争优势[M].北京:中国人民大学出版社,2018.
51. 管惠娟.胜任力模型在员工甄选中的应用研究[J].企业研究,2010(19).

52. Meglino B M, Denisi A S, Youngblood S A, et al. Effects of realistic job previews:a comparison using an enhancement and a reduction preview[J]. *Journal of Applied Psychology*, 1988, 73(2).

53. Wanous J P. Installing a realistic job preview:ten tough choices[J]. *Personnel Psychology*, 1989, 42(1).

54. 乔治·T·米尔科维奇,约输·W·布德罗. 人力资源管理[M]. 北京:机械工业出版社,2012.

55. 张德. 组织行为学[M]. 北京:高等教育出版社,2016.

56. 董福荣,赵云昌. 招聘与录用[M]. 大连:东北财经大学出版社,2016.

57. 吴东晓. 电子招聘:网络时代人力资源管理的新变革[J]. 中国人才,2001(006).

58. 金亿. 跨国公司的招聘与甄选[J]. 商业研究,2004(09).

59. 徐世勇,陈伟娜. 人力资源的招聘与甄选[M]. 北京:清华大学出版社、北京交通大学出版社,2008.

60. 李旭旦,吴文艳. 员工招聘与甄选[M]. 上海:华东理工大学出版社,2014.

61. 侯冉冉. "疫情"下《国际贸易实务》课程线上混合式教学的实践和探索[J]. 现代商贸工业,2020,41(17).

62. 萧鸣政. 人力资源开发的理论与方法[M]. 高等教育出版社,2004.

63. (美)迪安妮 C·瓦伦蒂. 如何做好培训计划和预算[M]. 黄俊亚译. 北京:机械工业出版社,2007.

64. 张弘,赵曙明. 人力资源管理的演变[J]. 中国人力资源开发,2002(03).

65. 张俊娟,韩伟静,袁燕华. 培训课程体系设计方案与模板[M]. 北京:人民邮电出版社,2011.

66. 赵曙明,倪炜. 中国国有企业人力资源管理与开发[J]. 世界经济与政治,1996(11).

67. (美)马克·艾伦. 企业大学的全球影响力及预测[J]. 培训. 2012(10).

68. 王伟. 西方企业一般培训理论综述[J]. 外国经济与管理,2003(10).

69. 徐芳. 培训与开发理论及技术[M]. 上海:复旦大学出版社,2005.

70. 李剑根. 企业员工培训理论的发展脉络与述评[J]. 科教文汇,2006(11).

71. 刘晓燕. 从内部培训部到企业大学[J]. 中国人才,2007(3).

72. (美)雷恩. 管理思想的演变[M]. 北京:中国社会科学出版社,2002.

73. 陈志华. 完善培训开发系统促进培训效果转化[J]. 培训. 2011(10).

74. 廖泉文. 人力资源开发和管理研究[M]. 上海:同济大学出版社,1998.

75. 周静. 如何构建结构化的培训体系[J]. 人才资源开发,2005(5).

76. 李芳. 培训课程体系建设五步法[J]. 企业管理,2011(8).

77. 张军征. 培训设计与实施[M]. 北京:清华大学出版社,2011.

78. 黄日强,施晶晖,陈龙. 中国职业教育现代学徒制研究[M]. 北京:中国原子能出版社,2014.

79. 陈和祥,董海青,赵春宝. 现代学徒制教学模式述评[J]. 当代职业教育,2017(02).

80. 徐国庆.高职教育发展现代学徒制的策略:基于现代性的分析[J].江苏高教,2017(01).

81. 艾瑞咨询.2019年中国B2B2C在线教育平台行业研究报告[R].http://www.199it.com/archives/1033966.html,2020(4).

82. 梁绿请,孙伯杨,李起强.高等职业教育研究资料选编[M].北京:北京理工大学出版社,2010.

83. 尹庆民,陈浩,裴一蕾,王晓红.校企合作研究——基于应用型高校的模式及保障机制[M].北京:知识产权出版社,2012.

84. 董君武.学校变革与教育领导[M].北京:北京大学出版社,2010.

85. 教育部职业技术教育中心研究所.中国特色职业教育发展之路:中国职业教育发展报告(2002—2012)[M].北京:高等教育出版社,2012.

86. 毕结礼,朱晔.变革中的中国企业大学:理论与实践[M].北京:中国人民大学出版社,2016.

87. 李林,王红新,周怿.企业大学密码[M].上海:上海交通大学出版社,2015.

88. 张宏亮,袁悦,何波.组织系统变革视角下企业大学的演化模式研究[J].管理案例研究与评论,2016,09(6).

89. 吴峰.企业大学:当代终身教育的创新[J].北京大学教育评论,2016,14(7).

90. 张维智.新型企业大学探索与构建[M].北京:经济科学出版社,2012.

91. 张竞.企业大学功能述评[J].科研管理.2003,24(4).

92. 李林.企业大学密码[M].上海:上海交通大学出版社,2015.

93. (美)摩根·罗伯特·麦克.职业生涯发展与规划[M].侯志瑾译.北京:中国人民大学出版社,2016.

94. 韩伟静,滕晓丽.培训运营体系设计全案[M].北京:人民邮电出版社,2017.

95. 联合国教科文组织.反思教育:向"全球共同利益"的理念转变[M].北京:教育科学出版社,2015.

96. 杨景院.人力资本、产业发展和经济增长[J].理论研究,2017(01).

97. 石丹,张瑞敏.颠覆传统管理,海尔用"三生"引爆物联网时代[J].商学院,2018(11).

98. 纪婷琪,孙中元.打造孵化小微创客的平台型组织[J].中国人力资源开发,2015(10).

99. 陆峰.海尔平台化,如何革自己的命[J].互联网经济,2016(06).

100. 丁秀秀."工业4.0"时代人力资源管理新思维[J].经营管理者,2017(6).

101. 刘庆玲.企业员工培训和开发探讨[J].人才资源开发,2016(14).

102. 彼得·圣吉.第五项修炼:学习型组织的艺术与实务[M].上海:上海三联出版社,2001.

103. (美)雷蒙德A·诺伊.雇员培训和开发(第三版)[M].北京:中国人民大学出版社,2007.

104. Arthur, M. B., Rousseau, D. M. *The boundaryless career: a new employment principle for a new organizational era*[M]. Oxford: Oxford University Press, 1996.

105. Schein, E. H. How career anchor shold executives to their career paths[J]. *Personnel*, 1975, 11-24.

106. Super, D. E. A life-span, life-space approach to career development[J]. *Journal of Vocational Behavior*, 1980, 13.

107. Super, D. E. A theory of vocational development[J]. *American Psychologist*, 1953, 8.

108. Super, D. E. Career patterns as a basis for vocational counseling[J]. *Journal of Counseling Psychology*, 1954, 1.

109. Super, D. E. The definition and measurement of early career behavior: A first Formulation[J]. *Personnel and Guidance Journal*, 1963, 41.

110. Vroom, V. H. *Work and Motivation*[M]. San Francisco, CA: Jossey-Bass, 1964.

111. 陈昌凤. 斜杠身份与后真相:泛娱乐主义的政治隐患[J]. 人民论坛,2018(02下).

112. 郭文臣,付佳,段艳楠. 社会资本和人力资本对职业成功的影响:个人-组织契合的中介作用[J]. 预测,2014,33.

113. 黄英. 斜杠青年:漫步在理想与职业舞台上的新群体[J]. 中国青年研究,2017(11).

114. 江天晓. 斜杠青年:一种全新的工作生活模式[J]. 决策,2016(11).

115. Crocitto, M. *The boundaryless career: A new employment principle for a new organizational era organizational era* [M], edited by ArthurMichael B. RousseauDeniseM. New York: Oxford University Press, 1996. Academy of Management Review, 1998, 23(1).

116. 刘鹏. "斜杠青年"是个人与社会的共同选择[J]. 中国就业,2017(4).

117. 汪水. 斜杠青年:将你的优势组合发挥到极致[J]. 商学院,2016(11).

118. 王忠军,龙立荣. 知识经济时代的职业生涯发展:模式转变与管理平衡[J]. 外国经济管理,2008,30(10).

119. 吴玲,林滨. "斜杠青年":"多向分化潜能者"的本质与特性[J]. 思想理论教育,2018(6).

120. 吴昊,杨东涛. 无边界职涯背景下的离职:重回决策者中心[J]. 心理科学进展,2015,23(2).

121. 谢俊贵,吕玉文. 斜杠青年多重职业现象的社会学探析[J]. 青年探索,2019(2).

122. 于伟,张鹏. 挑战性-阻碍性压力源对研发员工主观职涯成功的影响:职业自我效能和组织职涯管理的作用[J]. 管理评论,2018,30(12).

123. 郑逸芳,林珊,程海霞. 女性职业生涯中的角色冲突及对策研究[J]. 山东女子学院学报,2013,5(111).

124. Cavanaugh, M. A., Boswell, W. R., Roehling, M. V., & Boudreau, J. W. An empirical examination of self-reported work stress among US managers[J]. *Journal of Applied Psychology*, 2000, 85(1).

125. Defillippi, R. J, & Arthur, M. B. The boundaryless career: A competency-based perspective[J]. *Journal of Organizational Behavior*, 1994, 15(4).

126. Greenhaus, J. H., Parasuraman, S. & Wormley, W. M. Effects of race on organizational experiences, job performance evaluations, and career outcomes [J]. *Academy of management Journal*, 1990, 33.

127. Hall, D. T. The protean career: A quarter-century journey[J]. *Journal of Vocational Behavior*, 2004, 65(1).

128. Holland, J. L. *Making vocational choices: a theory of vocational personalities and work environments*[M]. 2nded. EnglewoodCliffs, NJ: PrenticeHall, 1985.

129. Jhony Choon Yeong Ng,邵丹慧,贾良定,谭清美. 一群去专业化的人——斜杠青年的事业发展研究[J]. 中国人力资源开发,2018(6).

130. Parsons, F. *Choosing a vocation*[M]. Boston, MA: Houghton-Mifflin, 1909.

131. Davis, B. L., & Mount, M. K. Effectiveness of performance appraisal training using computer assisted instruction and behavior modeling [J]. *Personnel Psychology*, 2020, 37(3).

132. 罗伯特·卡普兰,大卫·诺顿,卡普兰,诺顿著. 平衡计分卡:化战略为行动[M]. 刘俊勇,孙薇译. 广州:广东经济出版社,2013.

133. 唐宁玉. 组织行为与管理[M]. 北京:北京师范大学出版社,2012.

134. 赵曙明,周路路,罗伯特·马希斯,约翰·杰克逊. 人力资源管理[M]. 北京:电子工业出版社,2013.

135. Douglas McGregor. *The Human Side of Enterprise*[M]. New York: McGraw Hill, 1960.

136. Eward C. Schleh. *Management by Results: The Dynamics of Profitable Management*[M]. New York: McGraw Hill, 1961.

137. George S. Odiorne. *Management Decisions by Objectives. Englewood Cliffs* [M]. NJ: Prentice Hall, 1969.

138. Peter F. Drucker. *The Practice of Management*[M]. New York: Harper and Row, 1954.

139. Schwab D P, Heneman H G, Decotiis T A. Behaviorally Anchored Rating Scales: A Review of the Literature[J]. *Personnel Psychology*, 2006, 28(4).

140. 阿吉斯,刘昕. 绩效管理(第3版)[M]. 北京:中国人民大学出版社,2013.

141. 方振邦. 战略性绩效管理(第四版)[M]. 北京:中国人民大学出版社,2014.

142. 付亚和许玉林. 绩效考核与绩效管理(第2版)[M]. 北京:电子工业出版社,2011.

143. 周斌,汪勤. 薪酬管理理论·实务·案例[M]. 北京:清华大学出版社,2014.

144. 刘春,孙亮.薪酬差距与企业绩效:来自国企上市公司的经验证据[J].南开管理评论,2010(2).

145. 李永周,郭朝晖,马金平.薪酬管理理论、制度与方法[M].北京:清华大学出版社,2013.

146. 杨宏毅.绩效与薪酬管理全案[M].北京:电子工业出版社,2015.

147. 刘昕,贾蔷.职位评价方法的演变历程及其最新进展[J].中国人力资源开发,2011(07).

148. 杨岗松.岗位分析和评价从入门到精通[M].北京:清华大学出版社,2015.

149. Herbert. GHeneman, Timothy. A. *Judge. Staffing Organization* [M]. Beijing：China Machine Press，2005.

150. 张广科,黄瑞芹.薪酬管理[M].武汉:华中科技大学出版社,2013.

151. 赵曙明.12位人力资源管理学者谈——疫情防控背景下企业的人力资源管理策略.中国管理研究 IACMR,2月5日.

152. 李军.现代企业战略性薪酬及其绩效研究[D].中南大学,2009年.

153. 凌文辁,方俐洛,符益群.企业员工离职影响因素及调节因素探讨[J].湘潭大学学报(哲学社会科学版),2005(04).

154. 韩翼,廖建桥.员工离职影响因素的实证研究[J].经济管理,2007(11).

155. 赵曙明.构建和谐的劳动关系实现中国梦[N].新华日报/2013年/7月/16日/第B07版.

156. 赵曙明.做好企业复工复产的人力资源管理[N].人民日报,2020.2.25.

157. 蒋建武.12位人力资源管理学者谈——疫情防控背景下企业的人力资源管理策略.IACMR 中国管理研究,2月5日.

158. 王雁飞.国外员工援助计划相关研究述评[J].心理科学进展,2005,13(2).

159. 张西超.企业可持续发展与员工精神福利[J].生态经济,2006-03-30.

160. 张西超.员工援助计划(EAP):提高企业绩效的有效途径[J].经济界,2003-3.

161. Hartwell T D, Potter F J. Aiding troubled employee：the prevalence, cost, and characteristics of employee as sistanceprograms in the united states[J]. *American Journal of Public Health*，2003，86(6).

162. Mobley, W. H. *Employee turnover：Causes, consequences, and control* [M]. Reading，Addison-Wesley，1982.

163. 梁妙银,王鑫业,张荣华.压力应对方式、心理健康与离职倾向的关系研究——以金融机构员工为例[J].武汉金融,2017(07).

164. 约翰·B·库伦.多国管理战略要径[M].邱立成,等译.北京:机械工业出版社,2000.

165. 姜秀珍.国际企业人力资源管理[M].上海:上海交通大学出版社,2008.

166. 林新奇.跨国公司人力资源管理[M].北京:清华大学出版社,2015.

167. 张德.人力资源开发与管理[M].北京:清华大学出版社,2001.

168. 约翰·科特,詹姆斯·赫斯克特. 企业文化与经营业绩出版社[M]. 北京:华夏出版社,2000.

169. JohnD. Daniels, LeeH. Radebaugh, DanielP. Sulli. 国际商务:环境与运作(原书第15版)[M]. 北京:机械工业出版社,2017.

170. 何静. 跨文化管理中企业文化融合的哲学思考[J]. 河南大学学报,2007(1).

171. R. S Schuler, P. J. Cowling and H. De Cieri. An Integrative Framework ofStrategic International Human Resource Management[J]. *Journal of Management*,1993(19).

172. Parag A. Narkhede & Seema P. Joshi, Challenges of Human Resource Management in Borderless World[D]. Jalgaon:North Maharashtra University, 2007.

173. PJ Dowling, DE Welch, RS Schuler. International human resource management:managing people in a multinational context[J]. *Glass & Ceramics*,1998,19(4).

174. Morgan, P. V.. International Human Resource Management:Fact or Fictions[J]. *Personnel Administrator*,1986,31(9).

175. 赵曙明. 跨国公司人力资源管理[M]. 北京:中国人民大学出版社,2001.

176. 赵曙明. 国际企业:人力资源管理(第五版)[M]. 南京:南京大学出版社,2016.

177. 赵曙明,陶向南,周文成. 国际人力资源管理[M]. 北京:北京师范大学出版社,2019.

178. 陶向南,赵曙明. 国际企业人力资源管理研究述评[J]. 外国经济与管理,2005,27(2).

179. 赵曙明. 人力资源管理理论研究现状分析[J]. 外国经济与管理,2005,27(1).

180. 杨宝琰,万明钢. 文化适应:理论及测量与研究方法[J]. 世界民族,2010(4).

181. 赵云龙. 基于冲突-适应-合作的中国企业国际化跨文化管理研究[D]. 天津大学,2012.

182. 靳娟. 国际企业外派人员管理[M]. 北京:首都经济贸易大学出版社,2016.

183. 陈小林. 金融危机:演进历史与西方理论[J]. 财经科学,2009(10).

184. 李京芳. 新冠肺炎疫情下企业人力资源管理的应对措施[J]. 商场现代化,2020(07).

185. 中国经济增长与宏观稳定课题组,张晓晶,汤铎铎,et al. 全球失衡、金融危机与中国经济的复苏[J]. 经济研究,2009(5).

186. 人民日报 https://mp.weixin.qq.com/s/wc8e6Kt8C1AWzd15Q87TIQ

187. 新华网 http://www.xinhuanet.com/world/2020-03/19/c_1125734010.htm

188. 李文龙. 新冠肺炎疫情与非典疫情的对比及对中国经济的影响[N]. 第一财经日报,2020-02-05(A11).

189. 中国人民共和国国家卫生健康委员会网站 http://www.nhc.gov.cn/wjw/index.shtml

190. 中华人民共和国中央人民政府网站 http://www.gov.cn/zhengce/zhengceku/2020-01/27/content_5472508.htm

191. 尤肖虎,潘志文,高西奇,etal.5G 移动通信发展趋势与若干关键技术[J].中国科学:信息科学,2014,44(5).

192. 5G 与高质量发展联合课题组.迈向万物智联新世界[M].北京:社会科学文献出版社,2020.

后　记

《人力资源管理总论》一书终于完稿，稍许轻松，笔者也感慨良多。

自1991年归国后，近三十年来一路见证并倾心参与中国人力资源管理专业的发展历程。这些年来，扎根于中国人力资源管理实践，个人的教学和研究工作一直与时代的发展紧密地联系在一起。正是中国企业的许多管理实践和创新，使笔者对人力资源管理的理解和认识不断深化和成熟。

近些年来，国内人力资源管理专业和学科蓬勃发展，离不开国家、社会、高校及相关专家学者的持续努力。非常欣慰的是，经过多年的努力，当前在人力资源管理专业各层次的人才培养上，我们的课程体系建设已与国际接轨，并能够把握住时代脉搏。但同时，我们也应该看到，人力资源管理专业的培养目标、培养理念、教学内容的设计等，离我国新时代对商科人才的培养需求仍存在一定差距。人力资源管理作为实践性、应用性很强的专业，必须紧紧把握时代发展趋势和潮流，构建与社会需求相契合的人才培养体系，这就需要我们更进一步地开拓视野，求变创新。在未来，人力资源管理教育工作者和研究工作者应积极协作，尤其鼓励学术界和实践界加强合作和交流，结成强有力的科研、教学团队，积极主动地适应现代科技发展对企业管理提出的新要求，运用大数据、互联网等手段助力教学科研工作，培养出更多的创新型管理人才。

知识源于实践。当今中国，人力资源管理的知识更新与专业发展有着极为丰富的实践之源。笔者特别希望年轻一代的人力资源管理学者们面向未来积极思考，注重研究新问题，不断提出新方案，构建出既有国际先进水平、又兼具中国特色和全球价值的人力资源管理知识新体系。

最后，衷心希望更多同仁加入到人力资源管理的理论研究和实践中来，共同推动中国人力资源管理的持续发展和进步。

本书写作过程中，我的博士后和博士生无论是素材收集，还是阅读勘误都做了大量工作，他们是张佳蕾、施杨、马苓、王志成、赵李晶、徐云飞、张宏远、蔡静雯、张敏、李茹、李进生和曹曼。在此，我对他们的努力付出和贡献表示感谢！

赵曙明
2021年3月